高职高专交通运输与制造类专业规划教材

铁路大型捣固设备与运用

主　编◎宁广庆　史林恒
主　审◎董光磊

人民交通出版社
China Communications Press

内 容 提 要

本书以铁道线路维修常用的 D08-32 型捣固车、D09-32 型连续式捣固车为典型对象,系统介绍了铁路大型捣固设备的整车结构、工作原理、各个系统的功用及运用等内容。

本书适于高职铁道工程(铁路大型养路机械)专业学生选作教材使用,也可供从事铁路大型养路机械操作、维修管理的技术人员参考。

图书在版编目(CIP)数据

铁路大型捣固设备与运用/宁广庆,史林恒主编
.—北京:人民交通出版社,2013.2
ISBN 978-7-114-10375-9

Ⅰ.①铁… Ⅱ.①宁… ②史… Ⅲ.①铁路工程—捣固机—操作②铁路工程—捣固机—机械维修 Ⅳ.①U216.63

中国版本图书馆 CIP 数据核字(2013)第 030479 号

书　　　名:	铁路大型捣固设备与运用
著 作 者:	宁广庆　史林恒
责任编辑:	杜　琛(dc@ccpress.com.cn)
出版发行:	人民交通出版社
地　　　址:	(100011)北京市朝阳区安定门外外馆斜街 3 号
网　　　址:	http://www.ccpress.com.cn
销售电话:	(010)59757973
总 经 销:	人民交通出版社发行部
经　　销:	各地新华书店
印　　刷:	北京建宏印刷有限公司
开　　本:	787×1092　1/16
印　　张:	19.25
字　　数:	490 千
版　　次:	2013 年 2 月　第 1 版
印　　次:	2024 年 7 月　第 8 次印刷
书　　号:	ISBN 978-7-114-10375-9
定　　价:	46.00 元

(有印刷、装订质量问题的图书由本社负责调换)

前　言

随着我国经济的快速发展，铁路运输在国民经济中的作用愈来愈突出。进入 21 世纪以来，中国铁路在"安全、高速、重载"等科技领域取得了跨越式的发展，铁路六次大面积提速，使得我国铁路技术装备和管理水平进入了世界先进行列，铁路线路维修业进入了机械化时代。

自从 1984 年铁道部由国外引进大型养路机械进行线路维修、大修以来，铁路工务系统的作业方式和维修体制已经发生了根本性的变革。线路养护修理的质量和效率得到极大的提高，施工与运行的矛盾得到很大程度的缓解，施工生产中的事故明显减少。大型养路机械在六次大提速过程中发挥了不可替代的作用，已成为确保线路质量、提高既有线路效能，保证高速、重载、安全、大密度铁路运输，必不可少的现代化装备。

目前，铁路大型养路机械设备的种类和数量不断增加，大型养路机械运用人员队伍逐步壮大。大型养路机械是资金密集、技术密集的现代化设备，具有结构复杂、生产效率高、价格昂贵等特点，并且大型养路机械的使用，集运行、施工、检修与一身，故大型养路机械运用人员必须具有较高的综合素质和技术业务水平。作为主要为大型养路机械运用队伍输送人才的单位，铁路高等职业教育院校担负着巨大的责任。

在此背景下，由郑州铁路职业技术学院、天津铁道职业技术学院、包头铁道职业技术学院、西安铁路职业技术学院、南京铁道职业技术学院等院校，联合郑州铁路局、北京铁路局、西安铁路局、神华集团等大型国有企业组成本套教材编写团队，在教育部"深化教育教学改革，紧跟行业发展步伐，密切联系企业，校企合作"精神指导下，共同开发编写了铁路大型养路机械专业教材，以满足"提升高职专业为行业服务的能力和水平"要求。本书为其中之一。

本书由宁广庆、史林恒任主编。具体编写分工如下：单元一、二由宁广庆编写；单元三、四、十、十一由史林恒编写；单元五、六由胡增荣编写；单元七、八由于磊编写；单元九由汪奕编写。

郑州铁路局董光磊高级工程师任本书主审，对书稿内容、结构均提出了许多宝贵意见和建议，使本书更为严谨，在此深表感谢。在本书的编写过程中，得到了许多专家和同行的热情支持，并参阅了许多国内外公开出版与发表的文献，在此一并表示感谢。

由于时间仓促，水平有限，书中难免存在不妥或疏漏之处，恳请广大读者批评指正。

编　者

2013 年 2 月

目　　录

单元一　抄平起拨道捣固车概述
一、捣固车的发展历程 ··· 2
二、捣固车的类型及用途 ·· 6
三、捣固车的结构及主要技术性 ·· 6
知识拓展 ·· 16
练习题 ·· 19

单元二　柴油机及动力传动系统
一、柴油机 ·· 22
二、传动系统 ··· 31
三、液力变矩器和动力换挡变速箱 ····································· 42
四、分动齿轮箱、车轴齿轮箱及传动轴 ······························ 45
知识拓展 ·· 51
练习题 ·· 53

单元三　捣固车作业工作装置
一、捣固装置 ··· 56
二、起拨道装置 ·· 66
三、夯实装置 ··· 73
练习题 ·· 75

单元四　铁道线路方向水平检测原理及检测装置
一、铁路轨道基本知识 ··· 78
二、单弦法整正曲线原理 ·· 80
三、线路方向偏差检测原理与装置 ····································· 82
四、线路方向水平检测原理与装置 ····································· 88
练习题 ·· 92

单元五　车体与转向架
一、车体、转向架 ·· 94
二、车钩及缓冲装置 ··· 112
三、司机室、材料车、空调及加热器 ······························· 116
练习题 ·· 127

单元六　捣固车液压系统
一、液压传动的工作原理及其组成 ··································· 130

二、主要液压元器件 ………………………………………………… 131
三、液压缸 …………………………………………………………… 145
四、液压阀 …………………………………………………………… 147
五、液压辅助元件 …………………………………………………… 165
六、大型养路机械液压系统所用的过滤器 ………………………… 169
七、捣固车液压系统分析 …………………………………………… 178
八、捣固装置液压回路 ……………………………………………… 181
九、起拨道装置及作业走行马达液压回路 ………………………… 183
十、制动及支撑液压缸液压回路 …………………………………… 186
练习题 …………………………………………………………………… 187

单元七　电气控制系统

一、电气系统概述及元件代号 …………………………………… 190
二、柴油机控制及整车电源 ……………………………………… 193
三、捣固装置升降控制系统 ……………………………………… 194
四、拨道控制系统 ………………………………………………… 199
五、起道抄平系统 ………………………………………………… 202
六、GVA 与 ALC 系统 …………………………………………… 205
练习题 …………………………………………………………………… 212

单元八　空气制动与气动系统

一、YZ-1 型空气制动机 …………………………………………… 214
二、主要元器件的构造与原理 …………………………………… 216
三、制动机的综合作用 …………………………………………… 240
练习题 …………………………………………………………………… 245

单元九　激光准直系统

一、捣固车激光测量系统工作原理 ……………………………… 248
二、捣固车激光测量系统类型 …………………………………… 249
三、激光准直系统操作与调试（以 D08-32 型捣固车为例） …… 250
四、激光准直系统基准点的标定 ………………………………… 252
五、数字式养路机械记录仪 ……………………………………… 257
知识拓展 ………………………………………………………………… 260
练习题 …………………………………………………………………… 265

单元十　捣固车运用

一、运行准备与驾驶 ……………………………………………… 268
二、运行驾驶 ……………………………………………………… 273
三、D08-32 型捣固车作业标准 …………………………………… 275
四、D08-32 型捣固车、D09-32 型连续式捣固车岗位职责 ……… 282

练习题 ……………………………………………………………………… 285

单元十一　捣固车检查保养

　　一、日常检查保养 ……………………………………………………… 288
　　二、针对性检查保养 …………………………………………………… 291
　　三、捣固车一、二、三级检查保养 …………………………………… 292
　　练习题 ……………………………………………………………………… 298

参考文献

单元一

抄平起拨道捣固车概述

【知识目标】
1. 了解抄平起拨道捣固车发展历程。
2. 掌握捣固车主要车型 D08-32 型捣固车、D09-32 型连续式捣固车和 CD08-475 型道岔捣固车整机特性。
3. 熟悉捣固车其他类型的结构、主要特点和发展趋势。

【能力目标】
1. 熟练区分不同类型捣固车的型号。
2. 能说明运用捣固车对线路进行维护的作用。
3. 明确捣固车运用的知识范围及技能特征。

铁路轨道的传统结构是有砟轨道(图1-1)，有砟轨道的主要特点是轨下基础采用散粒体道床。自有铁路以来，对有砟轨道的修理工作就集中在道床作业上。进入20世纪60年代，为适应铁路高速、重载及轨道结构重型化的发展，各国铁路竞相采用大型养路机械对线路进行维修。特别是高速铁路的迅速发展，有力推动了养路机械技术的进步，无论是机械的种类、品质水平，还是机械的功能、智能化程度，都达到了很高水平。至20世纪80年代，工业发达国家的铁路已形成以大型养路机械为主要作业手段的格局，而高速铁路的修理则形成了机械功能齐全、作业质量优良、自动智能控制的模式。

图1-1　铁路有砟轨道

一、捣固车的发展历程

我国发展铁路大型养路机械起步较晚，20世纪80年代初引进少量机械试用，20世纪90年代方形成规模。2000年以来，大型养路机械在维护、改善主要干线线路质量、提速扩能、新线开通、保证行车安全和促进工务修制改革等方面都取得了显著的成果，大型养路机械已成为我国铁路新线开通和线路维修中不可缺少的重要手段。与此同时，在借鉴国外的经验基础上，我国结合自身铁路的实际，也确立了铁路大型养路机械的发展模式，并且形成了具有中国特色的管理体系。目前，发展大型养路机械已列入铁路跨越式发展的重要内容，并且被确定为表征我国铁路技术进步的重要标志。我国铁路大型养路机械已进入了持续、规范发展的新阶段。

随着我国国民经济的发展，铁路运输行业日益繁忙，六次大提速使得列车运行密度逐渐加大。经济的快速发展要求我国铁路进入现代化铁路的发展阶段。现代化铁路的基本特征就是安全、高速度、大运量、高密度和重型轨道结构，这就对铁路的养护提出了更高要求。从行车条件看，由于列车速度加快，行车密度加大，采用小型养路机械利用列车间隔时间(或开"天窗"作业方式)进行线路养护维修作业已不可能保证作业质量和安全；从轨道结构看，小型养路机械或人工作业对重型轨道结构不能起到预期效果，相反，由于经常扰动道床会破坏线路原有的稳定性；从运输安全看，小型养路机械或人工作业使用的设备数量多，作业面分散，管理难，易造成人身安全和机械挡道事故。因此，在进入现代化铁路发展时期，在繁忙干线依然采用传统人工作业或小型机械养护方式，就必然出现对线路无法实施有效维修工作的被动局面。

在这种情况下，人们对发展养路机械化工作在观念上发生了重大突破。即：①铁路高速重载的发展需要养路机械化的支持;②养路机械化装备需要很大的投入;③养路机械化需要合理的封锁天窗;④高技术的养路机械需要现代化的管理等。这些共识为养路机械化工作的持续发展提供了良好基础,也正是这些观念的突破促使铁道部在 20 世纪末、21 世纪初进行了有效的、影响深远的铁路维修体制改革。铁道部坚持贯彻铁路养、修分开的指导思想,促进工务修制与体制的改革,实施引进高效大型养路机械,利用封锁"天窗"对繁忙线路进行维修,取得了突破性进展,使繁忙干线的维修工作走出了困境,保证了主要干线的安全畅通,从而也开创了我国铁路养路机械现代化的新篇章。大型养路机械在我国铁路的推广使用,为铁路提速扩能、保证运输安全、加速技术进步及推进工务修制体制改革发挥了重要作用。

1. 前期探索

新中国成立以后,我国铁路养路机械经历了一个漫长的发展过程。到 20 世纪 70 年代,我国小型养路机械的研制达到一定水平,针对线路各项作业的小型机械基本配套,这些小型养路机械的使用替代了大部分的手工作业,满足了当时线路维修作业的技术要求,显示了养路机械化的作用。但进入 20 世纪 80 年代,由于铁路运输的发展,小型机械存在的作业质量、效率、安全等方面的问题,逐步限制了它的发展。

1965 年,我国铁路首次从瑞士马蒂萨公司引进轨行式 16 镐捣固车和中型全断面道砟清筛机各 1 台,拟作为样机进行仿制。铁道部为此专门投资在沈阳机车车辆厂建立了从事养路机械生产的一个车间。沈阳机车车辆厂组织大量技术人员开展了对 16 镐捣固车的仿制会战,通过测绘设计,最终自力更生生产出了建立在当时工业水平上的国产捣固车。尽管国产捣固车与进口设备差距很大,但是优于小型机械的作业质量和效率依然使它受到现场的欢迎。铁道部对国产捣固车共计划安排生产了 60 台,至 1986 年终因产品技术性能落后而停产。对清筛机的仿制工作则由于难度太大而终未如愿。这是我国铁路首次引进养路机械设备、实施国产化的有益尝试,虽然不成熟但具有创新的激情。

20 世纪 70 年代,对大、中型养路机械的强烈需求,促使国内部分铁路局先后自行开展了对中型清筛机的研制。但由于研制大、中型养路机械的工作有较高难度,又缺乏设计理论和依据,生产单位工艺能力不足,加之国内配套机电产品质量标准偏低,试制的机械大多不能正常使用。

应该说,养路机械发展历史留下的经验和教训是十分宝贵的。它告诉我们:现代养路机械是一种专业性很强的高科技产品,它的研制不可能一蹴而就;我国铁路引进国外先进技术促进养路机械国产化是十分必要和可行的,大、中型养路机械必须走专业化生产的道路。另外,养路机械的发展要适应铁路的技术发展,其产品的开发必须与时俱进,这样才能适应不断提高的线路维修标准,特别是在铁路技术日新月异的当代,发展养路机械必须要立足于高起点。

2. 养路机械跨越式发展方针

国外发达国家养路机械的发展经历了小型、中型、大型的一个完整过程,到 20 世纪 80 年代基本进入了大型化的时代。铁道部主管部门借鉴国外铁路发展的经验,立足于超前发展和改革创新的思路,对我国铁路首先在繁忙干线采用高效大型养路机械进行了深入的论证,并坚定提出了跨越中型机械,直接研发大型机械的方针。

1983 年,铁道部组成大型养路机械运用及制造考察组赴欧洲考察,并从奥地利普拉塞-陶依尔(PLASSER & THEURER)公司采购了捣固、清筛、配砟整形和动力稳定等一批大、中型维修作业机械,配属锦州、北京两铁路局投入试用。试用表明,高效大型养路机械工作效率高、作业质量好、安全有保证,其综合经济效益明显优于传统的作业方式,在我国铁路使用是完全可行的。

1988年,铁道部办公会议专题研究了发展大型养路机械的问题,指出繁忙干线和特殊困难地区要采用高效、配套的大型养路机械作业,同时确立了高起点引进国外大型养路机械先进技术,通过消化吸收实现国产化的方针。

目前,铁道部正与奥地利普拉塞-陶依尔公司、瑞士马蒂萨公司、斯疲诺公司、美国哈斯克公司、劳瑞姆公司积极开展合作,加大加快先进技术引进和消化吸收速度,促进我国养路机械制造体系的快速发展。

3. 技术引进工作的初期组织体系

20世纪80年代,我国铁路养路机械制造厂普遍基础薄弱,面对高科技含量的大型养路机械的消化吸收难以承担。因此,在全路范围内集中优势力量,协作攻关,强化消化吸收能力是十分必要的。1988年,铁道部协调小组经考察、研究,决定组成大型养路机械国产化联合体。联合体主导工厂为工程指挥部(现中国铁道建筑总公司),昆明机械厂(现昆明中铁大型养路机械集团有限公司,以下简称昆明厂)是国产化工作的总负责单位、对外法人。协作单位由铁道科学研究院、专业设计院、戚墅堰机车车辆工艺研究所、株洲电力机车研究所组成。昆明厂负责技术转让合同的全面执行,并承担大型养路机械部件制造及总装调试工作。铁道科学研究院、专业设计院承担引进技术消化吸收的技术总体及组织国产化设计工作。戚墅堰研究所和株洲研究所分别承担工艺复杂部件和电气系统的技术消化和国产化设计及制造工作。联合体的组成加快了消化吸收、实现国产化的进程,保证了国产化的质量,发挥了既有人才和设备资源的潜力,降低了国产化工作的成本。十几年来,联合体随着我国市场经济的发展,不断地在调整、改革,已经从当初会战的组织形式演变为今天强强联合的企业集团。目前,昆明中铁大型养路机械集团有限公司和正在兴起的襄樊金鹰轨道车辆有限责任公司已成为我国两个大型养路机械制造基地。

4. 引进先进技术,消化吸收,坚持国产化道路

大型养路机械价格昂贵,我国铁路长期依靠进口是不现实的,我国铁路的发展需要中国制造的现代化养路机械。但是我国铁路养路机械制造业基础薄弱,走自主研制的道路,难以在短期内推出高端产品。因此,融入国际科技大舞台,利用后发优势,引进高水平先进技术,促进我国铁路养路机械制造体系的发展,快速生产出一流设备是我们最佳的选择。

我国从1988年起,大型养路机械的技术引进采用了转让生产许可证的模式,它不仅使我国在最短的时间内,全面掌握了国外大型养路机械先进的制造技术,生产出国产化的高水平设备,而且提供了最大限度地扩大国产化比例、降低产品价格的可能。此外,系统地吸收国外先进技术,为我国研制具有自主知识产权产品打下良好的基础。

1988年8月,铁道部引进D08-32型捣固车制造技术,1989年7月即完成国产化样机制造,同年12月昆明厂便参加世行贷款采购20台捣固车的招标。

借鉴D08-32型捣固车和RM80型清筛机引进技术国产化制造的成功经验,D09-32型捣固车和CD08-475型道岔捣固车均仅用了8个月的时间就完成了国产样机的制造。

通过大量应用D08-32型捣固车技术,借用D08-32型捣固车成熟的部件和制造工艺,专业设计院和昆明厂联合开发WD-32型动力稳定车、QQS-300型清筛机获得成功,铁道科学

研究院和昆明厂联合开发了 SPZ-200 型配砟整形车。可以说没有 D08-32 型捣固车的技术引进，就没有后面各种大型养护机械开发的高速度和高技术起点。

2002 年，昆明厂与奥地利普拉塞-陶依尔公司签署了一项新的"共同生产框架协议"，对部分先进的大型养路机械生产合作作了进一步规划，其中 D08-32C 和 D09-3X 型捣固车及 MFS100 型散粒物料特种装卸运输车的合作已在实施之中。

以上实践证明，大型养路机械的技术引进模式是成功的。

5. 大型养路机械现状

截至 2000 年底（"十五"期末），全路累计拥有 34 个线路大修机组，70 个线路维修机组，配备各类大型养路机械 578 台（其中大修、维修机组大型养路机械 508 台），各类工务专用设备 214 台。维修机组每年可完成 42000km 线路维修，大修机组每年可完成 5440km 线路大修。

随着大型养路机械装备计划的实施，工务部门在加强铁路线桥隧结构现代化建设的同时，加快了大修、维修施工机械化的进程，全面提高了装备技术水平，促进工务维修手段由限制型向适应型的转化，推动了工务技术进步，为铁路运输的快速发展，提供了更加坚实的基础。

1）扩展了大型养路机械覆盖里程，提高了线路修理能力和作业水平

大型养路机械大面积投入使用，使我国铁路线路大修、维修质量得到了有效改善，为铁路扩能提效创造了良好条件，使线路维修后的质量普遍较好，轨道技术状态保持有了很大飞跃。例如，道岔捣固车的应用，做到起、拨、捣、夯一次完成，作业后质量均衡，消除了因传统维修道岔方法对列车运行速度的限制。钢轨打磨车的使用，可以及时消除钢轨的表面伤损，有利于延长钢轨使用寿命，极大提高了轨道的平顺性和旅客列车的舒适度。广深客运专线和秦沈客运专线使用钢轨打磨车作业后，平顺性明显改善。

2）大型养路机械全面投入轨道整修改造，确保了提速目标实现及行车安全

我国铁路的提速改造使工务系统面临着前所未有的繁重的线路整修工作。在时间紧、标准高、工作量大的困难情况下，为按期完成换轨大修、重点病害整治、曲线改造、换砟补砟和强化维修保养等工作，各铁路局积极组织了大型养路机械机群作业，发挥它们的机动、高效、综合作业的优势，圆满地完成了线路整修任务，保证了提速工程的顺利实施。在曲线改造中，采用维修机组的抄平起拨道捣固车、动力稳定车和配砟整型车配套作业，难度较大的大量超高调整及缓和曲线的延长一次即可完成，轨道几何尺寸和道床密实度均衡达标，这是人力和小型机械绝对不可比拟的。多年实践证明，大型养路机械作业安全度高，作业后线路质量均衡、稳定，凡采用大型养路机械进行维修的线路，没有发生过因作业质量不良而引发的行车事故。

3）缓解了运输施工矛盾，挖掘了运输潜力

大型养路机械作业项目全、程序细、标准高、要求严、作业质量均衡，从而大大提高了线路质量和轨道承载能力。又由于其作业效率高、作业质量巩固时效长，可以从总量上减少线路修理及整治施工占用线路的时间，有效地挖掘了线路的运输潜力。大型养路机械具有良好的机动性，在承担需缩短工期的突击性施工及完成人力、小型机械难以胜任的线路整治工作中更显示其优越性。特别是在提速线路整修的大型养路机械作业中，各局都注意到把先进的大型养路机械设备用在关键区段和关键项目上。此外，大型养路机械的施工组织形式和作业性能为夜间施工提供了条件。大型养路机械夜间开"天窗"作业，为白天客、货运特别

繁忙的线路找到了维修作业时间。"十五"期间,上海局首先在沪宁线进行夜间的线路大修、维修施工作业,其后,北京、郑州、沈阳等铁路局都在繁忙干线上利用夜间使用大型养路机械开展线路大修、维修作业,提高了铁路运输效益。

一般传统线路大修施工后,放行首列车的允许速度为25km/h。1h后为35km/h,再1h后为45km/h,之后逐渐恢复列车行车速度。部分铁路局利用大型养路机械连挂便利、作业效率高等性能,采用多机作业,在一个封锁"天窗"内实现5次捣固、3次稳定作业,使线路大修后放行首列车速度提高到80km/h,次列车120km/h,第三列车即恢复到正常运行速度。列车放行速度提高,为迅速组织恢复正常运输秩序提供了极大方便。

按照传统施工方法进行换轨、换枕、换砟、清筛、整道、铺设无缝线路等多项施工,每天至少需要两个封锁"天窗"。采用大修列车及配套大修养路机械,可以在一个"天窗"内实现上述综合作业,最大限度地减少了线路大修、维修作业时间。

4) 取得了明显经济效益

尽管大型养路机械购置费用昂贵,但是由于设备使用寿命长,施工中减少了大量人工,每千米的作业成本并不高,其中维修作业每千米费用不足万元。应用大型养路机械所带来的经济效益主要体现在:大量减少线路大修、维修用工,减少临修工作量,延长大修、维修周期,保证施工安全及减少封锁"天窗"占用和提高列车开通速度等方面。经测算,对设定的360km延长线路采用大型机械维修,年度维修成本可比小机群维修节约38万元;大型机械大修年度成本比人工大修可节约22万元。并且由于大机作业质量好,可延长线路维修周期,减少了封锁时间,扩大了运输能力,从而增加了运输收入。因此,使用大型养路机械的直接经济效益是十分可观的。

据部分铁路局统计,大型养路机械每维修1km线路可替代230个人工,每大修1km线路可替代350个人工。因此,大型养路机械日益普及应用,在一定程度上弥补了工务部门近年来的定员短缺,缓解了劳动力不足与修理任务繁忙的矛盾。

▶▶ 二、捣固车的类型及用途

目前,全国铁路线路修理、提速线路改造和新线建设中所用的捣固车是从奥地利普拉塞—陶依尔公司引进的先进技术,经消化吸收后基本实现国产化,主要车型是D08-32型、D09-32型、B50D型连续捣固车和CD08-475道岔捣固车。

区分捣固车类型的方式有以下几种:

(1) 按同时捣固轨枕数分:单枕捣固车(如D08-16型)、双枕捣固车(如D08-32型、D09-32型、B50D型)、三枕捣固车(如D09-3X型)。

(2) 按作业对象分:线路捣固车(如D08-32型、D09-32型、B50D型)、道岔捣固车(如CD08-475型)。

(3) 按作业走形方式分:步进式捣固车(如D08-32型)、连续式捣固车(如D09-32型、B50D型)。

▶▶ 三、捣固车的结构及主要技术性

1. D08-32型捣固车

D08-32型捣固车(图1-2)是大型养路机械中线路大、维修机组主型设备。它结构先进,功能齐全,有32个捣固头。机、电、液、气为一体,采用了大量的先进技术,如电液伺服控制

技术、自动检测技术、微机控制技术、激光准直等。具有操作简便、性能良好、作业高效的特点。该设备为双枕捣固车,作业走行为步进式,能进行起道、拨道、抄平、钢轨两侧枕下道砟捣固和枕端道砟夯实作业。该机利用车上测量系统,可对作业前、后线路的轨道几何参数进行测量和记录,并通过控制系统按设定的轨道几何参数进行作业。D08-32型捣固车作业方式为"定点式"捣固,即一次捣固循环周期为:主机运行→主机制动→捣镐振动下插→捣镐枕下夹实。

图 1-2 D08-32C 型捣固车

D08-32型捣固车整机主要技术参数如下:

(1) 长度: 23330mm
(2) 宽度: 3100mm
(3) 高度: 3650mm
(4) 转向架心轴距: 11000mm
(5) 材料车轴至后转向架中心距: 5800mm
(6) 转向架轴距: 1500mm
(7) 轮径: ϕ840mm
(8) 车钩中心线距轨面高度: 880mm±10mm
(9) 总质量(含材料车):   50.5t
(10) 最大双向自行速度: 80km/h
(11) 最大允许联挂速度: 100km/h
(12) 速度为80km/h时的紧急制动距离: ≤400m
(13) 作业效率: 1000～1300m/h
(14) 最大起道量: 150mm
(15) 最大拨道量: ±150mm
(16) 捣固深度: 轨顶以下最大570mm
(17) 测量精度: ±1mm/20m
(18) 最小运行半径: 100m
(19) 最小作业半径: 120m
(20) 发动机功率: 235kW

(21)工作电源: DC24V
(22)作业精度:
①纵向水平 ≤4mm(10m弦长内测量前后高低差)
②横向水平: ±2mm
③正矢: ±2mm(16m弦长在每4m距离内测量)

2. D09-32型连续式捣固车

D09-32型连续式捣固车(图1-3)是奥地利普拉塞-陶依尔公司20世纪80年代中后期的研制的,是D08-32型捣固车的换代产品,也是目前世界上非常先进的线路捣固机械,具有较高的作业精度和作业效率。它的主要结构特点是:捣固头、夯实器、起拨道等主要机构安装在车体下部的一台作业小车上,工作时,作业小车与主机差速运动,主机始终连续、匀速地向前行进,工作小车在主机下部以钢轨导向步进作业。从一根枕木到下一根枕木循环移动,一次捣固循环周期为:工作小车运行→工作小车制动→捣镐振动下插→捣镐枕下夹实→捣镐提升。步进式运动的部分占整机质量的20%左右,所以其运动惯量小,动力消耗少,其加速度得以尽可能的提高,从而缩短了步进时间,提高了作业效率。在同样具备激光准直、计算机控制的抄平、起拨道、捣固、夯实等功能的情况下,其作业效率比D08-32型捣固车提高30%左右。又由于主机是匀速行进,操作人员在主机的驾驶室内,消除了作业时车体频频起动与制动的颠簸,改善了操作条件,提高了使用安全性,延长了机械使用寿命。目前发达国家都已采用连续式捣固车进行线路维修和大修作业,以提高作业精度和效率,特别是重载和繁忙干线,其经济效益非常可观。我国已经逐步应用D09-32型连续式捣固车替代D08-32型捣固车。

图1-3 D09-32型连续式捣固车

D09-32型连续式捣固车整机主要技术参数及特点如下。

1)主要技术参数

(1)长度: 26400mm
(2)宽度: 2960mm
(3)高度: 3650mm
(4)转向架心轴距: 13700mm
(5)材料车轴至后转向架中心距: 7500mm
(6)转向架轴距: 1800mm

(7) 轮径： ϕ840mm

(8) 车钩中心线距轨面高度： 880mm±10mm

(9) 总质量(含材料车)： 69t

(10) 前转向架每轴重： 14t

(11) 步进式小车轴重： 11t

(12) 后转向架每轴重： 9.5t

(13) 材料车后轴轴重： 5t

(14) 镐头振动频率： 35Hz

(15) 镐头振幅： 约12.5mm

(16) 捣固深度： 轨顶以下最大560mm

(17) 最大起道量： 150mm

(18) 最大拨道量： ±150mm

(19) 测量精度： ±1mm/20m

(20) 最小运行半径： 180m

(21) 最小作业半径： 250m

(22) 最大双向自行速度： 100km/h

(23) 最大允许联挂速度： 100km/h

(24) 速度为80km/h时的紧急制动距离： ≤400m

(25) 作业效率： 1600~2000m/h

(26) 发动机功率： 370kW

(27) 工作电源： DC24V

2) 主要特点

(1) 采用异步捣固原理,起、拨、捣固同时进行,能在起道同时将道砟捣实,对保证轨道的几何形位,提高稳定性最为有利。

(2) 连续式的起道量均匀,不会出现"鼓包"和"坑凹"。

(3) 具有枕端夯实的功能。在捣固的同时,对枕端道砟进行夯实,可阻止道砟自枕端溢出,有利于枕底道砟挤紧密实,且能直接提高约10%的线路横向阻力,对提高线路捣固质量和稳定性极有好处。

(4) 在同一作业地点同时完成起、拨、捣和枕端夯实作业,不仅能充分保证作业质量,而且效率高。根据线路作业需要,也可将起、拨、捣、夯作业单独进行。

(5) 先进的检测系统。D09-32型连续式捣固车采用电子计算机控制系统,由机、电、液机构自动反馈执行得以实现各种作业功能。在作业中可实现人工、半自动或自动控制。计算机为工业PC机,能存储各种线路的几何参数及作业所需的正矢补偿值。当线路状态未知时,该系统能通过本车检测获得线路状态参数,经处理后提供出指导作业的优化参数,以控制机器作业。其作业精度为:①起道作业精度:横向水平为±2mm;纵向水平为直线10m的两测点之间的差为4mm。②拨道作业精度:用16m弦长在4m距离内测量最大正矢误差为±2mm。能自动记录作业精度和检测结果。

(6) 在长大直线区段进行拨道作业时,为提高线路的准直精度,可在机器前方轨道上200~600m的距离范围内安置一个激光发射器,使拨道精度达到每300m不大于±1.5mm。

3. D09-3X型连续式三枕捣固车

D09-3X型连续式三枕捣固车(图1-4)是目前世界上最先进的线路捣固机械,具有很高的作业精度和作业效率,它的重大创新在于首次实现了以连续作业方式一次捣固3根轨枕。D09-3X的基本作业原理与D09-32型相同,即捣固机与主车架分离,捣固车主车架向前连续、匀速运行,捣固机在主机下部以钢轨导向步进作业。此外,该捣固装置是可分式结构,以便枕距不均匀时根据需要进行作业。此时,只有半个捣固装置下降实施捣固,整台设备作为单枕捣固机进行作业。

图1-4 D09-3X型连续式三枕捣固车

D09-3X型连续式三枕捣固车是引进奥地利普拉塞-陶依尔公司最新技术生产的新一代大型养路机械,能够实现3枕捣固作业,比连续式双枕捣固车效率提高30%~40%,是当今世界上作业精度和作业效率最高、性能最先进的线路捣固机械。该机采用工作小车与主车架分离技术,主机连续均匀向前运行,工作小车以钢轨导向步进作业,减少能量损耗,提高了操作舒适性,延长机器的使用寿命。

D09-3X型连续式三枕捣固车是基于连续式捣固车技术并结合多年实践经验进一步开发而成的高精度、高效率、低能耗、注重环保和人体工效学的新一代线路捣固机械。D09-3X型连续式三枕捣固车的重大创新是两侧的三轨枕捣固装置,在作业过程中能同时捣固三根轨枕。捣固装置采用可分式结构,即每侧的捣固装置由前、后两个独立的捣固头组成,可以满足轨枕距离不均匀时或某些复杂区域的捣固作业需求。此时操作人员根据需要可选择任意侧的或前、或后独立捣固头参与捣固作业,并且能够选择是否加宽。捣固装置的灵活选择配置,提高整台设备作业的机动性和灵活性,必要时它还可以成为一台高性能的单枕捣固车。该捣固车广泛采用串行通信技术、视频技术等现代信息技术,大大简化和节省整车数字开关量信号线的布线走线。数十路的信号仅用三根线就可以完成通信。视频技术使得作业位能够观察到捣固车前后线路的障碍情况,也可以观察到左右侧起拨道装置夹轨状态,省去了原3号、4号作业位人员配置。D09-3X型连续式三枕捣固车安全应急措施得到很大强化,增加了一台应急发动机驱动应急液压泵,便于在主柴油机出现故障失去动力时,完成收车撤离工作。与蓄电池驱动的应急泵系统相比,可靠性大大提高,外接油口还可以供给其他应急液压泵源的需求。

1)主要参数

D09-3X型连续式捣固车技术参数如下:

(1)长度: 22940mm(不带材料车)

	29890mm(带材料车)
(2)宽度：	3000mm
(3)高度：	4000mm
(4)转向架心轴距：	15700mm
(5)转向架车轴距：	
(6)前/后转向架：	1800mm
(7)捣固架转向架：	1500mm
(8)轮径：	
①前/后转向架及材料车：	φ920mm
②捣固架转向架：	φ730mm
(9)总质量：	83t(不含材料车)
	94t(含材料车)
(10)最大双向自行速度：	100km/h
(11)最大允许联挂速度：	100km/h
(12)发动机功率：	
①作业时：	440kW
②转移工地时：	370kW

2) 主要特点

(1)D09-3X型具备了D09-32型捣固车的所有先进功能，且由于可一次捣固三根轨枕以及整修的作业面积更大从而具有更好的作业质量，在对新线或新更换的道床实施捣固作业效果非常好，也更充分利用了线路封锁时间，工作效率较D09-32型提高了30%。

(2)需要时，按下按钮即可改换为单枕捣固。

4. B50D型连续式捣固车

B50D型连续式捣固车是瑞士马蒂萨公司生产的线路高效捣固机械，在欧洲已成为铁路装备中的标准机型。该捣固车的捣固机构是由2个独立的驱动轴驱动的，可以同时捣固2根轨枕，由4个滚轮组成的一组夹钳，用于起拨道抄平作业，并一直夹住钢轨，自动调整线路几何结构。该捣固车配备NEMO(非返回式光电测量系统)和CATT(线路捣固的计算机辅助系统)，用于自动测量线路几何状态和计算机辅助线路捣固，具有很高的精度和准确性。NEMO光学测量系统使抄平和拨道量计算一次完成，测量系统剔除了机械部件因磨损造成的影响，增加了系统测量稳定性，避免了因振动和风等引起的干扰。B50D型连续式捣固车技术参数如下：

(1)轨距：	1435mm
(2)转向架心轴距：	14000mm
(3)转向架车轴距：	1800mm
(4)轮径：	φ840mm
(5)总质量(不含材料车)：	65t
(6)最大双向自行速度：	100km/h
(7)最大允许联挂速度：	100km/h
(8)发动机功率：	440kW
(9)作业通过最小半径：	250m

(10) 运行通过最小半径： 90m
(11) 直线捣固效率： 1700m/h
(12) 起道力： 2×120kN
(13) 拨道力： 120kN

5. CD08-475 型道岔捣固车

道岔捣固车是大型养路机械中线路大修、维修机组的主型设备。CD08-475 型道岔捣固车是我国现阶段应用于道岔范围内进行道床捣固的专用机械。该捣固车在道岔维修中采用科学的三线同步起道、四线同步捣固作业原理，有 4 套相互独立、均可独立工作的捣固装置，由滑移回转装置和伸缩回转装置实现对道岔的起道、拨道、抄平、钢轨两侧枕下道砟捣固和枕端道砟夯实作业。利用车上测量系统，可对作业前、后线路的轨道几何参数进行测量和记录，并通过控制系统实现按设定的轨道几何参数进行作业。

CD08-475 型道岔捣固车在封锁线路条件下，能够对单线、复线、多线及复线转辙、道岔和交叉区间进行轨道拨道、起道抄平、钢轨两侧枕下道砟夯实作业。该捣固车利用捣固车上测量系统，可以对作业前、后线路及道岔的几何参数进行测量及记录，并可通过控制系统，实现按设定的线路及道岔几何参数进行作业。

CD08-475 型道岔捣固车技术参数如下：

(1) 长度： 31050mm
(2) 宽度： 3000mm
(3) 高度： 3700mm
(4) 转向架心轴距： 14000mm
(5) 材料车轴距： 6000mm
(6) 轮径： ϕ910mm
(7) 总质量： 96t
(8) 最大双向自行速度： 90km/h
(9) 最大允许联挂速度： 100km/h
(10) 作业通过最小半径： 180m
(11) 运行通过最小半径： 180m
(12) 作业效率： ≤35min（捣固 12 号单开道岔）
 0～500m/h（直线捣固效率）
(13) 最大起道量： 150mm
(14) 最大拨道量： ±150mm
(15) 捣固深度： 560mm（轨面以下）
(16) 岔区作业宽度：
 ① 最小： 1750mm
 ② 最大： 3200mm
(17) 作业精度：
 ① 纵向水平： ≤4mm（10m 弦长内测量前后高低差）
 ② 横向水平： ±2mm
 ③ 正矢： ±2mm（16m 弦长在中点测量误差）
(18) 发动机功率： 348kW

6.新型捣固车

铁道部已经引进的新型大型养路机械有 DWL-48(09-3X Dynamic)型三枕连续式捣固稳定车(图 1-5)。

图 1-5　DWL-48 型三枕连续式捣固稳定车

1)作业条件
(1)海拔高度：　　　　　　　　　　　≤1000m
(2)温度范围：　　　　　　　　　　　－10～40℃
(3)湿度：　　　　　　　　　　　　　平均 70%
(4)限界：　　　　　　　　　　　　　符合中国铁路机车车辆限界
(5)轨距：　　　　　　　　　　　　　1435mm
(6)最大超高：　　　　　　　　　　　150mm
(7)最大坡度：　　　　　　　　　　　3.3%
(8)钢轨类型：　　　　　　　　　　　50kg/m、60kg/m、75kg/m
(9)轨枕类型：　　　　　　　　　　　木枕或混凝土轨枕
(10)道床：　　　　　　　　　　　　碎石道床
(11)作业线路：　　　　　　　　　　单线或线间距 4m 及以上的复线与多线

2)主要参数

(1)长度(车钩中心距)： 33990mm

(2)最大外形长度尺寸： 34180mm

(3)宽度： 3180mm

(4)高度： 4300mm

(5)车钩最大摆角： ±14°

(6)车钩中心距轨面高度： 880mm±10mm

(7)主车前、后转向架轮径： ϕ920mm

(8)工作小车轮径： ϕ850mm

(9)主车前后转向架中心距： 15800mm

(10)主车后转向架与稳定车转向架中心距： 11000mm

(11)主车前、后转向架,稳定车转向架轴距： 1800mm

(12)工作小车转向架轴距： 1500mm

(13)稳定车转向架轮径： ϕ920mm

(14)整机整备质量： ≈130.73t

3)走行部、发动机主要参数

(1)高速走行驱动： 液力+机械机械传动、辅助液压驱动

(2)作业驱动： 静液压驱动

(3)发动机：

①主发动机型号： BF8M-1015CP

a.发动机功率： 440kW

b.高速走行输出功率： 370kW

c.额定转速： 2100r/min

②第二发动机型号： BF6M-1013C

a.发动机功率： 167kW

b.额定转速： 2300r/min

③应急泵系统发动机型号： HATZ 1B40/EX

a.发动机功率： 6.8kW

b.额定转速： 3000r/min

4)柴油发电机组与空调系统

(1)发电机组型号： KDE45T3

(2)柴油机额定功率： 37kVA

(3)额定转速： 1500r/min

(4)发电机输出方式： 3相4线制,380V

(5)发电机额定输出功率： 29.6kW

(6)额定电压： 380V

(7)空调系统制冷工况制冷能力： 5.5kW

(8)空调系统制冷工况额定功率： 3.6kW

(9)空调系统采暖工况额定功率： 5kW

5)运行性能与作业能力

(1)最小运行半径： 180m
(2)最小作业半径： 250m
(3)最大允许联挂速度： 120km/h
(4)最大允许自走行速度： 100km/h
(5)紧急制动距离： ≤400m(在平直道上速度为80km/h时)
(6)起拨道系统：
①最大起道力： 250kN
②最大起道量： 150mm
③最大拨道力： 150kN
④最大拨道量： ±150mm
(7)作业精度、作业效率：
①纵向水平： ≤4mm(10m弦长内测量前后高低差)
②横向水平： ±2mm
③正矢： ±2mm(16m弦长在每4m距离内测量)
④作业效率： (最高)2300~2400m/h
(8)捣固系统：
①捣固装置： 左、右股钢轨上方各两个装置,共四套捣固装置,每个捣固装置有12把捣镐,共48把捣镐同时捣固三根轨枕,也可左右、前后分开作业。
②偏心振动轴转速： 2100r/min
③镐头振动频率： 35Hz
④镐头振幅： 约10mm
⑤捣固深度： 575mm
(9)动力稳定作业参数：
①稳定装置：
②激振频率： 0~36Hz
③激振力： 0~235kN
④提升液压缸垂直下压力： 0~2×72kN

6)DWL-48捣固稳定车的突出特点和优势

DWL-48连续走行捣固稳定车(图1-6)是奥地利普拉塞-陶依尔公司开发的新型连续式捣固稳定车,能同时对线路进行捣固和稳定。具有十分突出的性能特点和技术优势。

(1)作业效率高。最高可达到2.3~2.4km/h。

(2)作业精度高。可以稳定达到横平1mm、方向1mm、纵平3mm。

(3)操作简单、舒适。

(4)能耗低。与作业效率性能相当的1.5台09-32捣固车和1台WD-320稳定车相比,可以节省能耗30%。

(5)减少了作业人员配备。与作业效率性能相当的1.5台09-32捣固车和1台WD-320稳定车相比,作业人员减少一半,由原来12人减少到6人。

图 1-6　DWL-48 型连续式捣固稳定车

知识拓展

线路捣固作业的目的和要求

新建铁路在路基工程完工后,即在底砟或下层道砟(其厚度不少于 100mm)上铺轨,便于卸砟列车沿线倾卸石砟。经过铺砟机进行起道整细,这时,轨枕下道砟仍处于松散状态,无承受高速重载列车通过的能力,必须进行道砟层的捣固作业。在营业线路上,当轨道经过列车一段时间运行后,由于线路的路基状态、捣固密实程度以及钢轨磨耗等的不同,就会出现不均匀下沉,使钢轨的一侧或两侧下沉,形成小坑及三角坑,导致轨道不平顺,影响列车平稳地运行,严重的甚至可以造成事故。为保持两股钢轨顶面经常处于水平,必须进行起道补砟捣固。

捣固作业就是使轨枕底部道砟密实,以达到枕下具有一定的承载能力,又有一定的弹性和稳定性。

1. 捣固作业的要求

(1)应保证道砟层具有一定的弹性状态,还应保证它在列车动载作用下具有足够的稳定状态。

(2)道砟层横断面沿轨枕下的密实状态,应符合道砟承受压力分布曲线情况,即应在轨枕两端钢轨底部形成两个承载核心 B,如图 1-7 所示。

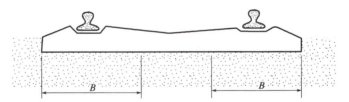

图 1-7　道砟层横断面沿轨枕下的密实状态

(3)捣固道床不破坏线路上部构件,即不捣碎道砟,不破坏和移动钢轨、扣件和轨枕。

(4)捣固作业速度应考虑综合机械化时,各机种速度匹配,如铺轨、铺砟等作业机器的速度。

(5)尽可能提高捣固作业速度,缩短线路封锁时间。

2. 道砟捣固工作原理

道砟捣固的工作原理有四种,如表 1-1 所示。

1)冲击捣固

冲击捣固锤以每分钟约 2000 次向枕下道砟冲击。这种方法对道床的密实性较好,但是石砟磨耗、被捣碎较严重，而且捣固杆不能沿枕侧移动，因此，要得到很稳定的道砟核心较为困难。目前使用这种原理的捣固机已淘汰。

道砟捣固的基本原理　　　　　　　　　　表1-1

一	二	三	四
冲击捣固	(1)辊压捣固；(2)压实捣固	振动捣固	联合捣固
动载荷捣固	静载荷或动载荷捣固	动载荷捣固	动载荷与静载荷配合作用

2）辊压或压实捣固

这种捣固方法的机械多用于无轨排时的道床捣固，其原理与压实机械作用相类似，也不是纯静载或纯动载荷原理，已发展成辊压加振动的压实方法。

3）纯振动捣固

纯振动捣固法是利用扁平的镐头在每分钟2400～4500次的振动频率下插入道床振动。同样纯振动捣固也没有沿枕侧的移动，而振幅较小，冲击力弱。目前中小型的电动捣固机仍利用这种原理。

4）压力—振动捣固（联合捣固）

这是目前最常用的一种捣固方法。振动着的捣固镐在轨枕侧向插入道床至轨枕底面以下的深度，如图1-8a)、b)所示，两相对的捣固镐同时向着轨枕边加压[图1-8b)实线位置]。振动能使石砟颗粒重新排列，单边加压使石砟内压力分布成灯泡形，如图1-9a)所示。当两个相向加压的捣固镐作用时，石砟中压力分布成菱形，如图1-9b)所示。作用在石砟两侧的压力，在水平方向自行抵消，产生向上下的压力效果。当道床已经被捣实时，菱形顶部在压力—振动作用下继续向上增压，而菱形底部的三角已被捣实，如图1-9c)所示。

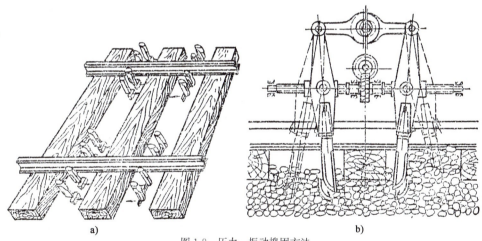

图1-8　压力—振动捣固方法
a)捣固镐排列布置的轴侧投影图；b)捣固镐工作图

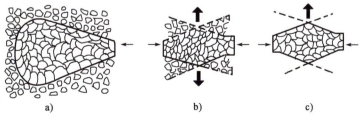

图1-9　压力—振动法轨枕下石砟紧密过程
a)单镐捣固石砟密实情况；b)两相向捣镐工作石砟密实情况；c)已捣实了的底部三角形道砟

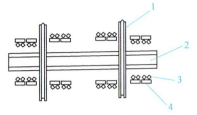

图 1-10 同步捣固的捣固镐
1-钢轨；2-轨枕；3-道砟；4-捣固镐头

压力捣固又分为同步捣固和异步捣固两种。

(1)同步捣固：如所述的几对捣固镐(图 1-10)都是方向相反的同时移动，因此移动距离、镐头上压力都相等，称之为同步压力—振动捣固。这一原理存在下列缺点：

①各对捣固镐的捣实程度不匀。如图 1-11 所示，捣固镐同步动作，工作时有可能某对捣杆多挟紧两粒捣砟，而某对捣杆又可能少挟紧两粒捣砟。两对捣固镐之间包罗的石砟体积约为 $10cm \times 30cm \times 50cm = 15000cm^3$，而如果少挟紧一粒石砟，那么捣固镐包罗石砟的体积就少了 $8 \times 216cm^3$(一粒石砟体积约为 $6cm \times 6cm \times 6cm$)，与总体积之最大差值可达 $[(8 \times 216)/15000] \times 100 = 11.5\%$。虽然差值可能会再小点，但始终存在。这就会造成道床捣实程度不匀。

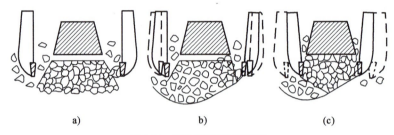

图 1-11 同步捣固镐工作过程

②在密实的道床上小起道量的捣固难以复原。在轨枕正直的、对位准确的条件下，捣固镐都挟紧等量的石砟，用同步捣固法效果良好。除此之外，就难免会有某只捣固镐挟持的更强烈些。如图 1-11a)右侧捣固镐首先将密实的道床顶松；逐渐到全部松动原道床[图 1-11b)]；最后形成密实核，但遗漏了左侧部分石砟[图 1-11c)]。由此可知，左侧密实较差，密实核不规整。

③损坏轨枕和轨枕会被移位。当线路上轨枕有偏斜时，捣固镐仍按中间位置插入，如图1-12所示。混凝土轨枕被破坏，或者轨枕偏移，都不能达到密实的效果。

(2)异步捣固。捣固镐移动的距离不相等，但捣固镐的挤压力相等，称之为异步压力—振动捣固。如图 1-13 所示。由于捣固镐挟持的石砟量不等，石砟少的一侧捣固镐动程($2s$)就长，而且迅速达到与对方捣固镐相同的挤压力，然后，一对捣固镐继续均匀移动。如图 1-12 轨枕偏移情况时，轨枕不发生位移，不会损坏轨枕。对小起道量的捣固作业，不会破坏石砟核形状，如图 1-14 所示。

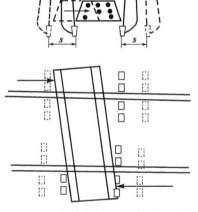

图 1-12 枕轨偏移情况下捣固镐工作位置

根据实践和研究的结果，证明以异步捣固的密实效果最好，其主要优点如下：

①由于捣固镐的振动，迫使道砟颗粒重新排列，道砟颗粒间孔隙率降低，增加了密实度。尤其采用振动—加压联合载荷作用下，道砟颗粒的棱角易于填满其间的空隙，道砟在短时间内易于密实。

②由于高速振动，道砟在活动状态下位移，消耗功率小；捣固镐与道砟接触时间短，就能获得良好的密实效果。

③采用振动法，道砟破坏程度小。表 1-2 是各种捣固设备对碎石破坏程度的比较。从表 1-2 内试验数据可看出，如果取振动对碎石的破坏程度为一个单位，则冲击式捣固破坏道砟为振动

式的 2.3～7.1 倍。这是由于冲击式机具对道砟接触表面应力大,如风动冲击捣固机能达到 10kg/cm 的应力。

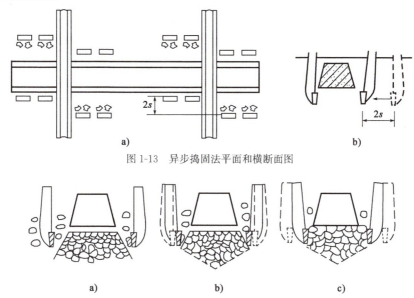

图 1-13 异步捣固法平面和横断面图

图 1-14 异步捣固(小起道密实道床)程序

各种捣固机具对碎石道砟破坏程度比较表　　表 1-2

捣固机具	花岗岩道砟		石灰石道砟	
	破坏(%)	相对的破坏	破坏(%)	相对的破坏
振动捣固机	0.6	1	0.7	1
摩托压砟机	0.7	1.2	0.84	1.2
风动冲击捣固机	1.4	2.3	4.54	6.5
手动捣镐	1.6	2.7	4.95	7.1

④振动捣固方法的机具结构简单,动力传动链短。因而质量轻,机械效率高,尤其在液压传动技术飞速发展的推动下,国内外的线路捣固机具都趋向于发展液压传动式的振动捣固机。

⑤从工作条件比较。采用振动捣固原理无须坼除轨道后捣固,小型电动振动捣固机只须稍微起道即能捣固。在大型振动—加压捣固机则无须变动轨排位置就能有效地进行捣固,这对捣固作业来讲是有利的。

练习题

1. D08-32 型、D09-32 型捣固车的主要技术性能是什么?
2. 你能说出 D08-32 型、D09-32 型捣固车的区别在哪里?
3. 08-475 型捣固车的主要技术性能是什么?
4. 你知道线路维修为什么要采用大型捣固车作业?

单元二

柴油机及动力传动系统

【知识目标】
1. 掌握柴油机及动力传动系统。
2. 掌握液力变矩器和动力换挡变速箱功能与特性。
3. 熟悉分动箱、车轴齿轮箱及传动轴的结构、工作特点。

【能力目标】
1. 能判断柴油机工作性能的正常状态。
2. 能说明液力变矩器和动力换挡变速箱功能与特性。
3. 明确分动箱、车轴齿轮箱及传动轴的结构、工作特点。

一、柴油机

以柴油作燃料,当空气在汽缸内受压缩而产生高温,使喷入的柴油自燃,燃气膨胀而做功的内燃机,称为柴油机,如图 2-1 所示。

1. 柴油机的基本工作原理

柴油机是一种压缩发火的往复式内燃机。它的基本工作原理是使燃油直接在发动机的汽缸中燃烧,将燃油的化学能转变成热能,从而生成高温高压的燃气,因燃气膨胀,推动活塞运动,通过曲柄连杆对外做功,将热能转变为机械能。

我国早期引进的 D08-32 型捣固车采用的是德国道依茨公司生产的 FL413F 系列中的 F12413F 柴油机。目前 D08-32 型捣固车,采用的是德国道依茨公司生产的 B/FL513C 系列 (图 2-2)F12L513 型柴油机。D09-32 型捣固车和 08-475 型道岔捣固车采用的是 F12L513C 型柴油机。B/FL513 系列柴油机是在 B/FL413F 系列柴油机基础上的进一步发展和改进。B/FL513C 系列柴油机采用新型的燃烧过程,自燃吸气式非增压柴油机缸径增大 3mm,由此保证了迄今为止,在低活塞平均速度和低转速情况下可提供输出较高的有效功率,以及相应的高可靠性和较低的燃油消耗。

图 2-1 风冷式柴油机

图 2-2 B/FL513C 系列柴油机

道依茨风冷柴油机机型代号:

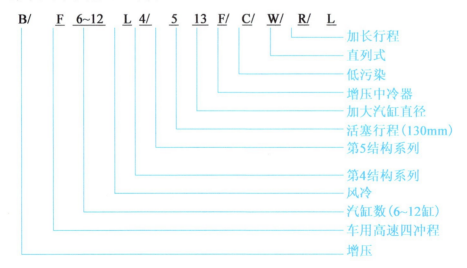

道依茨风冷柴油机汽缸的排列方式分直列式和 V 型两种，机型代号中的 R 代表直列式排列，不标注表示 V 型排列。风冷柴油机的燃烧形式也有直喷式和两级燃烧式两种，直喷式柴油机用于功率要求较高的设备，两级燃烧式柴油机用于对排放要求较严格的设备。在机型代号中，两级燃烧式用 W 表示，直喷式则不表示。

机型代号中的 B 代表采用了增压器的柴油机，C 代表增压柴油机的进气管道上安装有中冷器。汽缸数前面的 F 代表适于车辆使用的四冲程高速柴油机，汽缸数后面的 F 代表汽缸直径加大，而 L 则代表风冷却方式。

2. 道依茨风冷柴油机特点

道依茨风冷柴油机具有外形尺寸小、质量轻、经济性能好、使用可靠、适应性强、安装简单、维护方便、容易实现机种变形等优点。尤其是在高温、严寒、干旱等气候条件恶劣的地区使用，都有很好的适应性，实践证明是先进优良的动力装置。

道依茨风冷柴油机主要有以下优点：
(1) 标准化、系列化、通用化程度高。
(2) 结构简单，维修方便。
(3) 使用寿命长，可靠性好，故障少。
(4) 噪声小。
(5) 冷起动性能好。
(6) 经济性能好。
(7) 适应性好。

3. 道依茨 B/FL513C 型柴油机

道依茨 B/FL513C 型柴油机由曲轴连杆机构、配气机构、冷却系统、润滑系统、燃油供给系统、电气系统等组成，如图 2-3 所示。其特点为：

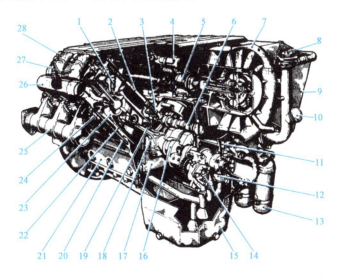

图 2-3 BFL513C 型柴油机构造

1-喷油器；2-推杆；3-挺柱；4-喷油泵；5-风扇传动箱；6-配气凸轮轴；7-冷却风扇；8-呼吸器；9-机油散热器；10-加油口盖；11-减振器；12-机油压力泵；13-机油滤清器；14-机油回油泵；15-油底壳；16-曲轴；17-主轴承盖；18-连杆；19-活塞油冷喷嘴；20-缸体螺栓；21-曲轴箱；22-汽缸体；23-活塞；24-汽缸盖；25-排气管；26-进气管；27-火焰加热塞；28-气门盖

(1)高速四冲程、V型结构、汽缸排列夹角是90°。

(2)直接喷射式斜筒型或ω型燃烧室。

(3)采用龙门式曲轴箱及每缸一盖结构,曲轴连杆机构为多支撑三层合金滑动轴承。

(4)并列连杆和带有三道密封环的油冷活塞。

(5)自动调节风量的前置静叶轮压风式水平轴流风扇。

(6)带旋转装置的顶置气门及适应高速运转的配气机构。

(7)有喷油自动提前器的供油系统。

(8)装有火焰加热器并带辅助加温装置的冷起动系统。

(9)后置式斜齿轮驱动机构。

(10)由压油泵、回油泵两组机油泵组成的可以在倾斜路面上工作的湿式油底壳强制循环润滑系统。

B/FL513C型柴油机的主要技术性能如表2-1所示。

B/FL513C型柴油机的主要技术性能　　　　表2-1

汽缸数	12
汽缸排列	V型90°
缸径×行程	130mm×128mm
汽缸容积	20.074L
持续功率(按DIN6270) 间断作业功率(按DIN6270) 转速	245kW 256kW 2300r/min
车用功率(DIN70020) 转速	282kW 2300r/min
最大转矩 转速	1335N·m 1400r/min
最低怠速	600r/min
最低燃油消耗率	208g/(kW·h)
压缩比	16.7

4.润滑系统

柴油机润滑系统的功用是把清洁、带压力和温度适宜的润滑油送至各个传力零件的摩擦表面,对柴油机的各个传力零件的摩擦表面进行润滑,使柴油机的各个传力零件能正常的工作。润滑系统有润滑作用、密封作用、净化作用、冷却作用、防锈作用。

道依茨B/FL513C型柴油机的润滑系统由压油泵、回油泵、机油散热器、机油粗滤器、机油精滤器、各种阀门(包括带温度调节器的旁通阀、主油道压力阀等)以及管道组成。

润滑方式采用飞溅、压力、间歇的综合润滑方式。广泛采用内油道,达到了合理的润滑。如曲柄连杆机构的零件,特别是主轴承和连杆轴承,承受的负荷很大,而且又是交变载荷,相对运动速度也很大,因此需要强烈的压力润滑;活塞与汽缸壁之间润滑不能过强,以免过多的润滑油进入燃烧室,因此采用飞溅润滑;配气机构受载较轻,采用了间歇润滑;增压器与喷压泵的转速和负荷均较高,采用压力润滑;连杆小头、活塞销、传动齿轮等则采用了飞溅润滑。

润滑系统的特点如下。

1)机油压力比较稳定

在柴油机工作转速范围内,机油压力比较平稳,一般为200～400kPa。油压比较稳定的原因是柴油机的主油道内设有限压阀,同时机油泵的流量比较大,限压阀的压力选择的较低,通过分流一部分机油来达到稳定油压的目的。

2)采用高速齿轮式机油泵

机油泵的作用是升高机油压力,强制地将机油压送到柴油机各摩擦表面去,使机油在润滑系统中循环,齿轮式机油泵工作可靠、结构简单。

当柴油机在标定转速2500r/min时,回油泵转速为3500r/min,压油泵转速为3281.25r/min,相应的最高线速度为7.5m/s,机油流量为140L/min。

3)对机油品质要求高

柴油机用机油是在高温(一般为120～130℃)、大负荷、高速度的条件下工作,因此,机油质量的好坏对柴油机使用寿命影响极大。

由于热负荷高,机油温度又较高,油底壳的机油容量(约20L)小而机油的循环量却很大(约137L/min),因此应采用热安定性好、黏温变化小的高质量机油。机油的更换周期为100～120h。

选择机油的原则:一是黏度适当;二是冬季和夏季不同,南方和北方不同。冬季,选择黏度小的机油;夏季,选择黏度较大的机油,才能保证良好的润滑,减少机油消耗。如表2-2所示。

不同季节使用的机油　　　　表2-2

季　节	环境温度(℃)	B/FL513系列
夏季	<25	11号中增压机油
	>25	14号中增压机油 40CD
冬季	>0～-30	11号中增压机油 30CD 寒区中增压机油
	+30<-30	严寒区中增压机油

注:40CD、30CD是美国API分类标准的CD级柴油机油。11号、14号中增压机油是兰州炼油厂生产的机油牌号。

4)采用全流式粗滤器与分流式精滤器

机油粗滤器为全流式并联、可更换滤芯的纸质滤清器,能去除机油中较大颗粒的机械杂质,流通阻力较小。安装在机油散热器与主油道之间,其过滤精度为5～15μm。离心式精滤器就是风扇液力耦合器罩盖,能够较彻底地除去机油中的机械杂质和氧化生成的胶化物。净化后的机油由此进入液力耦合器泵轮,经涡轮再流回油底壳。

5)密封良好

广泛采用耐油、耐温性能好的橡胶密封元件,拆装简单,密封可靠,但对橡胶元件的品质要求较高。除此之外,还大量使用多种牌号的密封胶,有效防止机油泄漏,确保风冷柴油机、特别是散热片部位的清洁十分重要。

6)内油道结构

采用内油道结构,并大量地集中到附件托架与单独装配到曲轴箱体的挺柱座上。主油道油管与挺柱座油管是采用压入无缝钢管得到的,这样可有效地防止油管的漏损,使曲轴箱体加工大为简化,同时铸件的成品率提高,但附件托架、挺柱座的加工、铸造较为复杂。

7)多种润滑方式并存

根据各处润滑强度和要求的不同,分别采用了压力、间歇、飞溅三种供油方式,达到了合理的润滑。

5. 燃油供给系统

为了使柴油机能连续、正常的工作,必须对其汽缸不断地供应可燃混合气。柴油机燃油供给系统的功用,是按照柴油机工作过程的要求,定时、定量、顺序地向各缸燃烧室内供油,并使燃油良好雾化,与空气形成均匀的可燃性混合气,并自行着火燃烧,把燃油中含有的化学能转变为机械功,以实现柴油机在功率、转矩、排污、起动及怠速等方面的要求。

B/FL513C柴油机的燃油供给系统如图2-4所示,由燃油箱、输油泵、柴油滤清器、喷油泵、喷油提前器、调速器、喷油器等组成。

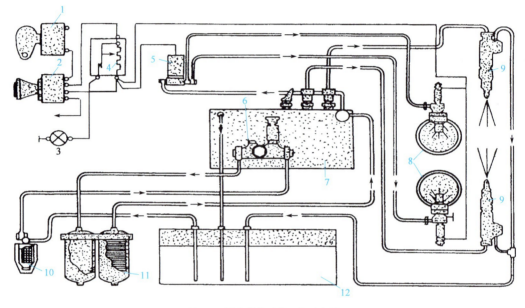

图2-4 燃油供给系统工作示意图

1-带钥匙的开关;2-加热起动开关;3-加热指示灯;4-加热电阻;5-电磁阀;6-输油泵;7-喷油泵;8-火焰加热塞;9-喷油器;10-燃油粗滤器;11-两级燃油滤清器;12-燃油箱

喷油泵采用德国波许(BOSH)公司的PE-P型泵。该泵为直列柱塞泵,由高压泵凸轮轴直接驱动。低压柴油泵供油压力为0.2MPa,高压泵供油压力为17.5MPa,喷油器为长型孔式喷油器。

为了保证柴油机在各种转速下都有最佳供油提前角,故在喷油泵传动系统中设置了喷油提前器。

喷油泵由曲轴后端斜齿轮驱动,传动平稳,供油准时正确。喷油泵配有波许公司生产的RQV型机械式调速器。

PE-P型高压泵主要由12个单元柱塞泵、油量调节机构、传动机构及泵体组成。

调速器装在喷油泵一端,与高压泵的凸轮轴相连接。它的功用是根据柴油机工况自动调节供油量,限制柴油机在一定转速范围内工作,并起稳定转速的作用。

柴油机工作时,负荷往往发生很大变化,如捣固车运行到上坡道时,负荷增加,此时,如不及时增加柴油机的供油量,则会造成转速下降;反之,当负荷减小时,如供油量不及时减小,则转速急剧上升,很容易造成飞车事故。

柴油机在工作过程中,在负荷变化的情况下,只依靠操作者调节供油量来保持稳定运转是不可能的。为此,必须安装调速器。当负荷发生变化时,能够自动调节供油量,以保持柴油机在一定转速内运转。

RQV型调速器是机械离心式全程调速器。它可以控制柴油机在规定转速范围内任意转速下稳定运转。

喷油提前器是按照柴油机转速变化自动调节喷油时间的装置。

发动机在工作中,如果采用一个固定不变的提前角供油,就会出现高速性能好,低速性能差,或者保证了低速性能,就会出现高性能不良的矛盾。因为,喷油提前角与发动机的转速有关。严格地说,应该每个转速都有其适当的提前供油角度。喷油提前器的作用就是使喷油角度随发动机转速上升而提前,保证高速时点火不致延迟,使燃烧完全;低速时提前角减小,可改善起动性能和低速稳定性。

B/FL513C柴油机采用机械离心式喷油提前器。其调节角度为0°~7°曲轴转角,提前作用转速为1200~2650r/min,调节开始速度为1100~1300r/min。喷油器又称喷油嘴,它将高压油泵来的燃油以雾状形态喷入燃烧室,使燃油在燃烧室与空气形成良好的混合气。

B/FL513C柴油机采用长型喷油嘴,如图2-5所示。

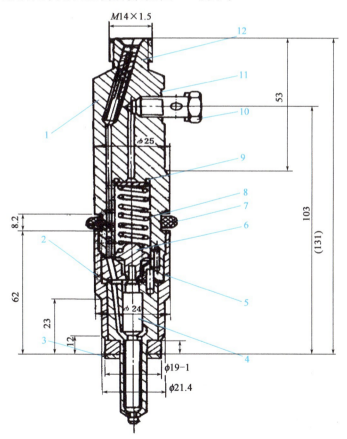

图2-5 喷油嘴(尺寸单位:mm)

1-喷油嘴体;2-紧帽;3-密封垫圈;4-喷油嘴偶件;5-接合座;6-推杆;7-密封圈;8-弹簧;9-调整锤;10-回油空心螺栓;11-垫圈;12-缝隙式滤清器

来自高压油泵的高压柴油经过缝隙式滤清器进入喷油嘴的油孔,通过接合座油孔进入针阀体的汇油槽。当油压达到(23.5+8)MPa时,针阀克服弹簧的张力开启,燃油喷入燃烧室。针阀开启程度受到接合座下端面限制。从针阀偶件颈部漏泄的油经喷油嘴体上的回油孔回油。

喷油嘴用叉形压板装在缸盖安装孔中。在实际使用中的柴油常常混入不少灰尘和杂质,这对供油系统中的精密配合件十分有害,影响供油系统正常工作。因此,进入高压油泵的柴油必须经过滤清器过滤。

柴油滤清器有粗滤器和精滤器两种,粗滤器为金属网式,可以清洗后重复使用,其结构为杯式。

柴油精滤器为串联复式滤清器,柴油首先经过第一级毛毡芯滤清,然后通过油道进入第二级纸滤芯,二次滤清后的柴油进入高压油泵。

6. 冷却系统

柴油机工作时,气体燃烧的最高温度可达2000℃左右,使直接与燃烧气体接触的零件(如活塞、汽缸盖、缸套、气门等)强烈受热,如果不采取冷却措施,将会产生一系列严重后果:

(1)在高温下零件的刚度和强度显著下降,以致发生变形和破裂。

(2)零件受热后要膨胀,温度越高,膨胀量越大,以致破坏零件之间的正常配合间隙。如温度过高时出现活塞在缸套中卡死的现象。

(3)润滑油在高温下容易氧化变质,使黏度下降,润滑条件恶化,摩擦和磨损加剧。

(4)汽缸内温度过高,新鲜气体受热膨胀,比体积增加,使吸入汽缸内的新鲜气体质量减少,功率降低。

由此可见,不进行冷却,柴油机就根本不能进行正常工作。但是,冷却过度,柴油机在过冷的情况下工作时,也将产生下列不良后果:

(1)汽缸内温度过低,不利于可燃混合气的形成和燃烧,使燃油消耗量增加。

(2)机油黏度大,零件运转阻力增加,因而减少了柴油机的输出功率。

(3)传走的热量增加,转变为机械功的热量减少,造成过高的散热损失。

(4)燃烧后废气中的水蒸气和硫化物在低温时易凝结成亚硫酸,造成零件腐蚀,因此,汽缸长期在低温下工作时也很容易被磨损。

综上所述可知,保持温度正常,是保证柴油机良好工作的一个重要条件。温度正常和温度反常(过热和过冷)也是柴油机工作中始终存在的一对矛盾,冷却系统就是要解决这个矛盾,使柴油机始终保持在正常温度下工作。

道依茨B/FL513C系列风冷柴油机的冷却系统主要由冷却风扇、机油散热器、中冷器、液压油散热器、排气节温器(或电控节温器)、各种挡风板及汽缸套、汽缸盖上的散热片等组成。图2-6为冷却系统的组成与冷却空气的流通状况图。汽缸盖、汽缸套、中冷器、机油散热器、前后挡板和顶盖板等组成风压室,冷却风扇产生的冷空气储积在风压室内,并建立起一定的风压室压力。风压室压力按各部件通道阻力的大小分配不同的风量,保证各部件都能得到可靠的冷却。

冷却系统采用了节温器自动调节风量的液力传动高效风扇作为主要冷却手段,并且,为增加散热面积,提高散热效率和确保冷却系统工作可靠,在汽缸盖、汽缸套上布置了精心设计的大面积散热片,并布置了冷却空气导流装置、温度监测警报系统等。汽缸盖和汽缸套迎风面无导流装置,而在背风面设有挡风板,用以调节冷却强度和风量分配。

冷却风扇吸入的冷却空气,经冷却系统中各散热器后,带走散热片上的热量,散发到大气中。冷却空气在柴油机上的流通状况可以从图2-6中看出,废气自由地由柴油机两侧排出,或沿一定的排气道排出,以避免排出的热气重新被吸入,形成热循环。

道依茨风冷柴油机冷却空气流通路线如下:

大气→风扇静叶轮→风扇动叶轮→汽缸盖／汽缸套／机油散热器／中冷器／辅件／漏损

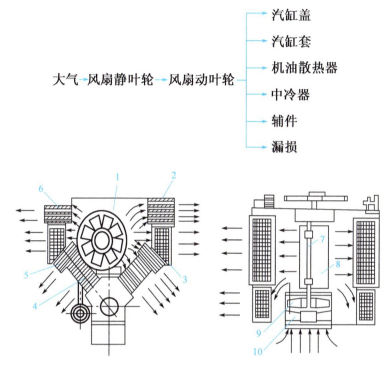

图2-6 发动机冷却系统的组成与冷却空气流通图

1-风压室;2-液压油散热器;3-机油散热器;4-汽缸套;5-汽缸盖;6-中冷器;7-传动轴;8-喷油泵;9-冷却风扇静叶轮;10-前置静叶轮

B/FL513C型柴油机用能自动调节风量的液力传动风扇作为冷却风源,在汽缸盖、汽缸套上设计有散热片,并有冷却空气导流装置。

冷却风扇为液力传动轴流式压风风扇。风扇转速随着发动机排气温度的变化自动进行调节,使发动机保持适当的温度。图2-7所示为冷却风扇总成。冷却风扇设计有前置式静叶轮导流装置。

前置静叶轮起导流作用,避免冷空气直接吹向风扇叶片,提高风扇效率;同时减少叶轮出口圆周速度的动能,以提高风压力。

风扇水平安装在曲轴箱上部汽缸排V型夹角中间,利用风扇外壳,安装在附件托架上。

风扇的传动采用了液力耦合器、橡胶联轴器、钢片凸缘弹性联轴器等挠性元件,从而解决了柴油机转速变化时,由于风扇转动惯量大,造成风扇传动系统的断轴、打齿等问题。采用液力耦合器,可以根据发动机热状态自动地调节风扇转速,在小负荷时减少驱动风扇消耗的功率,提高柴油机的经济性。

风扇液力耦合器如图2-8所示,由泵轮、涡轮、外壳和传动轴组成。

在泵轮与涡轮之间充注机油,机油是从主油道流入泵轮与涡轮之间的。当泵轮旋转时,充注在泵轮内的机油顺泵轮内腔作旋转运动,同时随泵轮一起做圆周运动。从泵轮中出来的机油进入涡轮,并顺着涡轮的内腔继续作旋转运动,从而带动涡轮也随着一起旋转传递力矩。涡轮的转速根据充注油量的大小而改变,但其转速总是小于泵轮转速。

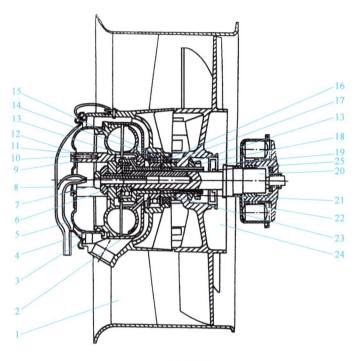

图 2-7 冷却风扇总成

1-风扇静叶轮组合件;2-液力耦合器;3-护罩密封圈;4-滤清器密封圈;5-滤清器罩;6-耦合器垫;7-驱动轴紧固螺钉;8-风扇护罩;9-定位螺栓;10-螺钉;11-垫圈;12-滤清器压圈;13-中间环;14-弹性卡圈;15-轴承;16-油封;17-中间套;18-垫圈;19-自紧油封;20-驱动轴;21-螺母;22-橡胶柱;23-上密封圈;24-动叶轮;25-油封弹簧

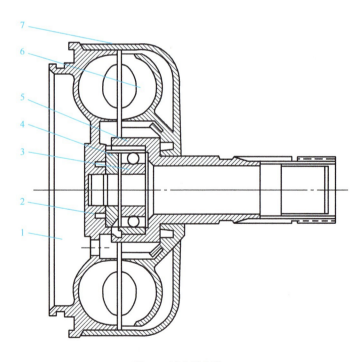

图 2-8 液力耦合器

1-泵轮;2-压圈;3-轴承;4-轴承挡圈;5-传动轴;6-涡轮;7-外罩

二、传动系统

大型捣固车需要占用封闭区间进行线路维修作业,为了减少线路封闭后的辅助作业时间,要求捣固车能迅速到达或离开作业地段,所以捣固车必须具有高速行驶的功能。

1. D08-32 型捣固车

D08-32 型捣固车的捣固作业为步进式,作业过程中要频繁起动和停车。这就要求作业走行速度低,改变走行方向容易,操纵简单。

某一种传动系统很难满足高、低速走行两种工况的要求,因此,捣固车具有高、低速走行两套传动系统。D08-32 型捣固车高速走行采用液力机械传动,即在机械传动系统中加入液力变矩器,使发动机输出的功率通过液力变矩器再传入机械传动系统,大大改善了机械传动的性能。低速走行采用静液压传动。

图 2-9 所示是 D08-32 型捣固车动力传动系统。其中高速走行是液力机械传动,由液力机械变速箱、分动齿轮箱、传动轴、车轴减速箱、轮对等组成。

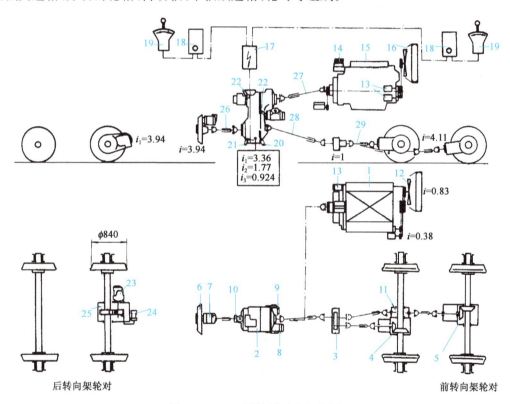

图 2-9 D08-32 型捣固车动力传动系统

1-柴油机;2-液力机械变速箱;3-分动箱;4、5、25-车轴减速箱;6-减速箱;7、23-油马达;8、9、10-油泵;11-过桥传动轴;12-液压油冷却风扇;13-发电机;14-空气压缩机;15-机油散热器;16-液压油散热器;17-电气接线盒;18-电气开关;19-变速操纵盒;20-走行离合器操纵杆;21-作业走行离合器操纵杆;22-油泵离合器操纵杆;24-齿轮离合风缸;26、27、28、29-传动轴

当传动系统转换为高速自行工况时,通过操纵杆 22、21 使液压泵离合器和液压马达离合器松开,操纵汽缸 24 使作业走行液压马达 23 的小齿轮与车轴齿轮分离,通过操纵杆 20 使动力输出离合器接合。此时,柴油机的动力经传动轴到液力机械变速箱,再经分动齿轮箱分为两路,通过传动轴分别传到前转向架的 1 轴和 2 轴车轴减速箱,驱动车轮前进。

为了增加捣固车的黏着牵引力,高速走行为两轴驱动,两轴驱动容易产生寄生功率,为此大多数 D08-32 型捣固车采用差速分动箱,来消除寄生功率。有些捣固车为了简化结构装有无差速机构的分动箱,如引进技术生产的捣固车,就装有无差速机构。

捣固车的高速走行有两种工况,即自行高速走行工况和拖挂高速运行工况。

自行高速走行时首先把后司机室内的走行工况气动转换手柄置于高速走行位,则汽缸 24 动作,脱开辅助作业走行液压马达 23 的离合器;操纵手柄 21,使作业走行液压马达 7 与变速箱脱开,操纵手柄 22,使作业液压泵与变速箱连接的离合器脱开(机械式离合器);选择前进方向的司机室进行驾驶。驾驶时把开关钥匙插入控制总开关 18,接通变速操纵盒 19 的控制电路,当变速手柄放在前进一挡位时,动力换挡变速箱内的前进离合器和一挡离合器接合,柴油机的动力传动路线为传动轴→液力变矩器→变速箱→输出传动轴→分动差动箱→传动轴→车轴齿轮箱,驱动轮对前进。

长距离转移工地时,捣固车挂在列车尾部,在机车牵引下,捣固车拖挂高速运行。这时捣固车必须可靠地处在拖挂运行工况。操作操纵杆 20,使输出传动轴与变速箱的连接离合器脱开(机械式离合器),必要时离合器操纵杆加锁固定,从车轮反传来的转矩被截止。

捣固车挂在列车后部拖挂运行时,最大允许运行速度为 100km/h。自行高速走行速度为 80km/h。前后司机室均有制动操纵机构和换挡操纵盒,在改变行驶方向时不用掉头转向,只要改变司机室即可。

2. D09-32 型捣固车

图 2-10 所示是 D09-32 型连续式捣固车动力传动系统。其中高速走行是液力机械传动,由液力机械变速箱、分动齿轮箱、传动轴、车轴减速箱、轮对等组成。

高速走行系统的传动线路为:发动机至传动轴至液力变矩箱,如图 2-11 所示,图中①为传动轴,②为液力变矩箱,③为液压泵分别通过离合器安装在液力变矩箱的箱体上;如图 2-12 所示,液力变矩箱的输出端通过离合器(图中①)与传动轴(图中②)、分动箱相连接;如图 2-13、图 2-14 所示,分动箱(图中①)的两个输出端分别通过传动轴②与Ⅱ轴车轴齿轮箱、通过传动轴③与Ⅰ车轴齿轮箱相连接,带动整车高速运行,本车最高自行速度为 90km/h。

```
                              ┌→ 传动轴 → Ⅱ轴车轴齿轮箱
发动机 → 传动轴 → ZF → 分动箱 ─┤
                              └→ 传动轴 → Ⅰ轴车轴齿轮箱
```

液力变矩箱的型号为 4WG65-Ⅱ,由带有自动锁闭离合器的液力变矩器和多速动力换挡变速箱组成,换挡变速箱可实现三级变速,1 挡速比为 3.36;2 挡速比为 1.77;3 挡速比为 0.924。该变速箱上设有三个取力口,如图 2-15、图 2-16 所示,分别通过离合器安装了三台液压泵,为整车的液压动力源。其中一个离合器为常闭,无控制操纵杆;另外两个均可通过操纵杆控制,如图 2-15 中的②、③,图 2-16 中的①、②所示,当捣固车被联挂时,离合器处于脱开状态,液压泵不工作。变速箱的末级分别装两个离合器,分别为工作走行离合器,如图 2-17 所示(图中①为控制汽缸,②为离合器)和联挂走行离合器,如图 2-18 所示(图中①为离合器,②为控制机构),当高速走行时,工作走行离合器处于脱开状态,工作走行装置不参与工作,而联挂走行离合器处于闭合状态;当捣固车被联挂时,工作走行离合器和联挂离合器都处于脱开状态,以保证工作走行装置和液力变矩箱不参与工作;当捣固车作业时,工作走行离合器处于闭合状态,同时切断来自动力换挡变速箱的动力,而联挂离合器处于闭合状态,工作装置的动力通过传动轴、分动箱等直接驱动Ⅰ、Ⅱ轴走行。

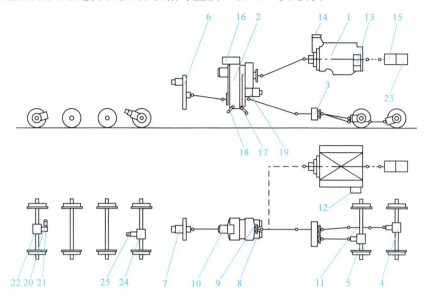

图 2-10 D09-32 型连续式捣固车动力传统系统

1-柴油发动机;2-三速带变扭器的动力换挡变速箱;3-分动齿轮箱;4、5-车轴齿轮箱(前转向架);6-减速齿轮箱;7-用于作业驱动的液压马达;8-用于右捣固驱动、外镐夹实内镐张开的三联液压泵;9-用于空调、夯拍驱动、左捣固驱动的三联液压泵;10-用于作业回路(14MPa)的双联液压泵;11-中间驱动轴;12-发电机(二个;DC28V 55A DC28V 120A);13-发电机(一个;DC28V 55A);14-空气压缩机;15-作业走行液压泵离合器;16-换挡控制箱;17-末级驱动离合器(手动操纵);18-液压作业驱动离合器(气动操纵);19-液压泵离合器(手动操纵);20-用于附加的作业驱动液压马达;21-附加的液压作业驱动离合器(气动操纵);22-车轴齿轮箱;23-作业走行驱动泵;24-工作小车车轴齿轮箱;25-工作小车走行液压马达

图 2-11 传动轴、液力变矩箱、液压泵安装位置
①-传动轴;②-液力变矩箱;③-液压泵

图 2-13 中的①为分动箱,用一对圆柱直齿轮将输入动力分两路输出,其中一路经传动轴(图 2-11、图 2-12 中的②)传递到前转向架的Ⅱ轴车轴齿轮箱(图 2-17 中的①);另一路经传动轴(图 2-13、图 2-14 中的③)、过桥(图 2-17 中的②)、万向联轴器(图 2-19 中的①)、传动轴(图 2-20 中的④)传递到前转向架的Ⅰ轴车轴齿轮箱(图 2-21 中的①)。这种分动箱结构简单、传动效率高、造价低。

图 2-12 液力变矩箱与传动轴、分动箱的连接
①-离合器;②-传动轴

图 2-13 分动箱与两个传动轴连接
①-分动箱;②、③-传动轴

图 2-14 分动箱通过两个传动轴分别与Ⅰ轴车轴齿轮箱、Ⅱ轴车轴齿轮箱连接
②、③-传动轴

图 2-15 液力变矩箱的三个取力口
①-液压泵;②、③-操纵杆

图 2-16 液力变矩箱的离合器、操纵杆位置
①、②-液压泵

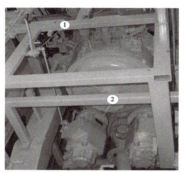

图 2-17 动力换挡变速箱的工作起行离合器和控制汽缸
①、②-操纵杆

图 2-18 动力换挡变速箱的联挂走行离合器和控制机构
①-控制汽缸；②-离合器

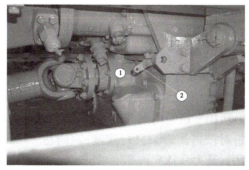

图 2-19 变速箱输出轴端与控制杆接头
①-万向联轴器；②-控制机构

车轴齿轮箱是走行传动系统的最后一环,它的作用是将传动轴传来的动力降低转速增大转矩,驱动轮对转动。捣固车前转向架Ⅰ、Ⅱ轴车轴齿轮箱在高、低速走行时都通过它传递动力,称为主传动车轴齿轮箱。主传动车轴齿轮箱为一级螺旋锥齿轮减速,其速比为3.09。如图2-20、图2-21所示,为平衡车轮转动时由于牵引力对主传动车轴齿轮箱产生的反转矩,每个主传动车轴齿轮箱上都安装有扭力板(图2-20中的③和图2-21中的①),通过减振垫与转向架上的支座相连。减振垫的弹性要适当,弹性过大会因车轴齿轮箱的旋转角度过大而影响传动轴的正常工作;弹性过小会因转向架的振动而引起扭力板受力过大,容易损坏减振垫。因此,要定期检查减振垫的弹性,调整减振垫的压紧力。

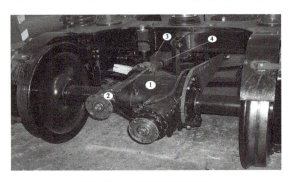

图2-20　Ⅰ、Ⅱ轴车轴齿轮箱
①-车轴齿轮箱;②-过桥;③-扭力板;④-传动轴

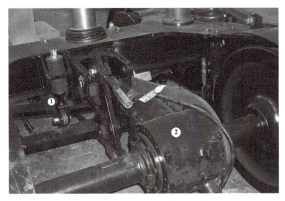

图2-21　Ⅰ、Ⅱ轴车轴齿轮箱
①-扭力板;②-车轴齿轮箱

3. CD08-475型道岔捣固车

大型养路机械是占用封闭区间进行道岔维修作业的,为减少其封闭后的辅助作业时间,要求捣固车能迅速到达或离开施工地段。所以,其本身具有高速行驶能力。

自行高速走行时必须先脱开后转向架作业、辅助作业走行液压马达的离合器;选择前进方向的司机室进行驾驶。驾驶时把将总电气开关打开,接通变速操纵盒的控制电路,当变速操纵杆置于一挡位时,动力换挡变速箱内的前进离合器和一挡离合器接合,柴油机的动力逐步传送至前转向架,驱动轮对前进。最大自行速度:双向达80km/h;拖挂高速时必须断开末级驱动机构后方才能牵引,最大联挂允许速度(处于列车编组尾部):100km/h。

CD08-475型道岔捣固车高速走行时,柴油发动机的动力通过液力变矩器传入动力换挡变速箱,经过减速后,由万向传动轴Ⅱ传至分动齿轮箱后将动力分成两路,一路经过传动轴

Ⅲ到达前转向架2轴的车轴齿轮箱,另一路经过传动轴Ⅳ、过桥传动轴和传动轴Ⅴ到达前转向架1轴的车轴齿轮箱,共同驱动轮对转动,驱使道岔捣固车高速运行,如图2-22所示。

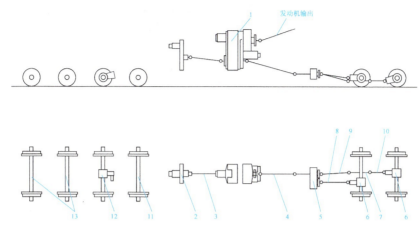

图2-22　CD08-475型道岔捣固车高速传动示意图

1-液力变矩器及动力换挡变速箱;2-齿轮减速箱;3-万向传动轴Ⅰ;4-万向传动轴Ⅱ;5-分动齿轮箱;6-前转向架车轴齿轮箱;7-过桥传动轴;8-万向传动轴Ⅲ;9-万向传动轴Ⅳ;10-万向传动轴Ⅴ;11-后转向架车轮对;12-后转向架车轴齿轮箱;13-材料车轮对

4. 液力机械传动的主要特点

液力机械传动与机械传动相比较具有以下特点:

(1)能在一定范围内根据行驶阻力的变化,自动进行无级变速,低速时大转矩,高速时小转矩,因此,能使发动机经常在选定的工况下工作,能防止发动机过载熄火。这不仅提高了发动机的功率利用率,而且减少了换挡次数。

(2)液压变矩器利用液体作为传递动力的介质,输出轴和输入轴之间没有刚性的机械连接,大大降低了动力传动系统的冲击载荷,提高了零件的使用寿命。根据载货汽车的统计,液力机械传动和机械传动相比,发动机寿命增长47%,变速箱寿命增长400%。

(3)由于液力变矩器具有一定的变速能力,故对同样的变速范围,可以减少变速箱的挡位数。

(4)起步平稳,并可得到任意小的行驶速度,加速迅速、均匀。

(5)在任何挡位都可以进行制动,操纵简单,可以实现远程操纵,减轻了司机的疲劳,有利于行车安全。

与机械传动相比,液力机械传动的缺点是结构复杂,传动效率低。

5. 高速走行时的牵引特性

捣固车自行高速走行时前转向架为动力转向架,自行高速走行时的最大轮周牵引力不会大于前转向架的黏着牵引力。

捣固车在高速工况下的使用条件变化较大,诸如线路坡度、线路质量、牵引质量等,这就要求捣固车的轮周牵引力和车速能有较大的变化范围,且能保证及时地适应不同的运行情况。车辆的牵引力和车速的关系曲线称为牵引特性曲线。以牵引力为纵坐标、牵引速度为横坐,标绘制出来的理想的牵引力特性曲线呈双曲线型。

ZF4WG-65B型动力换挡变速箱有四挡,而在捣固车上只用二、三、四挡。对应于不同的挡位,有不同的牵引力和运行速度。

根据牵引特性曲线,可以计算出在不同线路坡度上以不同速度行驶时的牵引质量,表2-3是普拉塞公司提供的在不同线路坡度上不同行车速度时的牵引质量。

在不同牵引质量和坡度上的运行速度表　　　　　表2-3

自重(53t)+牵引质量	线路坡度(%)							
	0	0.5	1	1.5	2	2.5	3	3.5
	运行速度(km/h)							
自重(t)	90	74	52	47	44	30	26	25
20	82	60	46	26	25	24	23	15
40	76	58	45	25	24	22	12	10
60	70	SO	30	24	20	10		
80	63	57	25	23	10			
100	58	52	22	12				

6.作业走行传动系统

捣固车捣固作业时,为了使捣固镐头对准轨枕空间,捣固车需要向前或向后稍微移动。所以捣固车在作业中要频繁起动、制动或换向,这就要求走行操作要简单灵活。液压传动能够满足这些要求,所以现在的大型捣固车作业走行都采用液压传动。

1)液压传动的特点

液压传动与液力机械传动相比有以下特点:

(1)能实现无级变速,转速调节范围大,并能实现微动,而且在相当大的转速范围内保持较高的效率。

(2)利用液压传动系统本身,可以实现制动。

(3)体积小、质量轻、惯性小、动作灵敏,可以高速起动和快速换向。

(4)能在低速下稳定运转,能实现过载保护,操作和换向非常方便。

2)D08-32型捣固车作业走行动力传动路线

作业走行时,首先把运行作业工况的转换开关置于作业位(图2-9),经汽缸使液压马达的离合器接合,操纵杆21使液压马达7与变速箱的离合器接合,操纵杆使作业液压泵离合器接合。此时必须摘掉控制总开关的钥匙,切断动力换挡变速箱的换挡控制阀电信号,则变速箱内的液压离合器均脱开,亦使齿轮与轴脱开,切断柴油机的功率传递。当踏下作业走行控制踏板时,电磁换向阀动作,两台液压马达同时接通压力油。液压马达7的动力传动路线是:减速箱6(i=3.94)→传动轴→动力换挡变速箱的输出轴→传动轴→分动差速箱→传动轴→车轴齿轮箱驱动前转向架。同时液压马达23驱动后转向架的一根轴,增加轮周牵引力。

作业走行的两台液压马达各为独立的开式油路,节流调速。在作业中如果一台液压马达出问题,另一台液压马达仍然可以工作。

作业走行速度为3～8km/h,根据线路坡度可以调节走行速度。调节时以车轮转动不打滑时的速度为好。

液压马达采用丹弗斯公司(DANFOSS)生产的OMV型摆线齿轮液压马达(国产型号为BM-E),这是一种低速大转矩液压马达,具有起动特性良好、低速转速稳定、调速平稳等优点。减速箱6为一级直齿轮减速,减速比为3.94,液压马达装在减速箱体上,直接与主动齿轮连接。此时,液力机械变速箱内的三、四挡输出离合器和制动器都离开,而手动齿轮离合器21和20接合,从减速箱6输出的转矩,经过传动轴29驱动液力机械变速箱内的输出轴,直接输出,经过传动轴28,输入分动箱3。

液压马达23安装在车轴齿轮箱体上,该车轴齿轮箱为一级直齿轮减速。捣固车处在作业工况时,用汽缸24推动车轴齿轮箱内的主动齿轮与车轴齿轮啮合。

早期引进的D08-32型捣固车的车轴齿轮箱都采用相同的螺旋锥齿轮减速,而液压马达是经过橡胶联轴器与气动齿轮离合器连接,如图2-23所示,汽缸动作时,通过拨叉3使滑动内齿轮5与外齿轮6接合或是离开。

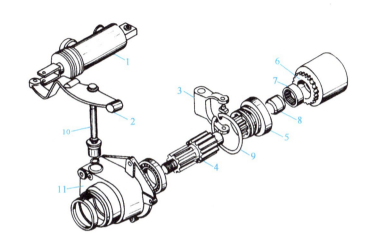

图2-23 气动齿轮离合器
1-汽缸;2-摇臂;3-拨叉;4-花键轴;5-内齿轮;6-外齿轮;7-轴承;8-轴承内圈;9-孔用挡圈;10-拨叉轴;11-箱体

从图中看出,外齿轮6通过轴承7和轴承内圈8装在花键轴4的端头轴颈上,以保证内外齿轮的同心度,使离合器工作可靠。拨叉3装在拨叉轴10上。当汽缸活塞杆动作时,推动摇臂2转动拨叉轴,使滑动内齿轮5移动,当内外齿轮全接合或离开时,摇臂同时触动限位开关,发出离合器工作状态的信号。捣固车液压马达为OMV-630型,额定转矩为1260N·m。

3)D09-32型连续式捣固车的作业走行动力传动路线

D09-32型连续式捣固车主机采取闭式静液压驱动;小车采取开式静液压驱动。驱动是从液压马达传到减速箱,经万向轴传递至动力传动系统。辅助驱动装置安装在材料小车上。卫星小车由液压马达驱动。其驱动路线为:

发动机→双变量柱塞泵→液压马达→减速箱→万向传动轴→Ⅰ轴、Ⅱ轴车轴齿轮箱
　　　　　　　　　　→液压马达→材料车车轴齿轮箱

D09-32型连续式捣固车的作业走行系统由三部分组成:作业主驱动系统、材料车辅助驱动和工作小车辅助驱动。

D09-32型连续式捣固车作业主驱动系统主要由液压马达、作业驱动减速箱、传动轴(图2-24中的①、②、③)等构成。作业驱动减速箱为一级圆柱齿轮减速,其传动比为3.79。液压马达产生的动力经减速箱减速后通过传动轴、离合器、分动箱、驱动前转向架Ⅰ、Ⅱ轴车轴齿轮箱低速走行。

D09-32型连续式捣固车材料车辅助驱动由液压马达、汽缸挂挡装置及车轴齿轮箱等组

成。如图 2-25 所示,液压马达(图中①)直接安装在齿轮箱(图中②)箱体上;如图 2-26 所示,在齿轮箱的箱体另一侧与液压马达对应的位置,装有汽缸(图中①)和挂挡机构(图中②),汽缸推动挂挡机构动作。当挂挡机构闭合时,液压马达通过齿轮箱驱动轮对转动。当捣固车高速运行或被联挂时,挂挡机构脱开,液压马达不参与工作。该车轴齿轮箱为一级圆柱齿轮减速,其传动比为 3.94。

D09-32 型连续式捣固车的工作装置(图 2-27)均安装在工作小车上,为实现工作小车与主车之间的相对运动,工作小车上也装有辅助驱动轮对,如图 2-26 所示,其结构和工作原理与材料车辅助驱动系统基本相同,唯一不同的是在液压马达与车轴齿轮箱之间加装了一个小型齿轮箱。另外,为平衡车轮转动时由于牵引力对车轴齿轮箱产生的反转矩,材料车辅助驱动和工作小车辅助驱动都装有如图 2-28 所示的转矩支座(图中④)和连接板。

图 2-24 D09-32 连续式捣固车的转动轴
①-液压马达;②-作业驱动减速箱;③-传动轴

图 2-25 D09-32 型连续式图捣固车的液压马达和齿轮箱安装位置
①-液压马达;②-齿轮箱

图 2-26 D09-32 型连续式捣固车安装的小型齿轮箱
①-汽缸;②-挂挡机构

图 2-27 D09-32 型连续式捣固车工作装置

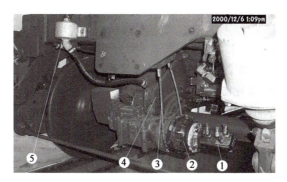

图 2-28 D09-32 型连续式捣固车装有转矩支座和连续板
①-液压马达；②-联轴器；③-保险绳；④-扭矩支座；⑤-注油口

4）CD08-475 型道岔捣固车的作业走行动力传动路线

作业走行主驱动系统的动力传动路线为：三联油泵输出的压力油传送到安装在作业齿轮减速箱上的定量柱塞液压马达中，驱动液压马达运转，输出的动力经齿轮减速箱、万向传动轴Ⅰ、动力换挡变速箱的输出轴、万向传动轴Ⅱ传至分动齿轮箱，再经分动齿轮箱将动力分成两路，通过传动轴分别传到前转向架的 1 轴和 2 轴的车轴齿轮箱上，驱动前转向架转动，如图 2-29 所示。

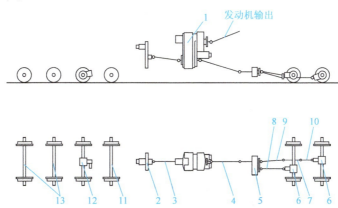

图 2-29 作业传动示意图

1-液力变矩器及动力换挡箱；2-齿轮减速箱；3-万向传动轴Ⅰ；4-万向传动轴Ⅱ；5-分动齿轮箱；6-前转向架车轴齿轮箱；7-过桥传动轴；8-万向传动轴Ⅲ；9-万向传动轴Ⅳ；10-万向传动轴Ⅴ；11-后转向架轮对；12-后转向架车轴齿轮箱；13-材料车轮对

作业走行辅助驱动系统的动力传动路线为:三联油泵输出的压力油传送到安装在后转向架 4 轴作业车轴齿轮箱上的液压马达中,直接驱动后转向架的一根车轴,以增加轮周牵引力,提高坡道的作业能力。

▶▶三、液力变矩器和动力换挡变速箱

液力变矩器是一种以液体作为工作介质的能量转换传递装置,即液力传动装置。它将发动机传来的机械能,通过能量输入部件,转变为液体的动能;再经能量输出部件,把液体的动能转换为机械能输出,经过机械传动系统传递给车轮。

1. 液力变矩器的结构与工作原理

液力变矩器由泵轮、涡轮、导轮等组成,它们的工作原理可以简单地理解为离心水泵和水涡轮的组合,所不同的是:取消了两者之间的连接管道,增加了一个导轮。液力变矩器内充满工作油液,液力变矩器不工作时,工作油液处于静止状态,不能传递任何能量。

如图 2-30 所示,液力变矩器工作时,发动机经传动轴带动泵轮旋转,并将发动机的转矩施加于泵轮,泵轮转动时,泵轮内的叶片带动油液一起做圆周运动,并迫使油液沿叶片间通道,由小半径向大半径方向流动。液体在泵轮中受到叶片给予的作用力,便产生加速运动,而泵轮又受到液流的反作用力,使泵轮产生转矩,这个泵轮转矩与柴油机驱动转矩保持平衡。工作油液经泵轮叶片的作用在离开泵轮时获得一定的动能和压力能,从而实现了将发动机的机械能转变为油液的压力能。

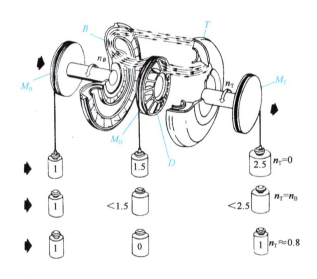

图 2-30 液力变矩器工作原理示意图

由泵轮流出的高速油流,经过由罩轮形成的无叶片区段射向涡轮叶片,对涡轮叶片产生冲击力和推动力,使涡轮旋转,其旋转方向与泵轮的旋转方向相同。油液推动力产生涡轮转矩时,即将液能转变为机械能输出。

液流从涡轮出口流出后,便进入导轮。如果导轮固定不动,则导轮转速为零,故在导轮中没有液能与机械能的转换;由于液流通过导轮叶片时,进、出口处速度的大小和方向发生变化,因而引起液流动量矩的变化,动量矩的变化使液流对导轮产生一个作用力矩,而导轮对液流产生一个反作用力矩 M_D。

导轮改变液流的动量矩的同时,还改变液流液能的形式,即将液流的压能转变为动能。

如果单向联轴器把导轮松开,导轮随液流一起空转,则导轮的反作用力矩 M_D 等于 0,导轮的上述作用也不存在。

液流从导轮流出后,重新流入泵轮。重复上述液体的能量变换过程,变矩器即可持续地运转工作。在液力变矩器中,泵轮、涡轮和导轮的工作过程,彼此互相联系,前一工作轮的出口液流状态决定后一工作轮入口液流状态。液流与工作轮叶片间的相互作用,完成能量和转矩的变化与传递。

W396 型液力变矩器的驱动功率 $N_B=300$kW,最大输入转速 $n_B=2500$r/min,涡轮输出转矩 $M_T=2500$N·m。

在液力变矩器中涡轮轴上阻转矩的变化不能透过变矩器而影响发动机,我们将这种特性称之为不可透特性;反之称为可透特性。把涡轮因负荷增大而涡轮转速下降时,转速比也随之下降而使发动机的负荷增大,称为正透;反之称为负透。

W396 型液力变矩器具有正透性,因此,要求多台机械连挂运行时,各车换挡要同步进行,否则在低挡位换高挡位时,若其中某台机械换挡滞后,将会被高速运行的车轮拖动,出现动力反传现象,使发动机转速突然升高,引起飞车事故。

另外在运行中,如果从高速挡换到低速挡,特别是跳挡时,变矩器的正透特性也会使发动机转速突然增大到危险的地步,所以从高速挡换到低速挡时,要适当地施加制动,使车辆减速。

2. 液力变矩器工作油液的补偿及冷却系统

液力变矩器的工作油液不仅是传递动力的介质,而且还是液力元件冷却、润滑和机械变速箱的控制系统的工作油液。

在液力变矩器内工作油液压力较低时,会发生气蚀现象,产生大量气泡,影响叶轮的正常工作,为了避免气蚀造成不良后果,需要采用补偿油泵,使工作油液以一定的压力进入变矩器中,以防止循环圆内压力过低而产生气蚀。此外,由于在变矩器中有功率损失,因而油液就被不断加热。补偿油泵的另一个作用是不断将工作液体从变矩器中引出,进行冷却。

1) 液力传动油

捣固车变矩器采用国产 8 号液力传动油,它是低黏度馏分润滑油经深度精制、脱蜡后制成的,具有较小的黏度比和较低的凝点,可以保证机械的低温起动性能。其主要理化性能如下:

(1) 密度:860kg/m³;

(2) 黏度:$v100=(7.5\sim9)\times1010^{-4}$m²/s;

(3) 黏度比:不大于 3.6;

(4) 闪点:不低于 150℃;

(5) 颜色:红色透明。

在使用中严禁与其他国内外液力传动油混合使用。

2) 工作油液的补偿及冷却系统

液力传动油的补偿系统是液力变矩正常工作必不可少的重要组成部分,它具有以下功用:

(1) 补偿液力变矩器的泄漏,保证变矩器内始终充满工作油液,并具有一定的压力,防止液力变矩器性能下降。

(2)带走液力变矩器因功率损失而产生的热量,使变矩器能持续运转。

(3)向控制系统和润滑系统供油。

液力变矩器在工作中,工作油液温度应保持在80～110℃,短时间内允许达到120℃。在各油路的不同位置设有油压力检测点,接上压力表可以检查各点的压力,测试时油温在80～95℃为好。

3)动力换挡变速箱

W360型和W396型变矩器所配的动力换挡变速箱是一样的。变矩器和变速箱连接成一体,变速箱由变速机构和电液换挡控制系统组成。

变速箱有三个取力口,可以安装三台液压泵,作为捣固作业时的液压动力源。液压泵直接安装在变速箱上,液压泵轴通过齿轮离合器与变速箱的轴连接。在非作业工况,把离合器松开,以避免液压泵工作。

捣固车高速自行时,捣固车作业走行液压马达的离合器脱开,与动力输出传动轴离合器接合。捣固车拖挂运行时,为了避免来自车轮的动力传入变速箱,必须把动力输出轴与变速箱的齿轮离合器脱开。齿轮离合器结构简单,手动操纵。

齿轮离合器的结构如图2-31所示,它由齿轮、内齿圈、滑环、拨叉、花键轴、滚珠等组成。

换挡变速箱可实现三级变速,变速箱在不同挡位的机械传动比如下:

(1)一挡传动比:6.429;

(2)二挡传动比:3.358;

(3)三挡传动比:1.768;

(4)四挡传动比:0.923。

变速箱有前进和后退各四挡,其对应挡的传动比相同。在捣固车上前进和后退的一挡没有使用,把二、三、四挡改为一、二、三挡使用。动力换挡变速箱工作可靠,结构紧凑,在各挡位都可以全功率换挡,工作寿命长,故障少。

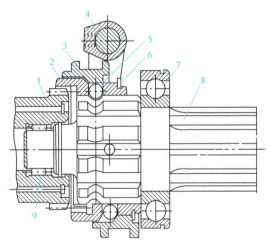

图2-31 齿轮离合器
1-齿轮;2-内齿圈;3-滑环;4-拨叉;5、7-滚珠;6-连接槽;8-花键轴;9-滑键

4)电气控制系统

动力换挡变速箱的电气控制系统,由挡位选择器、继电器、转速传感器、频压转换器、电子微型组件等组成,控制电压为24V。

电气控制系统对液力机械变速箱进行换挡控制和安全保护,具有以下控制保护功能:

(1)挡位选择器选择某挡位时,通过控制电路使相应的电磁阀通电,实现换挡操纵。

(2)根据涡轮转速自动地控制闭锁电磁阀的动作,现实液力变矩器闭锁离合器的闭锁和分离。

(3)运行中捣固车进行制动时,制动风压达到0.25MPa时,自动切断电磁阀控制电路,使换挡液压离合器分离。因此,变速箱在任何一个挡位工作都无需退到空挡位就可以对车辆进行制动,简化了操纵过程。

(4)液力变矩器的液压系统油压和油温过高以及滤清器堵塞报警时,自动地切断电磁阀的控制电路,使变速箱脱离传动。

(5)油压走行液压马达的驱动离合器未松开,及其他保护装置未到正确保护位置时,控制电路不通,使变速箱不能换挡。

(6)车速在零位时,才能进行换向操纵。

(7)用钥匙开关使其中一个挡位选择器工作。

(8)涡轮转速下降到1400r/min以下时,才能换入低挡位。

5)挡位选择器

两个SG-6S型挡位选择器分别装在前后司机室的操纵盘上,因此,在前后司机室里都可以进行换挡操纵,其他电器集中装在B28控制箱内。

SG-6S型挡位选择器由微动开关、齿轮变位机构、手柄等组成,如图2-32所示。

在挡位选择器上Ⅳ表示空挡位,y表示前进挡,R表示后退挡。当操纵手柄置于某挡位时,齿轮变位机构将对应的微动开关闭合,接通电磁阀的控制电路,电磁阀动作。

▶▶ 四、分动齿轮箱、车轴齿轮箱及传动轴

捣固车高速运行时前转向架为主动转向架,故后转向架的两个轮对均为主动轮对。液力机械变速箱至车轴齿轮箱之间装有分动齿轮箱。液力机械变速箱输出的动力经过分动齿轮箱传递到两个车轴齿轮箱。

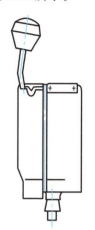

图2-32 挡位选择器

1.分动齿轮箱

捣固车的分动齿轮箱,用一对圆柱直齿轮将输入动力分两路输出,传递到前转向架的两个车轴齿轮箱,这种分动齿轮箱结构简单、造价低。分动齿轮箱位于液力机械变速箱与主传动车轴齿轮箱之间,通过支承座和橡胶减振器固定在车架的副梁上,传动比为1∶1。在高速走行动力传动系统中,分动齿轮箱的作用是将液力机械变速箱输出的转矩,通过传动轴分别传递给主动转向架的两个主传动车轴齿轮箱,驱动轮对转动。分动齿轮箱使用SAE90齿轮油,容量为1.8L。

分动齿轮箱由齿轮传动轴、轴承座、轴承、凸缘、箱体和密封件等部分组成,其结构如图2-33所示,箭头所指为转矩传递方向。

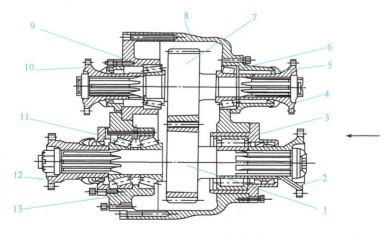

图2-33 分动齿轮箱结构图

1-齿轮传动轴Ⅰ;2、4、10、12-法兰盘;3、6、9、11-轴承;5-密封件;7-齿轮传动轴Ⅱ;8-箱体;13-轴承座

2. 车轴齿轮箱

1)D08-32 型捣固车

车轴齿轮箱是走行传动系统的最后一环,它的作用是将传动轴传来的动力降低转速增大转矩,使轮对转动。捣固车前转向架的 1、2 轴车轴齿轮箱在高低速走行时都通过它传递功率,高速走行时传递功率较大,故称为主传动车轴齿轮箱。后转向架的走行动力为液压马达,仅在作业低速走行时传递功率,故称为辅助驱动车轴齿轮箱。

(1)主传动车轴齿轮箱。主传动车轴齿轮箱为一级螺旋锥齿轮减速,其传动比为 4.11,主传动车轴齿轮箱传递功率大,小锥齿轮轴比辅助传动轴齿轮箱的小锥齿轮轴长,轴承的安装位置也不同,如图 2-34 所示。另外小锥齿轮轴的前端轴承,用飞溅润滑困难,故采用压力润滑,在轴齿轮箱内装有润滑油泵,润滑油经外部油管送到前端轴承处进行润滑。其润滑油泵由装在车轴上的凸轮驱动,车轴转一周,油泵工作一次。

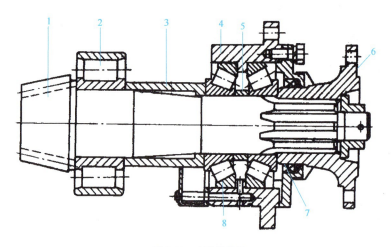

图 2-34 小锥齿轮轴
1-小锥齿轮轴;2-滚柱轴承;3-隔离套;4-轴承套;5-隔环;6-连接盘;7-油封;8-前端锥形轴承

(2)辅助传动车轴齿轮箱。后期引进捣固车的辅助传动车轴齿轮箱改为一级直齿轮减速,传动比为 3.94,其结构如图 2-35 所示。液压马达 7 装在箱体上,小齿轮 2 装在花键轴上,通过汽缸推动拨叉 4,使小齿轮 2 与大齿轮 14 接合或者分离,齿轮啮合和分离状态由装在箱体外部的接近开关控制,根据拨叉移动的不同位置发出电信号,在司机室控制盘上显示。

这种直齿轮减速的车轴齿轮箱结构简单,造价较低。

大齿轮与车轴采用过盈配合,热装配。

辅助传动轴齿轮箱使用 SAE-90 齿轮油,容量约为 6.5L。

2)D09-32 型连续式捣固车和 CD08-75 型道岔捣固车

车轴齿轮箱是动力走行传动系统的最后一环,它的作用是将传动轴传来的动力降低转速、增大转矩后,驱使轮对转动。道岔捣固车前转向架 1、2 轴上的车轴齿轮箱,在高、低速走行时都通过它们传递功率,高速走行时传递功率较大,故称为主传动车轴齿轮箱。后转向架 4 轴的走行动力为液压马达,仅在作业低速走行时传递功率,故称为辅助驱动车轴齿轮箱。

主传动车轴齿轮箱为一级螺旋锥齿轮减速齿轮箱,其结构如图 2-36 所示,它由箱体、小弧形齿锥齿轮输入轴、大弧形齿锥齿轮和轴承等组成,传动比为 1:3.73。

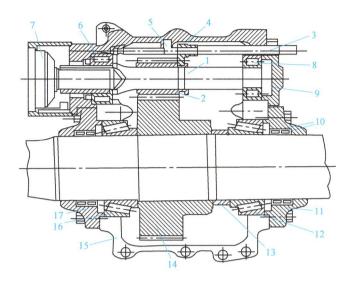

图 2-35 直齿轮车轴齿轮箱

1-花键轴;2-小齿轮;3-拨叉杆;4-二定位弹簧;5-连轴器;7-液压马达;6、8、12、16-轴承;9、11、17-轴承盖;10-密封圈;13-二间隔环;14-大齿轮;15-箱体

小弧形齿锥齿轮输入轴的前端,通过花键与凸缘相连,凸缘又经过传动轴与分动箱的输出轴连接在一起;小弧形齿锥齿轮输入轴的后端,与车轴上压装着的大弧形齿锥齿轮相啮合,带动车轴旋转。小锥齿轮轴的前端轴承用飞溅润滑困难,故采用压力润滑,在车轴齿轮箱内装有润滑油泵,润滑油经外部油管送到前端轴承处进行润滑。其润滑油泵由装在车轴上的凸轮驱动,车轴转一周,油泵工作一次。

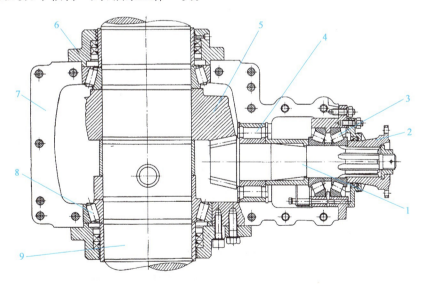

图 2-36 主传动车轴齿轮箱结构图

1-小弧形齿锥齿轮输入轴;2-凸缘;3、4、8-轴承;5-大弧形齿锥齿轮;6-端盖;7-箱体;9-车轴

辅助驱动车轴齿轮箱为一级直齿轮减速齿轮箱,其结构如图 2-37 所示。液压马达 7 装在箱体上,小齿轮 2 装在花键轴上,通过汽缸推动拨叉 4,使小齿轮 2 与大齿轮 14 接合或者分离。齿轮啮合和分离状态由装在箱体外部的接近开关根据拨叉移动的不同位置发出电信

号,在司机室控制面板上显示。

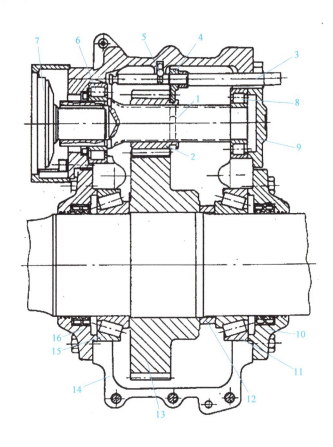

图 2-37 辅助驱动车轴齿轮箱
1-花键轴;2-小齿轮;3-拨叉杆;4-拨叉;5-定位弹簧;6、8、11、15-轴承;7-液压马达;9、10、16-轴承盖;12-间隔环;13-大齿轮;14-箱体

3)车轴齿轮箱的常见故障与分析

车轴齿轮箱的技术状态,直接影响到车辆的行车安全。车轴齿轮箱的损伤形式主要有箱体裂损、齿轮裂损、齿轮箱过热、挂脱挡机构工作不正常等。

(1)箱体裂损。车轴齿轮箱的箱体是铸钢件,由于铸造质量不良存在夹渣、砂眼、疏松等缺陷,以及铸造时产生的内应力,在齿轮箱运用中引起裂纹和破损。齿轮箱箱体裂损后将造成漏油或尘土侵入。

(2)齿轮裂损。车轴齿轮箱内的齿轮在工作中除承受很大的作用力外,还经受因轮对跳动而产生的冲击作用,特别是牵引主动齿轮和从动齿轮的工作负荷更大。齿轮裂损是齿轮损坏的主要形式,运用情况表明,大、小齿轮的损坏,约有 90% 是由于疲劳裂损引起的,而仅有 10% 是属于极限磨损引起,并且,齿轮的裂纹一般都产生于齿根部。

影响齿轮传动寿命的因素较多,如:

①齿轮加工的精度。磨削时应注意齿根部的圆弧过渡,防止应力集中。

②轮齿工作表面的硬度。

③齿轮的润滑条件。

④齿轮啮合的准确性。

⑤齿轮的材质及热处理质量。热处理时应严格控制齿根部应力最大处成为薄弱环节。

(3)齿轮箱过热。车轴齿轮箱在运用过程中,由于润滑不良和滚动轴承的损伤,将引起齿轮箱温度上升。当齿轮箱轴承部温度超过环境温度45℃时,就判为齿轮箱过热,需开箱检查。

4)挂、脱挡机构工作不正常

大型养路机械的挂、脱挡机构控制车辆运行速度的转换。若挂、脱挡机构工作不正常,不仅不能实现运行速度的转换,而且,有可能使啮合齿轮的轮齿咬合、折损,齿轮箱发生损伤,不能正常工作。

发生挂、脱挡机构工作不正常的主要原因有:

(1)组成零部件发生裂损、变形、弹性衰弱。

(2)拨叉两侧面磨损过大,拨叉头部的带孔紧固螺栓或定位销松动、脱出。

(3)拨叉相对于挂挡齿轮上拨叉槽的安装位置不正。

(4)挂挡离合器的接合、分离功能不正常。

5)车轴齿轮箱平衡杆

车轴齿轮箱体是用滚动轴撑支撑在车轴上,车轮转动时,由于受轮对牵引力的反转矩作用,齿轮箱有向下转动的趋势,因此,车轴齿轮箱必须用平衡杆来支撑,不能转动。

锥齿轮传动的车轴齿轮箱采用图2-38所示的平衡杆,平衡臂1装在车轴齿轮箱的轴端部,另一端用销轴与拉杆5连接,拉杆上装有减振垫与转向架横梁上的支座连接。

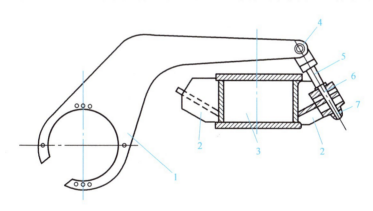

图2-38 平衡杆
1-平衡臂;2-支座;3-转向架横梁;4-销轴;5-拉杆;6-减震垫;7-螺母

当车轴齿轮箱转动时,其转动转矩通过平衡臂变为拉杆的拉力或者压力,再经减振垫传递给转向架横梁。

直齿轮减速的车轴齿轮箱的平衡杆系中取消了平衡臂,直接用拉杆与齿轮箱连接,结构简单,安装方便。

减振垫的弹性要适当,弹性过大会因车轴齿轮箱的旋转角度过大而影响传动轴的正常工作;弹性过小,会因转向架的振动而引起平衡杆受力过大,容易损坏减振垫。因此,要定期检查减振垫的弹性,调整减振垫的压紧力。

3. 传动轴

发动机、液力机械变速箱、分动齿轮箱、车轴齿轮箱之间用传动轴连接,组成传动系统,实现功率传递。由于各传动部件所处的位置不同,所以在传动系统中使用的传动轴有三种不同的结构形式。

发动机与液力机械变速箱之间距离固定,故采用定长万向传动轴;动力经过前转向架的二轴处采用过桥传动轴;其他地方由于传动部件之间的位置和距离要发生变化,故采用长度可伸缩的万向传动轴。

长度可伸缩的万向传动轴的结构如图2-39所示,它由两端的万向节及中间轴组成。

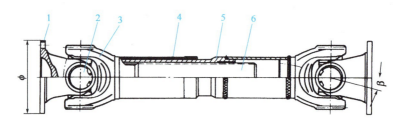

图2-39 可伸缩万向传动轴
1-连接盘;2-十字轴;3-叉形头;4-防尘罩;5-花键套;6-花键轴

万向节为刚性异步式,它由连接盘、十字轴、轴承、叉形头等组成。这种万向节结构简单,传递转矩大。

万向传动轴的主动轴作等角速度转动时,被动轴做周期性的不均匀转动。每转一周,被动轴两次超前和两次落后于主动轴,故称异步式万向轴。主动轴与被动轴的交角 β 愈大,则被动轴的转速愈不均匀,因而引起的冲击振动和附加转矩也愈大,所以单个万向节的工作是不理想的,故在两万向节之间加一中间轴。

中间轴用无缝钢管焊接,并装有可伸缩的花键轴。中间轴采用无缝钢管,可以减轻质量,并在直径相同的条件下,空心轴允许有较高的临界转速。

万向传动轴在高速重载下工作,所以要求新组装的万向传动轴必须经过动平衡试验,以提高转动平稳性和可靠性。定长万向传动轴的中间轴无花键轴,两叉形头焊在一根钢管上,结构更加简单。

过桥传动轴装在筒形的轴承箱内,两端有花键连接盘,筒形轴承箱通过弧形板与车轴齿轮箱连接。有的过桥传动轴上还装有运行速度传感器齿轮。

1)传动轴的常见故障

万向传动轴传递较大的动力转矩,其损伤形式主要有裂损、变形等。

(1)裂损。由于传动轴所受动载荷的作用,产生的应力较大,致使传动轴易于产生裂纹,甚至折断。

产生传动轴裂损的主要原因有:

①连接焊缝处,因焊接热应力产生裂纹。

②花键轴、花键套的材质不良,引起传动轴折断。

③所受转矩过大。

④传动轴安装位置不合适。

⑤传动轴不平衡量过大。

(2)弯曲变形。传动轴受力较大,易于产生弯曲变形,从而引起传动轴转动时的不平衡跳动,传动不平稳,噪声增大。

2)传动轴的检修

(1)传动轴的定期检修要求。

①传动轴转动时无异常,出现异常时应更换。

②传动轴各部出现裂纹及变形时,应更换传动轴总成。

③传动轴连接螺栓、螺母应紧固牢靠,防松装置应作用良好。

④发动机每运转100h,应向传动轴的万向节头加注钙基润滑脂。

⑤传动轴防护装置出现裂纹时,应焊补修复。

(2)传动轴的分解检修要求。

①将传动轴从传动系统中分离,解体并清洗其总成。

②探伤检查花键轴、花键套、万向节叉、十字轴及连接焊缝,发现裂纹时应更换相应零、部件或总成。

(3)花键轴、花键套上花键部分的径向圆跳动不得大于0.15mm,其他部分径向圆跳动应不大于1mm,变形超过限度时应调校。花键轴、花键套配合侧隙大于0.3mm及花键齿面严重拉伤时,应更换传动轴。

(4)万向节叉两轴承孔轴线与传动轴轴线的垂直度误差不得大于ϕ0.3mm。

(5)滚针轴承、轴承盖、油封等损伤时应更换。

(6)十字轴润滑油道应保持畅通;轴承安装面径向磨耗量超过限度要求时应更换。

(7)滚针轴承与十字轴及万向节叉轴承孔的配合间隙应符合限度要求,超过时更换部件或总成。

(8)防尘罩应完好,变形、腐蚀时更换。安装防尘罩时,两只卡箍收口应互为180°。

(9)重新组装传动轴时,在花键轴、花键套间应注入适量的润滑脂。

3)传动轴组装后应进行动平衡试验

(1)在转速为3000r/min时,传动轴每侧的不平衡量应不大于1290g·mm。

(2)用来校正不平衡量在轴管两端所焊的平衡片数目,每端不多于3片。

(3)平衡后,在两端的万向节叉与花键轴、花键套上做标记,以便拆装时保证原来的相对位置。

(4)传动轴往车上安装时,伸缩端应位于动力输入端;拆下的连接螺栓、螺母及锁定片应更换,应选用10.9级高强度螺栓,螺母符合DIN980要求。螺栓紧固力矩符合规定要求,即,M14螺栓紧固力矩为170N·m,M16螺栓紧固力矩为270N·m。

(5)传动轴万向节叉凸缘与其他配合凸缘接合面间隙符合限度要求。

(6)传动轴检修过程中不允许锤击轴身。

(7)传动轴防护装置出现裂纹时焊补修复。

知识拓展

1.热机

热机是指把热能转换成机械能的动力机械。蒸汽机、蒸汽轮机以及柴油机、汽油机等是热机中较典型的机型。

蒸汽机与蒸汽轮机同属外燃机。在该类机械中，燃烧（燃料的化学能转变成热能）发生在汽缸外部（锅炉），热能转变成机械能发生在汽缸内部。此种机械由于热能需经某中间工质（水蒸气）传递，必然存在热损失，所以它的热效率不高，况且整个动力装置十分笨重。在能源问题十分突出的当前，它无法与内燃机竞争，因而已经在船舶动力装置中消失。

汽油机、柴油机以及燃气轮机同属内燃机。虽然它们的机械运动形式（往复、回转）不同，但具有相同的工作特点——都是燃料在发动机的汽缸内燃烧并直接利用燃料燃烧产生的高温高压燃气在汽缸中膨胀做功。从能量转换观点，此类机械能量损失小，具有较高的热效率。另外，在尺寸和质量等方面也具有明显优势，因而在与外燃机竞争中已经取得明显的领先地位。

2. 汽油机

汽油机使用挥发性好的汽油做燃料，采用外部混合法（汽油与空气在汽缸外部进气管中的汽化器进行混合）形成可燃混合气。缸内燃烧为电点火式（电火花塞点火）。这种工作特点使汽油机不能采用高压缩比，因而限制了汽油机的经济性不能大幅度提高，而且也不允许作为船用发动机使用（汽油的火灾危险性大）。但它广泛应用于运输车辆。

3. 柴油机

柴油机使用挥发性较差的柴油或劣质燃料油做燃料。采用内部混合法（燃油与空气的混合发生在汽缸内部）形成可燃混合气；缸内燃烧采用压缩式（靠缸内空气压缩形成的高温自行发火）。这种工作特点使柴油机在热机领域内具有最高的热效率（已达到 55% 左右），而且允许作为船用发动机使用。因而，柴油机在工程界应用十分广泛。尤其在船用发动机中，柴油机已经取得了绝对领先地位。

4. 柴油机分类

(1) 按照工作循环分类：二冲程柴油机和四冲程柴油机。

(2) 按照汽缸数量分类：单缸柴油机和多缸柴油机。

(3) 按照汽缸排列方式分类：立式、卧式、直列式、斜置式、V形、X形、W形、对置汽缸、对置活塞等。

(4) 按照冷却方式分类：水冷柴油机和风冷柴油机。

(5) 按照进气方式分类：自然吸气式和增压式；增压式可分为低增压、中增压、高增压和超高增压等。

(6) 按照曲轴转速分类：高速机、中速机、低速机。

(7) 按照用途分类：固定式、移动式。

有效燃油消耗率 ge：单位有效功的耗油量称为有效燃油消耗率，通常以每千瓦小时所消耗的燃料质量来表示，其计量单位为 $g/(kW \cdot h)$。

15min 功率：在标准环境条件下，内燃机连续运行 15min 的最大有效功率；

1h 功率：在标准环境条件下，内燃机连续运转 1h 的最大有效功率；

12h 功率：在标准环境条件下，内燃机连续运行 12h 的最大有效功率；

持续功率：在标准环境[大气压力 0.1MPa，环境温度 298K（陆用内燃机）、318K（船用内燃机）]条件下内燃机以标定转速允许长期连续运行的最大有效功率。

15min 功率是对车用内燃机而言，如汽车、摩托车和摩托艇等在超车或追击时以最高速度行驶，在 15min 内允许以满负荷运行。在正常行驶过程中，按内燃机标定功率运转。对车用内燃机，通常以 1h 功率为标定功率，15min 功率作为最大功率，相应的转速为标定转速和最大转速。汽车经常处在低于标定功率下行驶，因此车用内燃机的标定功率可以标得高一些，以充分发挥内燃机的工作能力。船用主机、工程机械和机车通常以持续功率为标定功率，1 小时功率为最大功率。船舶在航行时对内燃机的耐久性和可靠性要求很高，使用功率不能标定得太高。使用功率的标定是一项复杂的工作。使用功率标定得越高，使用寿命越短。目前产品使用功率的标定是根据用户的要求和产品的性能，由生产厂标定。

我国现生产柴油机的功率覆盖面为 2.2～47280kW,柴油机的汽缸直径为 65～900mm,转速为 5.6～4400r/min。特点:易于起动、操作维护方便、结构紧凑、体积小、质量轻、便于运输安装、经济性好、使用范围广,是较理想的动力机械,广泛用作发电、船舶、机车、汽车、拖拉机和工程机械等动力。

根据英国劳氏船级社统计,1985 年全世界制造的船舶中(2000t 以上)以柴油机作为推进装置者占 99.89%,而到 1987 年 100% 为柴油机船。船用主机经济性、可靠性、寿命是第一位,尺寸、质量是第二位,低速机适用作船用主机,大功率四冲程中速机适用作滚装船和集装箱船,中、高速机适用作发电机组。柴油机通常具有以下突出优点:

(1)经济性好。有效热效率可达 50% 以上,可使用廉价的重油,燃油费用低。
(2)功率范围宽广,单机功率为 0.6～45600kW,适用的领域广。
(3)尺寸小,质量轻,有利于船舶机舱布置。
(4)机动性好。起动方便,加速性能好,有较宽的转速和负荷调节范围,可直接反转,能适应船舶航行的各种工况要求。

同时,柴油机也具有以下缺点:
(1)存在机身振动、轴系扭转振动和噪声。
(2)某些部件的工作条件恶劣,承受高温、高压并具有冲击性负荷。

练习题

1. 试着说说 B/FL513C 系列柴油机的主要技术性能。
2. 简单说说 08-32 型捣固车的动力传动路线。
3. 简单说说 09-32 型连续式捣固车的动力传动路线。
4. 简单说说 08-475 型捣固车的动力传动路线。
5. 什么是液力变矩器?
6. 试着说说液力变矩器的工作原理。
7. 试着说说分动齿轮箱的结构。

捣固车作业工作装置

【知识目标】
1. 熟悉捣固装置的结构、工作原理。
2. 掌握捣固车的捣固装置作业性能。

【能力目标】
1. 区分捣固装置、夯实装置和起拨道装置在不同车型上的位置。
2. 能分析捣固、夯实和起拨道装置对线路进行维护的作用。
3. 明确捣固装置作业的基本要求。

捣固车的工作装置包括捣固装置、夯实装置和起拨道装置。

捣固装置用于捣固钢轨两侧的枕底道砟,提高枕底道砟的密实度并与起拨道装置相配合,消除轨道的高低不平,增强轨道的稳定性。

夯实装置作用于道床肩部,通过夯实道床肩部的石砟来提高道床的横向阻力,增加轨道的稳定性。

起拨道装置作用于钢轨头部,使轨排产生位移,结合捣固作用,恢复轨道的几何尺寸,提高轨道的平顺性。

这三套工作装置可以同时工作,对线路进行捣固、夯实、起拨道综合作业。也可以单独进行捣固或是起拨道作业,但在单独捣固作业时,为了提高捣固质量,应有适当的起道量。所以,在一般情况下,捣固装置和起拨道装置是同时工作的。

▶▶ 一、捣固装置

1. D08-32 型捣固车

捣固装置是捣固车的主要工作装置。D08-32 型捣固车有两套捣固装置(图 3-1),左右对称地安装在捣固车的中部。每套捣固装置装有 16 把捣固镐,每次可以同时捣固两根轨枕,因此,又称为双枕捣固装置。

图 3-1　D08-32 型捣固车捣固装置

1)捣固装置的结构

D08-32 型捣固车的捣固装置是以偏心连杆摇摆振动、异步夹持原理工作的捣固装置。图 3-2 是我国引进技术生产的捣固装置。主要由箱体、捣固臂、捣固镐、偏心轴、飞轮、内外夹持液压缸、捣固镐夹持宽度调整机构、液压系统和润滑系统等组成。

2)工作原理

捣固装置是以偏心轴连杆摇摆式振动、异步夹持原理工作的。

捣固时通过捣固镐把振动力传递给石砟,使石砟产生振动并向较稳定的方向移动,增加道床的密实度;再利用捣固镐的夹持作用力,把轨枕间隔中的石砟向枕底挤压,使枕底石砟更加密实,提高轨道的稳定性,保证行车安全。

(1)振动原理。当液压马达驱动偏心轴旋转时,装在偏心轴颈上的内侧夹持液压缸,在偏心轴的作用下做往复运动,如图 3-3 所示。如同柴油机的连杆一样,推动捣固臂以中心销轴为支点左右摆动，这样装在捣固臂下端的镐头就产生摇摆式强迫振动。

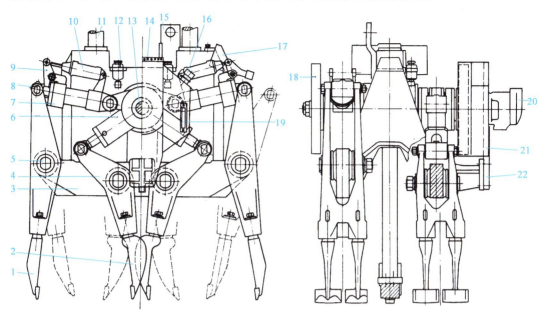

图 3-2 引进技术生产的双枕捣固装置

1-外镐；2-内镐；3-箱体；4-内捣固臂；5-销轴；6-内侧夹持油缸；7-外侧夹持油缸；8-销轴；9-加宽块；10-汽缸；11-导向柱；12-油杯；13-偏心轴；14-注油嘴；15-悬挂吊板；16-加油口盖；17-油管接头集成块；18-飞轮；19-油位表；20-油马达；21-油箱；22-固定支架

由图 3-3 可以看出：销轴 E 的运动轨迹呈摆线形，是简谐运动，其最大位移等于两倍的偏心距。

捣固镐装在下端捣固臂上，而捣固臂的下端总长（含镐头）大于上端长度，这对镐头的运动有放大作用。实测捣固臂下端长度为 683mm，上端长度为 3.90mm，则放大倍数为 1.75。

镐头的运动规律与销轴的运动规律相同，镐头最大移动距离就是镐头的振幅。

镐头的振动频率为 35Hz，则镐头的最大振动加速度为 21.5g。

镐头的运动轨迹也呈摆线形，是简谐振动。由于在偏心轴上处于同一侧的两个内侧夹持液压缸是装在两道相隔 180°的偏心轴颈上，有内

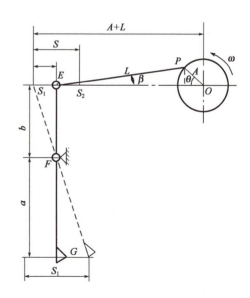

图 3-3 振动原理

侧夹持液压缸与左外侧夹持液压缸连接，左内侧夹持液压缸与右外侧夹持液压缸连接。所以在同一轨枕两侧的捣固镐头的振动位移相隔 180°，其振动力的方向相反。这样在同一时间，内、外两个镐头上的振动力同时向枕底作用，有利于道砟向枕底移动。

在偏心轴转动之前，必须使夹持液压缸内建立起一定的油压力，使活塞在缸筒内定位，在外力作用时活塞与缸筒不能相对移动。否则，缸筒与活塞发生相对移动就会失去连杆传

动的作用,甚至引起活塞撞缸,这是绝对不允许的。

(2)异步夹持原理。为了使夹持液压缸具有连杆传动和液压缸推拉的双重功能,并且在非夹持动作时,镐头必须保持在最大张开状态,准备下插。在外侧夹持液压缸的小腔内常作用着 15MPa 的压力油,使活塞杆完全缩回,则外侧捣固镐向外张开。在内侧夹持液压缸的大腔内常作用着 4.5MPa 的压力油使其活塞杆全部伸出,则内侧捣固镐也向外张开。如图 3-4 所示。

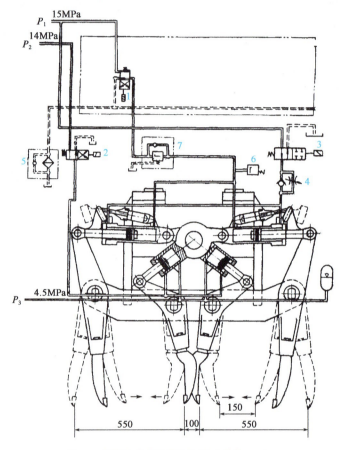

图 3-4 捣固装置的液压系统(尺寸单位:mm)
1、2、3-二位四通电磁换向阀;4-节流阀;5-回油滤清器;6-压力继电器;7-单向减压阀

当捣固镐下插到设定深度后,按下夹持钮,二位四通电磁换向阀 1 动作,压力油＝P,经减压阀 7 使压力降到 9～12.5MPa,进入外侧夹持液压缸的大腔。这时活塞大端的作用力大于活塞小端的作用力,则外侧夹持液压缸的活塞杆伸出,外侧捣固镐向里运动,实现外镐夹持动作。

同时二位电磁换向阀 2 动作,压力油 P_2 进入内侧夹持液压缸的小腔,由于活塞小端的作用力大于活塞大端的作用力,内侧夹持液压缸的活塞杆缩回,内侧捣固镐向里移动,实现夹持动作。

内、外夹持液压缸的夹持动作,是由各自独立的液压控制回路单独进行的,它们相互之间没有机械或液压同步结构,两侧捣固镐的夹持移动距离,因道床阻力的不同有所不同,所以称为异步夹持。

这种异步夹持动作,能够使枕底石砟密实度均匀。当某侧捣固镐所夹持的石砟较疏松时,夹持阻力就较小,捣固镐的夹持移动距离就大,直到夹持阻力达到设定的油压力时,夹持动作才能停止,所以捣固后的石砟密实度是一致的。

另外,还可以实现内侧捣固镐的单独夹持动作,以适应特殊条件下的捣固作业。

当二位电磁阀3动作时,外侧夹持液压缸小腔内的压力油路被切断,外侧捣固镐的夹持动作就停止。如果这时再进行夹持动作,就只有内侧捣固镐单独进行夹持动作。

通过调整减压阀7的设定压力,可以改变外侧夹持液压缸大腔内的油压力,实现外侧捣固镐夹持力的调整。

通过调整节流阀4,可以改变外侧捣固镐的夹持动作速度;夹持力大小的调整和夹持动作速度的调整,要根据道床石砟的密实情况来确定。一般来说:对道砟较密实的旧线路,夹持力要大一些,夹持速度要慢一些。对新线和清筛后的道床,道床石砟疏松,夹持力要小一些,而夹持速度可以快一些。

捣固镐夹持动作有三种控制方式:

①压力控制。把所要求的夹持压力,在压力继电器6上设定,当捣固镐在夹持过程中的道床阻力使外侧夹持液压缸内的油压力达到设定值时,压力继电器动作,切断电磁换向阀1、2的控制电流,电磁阀复位,使夹持过程停止,捣固镐恢复到张开状态。

②时间控制。夹持过程的长短,按时间在时间继电器上设定。当夹持过程达到设定时间时(一般情况把时间继电器设定在4的位置上,即0.8s),时间继电器动作,切断电磁阀1、2的控制电流,电磁阀复位,使夹持过程停止,捣固镐恢复到张开状态。

用压力或时间控制捣固镐的夹持动作,可以实现捣固过程的自动化。

③手动控制。当捣固镐插入道床后,按下夹持动作按钮(踩下踏板),接通电磁阀1、2的控制电流,电磁阀动作,接通油路,夹持动作开始;松开按钮,切断控制电流,电磁阀复位,夹持过程停止。

手动控制一般在手动操纵捣固作业时使用。

(3)捣固镐张开宽度的调整原理。捣固镐张开宽度的调整,是通过安装在外侧夹持液压缸上的活塞杆伸出,推动调整块向下转动放到外侧夹持液压缸端部(调整块约宽35mm)。外侧夹持液压缸的活塞杆的缩回行程从135mm减为100mm,相应地使捣固镐头的张开宽度由550mm减为500mm。反之,当液压缸活塞杆缩回时,拉动调整块向上转动离开夹持液压缸端部,使夹持液压缸的缩回行程恢复到135mm,即镐头张开宽度恢复为550mm。

同时可以调整左右两个外侧夹持液压缸的缩回行程,也可以单独调整一侧夹持液压缸的活塞缩回行程,来改变一侧或两侧的镐头张开宽度。

(4)双枕捣固装置的主要技术参数。

①振动方式:	连杆摇摆式;
②镐头夹持方式:	异步;
③振动功率:	46kW;
④振动频率:	35Hz;
⑤镐头最大振幅:	8.75mm;
⑥镐头最大夹持力:	17550N(一对外镐);
⑦镐头平均激振力:	3633N;
⑧镐头的最大振动加速度:	21.59g;
⑨镐头张开宽度:	500mm或550mm;

⑩升降液压缸的下插力：　　　　　　　75360N；
⑪最大下插深度：　　　　　　　　　　钢轨底以下520mm；
⑫最大横移距离：　　　　　　　　　　80mm；
⑬横向捣固范围：　　　　　　　　　　钢轨外侧420mm；钢轨内侧400mm。

3）捣固装置升降机构

捣固装置升降机构的主要作用是将捣固装置从一定高度迅速下降，使捣固镐头插入道床设定的深度，待捣固镐头的振动夹持动作结束后，再把捣固装置提升到原有高度，准备下一次捣固。

捣固装置升降机构主要由悬挂框架、升降液压缸、导向柱及电液比例位置伺服系统组成，如图3-5所示。

悬挂框架及导向柱。悬挂框架主要用来安装捣固装置和升降液压缸，并通过它把捣固装置悬挂在与车体连接的横向导杆上。

悬挂框架用型钢拼焊而成。在悬挂框架的中部安装两根捣固装置升降导向柱7，在悬挂框架的两侧有导向套8，它套在横向导向杆上，使捣固装置能沿着横向导向杆左右移动。

升降液压缸6通过双向铰接架安装在支架12上。框架右侧安装检测捣固镐下插深度的位移传感器。

传动板3固定在箱体上，其另一端插入拨叉11内。拨叉与传动钢丝绳连接，当捣固装置升降时传动板带动拨叉一同上下移动，通过传动钢丝绳10，使电位计9转动，把捣固装置的位移量转换为电信号输出。

捣固装置在升降液压缸的作用下，沿着导向柱7上下移动，并且能连同框架一起在横移液压缸的作用下，沿着横向导杆左右移动。

导向柱直径为110mm，通过接盘与悬挂框架连接。导向柱暴露在外面，捣固时由于镐头

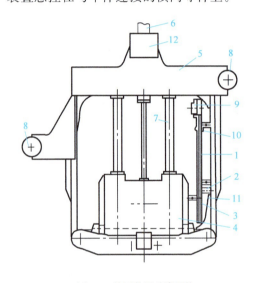

图3-5　捣固装置升降机构
1-位置传感器架；2-固定螺钉；3-传动板；4-捣固装置箱体；5-悬挂框架；6-升降液压缸；7-导向柱；8-导向套；9-电位计；10-传动钢丝绳；11-拨叉；12-支架

下插冲击起的石砟撞击导向柱，因此要求导向柱表面要有一定的硬度。

导向柱采用碳结构钢锻造，机加工后正火处理，表面镀硬铬以防锈蚀。

导向柱安装必须要垂直，两根柱相互平行，否则将会影响捣固装置上下移动，并加速导向柱和铜套的磨损。

4）横移跟踪机构

捣固装置在钢轨内、外侧的捣固镐相距240mm，钢轨（60kg/m）底宽度为152mm，所以要求捣固装置的纵向中心线与钢轨纵向中心线基本保持一致。若有较大偏差，在捣固镐插入道床时会发生碰撞钢轨底或者防爬器的危险，这是绝对不允许的。

要使捣固装置的纵向中心与钢轨纵向中心保持一致，这在直线上容易做到。但在曲线上捣固装置的纵向中心会偏离钢轨。为了随时修正这种偏离，设计有捣固装置自动跟踪钢轨的横移跟踪机构。

捣固装置的横移跟踪机构由导向杆、液压缸及跟踪控制系统组成,如图 3-6 所示。

2. D09-32 型连续式捣固车

D09-32 型连续式捣固车的两组捣固装置安装在捣固小车车架上。捣固装置是捣固车的主要工作装置,用于捣固钢轨两侧的枕底道砟,提高枕底道砟的密实度,并与起拨道装置相配合,消除轨道的高低不平,增强轨道的稳定性。捣固装置移动框架能侧向移动,通过横向移动装置,捣固装置能自动对中钢轨。D09-32 型连续式捣固车的捣固小车装在带螺旋弹簧悬挂的车轴上,该装置能手动操作。自动捣固循环的时间依赖于机器速度。捣固装置上成对安装了 32 把捣固镐,能一次捣固两根枕木。

1) 捣固装置的结构

D09-32 型连续式捣固车的捣固装置主要由箱体、振动轴部件、夹持液压缸、镐臂、捣固镐、导柱、液压系统和润滑系统等组成,如图 3-7 所示。

图 3-6 横移跟踪机构

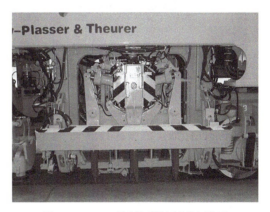
图 3-7 D09-32 型连续式捣固车捣固装置

箱体由铸钢件与钢板焊接而成,是其余各部分的安装基础。箱体的中部为振动轴部件的主轴承座,两侧是升降导柱孔。

振动轴部件主要由偏心轴、滚子轴承、飞轮、驱动马达等组成,它的功用是驱动夹持液压缸,使捣固镐产生振动。

夹持液压缸一方面起连杆传动作用,将偏心轴产生的振动传递给镐臂和捣固镐,使之产生强迫摇摆振动;另一方面通过换向阀改变夹持液压缸内活塞两端的油液压力,推或拉镐臂做较大幅度的摆动,通过镐头实现对道床石砟的夹持作用,如图 3-8 所示。

镐臂的作用是安装捣固镐、传递振动力和夹持作用力。捣固镐在钢轨内、外侧轨枕两边成对排列。捣固作业时捣固镐插入道床,把捣固装置产生的振动力和夹持力作用于道砟。由于道床是散粒体结构,它的物理性能和机械性能很复杂,捣固镐在插入道床的瞬间要承受很大的下插冲击力,振动夹持过程中要承受振动力和夹持弯矩,捣固镐磨损后要及时得到更换,因此,要求捣固镐具有足够的强度、耐冲击、耐磨损、安装可靠、更换容易。

D09-32 型连续式捣固车的捣固镐由特殊钢材锻造而成,32 把捣固镐成对排列在钢轨的内侧和外侧枕木的两边。相应的捣固镐同时插入枕木盒内。捣固镐掌为波纹形铲状,并有直的下沿。捣固镐掌表面用特殊的焊条堆焊以保证高度耐磨。波纹形状能较好的适应石砟的结构,并能达到较大捣固区域。铲状下沿易于插入石砟中。磨损的捣固镐掌可用堆焊法修复。

捣固装置在工作时要承受很大的冲击力和振动力,而且工作环境恶劣,尘土较多,易受到雨水侵蚀,所以捣固装置上摩擦副的润滑很重要。根据结构不同,导柱、偏心轴主轴承、镐臂轴承采用润滑脂润滑。图 3-9 所示为偏心轴主轴承、镐臂轴承的注油口。

图 3-8 捣固装置摩擦副
①-导柱;②-偏心轴主轴承

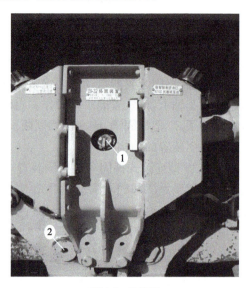

图 3-9 注油口
①-偏心轴主轴承;②-镐臂轴承

其部件详细介绍参看 D09-32 型连续式捣固车的机构内容。

2)捣固装置的工作原理

D09-32 型连续式捣固车的捣固装置采用的是异步均衡压力捣固原理进行工作的。捣固镐在道砟上施加相同的压力,进行独立的运动。这意味着:单个捣固镐之间绝对平衡,全部捣固镐特殊表面上的压力是相等的。根据在石砟道床里遇到的阻力,一对捣固镐的移动是完全独立。在捣固过程中,在每对捣固镐前面建立起阻力。一旦阻力达到预先选择的夹持压力,相应的那对捣固镐自动停止。其他捣固镐继续夹持,直到它们在石砟道床里遇到相同的阻力。如图 3-10 所示,当捣固镐下插到设定深度后,踩下捣固镐夹持踏板,轨枕两侧的捣固镐在夹持液压缸作用下边振动边向轨枕方向移动,此时,捣固镐掌将受到被挤压道砟的阻力作用。

捣固镐的夹持和张开动作是由夹持液压缸完成的。同一捣固装置的所有夹持液压缸都是由同一回路供压而完成夹持动作的,这样可确保对每个捣固镐施加相同的压力,它们之间没有机械或液压同步结构。虽然各对捣固镐之间的压力是完全均衡的,但两侧捣固镐的夹持移动距离却因在道砟中遇到的阻力不同而有所不同,这就是异步夹持的原理。

这种异步夹持动作,能够使每根轨枕下的石砟密实度均匀。当某侧捣固镐所夹持的石砟较疏松时,夹持阻力较小,捣固镐的夹持移动距离就大,直到夹持阻力达到设定的油压力时,夹持动作才能停止,所以,捣固后的石砟密实度是

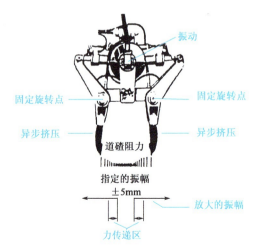

图 3-10 异步均衡压力捣固原理

一致的。捣固夹持压力的调整和夹持动作速度的调整,要根据道床石砟的密实情况来确定,可以进行无级调定。

3. CD08-475型道岔捣固车

捣固装置是捣固车的主要工作装置,用于捣固钢轨两侧的枕底道砟,提高枕底道砟的密实度,并与起拨道装置相配合,消除轨道的高低不平,增强轨道的稳定性。

CD08-475型道岔捣固车有四套捣固装置,组成二组"分片式捣镐"捣固排,左右对称安装在道岔捣固车中部的四个捣固框架里,可以对普通线路和道岔进行捣固作业。每套捣固装置装有4把捣固镐,在一个工作循环中,捣固一根轨枕股线的一侧。组成"分片式捣镐"捣固排的一对捣固装置彼此可分开,因此,每排的内侧和外侧的捣固装置可以单独放下。跟随捣固框架滑移、旋转运动,捣固装置也同时产生横向移动、旋转。此外,每套捣固装置的捣固臂可根据需要偏转,内侧和外侧捣固臂向内偏转最大可达15°,向外偏转最大可达85°。如图3-11所示。

道岔的捣固在很大程度上与普通线路相似,但在道岔的某些部位需要对捣固装置进行特殊的定位,即必须横向移动捣固装置,以便达到钢轨和轨枕之间的交叉点;旋转捣固装置,满足轨枕位置有一定角度(最大±8.5°)的需要;可以分别放下每套捣固装置的一半捣固镐,以便在道岔的窄小区域内进行捣固。与普通线路捣固装置相比(普通线路捣固装置只可做有限范围内的横向移动),CD08-475型道岔捣固车"分片式捣镐"捣固排的设计满足了道岔所特有的几何形状,可以在道岔的窄小区域进行捣固,满足道岔分股线路捣固作业的要求,最大可以捣固四股线;如图3-12所示。

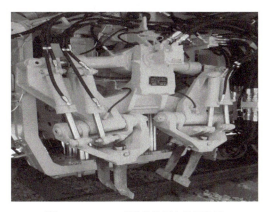

图3-11　08-475型道岔捣固车捣固装置　　图3-12　分片式捣镐侧举避让作业

"分片式捣镐"捣固排用于普通线路捣固作业时,捣固装置的框架保持在接合位置,每个工作循环中使用全部16把捣固镐作业,每次可以捣固一根轨枕。

1) 捣固装置的结构

如图3-13所示,CD08-475型道岔捣固车的捣固装置主要由箱体、振动轴部件、夹持液压缸、偏转液压缸、镐臂、捣固镐、导柱、液压系统和润滑系统等组成。

箱体由铸钢件与钢板焊接而成,是其余各部分的安装基础。箱体的中部为振动轴部件的主轴承座,两侧是升降导柱孔,下部有2个安装鹤嘴镐臂的销轴孔。

振动轴部件主要由偏心轴、滚子轴承、飞轮、驱动马达等组成,它的功用是驱动夹持液压缸,使捣固镐产生振动。

夹持液压缸一方面起连杆传动作用,将偏心轴产生的振动传递给镐臂和捣固镐,使之产

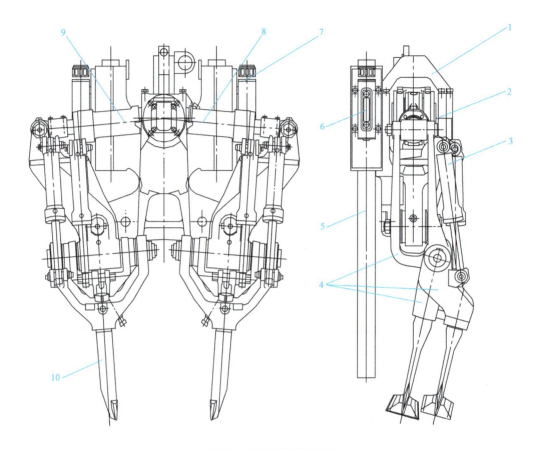

图 3-13 道岔捣固车捣固装置

1-箱体；2-振动轴部件；3-偏转油缸；4-镐臂及支撑；5-导柱；6-稀油润滑；7-分配体；8-双耳夹持油缸；9-单耳夹持油缸；10-捣镐

生强迫摇摆振动；另一方面通过换向阀改变夹持液压缸内的油液压力，推或拉镐臂作较大幅度的摆动，通过镐头实现对道床石砟的夹持作用。

镐臂的作用是安装捣固镐、传递振动力和夹持作用力。安装捣固镐的内、外镐臂通过转轴与鹤嘴镐臂形成关节连接，在偏转液压缸的作用下，使捣固镐向内偏转最大可达 15°、向外偏转最大可达 85°，可以对道岔的窄小区域进行捣固。

捣固镐在钢轨内、外侧轨枕两边成对排列。捣固作业时捣固镐插入道床，把捣固装置产生的振动力和夹持力作用于道砟。由于道床是散粒体结构，它的物理性能和机械性能很复杂，捣镐在插入道床的瞬间要承受很大的下插冲击力，振动夹持过程中要承受振动力和夹持弯矩，捣固镐磨损后要及时得到更换，因此，要求捣固镐具有足够的强度、耐冲击、耐磨损、安装可靠、更换容易。

捣固镐采用特种钢材锻造而成。捣固镐的锥柄安装于镐臂上，并用螺钉及键加以固定。如要更换捣固镐，只需拧下螺钉即可。捣固镐掌呈波纹状，其端头如铲状。捣固镐掌表面用特种焊条堆焊以确保高度的抗磨性。捣固镐掌的波纹形状与道砟的形状相适应，可加大捣固区域的范围。铲形边缘易于插入道砟，磨损的捣固镐掌可经堆焊修复。

导柱是捣固装置与捣固框架的连接部分。捣固装置通过导柱安装在捣固框架上，捣固装置在升降液压缸的作用下可沿着导柱上下移动，实现捣固装置的提升与下插运动。如图

3-14 所示。

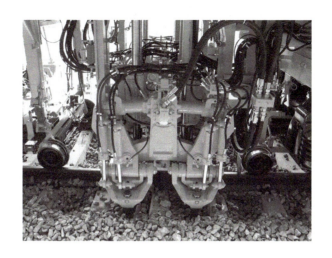

图 3-14 捣固装置与导柱

捣固装置在工作时要承受很大的冲击力和振动力,而且工作环境恶劣,尘土较多,易受到雨水侵蚀,所以捣固装置上摩擦副的润滑很重要。根据结构不同,导柱、偏心轴主轴承、镐臂转轴采用润滑脂润滑,鹤嘴镐臂的销轴采用稀油润滑。

2)捣固装置的工作原理

其工作原理与 D08-32 型捣固车一样,参看其相关内容。

3)捣固装置的提升与下插

每个捣固装置都有一个液压提升液压缸来实现提升或下插动作,其上、下移动的行程限位则靠四通比例电磁阀予以实现,而四通比例电磁阀接受矢矩传感器的控制。

道岔捣固车配备有捣固深度比例自动调节机构。捣固深度由比例调节机构予以测量并通过一数字显示器在司机室内显示。捣固深度可预先选定。预先选定值与实际值由电气控制系统随时进行比较。由于捣固装置的下插动作是由比例伺服阀进行控制的,因此,捣固装置开始时的插入速度较高,继而渐渐减慢,当达到所要求的深度时,插入速度减少为零。通过这种控制电路可获得高度准确的捣固深度,并可实现捣固深度的无级调定。

4)捣固框架

CD08-475 型道岔捣固车由四个捣固框架所组成,分别承载四个捣固装置,最大捣固线股数为四股线。在进入道岔分股区域前和离开道岔分股区域后,四个捣固框架是两两合并进行常规的两线捣固;在进入道岔分股区域时,四个捣固框架上的滑移回转装置和伸缩旋转装置才把四个捣固框架分别滑移、旋转到要捣固的道岔分股线路上。这种结构既满足了常规的两线捣固,又满足了道岔分股的四线捣固。如图 3-15 所示。

道岔捣固车作业时,捣固框架的运动非常复杂,主要运动有内捣固框架的回转、滑移,外捣固框架的伸缩、旋转。这些运动都是围绕着道岔分股的几何形状变化而变化。图 3-16 所示为道岔捣固车进入道岔区域后,四个捣固框架分别滑移、旋转到所要捣固的道岔分股线路上的情形。

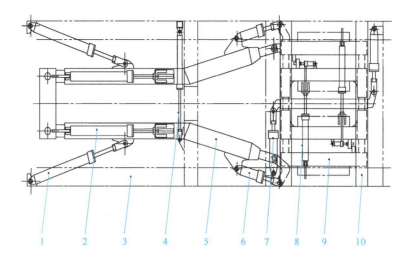

图 3-15 捣固框架安装布置图

1-旋转伸缩臂旋转液压缸;2-旋转伸缩臂伸缩液压缸;3-主车架;4-工字架横移液压缸;5-旋转伸缩臂;6-外捣固框架翻转液压缸;7-内捣固框架回转装置液压缸;8-内捣固框架横移液压缸;9-单片捣固框架(外);10-液压回转装置运动桥

图 3-16 捣固道岔时的位置示意图

二、起拨道装置

起拨道装置有左、右两套,分别作用于左、右两股钢轨上,对轨排进行提起或者左、右移动,即起道、拨道作业。通过起、拨道作业来消除轨道方向和水平偏差,使线路曲线圆顺,直线平直,确保行车安全。

一般情况,捣固作业和起拨道作业同步进行。

起拨道装置可以单独进行起道或是拨道单项作业。但是在实际工作中为了减小拨道阻力,在无起道量的单项拨道作业时,也要设置 10mm 左右的起道量。

起拨道装置和电液伺服阀、线路方向及水平检测装置、电子控制装置共同组成起拨道电液位置伺服系统,而起拨道装置是该位置伺服系统中的执行机构。因此,起拨道作业是自动完成,不需要人工操纵。

1. D08-32 型捣固车

起拨道装置的结构如图 3-17、图 3-18 所示,它由起道液压缸、拨道液压缸、导向柱、拨道轮、夹轨轮组、起道架和摆架等组成。

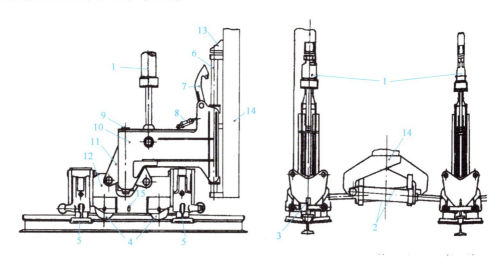

图 3-17 起拨道装置

1-起道液压缸;2-拨道液压缸;3-夹轨液压缸;4-拨道轮;5-夹轨轮;6-导向柱;7-钩;8-汽缸;9-竖销轴;10-起道架;11-吊耳;12-摆动架;13-钩座;14-车架;15-接近开关

图 3-18 起拨道装置

起拨道装置中除拨道液压缸和拨道轮外,其他零部件都是起道装置的组成部分。

起道液压缸 1 与车架纵梁铰接,起道架 10 沿导向柱 6 上、下移动,摆动架 12 通过吊耳 11 和销轴与起道架 10 连接,摆动架 12 以竖销轴 9 为中心左、右摆动。摆架下部装拨道轮 4,两端装夹轨轮组。

起道液压缸是单作用液压缸,起道力是液压缸的拉力,起拨道装置下降依靠自重。拨道轮 4 在钢轨上滚动，支撑起、拨道装置。

夹轨轮组由内、外两个夹轨轮和夹轨液压缸 3 组成。夹轨轮组的作用原理如同夹轨钳，当夹轨液压缸的活塞杆缩回时，两个夹轨轮合拢，即可夹住钢轨头。

起道装置的最大起道量为 150mm，最大起道力为 250kN。

在钢轨接头处起道时，鱼尾板妨碍夹轨轮夹住钢轨头，会使某一夹轨轮组失去作用。但另一对夹轨轮组仍能把轨排提起。不会影响正常起道作业。

如果因某种原因起拨道装置偏离开钢轨时，装在摆动架 12 上的接近开关 15 离开钢轨的距离增大，即可发出信号，停止起道。此时，需要辅助人员推拉摆动架，使夹轨轮重新夹住钢轨头。

夹轨轮轴的伸出长度要使前夹轨轮缘与轨头下颚之间保持 1～10mm 的间隙，后夹轨轮缘与轨头下颚之间保持 1～5mm 的间隙。

起拨道作业完毕后，把起、拨道装置升到上止点，通过汽缸 8 推动钩 7，使钩钩住钩座 13，以防止高速运行时起拨道装置下降。

拨道装置由拨道液压缸、拨道轮和摆动架组成，如图 3-19 所示。

拨道液压缸装在车架的纵梁上，车架承受拨道反作用力。拨道轮是双轮缘，拨道力靠轮缘传递。拨道轮装在摆动架上，拨道液压缸推、拉摆动架，通过拨道轮推、拉钢轨，使整段轨排横向移动。

拨道原理：两个拨道液压缸相背安装，其油路串联，因此，拨道时一个液压缸用推力，而另一个液压缸用拉力。最大拨道力为 150kN，最大拨道量左、右各 150mm。

由于起拨道力较大，并且其反作用力由车架承担，所以起拨道只能在捣固车停止时进行，可见起拨道装置也是间歇步进式工作。为了减少捣固车的作业走行阻力，在走行工况，起拨道装置对钢轨不能有较大的作用力，

图 3-19　拨道装置

为此，拨道液压缸的大、小腔均接通回油路，作业行时从走行液压马达回油路来的油液通拨道液压缸的大、小腔，由于回油有 0.3MPa 的压力，拨道液压缸的推力大于拉力，所以两个拨道液压缸活塞杆都伸出，使拨道装置向外摆动，拨道轮外缘离开钢轨头外侧。这样可以减少由于钢轨飞边和钢轨接头处信号连接线所造成的走行阻力。

当线路方向有偏差时，电液伺服阀有相应的液压信号输出，拨道液压缸推、拉摆动架，使轨道向左或是向右移动，直到该处的线路方向偏差消除时，电液伺服阀的输出液压信号为零，拨道液压缸停止动作，则轨道移动到正确的位置。

2. D09-32 型连续式捣固车

D09-32 型连续式捣固车起道和拨道装置分为两套，安装在左右两侧；单独悬挂在卫星

小车的主梁上,拨道液压缸装在车架的纵梁上,整套起、拨道装置定位在小车的立柱上。整套装置的设计特别考虑到重载铁路起道力和拨道力对于材料的需求。如图3-20所示。

图3-20 起道和拨道装置

起道和拨道装置分为六大件:上摆动吊架、下摆动吊架、蝶形连接座、夹轨钳总成、起道和拨道液压缸总成、拨道轮总成。

起拨道装置的结构:它由起道液压缸、导向柱、拨道轮、夹轨轮组、起道架和摆动吊架等组成。起拨道装置中除拨道液压缸和拨道轮外,其他零部件都是起道装置的组成部分。

如图3-21所示,起道液压缸1与车架14纵梁铰接,起道架10沿导向柱6上、下移动,摆动架12通过吊耳11和销轴与起道架10连接,摆动架12以竖销轴9为中心左右摆动。摆动架下部装拨道轮4,两端装夹轨轮组。

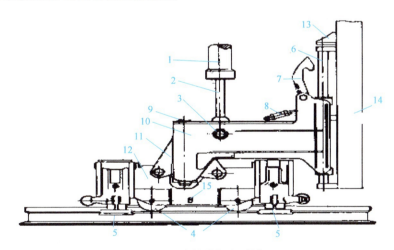

图3-21 起拨道装置的结构

1-起道油缸;2-活塞;3-横销轴;4-拨道轮;5-夹轨轮;6-导向柱;7-钩;8-汽缸;9-竖销轴;
10-起道架;11-吊耳;12-摆动架;13-钩座;14-车架;15-检查窗

起道液压缸是单作用液压缸,起道力是液压缸的拉力,起拨道装置下降依靠自重。拨道轮4在钢轨上滚动,支撑起拨道装置。

1)起道装置

起道是由起道伺服阀控制起道装置对每一钢轨进行的。滚轮起道装置安装在捣固装置的前部。两个转轴安装在捣固小车车架的液压缸上,它们的活塞杆连接在起道夹钳的构架上,由起道伺服阀控制分别对每一侧钢轨进行起道。起道装置共有四组夹钳,每组夹钳由两对滚轮组成。由液压控制开启和闭合,在闭合位时,夹住钢轨轨头的内侧与外侧。在起道过程中,起道装置在四个点抓住钢轨向上提起钢轨。在工作循环结束后,捣固小车向前移动至下一枕木时,起道装置靠自重落下,夹钳保持闭合,沿钢轨轨顶滚动,不会造成任何损伤。

滚轮滚动时,不会接触到钢轨扣件。在特殊环境中,夹钳的操作能转换,这样向前运行时夹钳自动打开,当停止时夹钳又闭合。前后滚轮能单独操作。由于起道装置在各方向能移动,在向前移动时不需要对钢轨施加任何外力,它能适应曲线。如果夹钳碰到障碍,比如轨接头或焊接接缝,夹钳自动打开,不会对钢轨或机器引起任何损坏。鱼尾板接头可以没有阻碍的提起。即使一对滚轮夹钳不能完全夹住钢轨,另一夹钳沿钢轨轨头保持闭合。直到抄平装置中断了自动起道动作的控制电路后起道结束。起道装置的夹钳是可调整的,因此能适应任何形状的钢轨。在临站台的线路上也可以无阻碍的操作。偏心高度调整能快速适应所需高度。

如图 3-22 所示,夹轨轮轴的伸出长度要使前夹轨轮缘与轨头下颚之间保持 1~10mm 的间隙,后夹轨轮缘与轨头下颚之间保持 1~5mm 的间隙。起、拨道作业完毕后,把起、拨道装置升到上止点,如图 3-21 所示,通过汽缸 8 推动钩 7 钩住钩座 13,以防止高速运行时起、拨道装置下降。

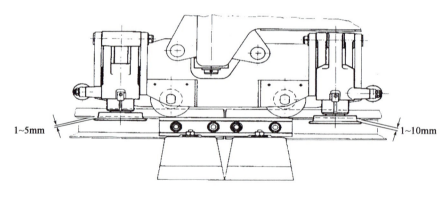

图 3-22 起道装置

2)拨道装置

D09-32 型连续式捣固车的拨道液压缸装在车架的纵梁上,车架承受拨道反作用力。拨道轮是双轮缘,拨道力靠轮缘传递。拨道轮装在摆动吊架上,拨道液压缸推、拉摆动吊架,通过拨道轮推、拉钢轨,使整段轨排横向移动。如图 3-23 所示。

两个拨道液压缸相背安装,其油路串联,因此,拨道时一个液压缸用推力,而另一个液压缸用拉力。最大拨道力为 150kN,最大拨道量左、右各 150mm。

为了减少捣固车的作业走行阻力,在走行工况,起、拨道装置对钢轨不能有较大的作用力,为此,拨道液压缸的大、小腔均接通回油路,作业走行时从走行液压马达回油路来的油液通拨道液压缸的大、小腔。由于回油有 0.3MPa 的压力,拨道液压缸的推力大于拉力,所以两个拨道液压缸活塞杆都伸出,使拨道装置向外摆动,拨道轮外缘离开钢轨头外侧。这样可以减少由于钢轨飞边和钢轨接头处信号连接线所造成的走行阻力。

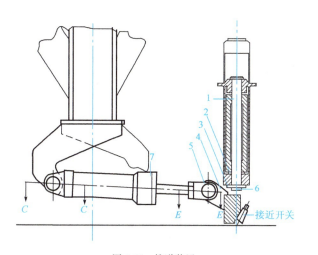

图 3-23 拨道装置
1-销轴;2-垫;3-垫图;4-耳环;5-叉头;6-开口销;7-拨道油缸

如图 3-24 所示当线路方向有偏差时,电液伺服阀有相应的液压信号输出,拨道油缸推、拉摆动吊架,使轨道向左或是向右移动,直到该处的线路方向偏差消除时,电液伺服阀的输出液压信号为零,拨道液压缸停止动作,则轨道移动到正确的位置。

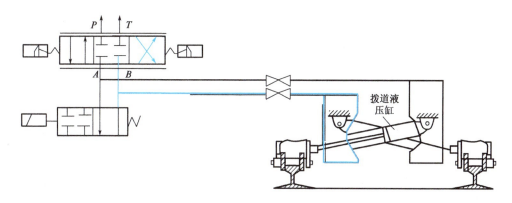

图 3-24 拨道装置工作原理

3. CD08-475 型道岔捣固车

利用起拨道装置对轨排和道岔进行提起或左右移动,这就是起道、拨道作业。通过起道、拨道作业,可以消除轨道方向和水平偏差,使线路曲线圆顺、直线平直。一般情况,捣固作业和起、拨道作业同步进行。

在实际工作中,为了减小拨道阻力,在无起道量的单项拨道作业时,根据需要也要设置 5~10mm 的起道量。

起拨道装置和电液伺服阀、线路方向及水平检测装置、电气控制系统共同组成起拨道电液位置伺服控制系统,而起拨道装置是该位置伺服控制系统中的执行机构,因此,起、拨道作业是自动完成,不需要人工操纵。

1) 起道装置

CD08-475 型道岔捣固车可以实现三线(点)同步起道(图 3-25),即正线和岔线的同步起道,这就决定了起拨道装置的结构和工作原理与 D08-32 型捣固车和 D09-32 型连续式捣固车有很大区别。CD08-475型道岔捣固车具有两套独立的起道装置,分别是作用于正线的起拨道装置和作用于岔线的辅助起道装置。

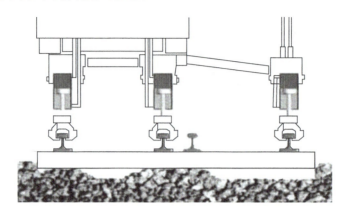

图3-25 三线同步起道示意图

正线起拨道装置由独立于车架外的一个起拨道架承载着两套夹轨钳、两套提轨钩、两个起道液压缸、两个拨道液压缸以及位于起拨道架底部的两组拨道轮组成,分别作用于正线的两轨,完成起拨道作业。在道岔区域外,正线起拨道装置使用滚轮夹轨钳进行起道作业,但在道岔区域尤其是在岔心区域,由于该处的两轨与第三轨的间隙很小,滚轮夹轨钳无法进入,为此CD08-475型道岔捣固车在正线起拨道装置上安装了起道钩,在滚轮夹轨钳无法作业的道岔区域,起道钩将取代夹轨钳钩住钢轨完成起道作业。左、右两起道钩在起拨道架上可以横向移动到任一位置。起道钩可调至两个不同的深度,分别作用于钢轨顶部或钢轨底部,以适应不同的作业环境。

两个起道液压缸安装于主车架上,活塞杆与起道装置的基架相连。在起道时,起道提升液压缸拉动夹轨轮或起道钩将轨排提起。

辅助起道装置安装在CD08-475型道岔捣固车作业司机室的下部,两侧对称安装可以向外伸出的辅助起道臂,提轨用的轮钳安装在起道臂上。在道岔捣固作业的过程中,左、右辅助起道装置的伸缩长度可以调节,最大可伸出长度达3300mm。如图3-26所示。

辅助起道臂伸缩和轮钳张闭的动作由电气控制系统完成,辅助起道臂的起道液压缸由同一侧正线起道模拟控制系统的起道伺服阀统一控制,以实现三线的同步起道。

2) 拨道装置

拨道装置由起拨道装置中的两个拨道液压缸、两组拨道轮以及起拨道架组成。拨道液压缸的一端装在主车架的箱形立梁上,主车架将承受拨道的反作用力;另一端装在起拨道架的上部。

两个拨道液压缸相背安装,其油路串联,因此,当拨道时,一个液压缸用推力,而另一个液压缸用拉力。如图3-27所示。

当线路方向有偏差时,电液伺服阀有相应的液压信号输出,压力油控制拨道液压缸或推或拉拨道架,通过拨道轮的轮缘推动轨排向左或向右移动,直到该处的线路方向偏差消除时,电液伺服阀的输出液压信号为零,拨道液压缸停止动作,则轨道移动到正确的位置。

由于起道力、拨道力都较大,并且其反作用力由主车架承担。为了减少道岔捣固车的作业走行阻力,在作业走行工况,起拨道装置对钢轨不能有较大的作用力,所以起道、拨道作业只能在道岔捣固车停止走行时进行。

图 3-26　辅助起道装置

图 3-27　起道装置

三、夯实装置

夯实装置的作用是夯拍砟肩,提高道床肩部的石砟密实度,增大道床的横向阻力。

夯实装置安装在捣固装置的横移框架上,夯实装置和捣固装置同步工作,在捣固装置下降的同时,激振器也下降,激振器落在被捣固轨枕外的道床肩上进行道床夯实。当捣固装置升起时,激振器也随着升起,准备向下一个夯实位置移动。

夯实装置的结构以 D08-32 型捣固车为例,如图 3-28 所示,它由激振器(夯实器)、升降限位机构、减振及锁定机构组成。

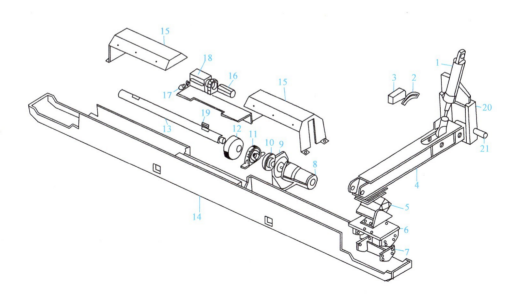

图 3-28　夯实装置

1-升降液压缸;2-限位铁;3-支架;4-吊臂;5-减振器;6,7-连接座;8-液压马达;9-马达支架;10-联轴器;11-轴承座;12-偏心轮;13-轴;14-底板;15-防护罩;16-销子;17-拉环;18-滑套;19-平键;20-横移框架;21-销轴

1）激振器

激振器由液压马达 8、马达支架 9、联轴器 10、轴承座 11、偏心轮 12、轴 13、底板 14 等组成。如图 3-29 所示。

液压马达 8 装在马达支架 9 上，液压马达通过联轴器 10 驱动轴 13。轴 13 上装有两个偏心轮 12，两个偏心轮的安装位置相同，以增大转动惯性力。马达支架和轴承座装在底板上。当液压马达驱动轴 13 转动时，由于偏心轮旋转产生离心力，使底板 14 产生周期变化的惯性振动力作用于石砟上。

碎石道床是由大小不等的石砟组成的散粒体结构，石砟间空隙较大。石砟受到振动后各个石砟向较稳定的地方运动、小颗粒向较大空隙中填充，使道床的密实度增加，石砟颗粒的相对稳定性加大，从而提高道床的整体强度。

经测定激振器的振动频率为 30Hz，激振力约为 3850N。

2）升、降及限位机构

升、降及限位机构（图 3-30）的作用是吊挂激振器，并且随着捣固装置的升、降动作自动升、降激振器。

图 3-29　激振器

图 3-30　升、降及限位机构

升、降及限位机构由升、降液压缸 1、吊臂、限位挡铁等组成。吊臂的一端用销轴与捣固装置框架连接，另一端吊挂激振器。升、降液压缸推、拉吊臂使激振器升降，升、降高度由限位开关控制。

限位机构由限位挡铁、限位开关（接近开关）等组成。限位挡铁与吊臂一起转动，限位挡铁触动限位开关来控制电磁液压换向阀，使升、降液压缸动作，达到自动控制激振器升、降高度的目的。

3）减振器及锁定机构

为了避免把激振器的振动传到吊臂上，在吊臂与激振器之间采用组合式橡胶棒减振器连接。

组合式橡胶棒减振器由金属内、外套和橡胶棒组成，四个橡胶棒装在金属外套的四角内。

捣固车高速运行时，激振器升起，通过销轴吊挂在捣固装置的振动激压马达支架上。吊挂时用手拉拉环，使销轴插入吊耳。

练习题

1. 试着说说捣固装置的工作原理。
2. 你知道什么是异步夹持捣固？
3. 简单说说 D08-32 型捣固车起道原理。
4. 简单说说 D09-32 型连续式捣固车起道原理。
5. 简单说说 CD08-475 型捣固车起道原理。

单元四

铁道线路方向水平检测原理及检测装置

【知识目标】
1. 熟悉铁道线路方向水平检测原理及检测装置的结构、工作原理。
2. 掌握单弦法整正曲线原理。

【能力目标】
1. 区分四点式偏差检测、三点式偏差检测及激光直线矫直三种偏差自动检测拨道方式。
2. 能分析捣固、夯实和起拨道装置对线路进行维护的作用。
3. 掌握单弦法整正曲线的基本要求。

铁路轨道是捣固车的工作对象。为了能正确地使用捣固车,质量良好地进行线路维修作业,很有必要深入了解轨道方向、水平检测及整正原理,并掌握轨道的基本知识。

一、铁路轨道基本知识

1. 铁路轨道结构

铁路轨道(图 4-1)是行车的基础设备,轨道由钢轨、轨枕、连接件、道床及道岔等组成。轨道起着机车车辆运行导向,并直接承受车轮传来的压力。

图 4-1 铁路轨道

目前我国主要铁路干线上使用的钢轨有 50kg/m、60kg/m 和 75kg/m 三种。

钢轨的断面形状为具有最好抗弯性能的工字形断面,钢轨由轨头、轨腰和轨底三部分组成。钢轨的作用是支持并引导车轮,直接承受来自车轮的作用力,并传递给轨枕。

我国广泛使用钢筋混凝土轨枕,个别地段使用少量木枕,混凝土轨枕比木枕弹性差、质量为 220~250kg,是木枕的 4 倍左右。钢轨与轨枕用扣件连接起来,形成轨距为 1435mm 的框架结构,俗称轨排。轨距误差宽不超过 6mm,窄不得小于 2mm。

根据线路等级,每千米使用的轨枕数量不同。一级线路正线每千米铺设 1760~1840 根轨枕;站线每千米铺设 1600 根轨枕。在正线上钢轨接头处的轨枕间隔为 520mm,钢轨接头处相沿轨枕的间隔为 550mm,其他地方轨枕间隔为 570mm。

道床是由粒径为 20~70mm 的碎石组成的散体结构。道床用来传递轨枕荷载于路基上,阻止轨枕纵、横向移动,保持轨道的正确位置,增加轨道弹性,排除轨道中的雨水。

捣固车作业的对象是道床,由于道床是碎石组成的散粒体结构,所以轨道产生方向和水平偏差的主要原因是列车往复作用下道床产生残余变形。而消除轨道的左、右水平和前后高低偏差,主要是通过调整道床来实现。据统计在日常线路维修作业中,捣固、起道、拨道作业约占全部线路维修作业量的 70%。

捣固作业中轨道方向、水平和高低的好坏是衡量捣固作业质量的主要依据。

轨道方向又称轨向。一条线路是由直线和曲线组成的,但是直线轨道并不是一条标准直线,而是由许多曲折线组合而成,这种曲折线一般用人眼看不出来。通常把轨道直线不直、曲线不圆顺称为轨道方向不良,即轨道方向有偏差。(相关技术标准请参考《铁路线路修理规则》)如果线路方向不良超过规定偏差,会引起列车的蛇形运动,危害行车安全。在长轨地段,若轨道方向不良,高温季节,会引起胀轨跑道。

轨道左右水平又称轨道横向水平。为了使两股钢轨均匀承担负荷,并保证车辆平稳行驶,《铁路线路修理规则》规定:线路两股钢轨顶面,在直线地段,应保持同一水平;曲线地段外股的超高度,双线不得超过 150mm,单线不得超过 125mm。

两股钢轨的水平误差,变化不能太大。在 1mm 距离内,其变化不能超过 1mm,否则即使两股钢轨的水平误差不超过允许值,也将会引起车辆剧烈振动。

如果在一段不太长的距离内,先是左股钢轨较右股高,后是右股钢轨比左股高,而且两个最大水平误差点之间的距离,不足 18m,则把这种水平误差称为三角坑。水平差超过 4mm 的三角坑,就会使车辆转向架的四个车轮中的一个悬空。如果恰好在这个车轮上出现最大横向力,就可能使车轮爬上钢轨,发生脱轨事故。因此线路上不能存在三角坑。轨道的左右水平可用道尺人工进行测量。

轨道前后高低又称线路纵向水平。通常线路上所谓的高低,是指伸展范围较长的低洼。轨道的这种较长的不平顺,主要是路基沉陷、捣固不良造成的。轨道前后高低不平,对行车安全危害甚大。列车通过此处,冲击动力增加,使道床变形加剧,从而又进一步扩大不平顺,使机车车辆对轨道的破坏力增大,造成恶性循环。

一般对长度为 4m 以下的轨道不允许存在前后高低不良。经过维修后的轨道,要求目测前后高低平顺,用长度为 10m 的弦线测量前后高低时最大矢度不超过《铁路线路修理规则》所规定容许误差。

2. 铁路曲线

铁道线路是由直线和不同线型的曲线连接起来的。线路曲线有平面曲线和竖曲线之分,平面曲线又可分为圆曲线和缓和曲线两类。

1)圆曲线

曲率不变的曲线称为圆曲线。圆曲线有单心圆曲线、复心圆曲线、反向圆曲线等。只有一个圆心的圆曲线称为单心圆曲线,它是曲线中最简单的一种曲线。

由两个不同半径和不同圆心的圆曲线组成的曲线称为复心圆曲线,如图 4-2 所示。

由两个圆心在曲线两侧的圆曲线组成的曲线称为反向曲线,又称 S 形曲线。

在地形条件困难的地段,两个圆曲线之间用较短的直线或是缓和曲线相连接的曲线称为两相邻曲线。

列车在圆曲线上运行时,会产生离心力,这样会使外股钢轨承受较大的压力,乘坐舒适性降低,同时也影响行车安全。为此,需要把轨道外股钢轨抬高,即要设置超高,使运行的车体向内倾,以平衡离心力。超高值的大小是根据圆曲线半径、行车速度,按有关规定计算确定的。

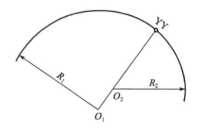

图 4-2 复心圆曲线

另外,行驶中的列车进入圆曲线轨道时,由于行驶车辆惯性力的作用,仍然力图保持其原来的行驶方向,当受到外股钢轨的引导作用才能沿着曲线行驶。车轮与钢轨的接触位置,在曲线地段与直线地段不同,为使机车车辆能顺利通过曲线,圆曲线段的轨距要适当加宽。

2)缓和曲线

机车车辆在圆曲线上行驶时,产生的离心力等,在列车进入直线,或者列车从直线进入圆曲线时,这些力不应突然消失和出现,以免行车不稳,发生振动。可见圆曲线和直线的直接连接,是不理想的,不能满足行车要求。

另外,圆曲线上有外股钢轨超高和轨距加宽,而直线没有,如果直线和圆曲线直接连接,没有过渡段,也是不合理的。为此,在圆曲线与直线之间,插入一段曲率变化的曲线过渡,以缓和列车在圆曲线上产生的离心力等,所以把这段直线与圆曲线之间的过渡曲线称为缓和曲线。通常把直线与圆曲线之间有缓和曲线连接的曲线称为有缓和曲线的圆曲线;反之把无缓和曲线连接的曲线称为无缓和曲线的圆曲线,又称切线型圆曲线,如道岔附带曲线。

缓和曲线是变曲率的曲线,它的始点与直线相切,称为"直缓点";终点与圆曲线相切,称为"缓圆点"。

在道岔弯股后的曲线称为道岔附带曲线,《铁路线路修理规则》规定:道岔后的附带曲线半径不得小于该道岔导曲线半径。附带曲线可以设置超高,但超高值不宜大于15mm,顺坡度不得大于0.2%。

为了便于曲线养护,通常把曲线要素写在曲线标志牌上。目前我国铁路规定了统一的曲线要素代号,捣固车操纵手册上曲线要素用英文代号。为了便于识别曲线要素,表4-1列出了曲线要素代号表。

曲线要素代号对照表　　　　　　表4-1

中 国 代 号	代 号 意 义	中 国 代 号	代 号 意 义
ZH	前缓和曲线始点	HY	复心曲线的缓圆点
HZ	后缓和曲线始点	L	缓和曲线长
HY	前缓和曲线终点	T	切线长
YH	后缓和曲线终点	LY	圆曲线长
YY	两圆曲线的交点	Lc	曲线长
YZ	圆曲线与直线交点		缓和曲线
ZY	直线与圆曲线交点		圆曲线
	纵曲线始点	R	曲线半径
	纵曲线终点	O	中心
YH	复心曲线的圆缓点	C	曲线外股超高

单心圆曲线两端的缓和曲线的设置采用"半径改短法",设置缓和曲线后圆曲线的半径略短于无缓和曲线的单心圆曲线半径,所以在曲线标志上写无缓和曲线的圆曲线半径。

轨道在使用过程中,曲线要素会发生变化,可能存在实际曲线要素数据与曲线标志上的数据不符的情况。因此,在进行拨道作业前,要事先测量实际的曲线要素数据,提供给捣固车操纵人员,并且照规定将曲线要素写在轨枕上,便于捣固车操纵人员及时掌握。

3)竖曲线

在轨道纵断面,若各坡段直接连接则是一条折线。列车通过变坡点,产生的车辆振动和局部加速度,将使乘坐不舒适;当相邻车辆的连接处于变坡点时,车钩要上下错动,若超过允许值就可能发生脱钩。所以轨道必须在变坡点用竖曲线把折线平顺地连接起来,以保证行车安全和平稳。

目前国内外大都采用圆弧形竖曲线,即圆形竖曲线。

竖曲线半径:Ⅰ、Ⅱ级线路为10000m,Ⅲ级线路为5000m。

竖曲线有凹型竖曲线和凸型竖曲线。

竖曲线不应与缓和曲线和道岔重叠,不设在无砟桥的桥面上。

▶▶ 二、单弦法整正曲线原理

铁路曲线半径都是很大的,现场无法用实测半径的方法来检查曲线圆顺。通常是利用曲线半径、弦长、正矢之间的几何关系,用一定长度的弦线测量曲线正矢的方法,来检查线路曲线的圆顺。人工用这种方法来检查整正曲线的圆顺称为绳正法。

捣固车上线路方向的检测也是运用绳正法曲线检测的基本原理,用电液位置伺服系统自动整正线路方向,达到整正曲线的目的。在D08-32型捣固车上把这一自动检测拨道系统,称为单弦检测拨道系统。也有的捣固车采用双弦检测拨道等不同的检测方法。

1. 曲线半径、弦长与正矢之间的关系

如图 4-3 所示,在圆曲线上两点间连一条直线 BD,这条直线称为弦。弦上任一点到曲线上的垂直距离称为矢矩,在弦中央点 M 的矢距称为正矢。

在图 4-3 中三角形 △DMO 为直角三角形,根据勾股定理,有:

$$R^2 = (\frac{l}{2})^2 + (R-H)^2$$
$$= (\frac{l}{2})^2 + R^2 - 2RH + H^2$$

则:

$$2RH = (\frac{l}{2})^2 + H^2$$

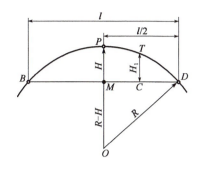

图 4-3 曲线半径、弦长与矢距的关系

式中:R——圆曲线半径,m;
l——弦长,m;
H——正矢,mm。

由于铁道线路曲线半径很大,H^2 与 R 相比不到万分之一,故 H^2 可忽略不计,则上式可以写成:

$$H = \frac{(\frac{l}{2})^2}{2R}$$

可见,在圆曲线检测中,正矢 H 与圆曲线半径 R 成反比,并且是线性关系,而与弦长 l 的平方成正比。如果用一定长的弦线把圆曲线分为若干弧段,则每个弧段的正矢值必然相等。

2. 曲线整正的基本原理

从图 4-4 可见,当拨动曲线上任何一点时,不仅本点的正矢发生变化,前后相邻两点的正矢也将发生变化。图 4-4 中用虚线表示整正前的曲线位置,实线表示拨动后的曲线位置。当曲线上任一点 A 向外拨动 e,而保持其他各点不动时,在 A 点正矢增加 e 的同时,前后相邻两点的正矢而相应减少 $\frac{e}{2}$。同理,如果 B、C 两点分别向外拨动 e_b 和 e_c 时,则 A 点的正矢也将相应减少 $e_b + e_c$ 之和。

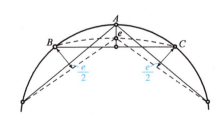

图 4-4 曲线整正的基本原理

由此可见,曲线拨动时,正矢增减一个拨距,必然相邻两点的正矢相应增减半个拨距以平衡之,故不论曲线如何拨动,正矢之和始终不变。

在实际拨道作业中,如拨动量较大,应先进行荒拨,压除曲线两端的反弯俗称鹅头;拨直曲线两端的直线方向,再进行曲线整正作业。这样就可以保证曲线整正前后,曲线始点和终点位置不变,也就保证了曲线两端切线不发生平移。

三、线路方向偏差检测原理与装置

使轨道在水平面内向左或是向右进行拨动,称为拨道作业。其目的是为了消除线路方向偏差,使曲线圆顺、直线直。捣固车进行拨道作业时,拨道量的大小及方向,是由安装在捣固车上的线路方向偏差检测装置测出的,经电液伺服控制的拨道机构自动地进行拨道作业,在直线和圆曲线地段不需要人工参与。

捣固车采用单弦检测装置检测线路方向偏差,它有四点式偏差检测、三点式偏差检测及激光直线矫直三种偏差自动检测拨道方式。

1. 线路方向偏差自动检测拨道原理

线路方向偏差检测装置,是根据单弦检测拨道理论设计的,图4-5是线路方向偏差自动检测拨道系统工作原理示意图。

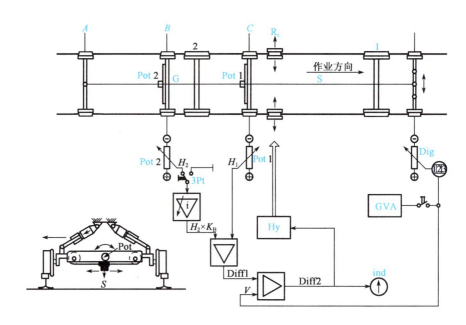

图4-5 线路方向偏差自动检测拨道原理

1-前转向架Ⅰ轴;2-后转向架Ⅳ轴;A-后检测小车;B-B点检测小车;C-C点检测小车;D-D点检测小车;Pot-矢距传感器;G-弦线固定器;S-弦线;R_C-拨道轮;Dig-跟踪机构的电位计;3Pt-三点式检测开关;Hy-伺服阀;GVA-计算机;ind-拨道表

在线路方向偏差检测装置的 A、D 检测小车之间,张紧一根钢丝绳 S 作为检测基准,拨道作业时由 A 点检测小车上的汽缸把钢丝弦线拉紧,弦线 A 端固定不能左右移动,弦线 D 端通过跟踪机构可以左右移动,(国产捣固车改为弦线 D 点也固定)在 B、C 检测小车上各装有一个矢距传感器 Pot,弦线穿过矢距传感器上的拨叉。当线路方向有偏差时,弦线带动拨叉使电位计转动,输出一个模拟矢矩值的电压信号 H_1、H_2。经运算放大电路输出一个比较偏差信号 Diff1,由跟踪机构的电位计 Dig 或是拨道量修正计算机(GVA)来的拨道量修正信号 V 与偏差信号 Diff1 进行比较,输出拨道信号 Diff2 给电液伺服阀 Hy,电液伺服阀将电信号转换为液压信号,液压油进入拨道液压缸,拨道液压缸推拉拨道轮 R_C 使轨道左右移动,消除线路方向偏差。线路方向偏差检测及拨道过程是自动进行的,只有在线型变更点处及缓和曲线地段拨道时,对所测矢距值要进行修正,修正值的计算由计算机(GVA)完成,或者司机查修正值表,用数字电位计输入。线路方向检测拨道系统是典型的电液位置伺服控制系统,图4-6是该系统的自动控制原理框图。

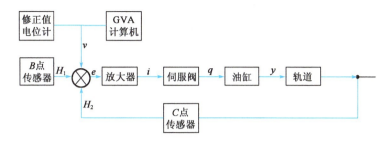

图4-6 自动检测拨道系统的控制原理图

我国引进的D08-32型捣固车的方向偏差测量弦长为21.1m,各测点的距离为$AC=10.5m$、$AB=5.315m$、$CD=10.6m$、$BC=5.185m$、$BD=15.785m$。为了叙述方便用l_1表示AB长、l_2表示BC长、l_3表示CD长、l表示测量弦线全长。

2. 四点式检测原理

线路方向偏差检测方式有四点式、三点式和激光矫直三种。这三种线路方向偏差检测方式的偏差检测原理不同,故偏差检测及拨道精度也不同。但其拨道原理是一样的。

四点式检测原理是以检测圆曲线的方法为基础,有四个检测点,故称为四点式检测,如图4-7所示。

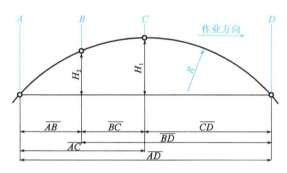

图4-7 四点式偏差检测原理

线路方向偏差检测装置必须能在直线和不同线型的曲线上工作。因此,线路方向偏差的检测必须与曲线半径无关,才能在各种线型上进行方向偏差检测工作。因此通过矢距H_1和矢距H_2的相除,可消除半径R,即:

$$\frac{H_1}{H_2} = K_B$$

对某一台捣固车而言,各检测点之间的距离是一定的,所以上式是常数,并用K_B表示,称为B点的比例常数,又称为B点偏离对C点的影响系数,它与矢距H_1和H_2的关系为$H_1 = H_2 \cdot K_B$,因此D08-32型捣固车检测装置的B点的比例常数为$K_B = 1.3266$。

当捣固车处在正确的圆曲线上时,$H_1 = H_2 \cdot K_B$成立,线路方向偏差信号为零,说明线路方向良好。当线路方向有偏差时,$H_1 = H_2 \cdot K_B$不成立,则有线路方向偏差信号,电液伺服阀有液压信号输出,拨道液压缸动作,使轨道移动,直到$H_1 = H_2 \cdot K_B$成立,拨道信号为零时,拨道动作停止。

四点式检测拨道系统是一个按已整正过的圆曲线的 B 点矢距为设定信号,C 点矢距为反馈信号组成的电液位置伺服控制系统,实质上是一个做圆的装置。

直线被认为是半径无穷大的圆曲线,所以在直线上检测拨道时同圆曲线一样对待。

3. 三点式检测原理

三点式检测是通过装在 B 点小车上的弦线固定器使弦线在 B 点固定,取消检测点 A,弦线长缩短了 $\overline{AB}$ 段,变为 15.785m,并接通三点式检测电气开关,切断 B 点矢距传感器的电信号,这时仅有 C 点矢距传感器工作。这种检测方法有三个检测点,称为三点式检测,如图 4-8 所示。

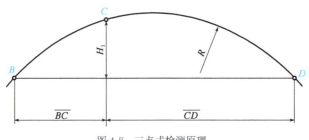

图 4-8 三点式检测原理

三点式检测是以检测直线为基础的,在直线上进行方向偏差检测时,矢距传感器测出的矢距信号 H_1,就是 C 点的实际线路方向偏差。

而在圆曲线上检测时,当 B、C、D 点处在正确的圆曲线上时,矢距传感器输出的信号 H_1,就是圆曲线在 C 点的矢距。如果这时不对拨道信号进行修正,则 H_1 就作为偏差信号进行拨道,那么就会把圆曲线拨成直线,曲线的整正也就无法进行了。因此,三点式检测拨道时,需要用手动或者是修正计算机(GVA)输入相应圆曲线在 C 点的理论矢距值 V_C,用圆曲线在 C 点的理论矢距值 V_C 与实测矢距值 H_1 进行比较,得出该点线路方向的实际偏差信号,来控制拨道装置使轨道移动,直到 $H_1=V_C$ 时,拨道停止。

三点式检测拨道与四点式检测拨道的不同之处是输入电液位置伺服控制系统的设定信号:四点式是 H_2,三点式是 V_C,由司机或者计算机(GVA)输入。

4. 线路直线段的激光矫直原理

在长大直线上进行拨道作业时,由于检测弦线长度有限,所以整正后的直线方向不理想,仍有大慢弯存在。为了提高直线的矫直精度,只能加长检测弦线长度,才能达到。

激光矫直就是利用激光束的直射特性,通过 D 点小车上的跟踪机构,使弦线的 D 端始终与激光束保持在一条直线上,如图 4-9 所示。好像把检测 D 点向前延长到 P 点,弦线延长了 300～600m,大大地延长了弦线长度,提高了直线段的方向偏差检测精度,改善了拨道质量。

使用激光矫直拨道作业时,把弦线 B 点固定,采用三点式检测。

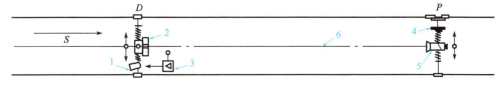

图 4-9 激光矫直原理

1-伺服电机;2-激光接受器;3-伺服电机控制器;4-激光发射器调整手轮;5-激光发射器;6-激光束

国产 D08-32 型捣固车把弦线 D 点改为固定,激光接收器相对 D 点移动的距离由安装在跟踪机构上的位移传感器测出,按下列比例关系计算出移动距离 E_D 对 C 点矢距的影响值 H_D,如图 4-10 所示,H_D 与实测 H_1 叠加,即为拨道量,H_D 的正负由激光接收器移动方向确定。

$$H_D = K'_D \cdot E_D$$

式中:K'_D——D 点偏离对 C 点矢距的影响系数。

上述运算过程由拨道控制系统的运算电路完成,不需要操纵者干预。

5. 线路方向整正后的残留偏差

单弦检测线路方向的基本原理是建立在 A、B、D 三个检测点都处在同一半径的圆曲线上时,C 点的线路方向偏差会完全被检测出来。但是在实际拨道作业中,A、B 检测点处在已整正后的圆曲线上,而 D 点检测小车是在未整正的曲线上。因此,C 点检测出的方向偏差就不是 C

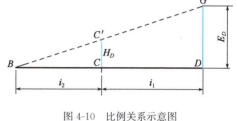

图 4-10 比例关系示意图

点线路实际存在的方向偏差,还包含 D 点偏差的影响。所以整正后的线路方向仍有一定的方向偏差残留,简称为残留偏差。

1)四点式检测残留偏差

四点式检测拨道作业时,A、B 点检测小车行走在已整正的线路上,D 点检测小车行走在未整正的线路上。如图 4-11 所示,图中点画线表示正确的轨道位置,实线为拨道前的轨道位置。当 D 点处线路有方向偏差 E_D 时,拨道作业只能把轨道移到虚线位置,仍残留方向偏差 F_R 不能消除。

根据相关设计资料数据表明四点式检测拨道的线路方向偏差残留系数为 6.1。这就是说,采用四点式检测拨道后线路方向偏差仍有 1/6.1 的残留偏差不能消除。

2)三点式检测残留偏差分析

采用三点式检测拨道时,当 D 点有方向偏差 E_D 时,C 点拨道后有残留偏差 F_R,如图 4-12 所示。

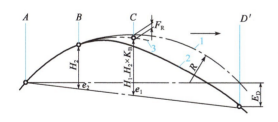

图 4-11 四点式检测的残留偏差

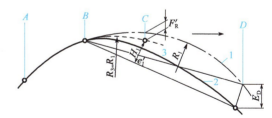

图 4-12 三点式检测的残留偏差

根据相关设计资料数据表明,三点式检测拨道的线路方向偏差残留系数为 3.0,也就是说,采用三点式检测拨道后线路方向偏差仍有 1/3.0 的残留偏差不能消除。可见三点式检测拨道时的线路方向偏差残留比四点式检测拨道时的线路方向偏差残留大。所以一般情况下应采用四点式检测拨道。

通过上述误差分析得出:不论是四点式检测拨道还是采用三点式检测拨道只能达到线路方向基本圆顺,不能完全消除线路方向偏差,整正后的线路仍有一定的方向偏差存在,故称为近似法拨道作业。

近似法拨道存在残留方向偏差,为了减少残留方向偏差,提高拨道作业质量,建议对拨道量较大的地段,一次最大拨道量不超过表4-2所列值。

近似法一次最大拨道量表　　　　　　表 4-2

曲线半径(m)	一次最大拨道量	
	四点式(mm)	三点式(mm)
250 及以下	84	43
251～350	72	36
351～450	60	30
451～650	48	24
651 及以上	36	18

如果要完全消除拨道后的方向残留偏差,提高拨道质量,使轨道恢复原有的几何位置,可以在拨道作业前对线路方向进行测量,每隔2.5m(五根轨枕)的距离把实测线路方向偏差量写在轨枕上,拨道作业时由前司机室的操纵人员,把实测线路方向偏差值输入拨道电路,使检测弦线 D 点相应移动 E_D 的距离,消除 D 点存在的偏差量,可以完全消除 D 点偏差对 C 点的影响,实现精确拨道。故称这种拨道方法为精确拨道法。

在线路维修作业时由于精确法拨道需要事先测量线路方向偏差,测量工作烦琐,所以很少采用精确法拨道,一般都用四点式近似法拨道。

采用激光矫直长大直线时,由于激光束把弦线延长了几百米,极大地提高了方向偏差检测精度。所以直线地段激光矫直拨道作业质量比四点式检测拨道作业质量高。

6.线路方向偏差检测装置

线路方向偏差检测装置是由四台检测小车、一根钢弦线、两台矢距传感器及相应的显示仪表组成。图 4-13 是线路方向偏差检测装置的示意图(图中显示部件未画出)。

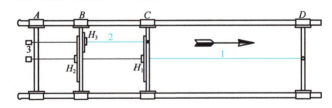

图 4-13　线路方向偏差检测装置示意图
A、B、C、D-检测小车;H_1、H_2、H_3-矢距传感器
1-检测弦线;2-检测弦线;3-弦线张紧汽缸

1)检测小车

图 4-13 中四台检测小车分别称为 A、B、C、D 点检测小车,它们是检测装置的接触部件。其主要结构由小车轮、车架、升降汽缸及预加载汽缸等组成。小车轮与车架用轴承相连,以保证小车轮在工作时灵活地在轨道上滚动。依靠小车轮的踏面及轮缘在钢轨踏面与轨头内侧面的接触,正确地测出钢轨的实际位置。其中 A 点小车在拖车的尾部,又称后张紧小车;B、C、D 三台小车都与捣固车架连接。B 点小车在捣固车后部,C 点小车靠近拨道机构,而且随着轨道的移动而横移,D 点小车在捣固车最前部,又称前张紧小车。捣固车在运行时,各小车都收起来并锁定在车体上,到达作业地点后,再放到轨面上。因此,在每台小车都有一对升降汽缸及相应的锁定装置和保险装置。

A、D 两台小车的动作司机不易观看,其升降操纵由辅助人员就地操纵;B、C 两台小车的升降是由后操作司机在司机室内进行。为了保证检测小车的轮缘能够紧贴所要检测钢轨头部内侧,在每台小车上都有一对斜置的预加载汽缸,只要在司机室操纵相应的按钮,就可以依靠汽缸推力使各小车按照要求的方向(左股或右股)进行预加载,使其轮缘贴紧一侧的钢轨。

A 点小车结构及实物图如图 4-14、图 4-15 所示;B 点小车结构示意图如图 4-16 所示;C 点小车结构示意图如图 4-17 所示;D 点小车结构示意图及实物图如图 4-18、图 4-19 所示。

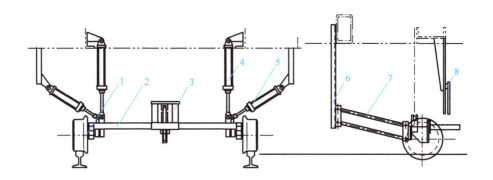

图 4-14　A 点小车结构示意图
1-小车轮;2-车架;3-张紧汽缸支架;4-升降汽缸;5-预加载汽缸;6-支架;7-推杆;8-悬挂小车组件

图 4-15　A 点小车实物图

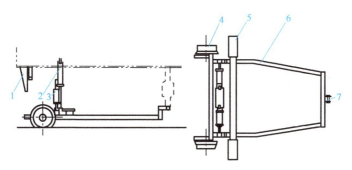

图 4-16　B 点小车结构示意图
1-悬挂小车组件;2-升降汽缸;3-预加载汽缸;4-小车轮;5-托板;6-车架;7-销轴

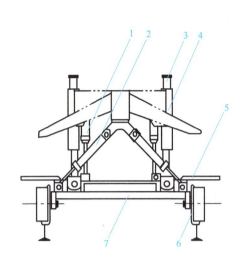

图 4-17　C 点小车结构示意图
1-升降汽缸；2-预加载汽缸；3-导向杆；4-导向套；5-托板；6-小车轮；7-车架

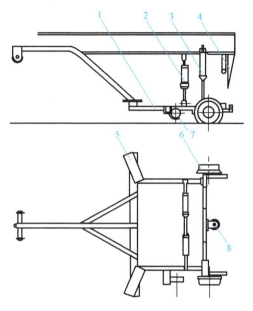

图 4-18　D 点小车结构示意图
1-车架；2-预加载汽缸；3-升降汽缸；4-悬挂小车组件；5-托板；6-小车轮；7-里程测量轮；8-弦线滑轮

2）弦线

在各小车下面中间横穿一根直径为 2.5 mm 的钢丝绳。它一端固定在 D 点小车的中央，另一端在 A 点小车的中央，由汽缸拉紧，称为弦线。弦线张紧后是一根理想的直线，这条弦线长度为 21.1m，实际上就是检测 A、D 两点小车间线路方向的一条基准线。

3）矢距传感器

线路方向偏差检测的传感器固定在 B、C 两台检测小车上，它是捣固车专用的一种位移传感器，由框架、电位计及传动装置、滑轮、钢丝

图 4-19　D 点小车实物图

绳等组成。这种位移传感器还用在捣固装置升降控制装置中作为捣固装置升降位置的检测。

▶▶ 四、线路方向水平检测原理与装置

线路水平包括线路横向水平和纵向水平。纵向水平检测装置和横向水平检测装置同时进行测量，起道量要考虑横向水平偏差和纵向水平偏差，使起道作业后的线路轨道的前、后、左、右都处在同一平面内，符合线路维修规则的要求。通常又把这一作业过程称为起道抄平作业。

1. 线路横向水平检测及起道原理

线路横向水平又称轨道左右水平。线路横向水平的检测原理简单。由安装在 D 点检测小车上的水平传感器（又称电子摆）测量起道前的轨道横向水平偏差，其水平偏差信号输

入起道控制电路,与设定的起道量进行比较,其差通过电液伺服阀控制起道液压缸提起轨道,直到基准股钢轨的提起高度达到设定值时起道动作停止。图 4-20 所示是线路水平检测及起道原理。图中水平传感器 2 在起道装置附近,它检测起道过程横向水平的变化,并由横向水平指示表 14 指示,使司机可以随时了解起道状况。若发现横向水平仍有偏差,司机可以调节超道量补偿调节器 7 来改善起道质量。

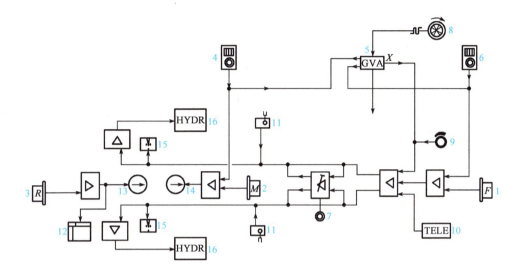

图 4-20 线路水平检测及起道原理

1-F 点横向水平传感器;2-M 点横向水平传感器;3-R 点横向水平传感器;4-M 点起道量手动输入器;5-GVA（计算机）;6-F 点起道量手动输入器;7-起道量补偿调节器;8-距离测量轮;9-起道量设定输入器;10-遥控起道装置;11-纵向高低传感器;12-记录仪;13、14-横向水平指示表;15-纵向水平指示表;16-电液伺服阀

水平检测的基准钢轨,在直线地段任一股轨都可以,在曲线上必须要以有超高的一股钢轨为基准,另一股钢轨就以基准股为基准提起。圆曲线的外股钢轨要设置一定的超高,其超高值在缓和曲线内顺完,顺坡度不应大于 0.2%。超高值的输入由 GVA（计算机）自动输入,或者用起道量手动输入器。

2. 线路纵向水平检测及起道原理

线路纵向水平检测原理与线路方向偏差检测的三点式检测原理相同,只是各测点间的距离和传感器的结构不同。如图 4-20 所示,在左右两股钢轨上各有一套单弦水平检测装置,纵向高低传感器 11 将 C 点检测小车处的轨道高低偏差信号输入起道电路。

探测杆 RM 间的距离为 4.5m, MF 间的距离为 9.15m, 纵向水平偏差残留系数为:

$$T = \frac{4.5 + 9.15}{4.5} = 3.033$$

线路纵向水平检测也有近似法和精确法两种检测起道作业。如果预先不测出线路纵向水平偏差,只依靠捣固车的纵向水平检测装置进行起道抄平作业,线路纵向水平偏差不能全部消除,仍有 1/3 的偏差残留。这种起道抄平作业就称为近似法。

用近似法作业后的线路纵向水平不理想,所以,在实际线路维修作业中都采用精确法起道抄平。在捣固车作业之前用仪器测量线路的纵向水平,将每隔 5m 的纵向偏差（即起道量）标写在轨枕上,捣固车作业时由前司机室的操纵人员,把标注的起道量用起道量设定输入器9逐步输入起道电路,即可以完全消除纵向水平偏差。

一般情况下为了保证捣固作业质量,在无起道量的地段,也应设置20～30mm的基本起道量。在竖曲线上进行起道作业时,对起道量同样要进行修正。起道量修正值的计算由GVA(计算机)完成并自动输入起道电路。也可以查竖曲线起道修正值表手动输入起道电路。

采用手动输入起道量修正值时,当前测杆F过竖曲线始点SS时,按照测杆F离开SS点的距离,查出对应的修正值输入起道电路。当后测杆进入竖曲线时修正值为最大,并且是常数。最大修正值取决于竖曲线半径,竖曲线半径超过50000m时,修正值可以略去不计,故不进行修正。

当前探测杆离开竖曲线终点SZ时,修正值逐步减小,后探测杆R到SZ点时修正值变为零。竖曲线为凸形时,修正值为正值,竖曲线为凹形时,修正值为负值。铁道线路方向及水平的检测是捣固车进行起、拨道作业的前提条件,只有对既有线路的方向及水平进行正确的定量检测,才能质量良好地完成捣固作业。

捣固车进行作业的目的就在于消除线路方向偏差及水平偏差,使其恢复到标准所容许的偏差范围内。另外,为了检查作业质量,需要对作业后的线路方向及水平进行检查与记录。

3.线路纵向高低检测装置

线路纵向高低检测装置是由安装在B、C、D三台检测小车上的检测杆、两根钢弦线及两台高低传感器组成,如图4-21所示。

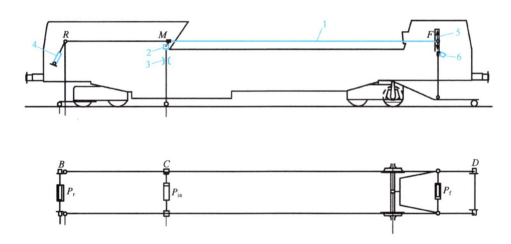

图4-21 线路纵向高低检测装置示意图

1-钢弦线;2-高低传感器;3-导套;4-张紧汽缸;5-标尺;6-升降电机;F、M、R-前、中、后、检测杆;B、C、D-检测小车;P_r、P_{in}、P_f-电子摆

1)检测杆及弦线

如图4-21所示,三台检测小车的检测杆分别为F、M和R,其中R、F检测杆与B、D两台检测小车的两侧托板相接触,也就是在B和D检测小车上左右各竖起一根检测杆。在R与F检测杆顶端张紧一根钢丝绳,称为弦线。弦线的一端固定在F检测杆的随动机构上,另一端由汽缸4拉紧,在M点弦线穿过高低传感2的触杆上。当C点轨道相对弦线有高或低的变化时,传感器的触杆在弦线的拉动下转动,则轨道的高低偏差以电信号输出。

前期引进的捣固车F检测杆上的随动机构由升降电动机6驱动,使弦线的固定点沿检测杆上下移动。输入起道量后升降电动机转动,使F点升高相应的距离。国产捣固车取消了随动机构,改为 F 点固定,输入起动量在计算电路中处理。

C 点检测小车上的检测杆 M 在导向套 3 中上下移动,在检测杆上安装高低传感器 2。由于线路纵向高低在两股钢轨上不完全相同,在不同区段要选择左股或右股钢轨为基准,所以每股钢轨上各有一套纵向高低偏差检测装置。当依靠汽缸 4 使弦线 1 在测杆 R 与 F 之间张紧时,弦线的位置实际上就是 B 与 D 小车轮之间轨面纵向高低的基准线,其长度为 13.65m,检测杆 M 升降位移的数量就反映出该点线路对 RF 基准线的高低偏差量。为了提高检测精度,测杆下端与托板接触部分制成球面,托板应平整、光滑并经常涂抹油脂。

2) 高低传感器

高低传感器的结构如图 4-22 所示,实物图如图 4-23 所示,它由触杆、支架、阻尼器、皮带轮、电位计等组成。

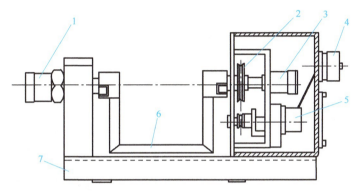

图 4-22 高低传感器示意图
1-轴承;2-传动皮带轮;3-阻尼器;4-接线盒;5-电位计;6-触杆;7-支架

高低传感器安装在检测杆 M 上,触杆 6 通过夹板搭在弦线上。当 C 点小车轮所处轨道有高低偏差时,传感器支架将随检测杆升降而上下移动,其触杆 6 在弦线的拉力作用下发生转动,通过带轮使电位计 5 转动,这时电位计就输出与位移大小相对应的电信号。

图 4-23 高低传感器实物图

4. 线路横向水平检测装置

线路横向水平检测装置由专用水平传感器(又称电子摆)及显示仪表组成。

1) 横向水平检测装置的组成

横向水平检测装置由三个水平传感器组成。分别安装在 B、C、D 三台检测小车架的中央。安装在 D 点小车上的水平传感器 P_f 又称前水平传感器,它是用来检测起道前线路的实际横向水平值,并通过模拟电路在前司机室的仪表板上反映出来。同时也输入起道抄平电路中,与其他途径输入的起道量进行比较,控制起道装置的动作。

安装在 C 点检测小车上的横向水平传感器 P_m 又称起道区水平传感器,用来检测起道作业过程的轨道水平变化,并由后司机室内的起道仪表显示。操纵者观察起道仪表就可以了解起道抄平的实际完成情况。若起道仪表显示有水平不良时,司机可以随时进行调整,保证起道作业质量。

安装在 B 点检测小车上的水平传感器 P（图 4-24），又称后水平传感器，它用来检测作业后的线路横向水平，向记录仪提供信号，是记录专用电子摆。

2) 横向水平传感器的结构及原理

水平传感器是一种检测物体水平状态的机械电子传感器，其结构示意图如图 4-25 所示，实物图如图 4-26 所示。它主要由外壳 1、电位计 2、传动机构 3、摆锤 4、硅油 5 及底座 6 组成。当底座处于水平位置时，摆锤保持垂直状态。此时，电位计上的可动触点处于中立位置，电路平衡，没有信号输出。当检测小车左右倾斜时，摆锤将向一侧摆动，经机械传动系统使电位计转动，就会输出相应的电信号，这个电信号的大小实际上就是与底座相连的检测小车的倾斜度，也就是线路两股钢轨的横向水平差值。

图 4-24　安装在 B 点检测小车上的水平传感器

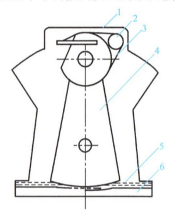

图 4-25　水平传感器结构实物图
1-外壳；2-电位计；3-传动机构；4-摆锤；5-硅油；6-底座

图 4-26　电子摆示意图

练习题

1. 你能试着说说三点式偏差检测原理吗？
2. 你能试着说说四点式偏差检测原理吗？
3. 你能试着说说横向水平检测装置的组成吗？

单元五

车体与转向架

【知识目标】
1. 熟悉捣固车车体与转向架的结构、工作原理。
2. 掌握捣固车车体、转向架与动力传动装置间的位置关系。

【能力目标】
1. 区分车体、转向架与动力传动装置在不同车型上的位置。
2. 能分析车体、转向架与动力传动装置在线路作业施工过程中的作用。

车体是捣固车的基础,是安装发动机、动力传动装置、工作装置、检测装置、辅助设备及司机室的基础,并起着传递牵引力、制动力和工作机构作用力的作用;转向架是捣固车走行部的主要组成部分,它在结构上成为一个独立的部件。

一、车体、转向架

1. 车体

1)车体结构

捣固车的工作条件恶劣,作业时要同时承受捣固头的振动力、下插冲击力和起拨道反作用力等,整机要有较高的刚性,以保证检测系统的测量精度,因此,捣固车的车体结构不同于普通机车、车辆,既不能采用承载式车体,也不能采用普通的车架式结构。

捣固车采用边梁和部分中梁承载的空间刚架式车体,它由中梁叉、前下边梁、上边梁、立柱、横梁、三角形连接梁、枕梁、缓冲梁及顶篷和侧壁等组成,如图 5-1 所示。结构件全部采用氩气、二氧化碳混合气体保护焊焊接而成,焊缝形状多,绝大多数焊缝只能采用单面焊双面成形的方法,工艺复杂。

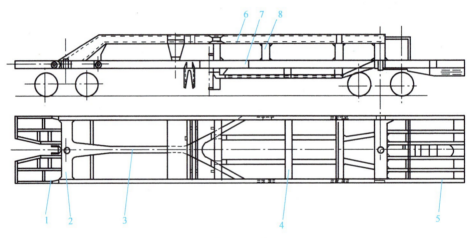

图 5-1 车体
1-后端;2-枕梁;3-中梁叉;4-横梁;5-前端;6-上边梁;7-下边梁;8-立柱

车体中梁叉 3 位于后枕梁之前,两套工作装置之间,是由厚钢板组焊而成的箱形结构,长约为 5m,断面为 200mm×280mm。其一端与后枕梁焊接,另一端成叉形结构与两根前下边梁焊接。为了提高车体的强度和刚度,在中梁叉上焊有三角形连接梁,连接梁与两根上边梁相接。

车体前下边梁、上边梁、横梁、立柱全部采用矩形管型材。这种型材结构合理、容易焊接,抗弯、抗扭刚性好,是一种理想的结构型材。目前这种型材仍需进口,它的焊接工艺过程全部采用开坡口→点焊拼接→打底焊→单面焊双面成形的方法。

车体前端安装前司机室、柴油箱、前检测小车及前牵引装置,要承受较大的纵向拉伸、压缩冲击力,而且外伸较长,它与缓冲梁、前枕梁所焊接的纵梁较多。纵梁采用槽钢,缓冲梁采用壁厚较大的相同规格的无缝矩形管型材。

车体后端安装后司机室、B 点检测小车、连接材料车,它的结构与前端类似,但外伸较短,不装车钩,安装一根短轴与材料车铰接,并焊有安全保护装置,以防材料车铰接轴折断脱离捣固车。端部横向开口较大,当在曲线或不平顺路段运行时,材料车中梁能够在中间自由摆动,保证运行安全。

体顶篷位于前、后司机室之间、机器上部。它用来防雨和防晒。顶篷是钣金件,由薄钢板组焊而成,分两段,接缝处用橡胶板连接,整个顶篷由多根方形管支撑在上边梁上,用螺栓连接。

车体侧壁位于发动机、动力换挡变速箱两侧,主要是用来隔热和隔声。它通过手摇机构进行提升和下降,并用插销固定以保证安全。侧壁钢板两侧粘有防振自粘橡胶、石棉隔声、隔热材料。侧壁结构如图5-2所示。

车体前枕梁之后有两根纵梁和横梁,与两根前下边梁和横梁焊接,构成一个平面构架,用于安装发动机、动力换挡变速箱、分动箱,在其上部,两根上边梁上安装液压油箱及液压阀集成块。

2)车体与其他部件的连接

(1)车体与转向架连接。由于捣固车作业时受力复杂,所以捣固车车体与转向架采用中心销轴式连接,从而使牵引受力合理,转向架转动灵活,摩擦力小,并保证了检测精度。

(2)车体与司机室连接。由于捣固车采用人字形橡胶弹簧,检测装置和控制系统用计算机等电子元件,为了提高减振性能,增加乘员的舒适感,在车体和司机室之间增加了杯形橡胶减振器及辅助支撑橡胶垫。减振器的安装如图5-3所示。

(3)车体与材料车连接。车体与材料车用铰接连接,在车体后枕梁后端焊有一支座,在支座上装有一根短轴,它与材料车中梁端部的关节轴承连接。为了保证行车安全装有安全装置。铰接结构如图5-4所示。

(4)车体与起拨道装置连接。为了保证起拨道装置升降和防止左右摆动,在车体中部立柱上装有垂直导向柱,在中梁叉上焊有拨道液压缸支点,在上边梁上焊有起道液压缸支点,这些支点与液压缸全部采用铰接。

(5)车体与检测小车的连接。车体与B、D点检测小车全部采用铰接连接,与C点小车采用垂直和横向滑动结构,以保证小车上下左右摆动灵活。各小车的预加载汽缸,与车体铰接。

(6)车体与动力传动装置的连接。发动机通过减振器安装在底架上,底架采用杯形橡胶减振器安装在车架中部的构架上,减轻了柴油机运转时传递给车体的振动。

液力变矩器动力换挡变速箱和分动箱,都是通过轴形抗扭减振器与车体连接的。液压油箱通过橡胶垫吊装在两根上边梁之间,提高了油位高度,减小了液压泵吸油阻力。

2. 转向架

1)转向架的作用及组成

捣固车采用轴距为1.5m的两轴转向架,最大轴重为14t。

(1)转向架的作用。

①承受车架以上各部分的质量;

②保证必要的黏着力,并把轮轨接触处产生的轮周牵引力传递给车架车钩;

③减少因线路不平顺对捣固车的冲击,保证捣固车有良好的运行平稳性;

④保证捣固车顺利通过曲线;

⑤产生必要的制动力,以便使捣固车在规定的制动距离内停车。

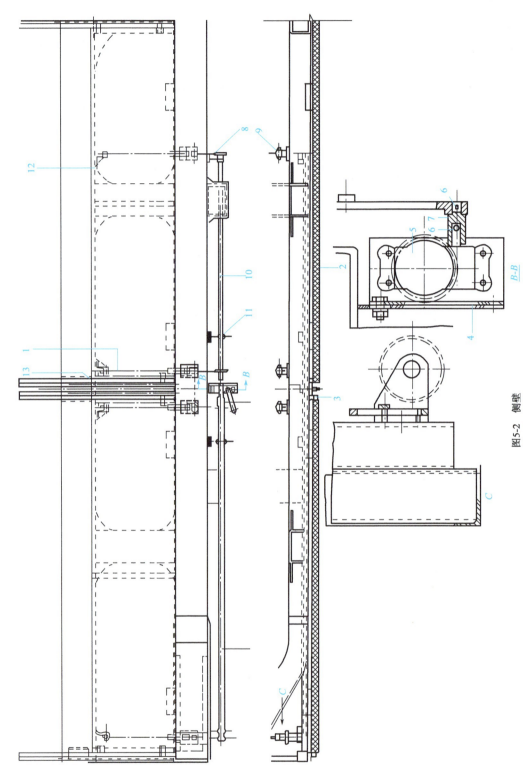

图5-2 侧壁

1-链条;2-侧壁;3-导向槽;4-支架;5-减速箱;6-销轴;7-接套;8-链轮;9-支座;10-接长轴;11-支撑;12-支架;13-插销

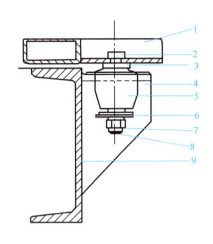
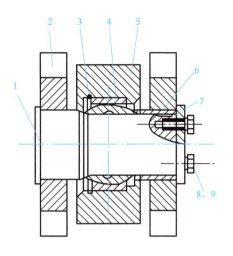

图 5-3 减振器的安装
1-司机室骨架;2-螺栓;3-垫圈;4-支座;5-减振器;6-垫圈;7-螺母;8-开口销;9-车架

图 5-4 铰接锁轴
1-短轴;2-支座;3-挡圈;4-关节轴承;5-中梁;6-套;7-端盖;8-螺钉;9-垫圈

(2)转向架的组成。捣固车的转向架不同于我国现有的任何货车转向架,也不同于机车转向架,它是专为大型线路机械设计的转向架。如图5-5 所示,它由转向架构架、与轴箱连接的橡胶弹簧及液压减振器、轮对及轴箱、中心销、旁承、液压支撑、基础制动装置等组成。有的转向架还装有排障器和撒砂装置。

在转向架构架的左右侧梁上装有平面摩擦式旁承,构架横梁中部有中心销,中心销是通过关节轴承装在横梁上的,中心销的上部插入车架的孔

图 5-5 转向架

中,并用螺栓和压盖固定。所以车体在通过曲线时可以左右摆动,车体的全部质量通过中心销传递给转向架。轮对及轴箱是通过两个 V 形橡胶减振器装在构架的导框内的。为了减小运行时的振动力,在轴箱与构架侧梁之间装有液压减振器。在捣固作业时为了保证轨道检测精度,车架与转向架之间要保持相对固定,故在轴箱与构架之间、构架与车架之间装有液压支撑装置。捣固车运行时,转向架承受三个方向的力:垂直力、纵向力和横向力。这些力按以下顺序来传递。垂直力:车体→中心销→构架→橡胶弹簧→轴箱→轮对→钢轨。纵向力(牵引力或制动力):轮对→轴箱→橡胶弹簧→构架→中心销→车架→车钩。横向力:钢轨→轮对→轴箱→橡胶弹簧→构架→中心销→车架。

2)转向架构架

转向架构架用钢板拼焊成箱形结构,整个构架由侧梁及横梁构成工字形,如图5-6 所示。侧梁上有左右两个 V 形的安装橡胶弹簧的导槽,转向架构架通过四对橡胶弹簧支撑在轮对轴箱上。在横梁的中央有安装中心销及关节轴承的轴承箱。车体上的全部质量通过前后两个中心销传递给转向架。

另外转向架构架上还有连接基础制动杠杆的吊耳及车轴齿轮箱平衡杆的连接座,有些转向架在构架侧梁外端装有排障器及撒砂用的砂箱等装置。

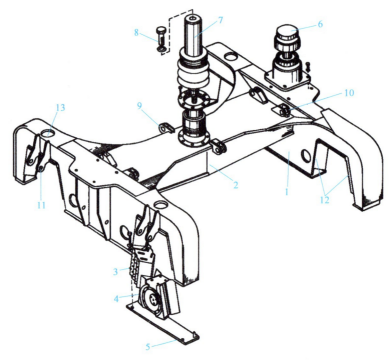

图 5-6 转向架构架

1-侧梁；2-横梁；3-橡胶弹簧；4-轴箱；5-轴箱下挡板；6-旁承；7-中心销；8-螺栓；9-制动杆连接吊耳；10-闸瓦托吊耳；11-液压减振器连接耳；12-导框；13-轴箱支撑液压缸安装孔

这种钢板拼焊成的转向架构架强度高，刚性好，而且质量轻。

3）弹簧减振装置

捣固车在轨道上运行时，由于线路的不平顺、轨缝、道岔、钢轨磨耗、车轮踏面擦伤、车轮不圆和轴颈偏心等原因，产生各种不同周期性与非周期性的振动和冲击。转向架安装弹簧减振装置的目的，就是用来缓和与清除这些振动及冲击，以提高捣固车的运行平稳性，保证乘务人员的舒适性以及延长捣固车零件的使用寿命。

要使捣固车有良好的运行品质，除安装性能优良的弹簧外，还要在轴箱与转向架构架之间装液压减振器。弹簧和液压减振器，总称为弹簧减振装置。

捣固车的前后转向架采用橡胶弹簧和液压减振器。后拖车采用金属螺旋弹簧和液压减振器。

（1）橡胶弹簧。捣固车的转向架上采用V形橡胶弹簧。如图5-7所示，橡胶弹簧由三层橡胶2和四层金属板1组成，采用硫化法将橡胶与金属板粘接在一起。使用的橡胶具有较高的疲劳强度、耐温和耐油。

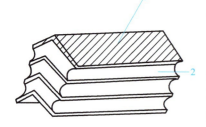

图 5-7 橡胶弹簧
1-金属板；2-橡胶

橡胶弹簧装在轴箱两侧，其支撑面为V形截面。轴箱两侧的支撑面安装角为12°。因此，橡胶弹簧在垂直载荷作用下，既受剪切，又受压缩。这样可以获得较大的静挠度和适当的刚度。当静态轴箱载荷为4.5～5t时，橡胶弹簧的静态挠度为13～18mm。

橡胶弹簧使用半年以后，橡胶逐步开始老化，静态挠度要减小20%,即2~4mm。因此,新橡胶弹簧安装使用半年后,要重新检查调整轴箱下边缘至下挡板间的距离。其正确距离应为12~15mm。如果距离过大或是过小将会影响橡胶弹簧和轴箱支撑液压缸的正常工作。橡胶弹簧与金属螺旋弹簧比较,橡胶弹簧具有以下特点:

①减振性能好,特别是吸收高辐振动的能力强。这是由于橡胶弹簧吸收振动能量是在其变形时产生内摩擦阻力,而且其内摩擦阻力随着捣固车运行振动速度的增加而变大,所以其减振性能好。在减振过程中将吸收的机械能转化成热能,其中一部分热能使橡胶产生温升,另一部分热能在振动中散去。

②不像金属弹簧那样存在突然折断的可能,运行中不需要经常检查。

③质量轻。

④能消除噪声。

⑤强度小,成本高,性能误差较大,会逐渐老化。

(2)螺旋弹簧。后拖车轮对轴箱与车架的减振弹簧采用金属螺旋圆柱形压缩弹簧,故又称圆簧。

螺旋圆柱形压缩弹簧采用直径为25mm的合金钢加热卷制而成,再经淬火、回火热处理,如图5-8所示。

螺旋圆柱形压缩弹簧的端部并紧并磨平,以保证弹簧平稳站立。两端约有3/4圈作为支持平面,是弹簧的辅助部分,不起弹力作用,而仅起传递载荷的作用。

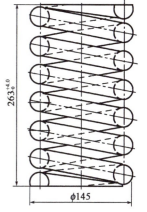

图5-8 螺旋圆弹簧

螺旋圆柱形压缩弹簧的自由高度为263mm,外径为145mm,弹簧节距为41mm,最小工作载荷为9.5kN,最大工作载荷为29kN。

在后拖车的弹簧减振装置中,螺旋圆柱形压缩弹簧装在轴箱两侧的弹簧座上,液压减振器装在轴箱盖与车体之间,如图5-9所示。

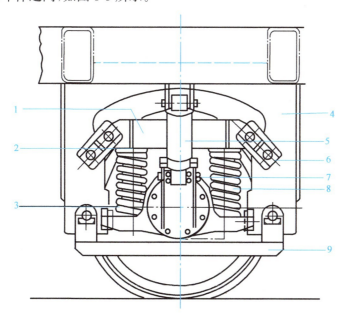

图5-9 后拖车弹簧减振装置
1-横梁;2-弹簧座;3-轴箱;4-导框;5-液压减振器;6-连接环;7-销轴;8-弹簧;9-下拉杆

车体的质量经导框4、连接环6、横梁1作用到弹簧8上,轴箱上有导槽,当弹簧压缩时可沿导框4上下移动。

(3)液压减振器。液压减振器实质上是一个密封的充满油液的液压缸。缸筒内有一活塞,把缸筒分成上下两个部分。活塞上有小孔称为节流孔。液压缸体固定在轴箱盖上,活塞杆固定在转向架构架上。当转向架作上下振动时,活塞杆随转向架构架运动,于是活塞在缸筒内产生上下相对位移。当活塞向上运动时,缸筒上部分体积缩小,而下部分体积增大。由于液压缸是密封的,液压缸上部油液的压力增大而下部液压缸的压力降低。液压缸内上下两部分的压力不同,于是压力高的油液就通过节流孔流到压力低的下部分去填充活塞移动后产生的真空。

油液通过节流孔时产生阻力,该阻力的大小与油液的流速、节流孔的形状和孔径的大小有关。油液速度愈大,阻力也愈大。

当活塞向下运动时,则液压缸内上部体积逐渐增大,而下部体积逐渐减小,油液又通过活塞的节流孔由下部流到上部去,也产生阻力。因此,液压减振器在车辆振动时能起减振作用。

图 5-10 所示是 E63.118 型液压振器的结构。

捣回车的前后转向架及后拖车轴箱上均装 E63.118 型液压减振器。液压减振器的上下连接都是横向销轴连接。该型减振器行程为 115mm,拉伸方向阻力为 13kN,压缩方向阻力为 6.5kN。

E63.118 型液压减振器的结构可以分成四个主要组成部分,即活塞部、进去油阀部、缸端密封部和上下连接部。

①减振器的活塞部是产生阻力的主要部分,它由活塞杆3、活塞(阀体)15、盘形压片11、上阀片13、下阀片14和活塞环16、螺母17组成。

活塞上均布 6 个 $\phi 6.2$mm 的节流孔和 4 个 $\phi 5.5$mm 的节流孔。上阀片通过盘形压片盖住 6 个 $\phi 6.2$mm 的节流孔,下阀片通过螺母压住 4 个 $\phi 5.5$mm 的节流孔。因此,当无外力作用时,活塞上的节流孔均被阀片关闭,油液不能通过。

减振器的阻力大小主要决定于节流孔的大小和阀片的刚度。为了能调整阻力大小,上阀片由厚度为 0.4mm 的 2～3 片钢片叠加在一起,下阀片由厚度为 0.5mm 的 5～7 片钢片叠加在一起。增减钢片的数量,可以改变阀片的刚度,使阀片的开启大小改变,即可以改变油液通过的阻力。

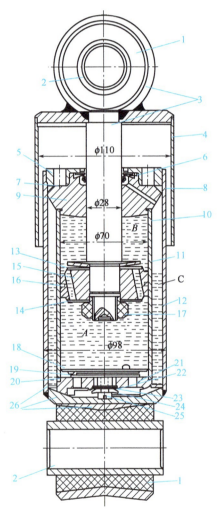

图 5-10 E63.118 型液压减振器的结构
1-橡胶垫;2-连接衬套;3-活塞杆;4-防护套;5-压盖;6-密封圈;7-盘;8-O形密封圈;9-导向套;10-缸筒;11-盘形压片;12-外套筒;13-上阀片;14-下阀片;15-活塞;16-活塞环;17-螺母;18-挡圈;19-弹簧;20-阀片;21-阀座;22-垫圈;23-排油阀片;24-盘形压片;25-压紧螺钉;26-下振接装置

②缸筒 10 的下部装有进、出油阀,它的主要

作用是补充油液和压出油液。进、出油阀由进油阀和出油阀两个阀组成。进油阀由挡圈18、弹簧19、阀片20、阀座21组成。出油阀由排油阀片23、盘形压片24、压紧螺钉25和阀座21组成。

在阀座21的外部均布6个直径为6.5mm的进油孔。在阀座21的中部均布6个直径为2.7mm的排油孔。用弹簧19把阀片20压在进油孔上,无负压力作用时阀片关闭进油孔。排油阀片通过压紧螺钉25和盘形压片24把排油孔关闭。阀座21与缸筒10的连接有良好的密封,防止油液泄漏。

③缸筒的上部装有缸端密封部件,它的作用:一是活塞杆上下运动时起导向作用;二是防止油液外泄和灰尘进入,起密封作用。导向套上有斜孔,使外套筒口与缸筒之间的储油室C连通大气,同时把密封圈6刮下来的油液回流到储油室。

导向套用压盖压在缸筒上部。

④减振器的上、下连接部有连接衬套2。橡胶垫1的作用:一是缓和上下方向的冲击;二是为了当安装位置前后左右有相对偏差时,能有一定的弹性补偿,减小活塞杆的憋劲,减轻活塞杆的偏磨。减振器的工作油,对减振器阻力和使用耐久性起着重要的作用,应使用专用的减振器油,约为692mL。

减振器工作时有压缩和拉伸两个行程。

压缩行程:当减振器两端相对压缩时,活塞向下移动(图5-10),A腔内的油被挤压,下阀片14在压力油作用下关闭其节流孔,而压力油通过6个节流孔克服上阀片的弹性刚度,把上阀片顶开,进入B腔。A腔的压力越高,阀片的开度越大,节流孔的开度也越大。由于被活塞挤出油液的体积大于活塞在B腔内所形成的容积(固存在活塞杆),所以一部分油通过出油阀的孔,打开出油阀片23流入储油室。

拉伸行程:拉伸时活塞向上运动,B腔内的油受压。同压缩时一样,上阀片13关闭,下阀片14打开,压力油进入A腔。由于流入A腔的油的体积小于活塞上移所形成的容积,所以A腔内会产生负压,负压力克服弹簧19的作用力使阀片20打开,吸入储油室C中的油液进行补充。

液压减振器使用2年后。要在专用试验台上进行性能试验,不合格的液压减振器应及时修理或更换。其试验方法和性能指标,要严格按照有关规定进行。

4)中心销总成及旁承

为了使捣固车顺利通过曲线,车体和转向架之间设有中心销及左右两个旁承,转向架可以绕中心销相对车体转动。

(1)中心销。中心销设置在转向架的几何中心上,即横梁的中央,它是车体与转向架的连接销轴。

中心销的作用是:保证捣固车的质量、纵向力(牵引力及制动力)、横向力的正常传递;车体在转向架上的固定和轴重的均匀分配;容许转向架进、出曲线时相对车体进行转动。因此,中心销既是承载装置,又是活动关节。

中心销的结构及安装不同于一般的车辆和机车,是根据捣固车的使用特点而设计的。

中心销的结构如图5-11所示,它由中心销、关节轴承、支撑轴承、挡圈、压盖等组成。

轴承箱12焊接在转向架横梁的中部,中心销轴上装有关节轴承5和支撑轴承6,中心销末端用挡圈7和螺母及开口销使轴承在轴向固定。上部用压盖3挡住关节轴承外圈,为了防止灰尘进入轴承内,装有防尘罩10,轴承采用润滑脂润滑。

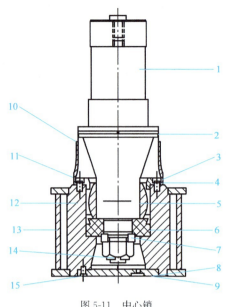

图 5-11 中心销
1-中心销;2-卡圈;3-压盖;4-卡圈;5-关节轴承;6-支撑轴承;7-挡圈;8-下盖板;9-油嘴;10-防尘罩;11-螺钉;12-轴承箱;13-横梁;14-螺母及开口销;15-螺钉

中心销的上半部分插入车体横梁上的孔内,顶部用压盖和螺栓固定,因此,车体和转向架是连接在一起的,在运输吊装时车体和转向架可以一起吊运。

关节轴承外围与箱体为过渡配合,所以当拆去压盖 3 之后,中心销和轴承内圈一起可以吊出轴承箱,以便检修。

关节轴承 5 保证中心销以轴承中心进行任一方向的摆动和转动,并且传递纵向和横向力。支撑轴承 6 主要传递中心销上的轴向载荷,即车体质量。捣固车的牵引力(或制动力)和质量均由中心销传递。中心销安装轴承的部位直径较小,故不能传递较大的牵引力。这种中心销结构的优点是:捣固车能顺利地通过曲线半径较小的线路;能防止转向架的点头振动传给车体;提高捣固车的运行平稳性。

(2)旁承。转向架的左右两个旁承,均采用橡胶减振平面摩擦式旁承,如图 5-12 所示,它由尼龙摩擦板 1、止推盘 2、橡胶弹簧 3 及弹簧座 4 等组成。

当捣固车在曲线上运行时,车体会发生侧向倾斜,由于中心销能摆动,车体的质量一部分压在一侧旁承的尼龙摩擦板上,经止推盘 2、压缩橡胶弹簧 3,把部分质量传给构架。车架横梁与旁承的尼龙摩擦板接触,在转向架相对车体转动时,有较大的摩擦力矩以控制转向架在直线上的蛇行运动。

压缩橡胶弹簧 3 由 3 块环型橡胶块组成,能起到减振、缓和冲击的作用。

这种橡胶旁承当转向架相对车体转动或横

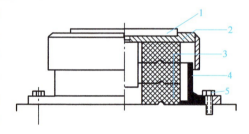

图 5-12 旁承
1-尼龙摩擦板;2-止推盘;3-压缩橡胶弹簧;4-弹簧座;5-螺钉

向位移时,产生的复原力矩和复原力力图恢复转向架与车体的原来位置,以利于通过曲线后转向架的复原。

止推盘 2 的中间有中心销,插在压缩橡胶弹簧 3 的中间,防止橡胶块之间错位。止推盘 2 的外圈套在弹簧座 4 上,压缩当橡胶弹簧 3 压缩时止推盘 2 沿弹簧座 4 移动。弹簧座 4 用螺钉固定在构架侧梁上。

5)轮对及轴箱

轮对及轴箱是捣固车走行部件中最重要的部件之一。轮对及轴箱用来把全部载荷传给钢轨,并将来自轮对与钢轨间的黏着牵引力或制动力传到转向架上。

(1)轮对。轮对是由一根车轴和两个相同的车轮组成,如图 5-13 所示。车轮与车轴采用过盈配合,使之牢固地接合在一起。

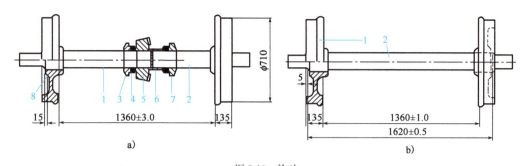

图 5-13 轮对
a) 主动轮对；b) 从动轮对
1—车轮；2—车轴；3—密封盖；4—轴承；5—驱动齿轮；6—轴套；7—油封；8—油孔

轮对承受着捣固车的全部质量，并在负重条件下以较高的速度引导车辆在钢轨上行驶，与钢轨相互作用产生黏着牵引力或制动力。另外轮对在运行中承受较大的冲击和动载荷，以及组装应力。因此，要求轮对有足够的强度。轮对有安装驱动齿轮的主动轮对和无驱动齿轮的从动轮对，如图 5-13a) 所示为主动轮对，图 5-13b) 所示为从动轮对。

车轮有整体轮和轮箍轮两种，普拉塞公司生产的捣固车采用轮径为 710mm 的整体辗钢轮；国产捣固车采用轮径为 840mm 的轮箍轮。

整体辗钢轮是由钢锭经加热碾轧而成，并经过淬火热处理。

整体辗钢轮最大的优点是强度高、韧性好，而且是一体式结构，运用中不会发生轮箍松弛和崩裂故障，适合重载和高速度运行；其次是质量轻，踏面磨损后可以车削，能多次维修使用，维修费用较低。

轮箍轮由轮箍和轮心组成。如图 5-14 所示，从车轮的工作性质而言，这种结构形式比较合理。轮箍是与钢轨接触的部分，采用平炉优质钢碾压而成，强度高、耐磨性好；而中间轮心是用含碳量较低的 Q235 钢铸造，韧性好、耐冲击。但是由于轮箍和轮心是组合式的，在运行中有可能会产生轮箍松弛和崩裂，威胁行车安全。

轮心和车轴连接的部分称为轮毂，和轮毂接触的部分称为轮辋，轮毂与轮辋之间的部分称为轮辐。轮辐一般向外稍偏，使车轮在垂直方向有些弹性，以减小运行时钢轨与车轮的作用力。在轮毂上有一油孔，平时用螺钉堵住，卸车轮时，可用专用高压油泵将油液压入轮毂与轴颈接触处，即可退出车轮。

轮箍是用热套法装在轮心上的，轮箍装得过紧（特别是冬天气温较低时）容易发生轮箍断裂，而装得过松，在运用中有可能松动。因此，必须有专门的加热设备，由经验的工人来套装。

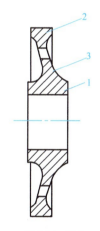

图 5-14 轮心
1—轮毂；2—轮辋；3—轮辐

轮箍与钢轨顶面接触部分称为踏面，与钢轨内侧面接触部分称为轮缘。踏面滚动圆直径为车轮的名义直径，左右两轮直径差不得大于 0.5mm。

轮缘和踏面是和钢轨直接接触的部分，为使轮对在钢轨上平稳运行，顺利通过曲线，降低轮箍磨耗，轮缘和踏面应有合理的外形。我国规定的轮缘和踏面尺寸如图 5-15 所示。

车在曲线上运行时，外轮沿外轨所走距离大于内轮沿内轨所走距离。由于内、外轮固定在一根轴上，如果两轮的踏面为圆柱形，势必引起内、外轮的滑行。而踏面具有斜度，当轮对在曲线上运行时，随着轮对向外偏离，外轮与外轨接触的直径大于内轮与内轨接触的直径，就能显著地减少车轮的滑行。

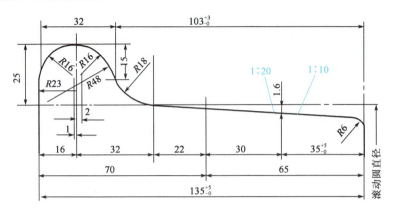

图 5-15 轮缘和踏面尺寸(尺寸单位:mm)

踏面具有斜度,轮对在直线上运行时,会因两轮以不同半径的圆周滚动,形成轮对的蛇形运动。这种运动对防止轮缘单靠,降低轮缘的磨耗是有利的。可是随着运行速度的提高,蛇形运动会使车的横向振动加剧。

斜率为1:20的一段踏面是经常与轨面接触的,磨耗较快,使踏面形成凹陷,轮对在进入道岔和小半径曲线时可能产生剧烈跳动。为了避免这种情况,在斜度1:20的外侧有一段1:10的斜率,这一段仅在小半径曲线上才与钢轨顶面接触。

根据受力状态和作用的不同,车轴可以分为轴颈、轮座、轴身三部分;主动车轴的轴身部分还有安装驱动齿轮与轴承的部位。车轴采用优质碳素钢锻造成形,经热处理和机械加工制成。

车轴的轴颈用以安装滚动轴承,承受车辆质量,传递载荷。

轮座是车轴与车轮配合的部位,为了保证轮轴之间有足够的压紧力,轮座直径比轮毂孔径大 0.10~0.35mm。轮座与轴身部分必须缓和过渡,不允许有任何凸肩存在,以免引起应力集中。轮座是车轴受力最大的部位,所以直径最大。

轴身为车轴的中间部分,从动轴中间部分为等截面。主动轴在安装驱动齿轮和轴承的部分直径较大。驱动齿轮为锥形齿轮,主动轴要传递驱动转矩和弯矩等,受力较大。

车轴受力很复杂,多数车轴的折损是由疲劳引起的,一般车轴的断裂发生在轴颈的圆肩部分、轮座的外缘部分和车轴的中央,因此,必须定期对车轴进行探伤检查。

(2)轴箱。轴箱内安装滚动轴承,轴箱盖上连接液压减振器,轴箱的结构如图 5-16 所示。它由箱体、轴承、轴箱盖、密封件、压环、压盖等组成。

轴箱的作用是:将轮对和构架连接在一起,把车体的质量传给轮对;润滑轴承,减少摩擦,降低运行阻力;防止尘土、雨水等异物侵入,保证捣固

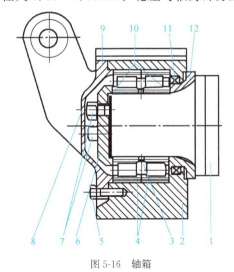

图 5-16 轴箱
1-车轴;2-箱体;3-隔离环;4-滚柱轴承;5-螺钉;6-前压盖;7-螺钉;8-锁定片;9-轴箱盖;10-挡圈;11-油封;12-挡圈

车的安全运行。

转向架采用八字形轴箱体,两侧设有装橡胶弹簧的导槽,其倾斜度为12°。后拖车的轴箱体两侧下部设有弹簧支座,在弹簧支座上设有导槽。

轴箱要承受车在运行中的垂直载荷和横向冲击力,因此,要求轴箱体有足够的强度。轴箱体用铸钢制成。

箱体装有两个滚柱轴承4,其型号为UD62.2610,轴承内圈两侧都有挡圈10,外圈的里侧由箱体上的凸缘挡住,外侧由轴箱盖9挡住,用以传递轴向力。

轴承的内圈与轴颈为过盈配合,装配时将轴承内圈和挡圈在油中加热到100℃,膨胀后套在轴颈上,冷却后与轴颈紧固成一体。轴承外圈和滚柱连同保持架一起装在轴箱体内,外圈与箱体为滑动配合。

圆柱滚动轴承的滚柱与内外圈的滚道成线接触,承载接触面积较大,因而承受径向载荷能力较大,而且结构简单,工作可靠。

为了防止轴箱内的润滑脂向外泄漏和外面的尘土进入轴箱内污染润滑脂,以免损坏轴承,箱体前端用轴箱盖完全密封,后端装有挡圈12和橡胶骨架油封11。

轴箱盖为铸钢件,外部有连接液压减振器的耳环,盖口凸缘插入轴箱孔内,用以止挡前轴承外圈,轴箱盖用螺栓固定在箱体上。

轴箱内的前压盖6、螺钉7、锁定片8都是用来固定前轴承内圈,防止轴箱脱出。

这种箱体结构简单、运用可靠、维修方便。

6)液压支撑

捣固车的轨道横向水平检测装置和轨道纵向水平检测装置均与车体相连接,在捣固作业时,为了能准确地测出轨道水平偏差,车体和转向架与轨道间的距离必须保持不变。

为此,在捣固作业时,轴箱与转向架构架之间、转向架与车体之间用液压缸支撑住,消除它们之间的弹性自由距离。

(1)液压支撑的结构。液压支撑设在前后两个转向架上。液压支撑液压缸有车轴箱支撑液压缸及车体支撑液压缸两种。车体的支撑液压缸是单作用液压液压缸,其结构如图5-17所示,它由缸体、活塞、活塞杆、密封件、调整螺母等组成。

活塞由上下两部分组成,并由螺钉10和压盖13固定在活塞杆2上,活塞中部装一道油封,活塞与活塞杆之间由O形密封圈7密封。

调整螺母5是液压缸的端盖,旋转调整螺母可以改变活塞的行程。螺钉3是调整螺母的限位螺钉。

车轴箱支撑液压缸也是单作用液压缸,液压缸外形为圆形,其结构与车体支撑油缸基本相同,调整螺母的限位采用挡板。

车轴箱支撑液压缸体用螺栓固定在转向架的构架上,活塞杆向下朝向轴箱顶部,活塞杆端部有调整螺母,转动调整螺母可以改变活塞杆长度。

6个车轴箱支撑液压缸分别安装在前转向架的二轴、后转向架的三轴及四轴的轴箱顶部所对应的构架上。

车体支撑液压缸共有两个,均装在后转向架的构架横梁上的旁承与中心销之间。

车轴箱支撑液压缸和车体支撑液压缸均为并联油路,由一个装在后司机室内的转阀来控制。当转阀置于作业位时,各支撑液压缸均接通压力油液,活塞杆伸出。车轴箱支撑液压缸的活塞杆顶住轴箱体的顶部,使转向架构架上升,消除橡胶弹簧的弹性作用(液压减振器

也不起作用）。车体支撑液压缸的活塞杆顶住车体的横梁，使车体不能左右晃动。这样就使

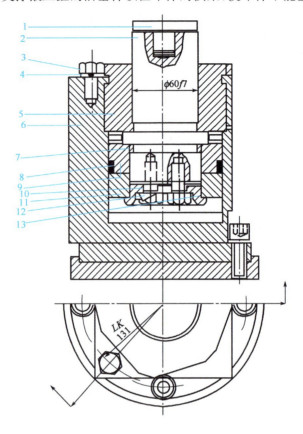

图 5-17 车体支撑液压缸

1-摩擦垫；2-活塞杆；3-螺钉；4-弹簧垫圈；5-调整螺母；6-缸体；7-O 形密封圈；8-油封；9-活塞上部；10-螺钉；11-活塞下部；12-锁紧片；13-压盖

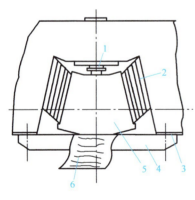

图 5-18 车轴箱支撑油缸的调整

1-调整螺母；2-橡胶弹簧；3-调整垫；4-下挡板；5-车轴箱；6-报纸

车体与转向架构架以及轮对形成一个整体，无论在任何轨道上，车体与轨道之间的距离不会变化。水于检测装置就能反映出实际的轨道状态。当转阀处于运行位时，切断压力油路，并使支撑液压缸卸压，液压缸活塞杆缩回，支撑液压缸失去支撑作用。

（2）液压支撑的调整。

①车轴箱支撑液压缸的调整。调整液压支撑时，捣固车必须停放在平直线路上，调整前首先要检查车轴箱下边缘至下挡板之间的距离应为 12～15mm。若其距离不符合上述要求，可以调整下挡板与导框连接处的垫片厚度，如图 5-18 所示。

调整方法如下：

a. 接通支撑液压缸的压力油路，使活塞杆伸出。

b. 向外旋转调整螺母，使转向架构架上升，直到轴箱下边缘与下挡板之间应有一张报纸可以顺利通过的间隙为止。

c. 将调整螺母继续转动 1/6 周。

d. 将构架上的定位板紧靠六角调整螺母的一边并固定住定位板,防止螺母自由转动。

② 车体支撑液压缸的调整。调整方法如下(图 5-19):

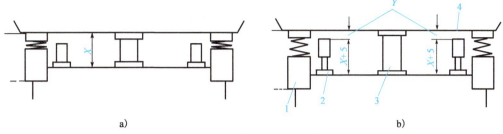

图 5-19　车体支撑油缸的调整
1-旁承;2-支撑液压缸;3-中心销;4-车架

a. 将调整螺母完全拧紧。

b. 支撑液压缸接通压力油液。

c. 测量车架横梁至转向架之间的距离,如图 5-19a)尺寸 X。

d. 切断支撑液压缸的压力油。

e. 将调整螺母向外拧,直到车架横梁与转向架之间的距离为 $X+5$mm 为止。

f. 当支撑液压缸卸压后,车架与支撑液压缸活塞杆顶部的距离为 Y,至少达到 20mm,如图 5-19b)所示。

g. 如果距离少于 20mm,必须再适当地旋转调整螺母,达到要求值为止。

7)基础制动装置

制动装置包括空气制动和基础制动两大部分。

从制动缸杠杆至闸瓦所包含的各种零件属于基础制动部分。

捣固车除空气制动外还有液压制动和手制动,这三种制动方式都要通过基础制动装置把制动力作用到车轮上,达到制动的目的。

基础制动装置是利用杠杆原理,把制动汽缸或是制动液压缸的推力、手制动机所产生的拉力,经过各杠杆和拉杆的作用,扩大数倍,再传到闸瓦上,使闸瓦压紧车轮,进行制动。

(1)基础制动装置的构造及作用原理。捣固车的前后转向架及拖车上,分别安装三套各自独立的基础制动装置,如图 5-20 所示。基础制动装置除了与制动汽缸相连接外还与液压制动液压缸相连接,在后转向架的基础制动装置上连接手制动机。

捣固车在高速运行时由空气制动部分来推动基础制动装置,在捣固作业时由液压液压缸来推动基础制动装置,停车或无动力时用手制机来推动基础制动装置。

前后两个转向架采用结构相同的单闸瓦式基础制动装置;后拖车是单轴车,故采用双闸瓦式基础制动装置。

① 单闸瓦式基础制动装置如图 5-21 所示。它由制动缸杠杆 2、上拉杆 3、移动杠杆 9、固定杠杆 13、下拉杆 12、制动梁 10、闸瓦架 14 和闸瓦 15 等组成。

制动缸杠杆 2 水平安装在车架上,中间为铰接支点,左端与上拉杆 3 和液压制动缸 4 连接,右端与制动风缸 1 和手制动机的链条 5 连接。

移动杠杆 9 的上端与上拉杆 3 连接,下端与下拉杆 12 连接,中间与吊板 8 和制动梁 10 铰接,吊板 8 的上端与转向架连接。

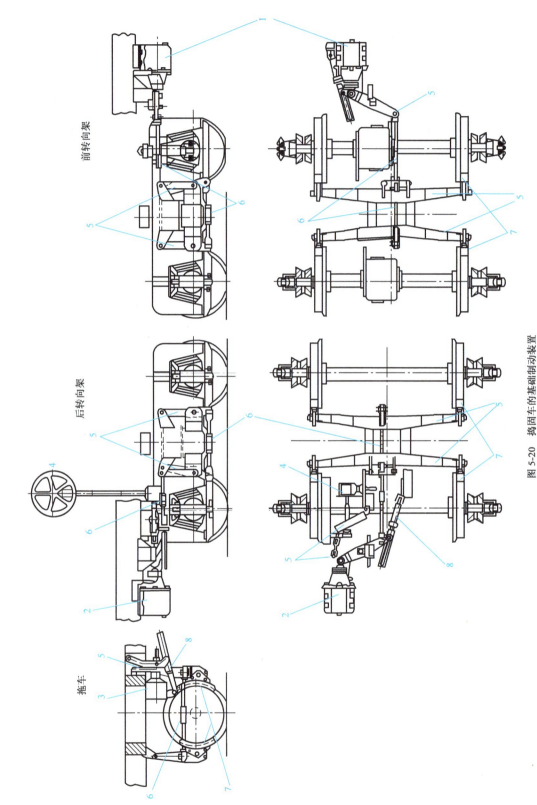

图 5-20 捣固车的基础制动装置

1-前制动风缸；2-后制动风缸；3-拖车制动风缸；4-手制动机；5-制动梁；6-下拉杆；7-闸瓦；8-液压制动缸

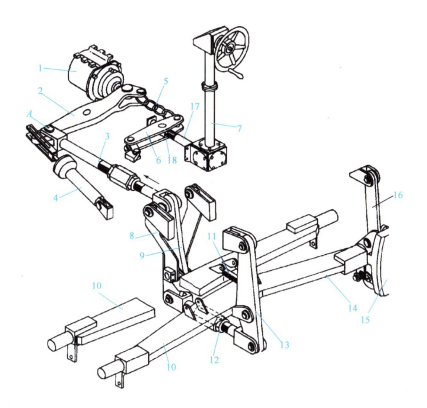

图 5-21 单闸瓦式基础制动装置
1-制动风缸;2-制动缸杠杆;3-上拉杆;4-液压制动缸;5-链条;6-手制动杠杆;7-手制动机;8-吊板;9-移动杠杆;10-制动梁;11-弹簧;12-下拉杆;13-固定杠杆;14-闸瓦架;15-闸瓦;16-吊架;17-丝杆;18-丝母

固定杠杆 13 的上端与转向架上的固定吊耳连接,中间与制动梁 10 铰接,下端与下拉杆 12 连接。

制动梁 10 的两端安装闸瓦架 14,闸瓦通过插销固定在闸瓦架 14 上,并对准车轮踏面,闸瓦架用吊架 16 与转向架上的吊耳连接。

当制动风缸伸出时(或者液压制动缸伸出),制动缸杠杆 2 以支点销轴为中心转动,上拉杆 3 拉移动杠杆 9 以中间销轴为中心转动(如箭头所指方向),则下拉杆 12 就推动固定杠杆 13 连同制动梁 10 使闸瓦 15 压在车轮上。之后下拉杆再不能轴向移动,则移动杠杆 9 的下端变为支点,使移动杠杆开始以下端为中心转动,拉制动梁 10 克服弹簧 11 的作用力使闸瓦压到另一车轮上,实现制动。

当进行手制动时,转动手轮,通过齿轮传动机构使丝杆 17 旋转,则套在丝杆上的螺母移动,带动手制动杠杆 6,用链条 5 拉动制动缸杠杆进行制动,其他各杆件的动作同上。

当制动缓解时,杠杆缩回。杠杆上的作用力消失,杠杆和拉杆恢复原来的位置,闸瓦及制动梁在弹簧的作用下离开车轮,实现缓解。

②双闸瓦基础制动装置,如图 5-22 所示。

车轮上的左右两个闸瓦托与移动杠杆 10 和固定杠杆 2 连接,左侧制动梁 4 的两端连接左右两个车轮的左侧固定杠杆 2。右侧制动梁 6 的两端连接车轮右侧的移动杠杆 10,拉杆 3 连接左右两根制动梁。制动风缸直接作用在右制动梁 6 的中间,吊杆 9 的上端与支架支点连接,中间与右侧制动梁 6 铰接,下端与液压制动缸连接。

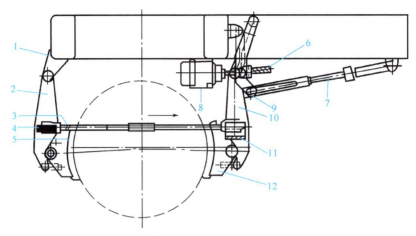

图 5-22 双闸瓦基础制动装置

1-吊耳;2-固定杠杆;3-拉杆;4-左侧制动梁;5-闸瓦;6-右侧制动梁;7-制动液压缸;8-制动风缸;9-吊杆;10-移动杠杆;11-横拉杆;12-闸瓦托

当制动风缸伸出时,推动右侧制动梁 6 和移动杠杆 10 带动拉杆 3 向右移动(箭头方向),则拉动固定杠杆 2 使左侧闸瓦压到车轮踏面上。之后拉杆再不能移动,故拉杆与移动杠杆 10 的铰接点变为支点,此时移动杠杆就以该支点为中心转动,使右侧闸瓦压向车轮的踏面进行制动。

在制动风缸伸出时,吊杆 9 也同制动梁一起转动,吊杆 9 的下端连接点在液压制动缸上的槽内滑动,因此,液压制动缸不影响制动风缸的动作。

当制动缓解时,制动力消失。各杆件回到原来的位置,闸瓦离开车轮。

拉杆 3 的中间有调整螺母。转动调整螺母可以改变拉杆的长度,即可调整闸瓦间隙。

液压制动缸在无制动作用时伸出,当进行液压制动时,杠杆缩回,拉动吊杆转动,使右侧制动梁向右移动,其他杆件的动作同制动风缸。

(2)基础制动装置的主要零件。主要介绍单闸瓦基础制动装置主要零件的结构形式及作用,双闸瓦基础制动装置的零件基本与单闸瓦基础制动装置相同。

①杠杆。杠杆是基础制动装置中用以传递和改变制动力大小和方向的零件。

在基础制动装置中利用杠杆原理,扩大制动缸的作用力,其扩大的倍数称为制动倍率。

杠杆承受较大的弯矩,故其断面为矩形,中间尺寸较大,两端稍窄成鱼腹形。

杠杆根据安装部位不同,有不同的作用和名称,如与制动缸相连的杠杆称为制动缸杠杆,一端固定不动的称为固定杠杆。

②拉杆。拉杆是连接两杠杆的零件,仅起力传递作用,而不能改变力的大小和方向。

拉杆的结构如图 5-23 所示,它由叉形头、调整螺母、锁紧螺母组成。

图 5-23 拉杆

1-叉形头;2-调整螺杆;3-锁紧螺母;4-调整螺母

两端叉形头焊接在螺杆上,一端螺杆为正螺纹,另一个螺杆为反螺纹。装在长形的调整螺母内,转动调整螺母即可改变拉杆的长度,达到调整杠杆行程的目的(即调整闸瓦与车轮踏面间的间隙),当闸瓦间隙调整好后再把锁紧螺母拧紧。

拉杆的叉形头与杠杆连接。上拉杆与杠杆采用关节轴承连接,如图5-24所示,销轴用槽形螺母固定,端部安装油嘴,给关节轴承加注润滑脂。

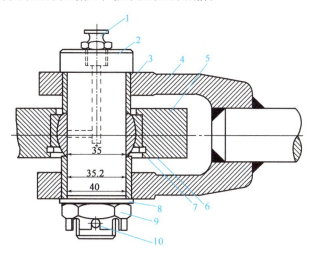

图5-24 关节轴承连接

1-油嘴;2-销轴;3-衬套;4-叉形头;5-上拉杆;6-关节轴承;7-挡圈;8-垫圈;9-槽形螺母;10-开口销

叉形头上的销轴孔内压装磨耗衬套,以便磨损后更换,这样可以延长拉杆的使用寿命。下拉杆与杠杆采用销轴连接,如图5-25所示。

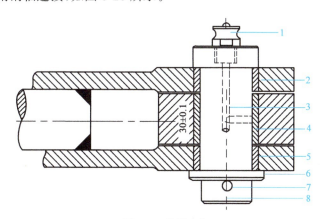

图5-25 销轴连接

1-油嘴;2-叉形头;3-杠杆;4、5-衬套;6-挡圈;7-开口销;8-销轴

③制动梁。制动梁将杠杆扩大后的制动力传递到闸瓦托上,把闸瓦压向车轮踏面进行制动。

制动梁断面为矩形,两端安装闸瓦托,中间与杠杆连接。

两个制动梁相背安装,用4个弹簧相连,当制动力消失后,在弹簧拉力的作用下,使闸瓦离开车轮,制动缓解。

④闸瓦。制动时闸瓦与车轮踏面接触,把制动力施加到车轮上。闸瓦采用铸铁制造。闸瓦通过插销装在闸瓦托上,磨损后更换方便。闸瓦的最大磨耗量为25mm。

二、车钩及缓冲装置

车钩及缓冲器是其车辆的连接装置,也是传递牵引力、减轻对车体冲击的装置。它一般是成对安装。在捣固车前端和材料车尾端各安装一套。

1. 组成与作用

车钩缓冲装置是捣固车的重要部件之一,由车钩和缓冲器两部分组成,车钩用于连接车辆和传递牵引力及冲击力,缓冲器则用来减少和缓和冲击。

2. 车钩缓冲装置的结构

捣固车采用标准13号上作用式车钩,MX-1型橡胶缓冲器。

车钩缓冲装置主要由车钩、冲击座、车钩托梁、钩尾框、钩尾销、缓冲器、从板、前后从板座、车钩尾框托板、提钩杆、链及磨耗板等组成。车钩缓冲装置结构如图5-26所示。

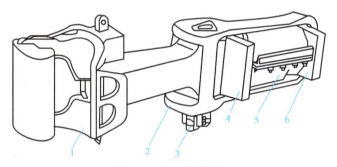

图5-26 车钩缓冲装置
1-车钩;2-钩尾框;3-钩尾销;4-前从板;5-缓冲器;6-后从板

3. 车钩

1) 车钩的构造

13号车钩由钩体、钩舌、钩锁铁、钩舌推铁、钩舌销等零件组成,如图5-27所示。

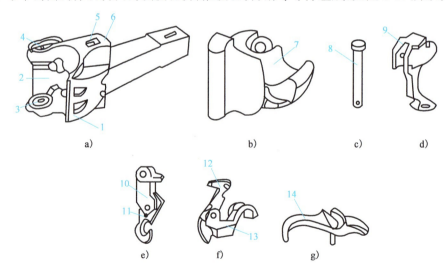

图5-27 13号车钩及钩头零件
1-钩腕;2-钩腔;3-下钩耳及孔;4-上钩耳及孔;5-止锁销孔;6-钩肩;7-钩舌;8-钩舌销;9-钩锁铁;10-上锁销杆;11-上锁销;12-下锁销;13-下锁销杆;14-钩舌推铁

(1)钩体。钩体由钩头、钩身、钩尾组成。钩头各部位的名称及用途如下：

①钩腕。两车钩连接时,钩腕用以互相容纳对方车钩的钩舌,使两个钩舌彼此捏合。

②钩腔。钩腔为钩头的内部空间,用以容纳并安装钩锁铁、钩舌推铁、上锁销或下锁销和钩舌尾部零件。

③上钩耳、下钩耳及钩耳孔。钩耳及钩耳孔用于安装钩舌,在钩头上设有钩耳孔,以便插入钩舌销。

④钩肩。当车钩受到过大冲击力时,钩肩与冲击座相撞,可避免缓冲器破损。

(2)钩舌。钩舌装在上钩耳、下钩耳之间,并可绕钩舌销回转。在钩舌尾部,铸有上牵引凸缘、下牵引凸缘,闭锁时与钩腔内的相应凸缘平合,将牵引力和冲击力传给钩体。在钩舌尾部侧面,设有台阶,称为锁铁座,闭锁位置时,钩锁销支撑在锁铁座上,以防止钩舌的转动。

(3)钩锁铁。钩锁铁是控制车钩开锁、闭锁和全开三态作用的主要零件。钩锁铁背部有一空槽,槽内有一圆锁,供上锁销的钗子连挂用。正面有一与圆销轴线平行的凹槽,当钩锁铁充分上升时,该部位与钩腔内的台阶接触,并作为钩锁铁回转的支点。钩锁铁的下端有一椭圆孔,供插入下锁销的横轴用。

(4)钩舌推铁。钩舌推铁横放在钩腔内,中部有一凸起的圆柱,插在钩腔底壁的轴孔中。开锁时,钩锁铁上移,当其凹槽与钩腔内台阶接触时,钩锁铁下端右移,推动钩舌推铁的钩锁铁作用端,钩舌推铁以其圆轴回转,同时推出钩舌。钩舌推铁示意图如图5-28所示。

(5)上锁销和上锁销杆。上锁销和上锁销杆用于上作用式车钩,上锁销杆顶部有定位凸缘,控制上锁销杆下落位置并防止杂物掉入钩腔内。上锁销杆下部有一凸起部位,在闭锁位置时卡在钩腔内的台阶(防跳台)处,防止钩锁铁向上跳起。上锁销和上锁销杆采用活动连接,闭锁时两者成横形,有利于防跳。

(6)下锁销和下锁销杆。下锁销和下锁销杆用于下作用式车钩,下锁销杆一端挂在钩头上,另一端与下锁销活动连接,中间卡装车钩提杆。下锁销的上端有一横轴,供插入钩锁铁下端的椭圆孔用。当提动车钩提杆时,下锁销便推起钩锁铁。在闭锁位置时,横轴沿椭圆孔斜向滑下,使下锁销的上端凸起部位卡在钩腔内的防跳台处,起防跳作用。

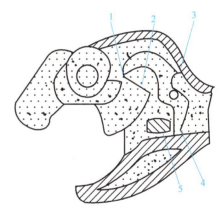

图5-28 钩舌推铁推出钩舌示意图
1-钩舌端;2-钩舌尾部;3-钩舌推铁轴;4-钩舌推铁的钩锁作用端;5-钩锁铁

2)车钩的三态作用

13号车钩具有开锁、全开、闭锁三种作用位置,称为车钩的三态作用。

(1)开锁位置。车钩处于闭锁位置时,提起钩提杆。上锁销或下锁销脱离防跳台,带动钩锁铁上移,直至钩锁铁的凹槽与钩腔的凸起台阶接触为止。此时,若放下钩提杆,钩锁铁下端缺口处坐在钩舌推铁一端的口面上,使钩锁铁不至于落下,面呈开锁状态。车钩开锁位置如图5-29所示。

(2)全开位置。车钩处于闭锁或开锁位置时,用力提起钩提杆,上锁销或下锁销便脱离防跳台,带动钩锁铁迅速上升,当钩锁铁凹槽靠住钩腔凸起台阶时,即以该处为支点回转,钩锁铁的下端提拔钩舌推铁的一端,使钩舌推铁转动。同时,钩舌推铁的另一端推出钩舌,使车钩呈全开状态。此时,放下钩提杆,钩锁铁便坐在钩舌尾部上。车钩的全开位置如图5-30所示。

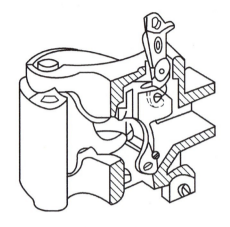

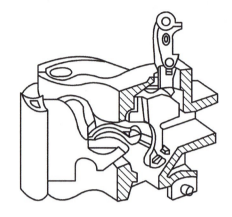

图5-29 开锁位置

图5-30 全开位置

(3)闭锁位置。车钩处于全开位置时,向钩腔内推动钩舌,钩锁铁便由钩舌尾部上滑下,坐在钩舌尾部的钩锁铁座上,这样便挡住了钩舌,使其不能转动,呈锁闭状态。同时,上锁销下部凸起部位或下锁销上部凸起部位卡在钩腔内防跳台处,起防跳作用。车钩的闭锁位置如图5-31所示。

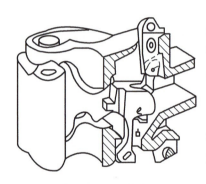

图5-31 闭锁位置

在整车落成后,必须按照TB 456—1984《车钩、钩尾框技术条件》的有关规定,对车钩进行"开锁"、"全开"、"闭锁"三态作用及防跳性能检查。车钩处于闭锁位置时,提钩链应有30~50mm的松余量。

3)车钩高度的调整

车钩中心距轨顶面高应为(880±10)mm,否则,车辆在运行时易造成脱钩事故,影响行车安全。因此,要经常对其进行测量和调整。

车钩高度调整不能随意加垫磨耗扳,应按以下原则进行:

(1)车钩安装后,沿车钩纵向中心线,以 b 点为基准点,a 点之上翘或下沉量(即 a 点与 b 点的水平高度差)均不得大于3~5mm,如图5-32所示。

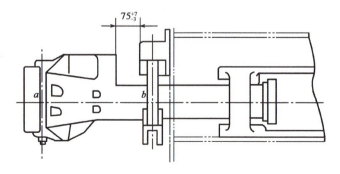

图5-32 车钩调整示意图

(2)同车前、后车钩中心线高度差不得大于10mm。

(3)允许在冲击座和车钩尾框托板处同时或一处调整车钩中心线高,车钩尾框托板与牵引梁下翼缘间加垫板一块,其厚度不得大于10mm。冲击座处允许采用翻转车钩托梁或在车钩托梁与冲击座接触面间加一块尺寸为60mm×60mm、厚度不大于10mm、中间带有ϕ24mm孔的垫板等方法。

4)联挂与解体

捣固车需要牵引其他车辆或其他车辆需要牵引捣固车时,都需要联挂。在联挂状态,两钩舌中心线应在同一高度上,且两钩舌应可靠地钩住,锁销降下时车钩处于可靠的闭锁状态,牵引力通过车钩传递。

如果捣固车单机运行,或不与其他车辆联挂时就需要解体,解体时拉起提钩,通过提钩链提起锁销。两车钩分离后钩舌张开,这时车钩处于全开状态。

4.缓冲器

缓冲器的作用是缓和衰减车辆在起动、制动及连接时产生的冲击力,以便提高车辆在运行时的平稳性,延长车辆的使用寿命。目前,我国列车常用的缓冲器是:客车用1号缓冲器,货车用2号、3号和MX-1型橡胶缓冲器。其中1号、2号和3号缓冲器均为弹簧摩擦式缓冲器,容量较小;MX-1型橡胶缓冲器为橡胶弹簧缓冲式,容量大。捣固车采用的是MX-1型橡胶缓冲器。

1)结构组成

MX-1型橡胶缓冲器的构造如图5-33所示。其头部为摩擦部分,由3个形状相同并各有倾角的楔块、压块及箱体组成,压块卡装在箱口处,可在箱体内往复移动,其表面均布有3个斜锥面,分别与3个楔块的倾角接触,压块形状如图5-34所示。

楔块的背部靠在箱口内壁上,下部与顶隔板相接触,其外形如图5-35所示。缓冲器后部为缓冲和复原部分,由橡胶片、顶隔板、中隔板和底隔板组成。橡胶片两面与平钢板硫化粘接而成,共9片,由两块中隔板分隔成三层。底隔板压在与箱体卡合的底板上,其上的两个凸台装于底板上的两个装卸孔中。

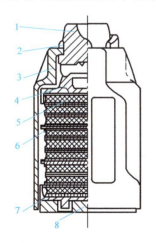  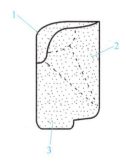

图5-33 MX-1型橡胶缓冲器　　图5-34 压块外形图　　图5-35 楔块外形图
1-压块;2-楔块;3-箱体;4-顶隔板;5-橡胶片;6-中隔板;7-底隔板;8-底板　　1-斜锥面;2-凸缘　　1-背部;2-斜面;3-隔板座

2)作用原理

当 MX-1 型橡胶缓冲器受压时,压块的斜锥面沿楔块的倾角向内移动,同时产生摩擦,将冲击动能的一部分转变成热能而消失。另外,橡胶片受压后产生弹性变形也吸收一部分能量,使冲击得到缓和及衰减。当外力消失后,橡胶吸收的能量释放,各零件恢复原状。

▶▶ 三、司机室、材料车、空调及加热器

1. 司机室

前后司机室通过橡胶减振器,分别安装于主车架的前后端部。捣固车工作装置多,自动化程度高。作业或运行的所有操纵与仪表监控均集中分布在两个司机室内,其中前司机室主要是线路轨道几何参数自动或手动输入及运行操作,后司机室主要是作业操作、动力传动装置监控以及运行操作。

1)结构特点

(1)安全性。采用全金属焊接结构。四周侧墙、车顶和底架牢固地组成一整体,形成箱形结构,具有足够的强度和刚度。当遇意外冲击伤害,可借助于整体弹性与塑性变形得到缓冲,减少伤害。宽大的安全夹层玻璃,可防止碎石片飞出伤人。配置了大型的刮水器、玻璃自动清洗器和除霜装置,确保雨天或寒冷天气的行车瞭望。室内空间尺寸、扶手、护杆的设计符合人机工程的要求。

(2)操作性。所有操作均为坐姿操纵,操作范围半径为 500～700mm,显示面板与操作者的视线基本呈直视,可减少读数误差。部分仪表刻线盘采用色彩显示。操作元件由电气开关、气动开关和液动开关等组成,操纵省力轻便。配有弹性可调座椅,可以根据操作者的体形调节操作距离,提高操作效能。

(3)舒适性。具有良好的隔声、减振、防漏水性能。室内噪声不大于 80dB。车顶通风天窗采用透明玻璃,可提高室内采光。配置了顶置式空调设备和空气加热器。夏季室温可保持 25℃,冬季为 23℃。

2)结构

前后司机室结构尺寸和形状是不相同的,但基本构造是相似的,如图 5-36 和图 5-37 所示,由车顶 1、侧墙 2、前后墙体 3、车门 4 和底架 5 等组成。采取分板块制造。先把面板按图样尺寸、形状折弯成形,然后在面板上直接焊接纵向梁和各框架横梁组成车顶部件。上述各部件预制完成后,进行整体拼装焊接成形。这种结构方式可以减少总体焊接产生的扭曲变形,所有部件焊接变形发生在单元体上,易于采取控制措施;有利于提高质量,把整体空间构架的仰焊和立焊,通过单元部件的翻转,变成平焊操作;可以采用模具化批量生产。

墙体结构如图 5-38 所示。面板 1 与框架 2 的空间填充厚度为 50mm 阻燃泡沫塑料 3,内壁 4 为阳极氧化乳白亚光铝板网,是按声学原理研制的材料,穿孔率为 40%,消声量为 4～8dB。由于面板 1 是金属板材,铺设面积较大,当受到外部激振时易产生共振。橡胶板 5 在面板内表面粘贴不少于总面积的 50%,达到减振的目的。

3)控制仪表板分布

捣固车的运行及作业的操纵手柄、按钮、开关及各种显示仪表均分布安装在前、后司机

室内,图5-39～图5-41是前期引进捣固车的前、后司机室内操纵仪表板的分布图。图5-42是后期引进的捣固车和国产捣固车的前司机室的部分控制仪表。

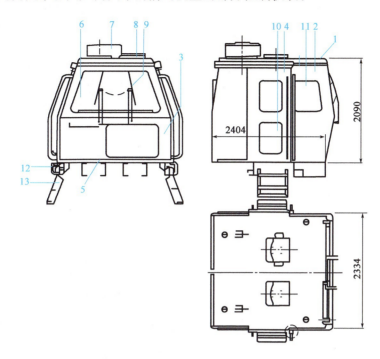

图5-36 前司机室外形图

1-车顶;2-侧墙;3-前后墙体;4-车门;5-底架;6-前风窗玻璃;7-空调器;8-天窗;9-刮水器;10-车门玻璃;11-侧墙玻璃;12-扶手;13-梯子

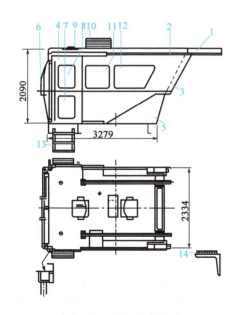

图5-37 后司机室外形图

1-车顶;2-侧墙;3-前墙壁;4-车门;5-底架;6-刮水器;7-车门玻璃;8-车门活动玻璃;9-天窗;10-空调器;11、12-侧墙玻璃;13-梯子;14-橡胶垫块

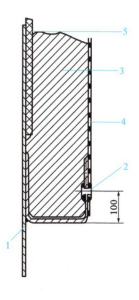

图5-38 墙体结构图

1-面板;2-框架;3-阻燃泡沫塑料;4-内壁;5-橡胶板

图 5-39　引进捣固车后司机室作业操作仪表
①、②-作业控制盘；③-起道抄平模拟计算机（UVA）；
④-气动控制箱；⑤-液压控制箱；⑥-探测杆锁定手柄

图 5-40　引进捣固车后司机室运行操纵仪表
①-柴油机仪表板；②-变速手柄；③-制动手柄；④-双针压力表；⑤-制动压力表；⑥-紧急制动手柄；⑦-柴油机油门；⑧-刮水器开关；⑨-手制动轮

图 5-41　引进捣固车前司机室操纵仪表
①-线路板；②-起拨道数据输入控制盘；③-起拨道表；④-激光控制箱；⑤-拨道修正模拟计算机（RVA）；⑥-记录仪；⑦-紧急制动手柄

图 5-42　国产捣固车前司机室

前期引进捣固车与国产捣固车的控制仪表改变较大的是前司机室，主要改变是把分布在前后司机室内的模拟计算机 UVA 和 RVA 合并为一台数字计算机 GVA，并有监视器和输入键盘，这样使操纵更方便、简单。后司机室基本没有多大的改变。

2. 材料车

材料车是捣固车的辅助车辆，是装载易损配件、油脂及工具的，它也是安装 A 点检测小车的基础。

材料车采用平面式车架结构，其中梁用矩形管型材组焊成人字形，前端中梁伸出，并装有与主机连接的关节轴承，车架边梁和横梁均采用槽钢，牵引箱结构与主机前端相似。车架上焊有车箱板，采用东风 140 汽车金属车厢板，两侧可以放下，便于装货，车箱内铺木地板。材料车后部设有过道，两侧焊有车梯和扶手，中部焊有安装激光发射小车的支架及其他辅助设施。

材料车后部安装有 A 点检测小车，用平行杆铰接在车架上，同样，材料车上焊有汽缸支座，与垂直加载汽缸、横向预加载汽缸相铰接。材料车结构如图 5-43 所示。

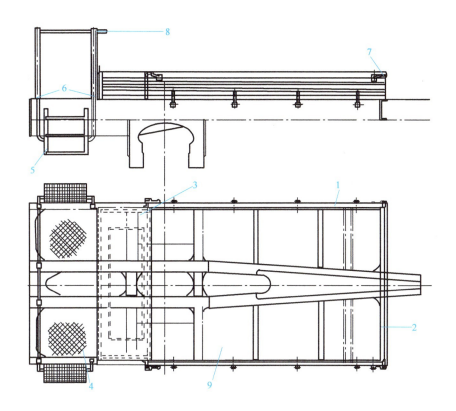

图 5-43 材料车
1-侧箱板；2-前箱板；3-工具箱；4-踏板；5-车梯；6-扶手；7-侧板锁；8-安全杆；9-木地板

3. 空调机

空调机是采用德国南德贝尔(BHER)冷气设备公司生产的工业用顶置式单冷型空调机。用人工制冷的方法调节司机室内温度，以改善操作人员的工作环境。一台空调机的制冷量为6kW(5160kcal/h)，当室外环境温度为40℃时，可以把密闭条件下的室内气温调节至(25±2)℃。

在捣固车的前后司机室顶部各安装一台型号相同的空调机，形成两个独立的制冷系统，可以分别操作使用。

压缩机安装在发动机的动力输出端，由V带传动，其传动比为1:1.5。因此，压缩机的转速是随发动机转速的变化而变化的。最大制冷量是当发动机转速为2300r/min，即压缩机转速为3450r/min时。制冷压缩机的吸排气口，由两根外接高低压管与空调器内的制冷部件连接，组成氟里昂制冷闭路循环系统。前、后空调机的冷凝吸风百叶窗交错180°固定，这主要是为了便于压缩机吸排气口管道的安装。操纵开关和监控指示灯均安装在室内的电气控制箱上。

1) 空调机的制冷原理

空调机的制冷方式是采用蒸气压缩式制冷，简称压缩制冷。制冷介质为氟里昂12中温制冷剂，简称R12，物理性能如下：

化学分子式：CCl_2F_2；

化学名称：二氯二氟甲烷；

标准气压下沸点温度：-29.8℃；

标准气压下凝固温度：—157.78；

临界温度：112℃；

临界压力：4.158MPa。

(1)制冷工作原理。图5-44是制冷工作原理图。制冷系统为一个封闭的R12循环系统，是按照压缩式制冷方式工作的；压缩机活塞的往复运动，介质在系统中不断流动循环，使R12产生液、气态间反复变化；液态转变成气态的汽化过程中，要从大气中吸收热量，即制冷。当压缩机1运转时，打开进气阀吸入来自蒸发器4中的低温低压R12气体，压缩后温度升高至60~100℃，通过压缩机上排气阀送入冷凝器7的散热片进行空气冷却。当温度降至41℃时，气态R12在冷凝器转化为液态。经过储液器6的过滤，输送到热力膨胀阀5，由于节流阻尼作用，压力降为0.2MPa喷入蒸发器4中。由于蒸发器的翅片是朝司机室内的，液态R12通过翅片从室内吸热量而沸腾汽化产生制冷，达到空气制冷的目的。

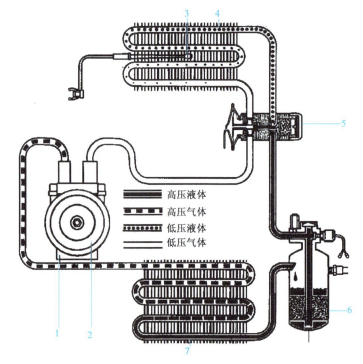

图5-44 贝尔空调机制冷系统工作原理图

1-压缩机；2-电磁离合器；3-温控传感器；4-蒸发器；5-热力膨胀阀；6-储液器；7-冷凝器

(2)电气系统工作原理。图5-45是贝尔空调机电气系统图。

电气系统由工作主电路、控制电路和保护电路组成。电源为直流24V。电路中设有过载过热保护装置。制冷剂温度不大于62℃时，空调机处于正常运转状态；制冷剂温度大于62℃时，温度开关6断电，即冷凝风扇电动机7和压缩机电磁离合器2停止运转，只有蒸发器风扇电动机运转，仅起到风扇的作用，不起制冷作用。温度开关b直接安装在冷凝器的制冷剂出口管道上，当制冷剂温度大于80℃时，制冷系统停止运转，起过热保护作用。当制冷剂压力达到4Pa时，由压力开关9切断电磁离合器电源，压缩机停止转动，从而防止过载损坏。

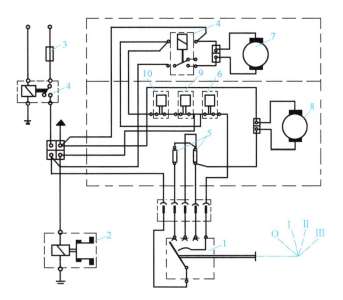

图 5-45 电气系统图

1-选择器;2-电磁离合器;3-熔断器;4-继电器;5-电阻;6-温度开关;7-冷凝风扇电动机;8-蒸发器风扇电动机;9-压力开关;10-温度开关

选择器 1 是一个手动可调开关,有三个制冷挡位,可根据降温需要选择使用。

2)结构及主要部件

空调机由冷凝器、蒸发器、压缩机、风扇电动机、控制元件及管道等组成,如图 5-46 所示。主要部件的结构与作用如下。

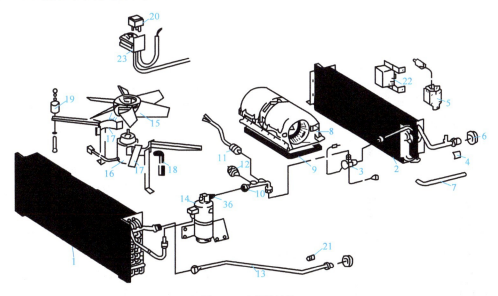

图 5-46 空调机结构

1-冷凝器;2-蒸发器;3-TEV 阀;4-管卡;5-温度控制器;6-减振器;7-排水管;8-离心风机;9-橡胶垫;10-四通硬管总成;11-温度开关;12-压力开关;13-高压管总成;14-储液器;15-轴流风机;16-电动机;17-电动机支架;18-通气管;19-支架减振器;20-继电器;21-管卡;22-继电器;23-选择器

(1)冷凝器。冷凝器是一种热交换部件,其性能很大程度受到空气流动速度和环境温度的影响。为了使制冷剂蒸气冷凝成饱和液,除采取增大散热面积以外,还采用风扇提高气流速度,不断把热量带走。

冷凝器由蛇形盘管和翅片(散热片)组成。蛇形盘管用 $\phi 8 \times 1mm$ 紫铜管制作。紫铜管排成3排,每排倾斜45°穿过翅片交错盘旋,传散热气流在隙缝间产生扰动,破坏空气层流,提高传热效率。翅片是用厚度为0.1mm的铝合金制作,共454片,翅片间隔距离为2mm。

冷凝器结构采用集管并联形式,即蒸气从上部的分配集管进入三排蛇形盘管中,液化后汇合在下部集管中输出。

(2)蒸发器。蒸发器又称直接蒸发式空气冷却器,它是通过数量众多的翅片直接从密闭的室内空气中吸取热量,使盘管中的制冷液产生沸腾、汽化蒸发。

蒸发器的构造与冷凝器相似,但翅片间隔距离稍大,为3mm,这主要是为了附在翅片表面的冷凝水易于流出。

(3)压缩机。压缩机是使制冷剂在系统中不断产生循环的动力装置。采用英国约克(Yark)公司的双缸直立往复活塞式压缩机,曲轴转速范围为650~5500r/min。工作原理与一般压缩机相似,即曲轴的回转运动,通过连杆机构使活塞产生上下往复运动。当活塞向下运动时,低温低压制冷剂气体由吸气阀进入汽缸;向上运动时自动关闭吸气阀,并随着汽缸容积减小,气体受到压缩,压力升高,打开排气阀将高压制冷剂送入冷凝器中。

约克制冷压缩机结构如图5-47所示。它由机体、曲轴、活塞连杆机构、进排气阀和三通阀等组成。采用飞溅式润滑,润滑油应选用凝固点较低的空调专用冷冻机油,可用国产SYB1l220-63、18号冷冻机油。

由于压缩机吸入的是低温R12气体,这对压缩机也起到冷却作用。

安装在曲轴输入端的电磁离合器是由电磁线圈和带轮组成的。电磁线圈固定在曲轴端,与曲轴一并回转,带轮通过滚动轴承支撑在机体凸台上,由摩擦片接合传递转矩。

(4)TEV阀。TEV阀即热力膨胀阀,又称供液调节阀,安装在储液器和蒸发器之间,起着控制和调节制冷剂流量的作用,是制冷关键部件。

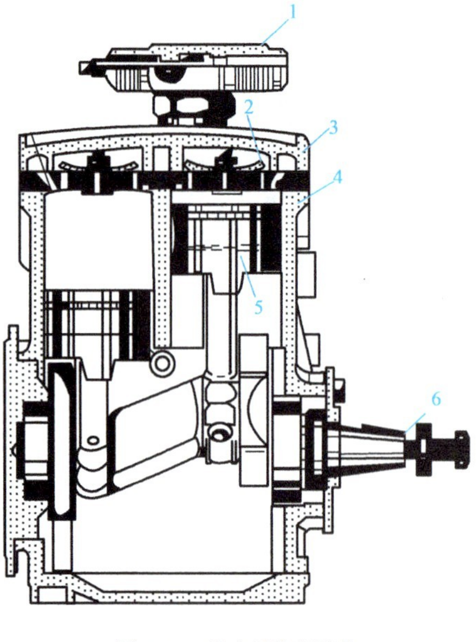

来自冷凝器的R12制冷剂液体,经锥阀节流降压和过滤器除尘后,直接把液态R12喷入蒸发器的进口端。锥阀的开启度由上下气室压力差控制。

TEV阀的作用是:高压高温R12液体经TEV阀时,被节流降压为低压的湿蒸气,进入蒸发器内汽化吸热。感温器受到蒸发器出口的过热度变化,自动调节锥阀开度,从而调节流入蒸发器的R12流量,使R12流量与蒸发器的热负荷相适应。即:热负荷增大时,阀开度增大,R12流量增多;当热负荷降低时,阀开度减小,R12流量也减少。从而使蒸发器出口端保持一定的过热度,以保证蒸发器吸热面积得到充分利用。

TEV阀按工作原理划分,有外平衡式和内平衡式两种类型。本机采用TEV阀为内平衡

图5-47 约克压缩机结构
1-三通阀;2-进排气阀;3-缸盖;4-机体;5-活塞连杆机构;6-曲轴

式结构。内平衡式是根据热负荷变化,自动进行液量平衡的。图5-48为TEV阀工作原理简图。

感温器1内部充注感温材料,与上气室2构成密闭腔。感温器1用冷冻胶带紧紧地包扎在蒸发器出口管外壁上,传导干饱和蒸汽的温度。感温材料受热后气体膨胀,产生向下的作用力,称感温器气体压力 p_0。

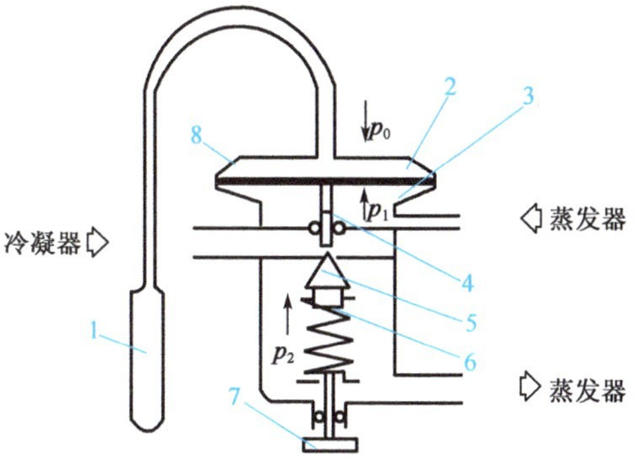

下气室3通过毛细管直接与蒸发器内的R12气体沟通,因受到蒸发压力的作用,产生一个向上的作用力,称饱和蒸发压力 p_1。此外,还有向上作用的弹簧压力 p_2。

p_0、p_1 分别作用于膜板8、压动阀杆4,由于上下气室的压力差,使锥阀5上下移动,导致阀口开启度变化,即通过阀口输出的流量也发生变化,从而实现R12供液量的调节。

图5-48 TEV阀工作原理简图
1-感温器;2-上气室;3-下气室;4-阀杆;5-锥阀;6-调压弹簧;7-调整螺钉;8-膜板

由于司机室内的热负荷变化具有随机性,因此,TEV阀有以下三种工况。

① $p_0 = p_1 + p_2$ 工况:为平衡状态,阀的开度一定,供液量一定,室内保持恒定的制冷量。

② $p_0 > p_1 + p_2$ 工况:当室内温度升高时,蒸发器出口端的制冷剂温度也有所上升,传导给感温器内气体压力相应上升,即 $p_0 > p_1$,使膜板下移,增大阀开度。更多的制冷剂进入蒸发器内吸热蒸发汽化,使室温下降。

③ $p_0 < p_1 + p_2$ 工况:当室内温度降低时,热负荷下降。蒸发器出口处的制冷剂气体温度下降,感温器体收缩,压力也随着降低,即 $p_0 < p_1$。膜板向上移动,阀开度减小,供液量也减小。

$p_0 - p_1$ 的压力差取决于过热度,阀开启度随蒸气过热度而变化。由关闭至全开的过热度为4~6℃。

(5)储液器。储液器在制冷系统中,像一个蓄水池,把经净化处理的制冷剂液体,源源不断地输向TEV阀和整个系统中。它安装在冷凝器和TEV阀之间。

储液器由制冷剂收集部分和干燥过滤器两部分组成,如图5-49所示。来自冷凝器的高压制冷剂进入壳体5,通过隔板7的筛孔,经干燥过滤器9除去水分和杂质后,由输液管4输出。杂质沉积在壳体下部的空腔中,隔板7的作用是防止杂质向上翻动,干燥过滤器采用二氧化硅胶和氧化铝,用树脂烧结成固体状的分子筛。干燥除水法是在分子筛中加入化学物质,经化学反应吸收水分。吸水量为6~12g,干燥剂饱和后即失效,应及时更

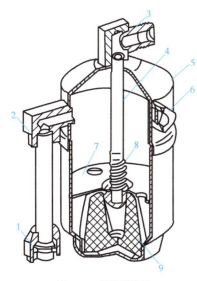

图5-49 储液罐构造
1-连接螺母;2-直角接头;3-硬管接头;4-输液管;5-壳体;6-液位观察窗;7-隔板;8-弹簧;9-干燥过滤器

换。在使用中判断干燥剂是否失效,可观察液位观察窗6的玻璃片,如出现铁锈色云雾状或露水即说明已达饱和状态。

制冷系统中的R12是否充足,可通过液位观察窗6中的塑料浮球所在位置来确定,如

浮球处在顶部,即是液量充足。

储液器允许最高温度为112℃。在维修中拆装储液器时,不要把壳体倒置或倾斜,应始终保持其竖直位置。

(6)温度控制器。温度控制器是防止蒸发器产生冷结和毛细管冰堵的保护元件。它的电气部分与压缩机电磁耦合器开关相连,感温毛细管的尾端插入蒸发器的散热片(翅片)隙缝中,用冷冻胶泥密封,接受蒸发器中最冷点的温度响应。

当蒸发器表面温度降至−1℃时,电磁离合器断电,压缩机停止运转,制冷系统不工作。当温度≥3℃时,电磁离合器接合,使压缩机起动。

3)充注制冷剂的方法

新造捣固车空调设备充注R12制冷剂包括充氮气、抽真空和充注R12三个过程。充氮气是为了排除系统中的水分和泄漏检查;抽真空是排除系统中的空气形成负压。上述步骤的操作系统和管道连接按图5-50进行,具体操作方法如下。

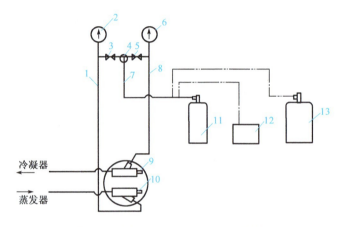

图5-50 充氮气、抽真空和充注R12系统图

1-吸气软管;2-低压表;3-截止阀;4-视镜;5-截止阀;6-高压表;7-主管;8-排气软管;9-排气三通阀;10-吸气三通阀;11-氮气钢瓶;12-真空泵;13-R12钢瓶

(1)充氮气。

①管道与设备的连接:主管7与氮气钢瓶11连接。复合式压力表的吸气软管1与排气软管8分别接在排气三通阀9与吸气三通阀10的充气接口上。将排气三通阀9与吸气三通阀10的阀杆按反时针方向拧到底,然后再按顺时针拧回约1.5转,使两个三通阀均处于半开位置。

②充气:关闭复合式压力表上的截止阀3和5,调节氮气充气压力为0.8MPa,然后缓慢打开截止阀3和5,使氮气充入系统中;当低压表2和高压表6的指针至0.8MPa时,立即关闭截止阀3和5,即完成充氮过程,持续时间为15min。

③泄漏检查:监视压力表指针不得下降。当系统保压检验完成后,即应关闭氮气瓶11上的截止阀。拆卸主管7,打开截止阀3和5,使残留在系统中的氮气通过主管7排至大气。

(2)抽真空。主管7与真空泵12连接。起动真空泵,并打开截止阀3和5。运转时间为30~60min,当低压表2指示低于0.08MPa时,关闭截止阀3和5,并使真空泵停止运转,完成抽真空过程。

(3)充注 R12 制冷剂。

①管道连接:主管 7 与 R12 钢瓶 13 连接,并开启 R12 钢瓶的截止阀。然后缓慢打开截止阀 3 与 5,当视镜 4 观察不到有制冷剂流动时关闭截止阀 5。

②充注 R12:起动捣固车的发动机,转速约为 1500r/min,使空调压缩机运转。当低压为 0.2MPa 时,高压为 1MPa;并观察空调机上的储液器中的塑料小球,当小球上浮至顶部时,关闭截止阀 3 和 R12 钢瓶 13 上的开关,充注 R12 过程结束。然后把排气三通阀 9 和吸气三通阀 10 置于全开位置。

4. 加热器

捣固车司机室采暖和风窗玻璃除霜设备,是采用德国威巴司托(Webasto)公司生产的 HL32/D 型空气加热器(简称加热器)。加热器原名为独立燃烧式暖风装置。它以轻柴油为燃料,点火燃烧产生的热量与室内冷空气进行热交换提高室温。威巴司托加热器的操作控制方式有三种类型,即开关式、定时式和遥控式。本机采用开关式操作,其优点是操作简单、易于维修。捣固车共配备三台同型号的加热器(前司机室 1 台,后司机室两台)。每台加热器的输出功率为 3.2kW。当室外环境温度为 -10℃ 时,通过采暖设备全热量输出,可将密闭的司机室气温上升至 (23±2)℃。

1)加热器工作原理

图 5-51 是威巴司托加热器的结构图。

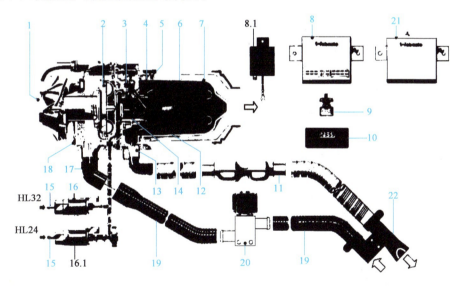

图 5-51 威巴司托加热器结构

1-冷空气风扇;2-助燃风扇;3-电热塞;4-火焰传感器;5-温控开关;6-燃烧喷管;7-热交换器;8-电子控制器;9-开关;10-数字计时器(本机不用);11-消声器(本机不用);12-热板;13-排气管;14-燃烧室;15-吸油管接头;16-燃油泵;17-助燃空气弯头;18-安全开关;19-吸气管;20-电磁阀(本机不用);21-遥控电子控制装置;22-均压器(本机不用)

电动机驱动冷空气风扇 1(轴流式)和助燃风扇 2(离心式)旋转,燃油泵 16 吸入燃油进入燃烧室 14 与助燃空气混合,形成可燃气体,被电热塞 3 点燃。燃烧后电热塞即停止工作,火焰在燃烧室内将持续稳定燃烧。热量通过热交换器 7 传给冷空气风扇 1 吸入的新鲜空气,并送入室内。室内气温上升的控制是由温度调节器从 0~30℃ 范围预先调定。当室内温度达到预调温度后,加热器即从全热量降至低热量,助燃风扇 2 和燃油泵 16 的转速也随着下降。当室温低于调定值时又恢复全热量输出。

热风是通过安装在加热器出口端的管道百叶窗送入室内的,同时也通过分支管道吹在风窗玻璃上除霜。

加热器的安装方式较多,本机是采用内循环方式,即室内空气通过加热器反复加热循环。其特点是热量利用率高,一般用于司机室较大、密封与隔热情况较差而要求温升较高的条件下。

2) 结构

加热器主要由燃烧室、供油系统、通风系统和电气系统等组成。

燃烧室如图 5-51 所示,由电热塞 3、火焰传感器 4、燃烧喷管 6、热交换器 7 和热板 12 组成。

燃烧室的工作过程:当电源接通,电热塞预热 30s 后,燃油泵起动供油,延时 90s 引燃稳定燃烧。如果在 120s 内没有引燃,将自动重复一次上述 120s 的工作过程,并增加一个 180s 的电控"清扫过程"。即风扇旋转产生的气流,清除燃烧室内废气。

燃烧热交换器是一个用轻合金材料铸造的壳体,外壁表面铸造很多翅片(散热片),燃烧室安装在壳体的内腔中。柴油燃烧产生的热量通过壳体翅片传导给流动的冷空气进行热交换。

燃烧喷管的圆周上钻有很多小气孔,助燃空气则从气孔进入,形成涡流,使柴油进一步雾化和混合达到完全燃烧。热板 12 的作用是当电热塞点火引燃断电后,使燃烧过程稳定。在工作过程中,如果发生燃油输给中断,火焰熄灭,由火焰传感器关闭加热器。

供油系统的燃油来自发动机的柴油箱,加热器不必另外加油,而是依靠发动机运转时供油,如图 5-52 所示。燃油箱 7 的进油管连接在发动机喷油器 8 的泄油管 9 上,三个燃油泵 6 的吸油口分别与燃油箱 7 和副油箱 11 连接。防止喷油器泄油管中的空气进入系统和燃油冷却;其出油口是通过内径为 2mm 的透明塑料管 5,直接通向加热器 2,形成三个供油系统。因此,加热器可以单独使用。燃油的流动方向如图 5-52 中箭头所示。夏季不取暖期间,燃油箱 7、11 中的过量柴油,因安装高度差,而自动流回柴油箱 12 中。

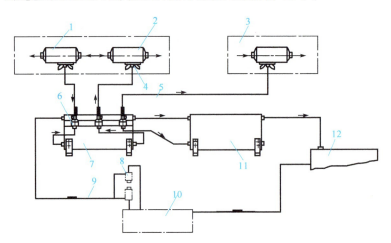

图 5-52 供油系统

1、2、3—加热器;4—加热器开关阀;5—透明塑料管;6—燃油泵;7、11—燃油箱、副油箱;8—喷油器;9—泄油管;10、12—柴油箱

电气系统由工作电路、控制电路和保护电路组成。关于采暖系统的电子电路工作原理

详见电气系统。

练习题

1. 你知道 D08-32 型捣固车转向架有哪几部分组成?
2. 你知道 D09-32 型连续式捣固车转向架有哪几部分组成?
3. 你知道 CD08-475 型道岔捣固车转向架有哪几部分组成?
4. 液压支撑的作用是什么?
5. 基础制动有哪些部件组成?
6. 你知道怎样调整液压支撑?
7. D08-32 型捣固车转向架与 D09-32 型连续式捣固车转向架有哪些不同?

单元六

捣固车液压系统

【知识目标】
1. 熟悉捣固车液压传动与液力传动装置的结构、工作原理。
2. 掌握捣固车液压传动与液力传动的根本区别。

【能力目标】
1. 分析液压传动系统的结构与工作原理。
2. 能对照液压基本控制回路图分析各部分作业功能。
3. 初步掌握液压系统的安装调试、维护使用及常见故障的诊断和处理的基本要求。

液压系统是以液体为工作介质传递机械能,实现各种机械传动和自动控制的机械组成部分。大型养路机械的液压系统包括两部分:一部分是利用液体的压力能进行能量传递和控制的传动方式,称为液压传动;另一部分是利用液体的动能来进行能量传递的传动方式,称为液力传动,它们都是利用各种元件组成所需功能的基本回路,再由若干基本回路有机组合成不同的传动和控制系统,从而实现能量的转换、传递和控制。所以,要学习和掌握大型养路机械液压系统,必须先了解组成系统各类元件的结构、工作原理、工作性能,以及由这些元件所组成的各类控制回路的性能和特点,并在此基础上形成对液压、液力传动及控制系统的分析技能。结合所学原理,在熟悉具体设备结构并进行实践的过程中,不断掌握大型养路机械液压系统的安装、调试、维护、修理及使用知识,最终达到能熟练地操纵和运用各种大型养路机械设备的目的。

由于液压传动与液力传动在原理上有根本的区别,而且各种大型养路机械上均采用液压传动,部分大型养路机械采用液压与液力传动,故本课程主要分析液压传动系统的组成、液压元件的故障与处理、液压基本控制回路、液压系统的安装调试、维护使用及常见故障的诊断和处理。

▶▶ 一、液压传动的工作原理及其组成

1. 液压传动的工作原理

液压传动是利用密闭系统中的受压液体来传递运动和动力的一种传动方式。对于不同的液压装置和设备,它们的液压传动系统虽然不同,但液压传动的基本工作原理是相同的。为了了解液压传动的基本工作原理,可以通过液压千斤顶的做功过程来加以说明。

图 6-1 所示为液压千斤顶的工作原理图,它由手动柱塞泵和举升缸两部分构成。手动柱塞泵由手动杠杆 1、小活塞 2、泵体 3、进油止回阀 4 和排油止回阀 5 组成,举升缸由液压缸 6 和大活塞 7 组成。大活塞 7 和小活塞 2 可以分别在液压缸 6 和泵体 3 内上下移动。因活塞与缸体或泵体内壁间有良好的密封,所以形成容积可变的密封空间。

当手动杠杆 1 摆动时,小活塞 2 作往复运动。小活塞 2 上移,泵体 3 下腔内的容积扩大而形成真空,排油止回阀 5 关闭,油箱 9 中的油液则在大气压力的作用下,推开进油止回阀 4 的阀芯进入并充满泵体 3 的下腔;小活塞 2 下移,泵体 3 下腔的容积减小,其内压力升高,使进油止回阀 4 关闭,排油止回阀 5 开启,油液进入液压缸 6 的下腔推动大活塞 7 向上移动。反复提压手动杠杆 1,就可以使油箱中的油液不断被泵吸入并送到举升缸中,使大活塞推举重物不断上升。将放油阀 8 转动 90°,液压缸 6 下腔与油箱连通,油液在重力的作用下流回油箱,大活塞即可复位。这就是简单液压传动装置的工作原理。

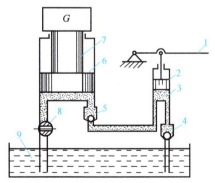

图 6-1 液压千斤顶的工作原理
1-手动杠杆;2-小活塞;3-泵体;4-进油止回阀;
5-排油止回阀;6-液压缸;7-大活塞;8-放油阀;
9-油箱

从液压千斤顶的工作过程可以看出,液压传动有以下特点:

(1)液压传动以液体(液压油)作为传递运动和动力的工作介质,而且传动中必须经过两次能量转换,先是通过动力装置(液压泵等)把机械能转换成液体的压力能,然后再通过液动机(液压马达、液压

缸等)把液体的压力能转换成机械能。

(2)油液必须在密闭容器或密闭系统内传送,而且必须有密闭容积的变化。如果容器(或系统)不密封,就不能形成必要的压力;如果密闭容积不变化,就不能实现吸油和压油,也就不可能利用受压液体传递运动和动力。

2. 液压系统的组成

从图6-1看出,液压系统是由具有各种功能的液压元件有机地组合而成的。无论是最简单的液压系统,还是很复杂的液压系统,若要正常工作,必须由以下五部分元件组成。

1)驱动元件

驱动元件的作用是将原动机输入的机械能转变成液体的压力能,为液压系统提供动力。常见的驱动元件是液压泵。

2)执行元件

执行元件的作用是将油液的压力能转换成机械能对外做功,以带动负载进行直线运动或回转运动。常见的执行元件有液压缸和液压马达。

3)控制元件

控制元件的作用是控制和调节液压系统中油液的流量、压力和流动方向,以保证执行元件达到所要求的输出力(或力矩)、运动速度和运动方向。这类元件主要包括各种压力控制阀、流量控制阀和方向控制阀。

4)辅助元件

辅助元件是指对工作介质起到容纳、净化、润滑、消声和实现元件间连接等作用的装置,如油箱、过滤器、油管、管接头等,它们对保证液压系统可靠和稳定持久地工作是不可缺少的。

5)工作介质

工作介质在液压传动及控制中起传递运动、动力和信号的作用。工作介质为液压油或其他合成液体。

▶▶ 二、主要液压元器件

1. 液压泵与液压马达的工作原理

液压泵向系统提供具有一定流量和压力的油液,起着动力源的作用,是液压系统中不可缺少的核心组件。我们首先了解一下液压泵的一般工作原理。

液压泵的工作原理如图6-2所示。图中柱塞2装在泵体3中形成一个密封容积a,柱塞在弹簧4的作用下始终压紧在偏心轮1上。原动机驱动偏心轮1旋转,促使柱塞2在泵体内作往复直线运动,从而使密封容积a的大小发生周期性的交替变化。当密封容积a由小变大时,其内压力降低,止回阀5关闭,密封容积a形成部分真空,油箱内的油液在大气压力作用下,经吸油管顶开止回阀6进入泵体而实现吸油;反之,当密封容积a由大变

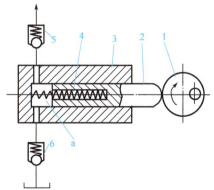

图6-2 液压泵工作原理图
1-偏心轮;2-柱塞;3-泵体;4-弹簧;5、6-止回阀

小时,油液受到柱塞的挤压后压力升高,止回阀6关闭,油液将顶开止回阀5流入系统而实现压油。这样液压泵就将原动机输入的机械能转换成液体的压力能,原动机驱动偏心轮不断旋转,液压泵就不断地吸油和压油。

从以上单柱塞泵的工作原理中可知,液压泵都是依靠密封容积变化的原理来进行工作的,故液压泵一般又称容积式液压泵。

容积式液压泵中的油腔处于吸油时称为吸油腔,处于压油时称为压油腔。在具体的结构上,吸油腔是与油箱连通,压油腔是与系统连通。构成容积式液压泵的基本特点是:

(1)必须具有若干个密封且可周期性变化的空间,液压泵的输出流量与此空间的容积变化量及单位时间内的变化次数成正比,而与其他因素无关。这是容积式液压泵的一个重要特性。

(2)油箱内液体的绝对压力必须恒等于或大于大气压力,这是容积式液压泵能够吸入油液的外部条件。因此,为保证液压泵正常吸油,油箱必须与大气相通或采用密闭的充压油箱。

(3)具有相应的配流机构,将吸油腔和排油腔隔开,保证液压泵有规律地连续吸、排油液。液压泵的结构不同,其配流机构也不相同。

液压马达具有与液压泵相同的基本结构要素——密封而又可以周期性变化的工作容积和相应的配流机构,它输入的是压力油,输出的是转速和转矩,所以,容积式液压泵和液压马达的工作原理基本相同。从作用上看,液压泵和液压马达是可逆工作的液压元件,向任何一种液压泵输入工作液体,都可使其变成液压马达工况;反之,当液压马达的主轴由外转矩驱动旋转时,也可变成液压泵工况。但是,由于液压马达和液压泵的工作条件不同,对它们的性能要求也不一样,所以同类型的液压马达和液压泵之间,仍存在许多差别,使许多同类型的液压马达和液压泵虽然在结构上相似,但不能可逆工作。

2.液压泵与液压马达的分类

1)齿轮泵

齿轮泵是利用一对齿轮的啮合运动,造成吸、排油腔的容积变化进行工作的定量泵。按结构形式的不同,齿轮泵分为外啮合齿轮泵和内啮合齿轮泵两种形式,而以外啮合齿轮泵应用最广。

(1)外啮合齿轮泵工作原理。图6-3为外啮合齿轮泵的工作原理图,它由装在泵体内的一对齿轮所组成,齿轮两侧有端盖(图中未示出),泵体、端盖和齿轮的各个齿间槽组成了许多密封工作腔,齿轮泵的内腔被相互啮合的轮齿分成左右两个互不相通的空腔(即吸油腔和压油腔),分别与进油口和排油口相通。当齿轮按图示方向旋转时,右侧吸油腔由于相互啮合的轮齿逐渐脱开,密封工作腔容积逐渐增大,形成局部真空,油箱中的油液在外界大气压力的作用下,经吸油管进入吸油腔,将齿间槽充满,并随着齿轮旋转,把油液带到左侧压油腔内。在压油腔一侧,由于轮齿在这里逐渐进入啮合,密封工作腔容积不断减小,油液

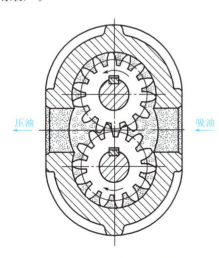

图6-3 外啮合齿轮泵工作原理

便被挤出去,从压油腔输送到压力管路中去。当齿轮不断旋转时,左右两腔不断完成吸油和排油过程,将油液压到液压系统中推动执行机构运动。

在齿轮泵的工作过程中,只要两齿轮的旋转方向不变,其吸、排油腔的位置也就确定不变。这里啮合点处的齿面接触线一直分隔高、低压两腔起着配油作用,因此在齿轮泵中不需要设置专门的配流机构,这是它和其他类型容积式液压泵的不同之处。

实际上,随着啮合点位置的不断改变,吸、排油腔每一瞬时的容积变化率是不均匀的,因此齿轮泵的瞬时流量是脉动的。理论研究表明,外啮合齿轮泵齿数愈少,脉动率就愈大,其值最高可达20%以上。

(2)典型结构。图6-4所示为CB-B型低压外啮合齿轮泵,其结构由前泵盖4、泵体7、后泵盖8三部分组成。泵体7内装有一对齿数相同、与泵体宽度相等而又互相啮合的齿轮6,两齿轮分别用键固定在由滚针轴承支撑的主动轴10和从动轴1上,主动轴由电动机带动旋转。齿轮的齿槽间与两端盖及泵体内壁形成一个个密封腔,而两齿轮啮合处的接触面则将齿轮泵进、出油口处的密封腔分为两部分,即吸油腔和压油腔。泵体与端盖用定位销和螺钉固紧在一起。为使齿轮能灵活转动,又能保证油液的泄漏最小,齿轮的端面与端盖之间、齿轮的顶部与泵体内壁之间都留有一定量的间隙,前者称为轴向间隙,后者称为径向间隙。轴向间隙一般为0.006~0.025mm,径向间隙一般为0.13~0.16mm。

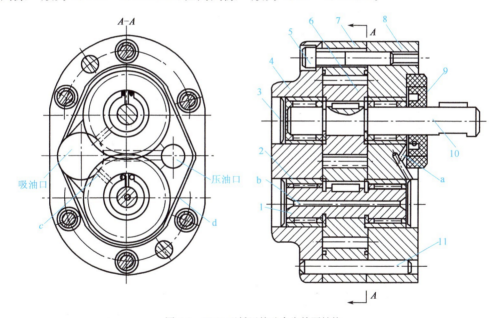

图6-4 CB-B型低压外啮合齿轮泵结构

1-从动轴;2-滚针轴承;3-堵;4-前泵盖;5-螺钉;6-齿轮;7-泵体;8-后泵盖;9-密封圈;10-主动轴;11-定位销

由于齿轮泵的吸油必须通畅,故其吸油口较大,而压油口较小,所以其吸、压油路不能接反,泵轴也不能反转。

在后泵盖上开有泄油孔a,使泄漏的油液通过泄油孔a和从动轴的中心小孔b、通道c流回吸油腔中,同时也可满足滚针轴承的润滑要求。为防止油液从轴向间隙漏到泵外,在泵体的两端面上开有卸荷槽d,将渗入泵体和泵盖之间的压力油引回吸油腔,这样也可降低泵体与泵盖接合处的泄油压力,以减少螺钉承受的拉力。另外,两侧泵体上安装齿轮轴的四个通孔,分别用三个压盖和一个密封圈封住,以防止油液外漏和空气进入吸油腔。

2)齿轮马达工作原理

如果不用原动机,而将压力油输入齿轮泵,则压力油作用在齿轮上的转矩将使齿轮旋转,并可在齿轮轴上输出一定的转矩,这时齿轮泵就变成齿轮马达了。齿轮马达产生转矩的工作原理,如图 6-5 所示。图中 P 点是两个齿轮的啮合点,h 为齿轮的齿高,a、b 分别为 P 点到两齿轮齿根的距离。当压力油输入到齿轮马达的右侧进油腔后,每个齿轮在进油腔中的各个齿面都受到液压力作用,如图 6-5 中箭头所示(凡轮齿两侧均受力并达到平衡的部分未用箭头表示)。由于 a 和 b 的值都比齿高 h 小,因此,在两个齿轮上分别作用着使它们产生转矩的切向不平衡力 $p(h-a)B$ 和 $p(h-b)B$,其中 p 为输入油液的工作压力,B 为齿宽。在上述不平衡力的作用下,两齿轮按图中箭头所示方向旋转,并将油液带到排油口排出。齿轮马达产生的转矩与齿轮旋转方向一致,所以齿轮马达能输出转矩和转速。当压力油输入到齿轮马达的左侧油口时,齿轮马达反向旋转。

齿轮在旋转过程中,啮合点 P 的位置不断变化,所以,即使输入齿轮马达的流量一定,齿轮马达输出的瞬时转速和瞬时转矩也是脉动的,因此齿轮马达的低速性能不好。

3)叶片泵

叶片泵是用叶片组成密封容积空间,在转子转动过程中容积发生变化,从而实现吸油和排油过程。叶片泵分单作用式和双作用式两大类,单作用式叶片泵为变量泵,双作用式叶片泵为定量泵。定量泵除单泵外,还有双联定量泵、多联定量泵、双级定量泵等多种形式,变量泵也有限压式变量泵、稳流量式变量泵等形式。

(1)工作原理。双作用叶片泵的工作原理如图 6-6 所示,它是由定子 1、转子 2、叶片 3 和配油盘等组成。转子和定子中心重合,定子内表面近似为椭圆柱形,该椭圆形由两段长半径圆弧、两段短半径圆弧和四段过渡曲线所组成。当转子转动时,叶片在离心力和根部油压的作用下,在转子槽内向外移动而压向定子内表面,由叶片、定子的内表面、转子的外表面和两侧配油盘间就形成若干个密封空间。当转子按图中箭头方向旋转时,处在小圆弧上的密封空间经过渡曲线而运动到大圆弧的过程中,叶片外伸,密封空间的容积增大,形成局部真空而吸入油液,通过配油盘的吸油腔完成吸油过程;而当密封空间从大圆弧经过渡曲线运动

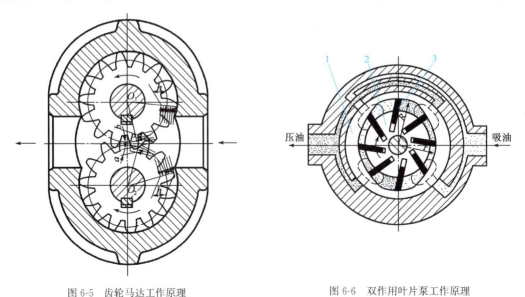

图 6-5 齿轮马达工作原理

图 6-6 双作用叶片泵工作原理
1-定子;2-转子;3-叶片

到小圆弧的过程中,叶片被定子内壁逐渐压进槽内,密封空间容积变小,将油液从压油口压出,通过配油盘的压油腔完成压油过程。当泵连续转动,能够重复吸油、压油过程而连续供油。这种叶片泵转子每旋转一周,每个工作空间要增大和缩小两次,即完成两次吸油和压油过程,所以称之为双作用叶片泵。

双作用叶片泵由于有两个吸油腔和两个压油腔,并且各自的中心夹角是对称布置的,作用在转子上的液压力相互平衡,因此又称为卸荷式叶片泵。为了要使径向力完全平衡,密封空间数(即叶片数)应当是双数,通常取为12片或16片。

双作用叶片泵的排量不可调,故用作定量泵。

(2)典型结构。图6-7所示为YB1型叶片泵的结构,它由前泵体7、后泵体6、左配油盘1、右配油盘5、定子4、转子12、叶片11和传动轴3等组成。为方便装配和使用,两个配油盘与定子、转子和叶片等用两个螺钉定位销13装成一个组件。螺钉的头部作为定位销插入后泵体的定位孔内,以保证配油盘上吸、压油窗口的位置能与定子内表面的过渡曲线相对应。转子12上开有12条窄槽,叶片11安放在槽内,并可在槽内自由滑动。转子通过内花键与传动轴3相连接,传动轴由两个滚珠轴承2和8支撑。骨架式密封圈9安装在盖板10上,用以防止油液泄漏和空气渗入。

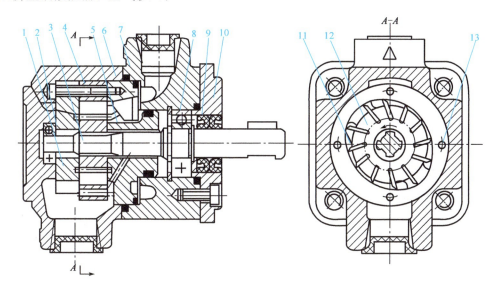

图6-7 YB1型叶片泵的结构

1-左配油盘;2-滚珠轴承;3-传动轴;4-定子;5-右配油盘;6-后泵体;7-前泵体;8-滚珠轴承;9-密封圈;10-盖板;11-叶片;12-转子;13-螺钉定位销

YB1型叶片泵的前泵体上有压油口,后泵体上有吸油口,在安装时可根据实际需要,使两油口的相对位置成90°、180°、270°,以便于使用。

4)叶片马达

(1)工作原理。叶片马达的结构通常是双作用定量马达,其工作原理如图6-8所示。当压力油输入到进油腔后,位于进油腔中的叶片2和6以及位于回油腔中的叶片4和8的两面受到相同的压力油作用,叶片处于平衡状态,不产生转矩。而在叶片1、3、5、7上,一面受进油腔高压油作用,另一面受回油腔低压油作用,叶片1、5伸出的面积又大于叶片3、7伸出的面积,于是由叶片受力差构成的转矩推动转子作顺时针方向旋转。如果改变供油方向,叶片马达则反转。

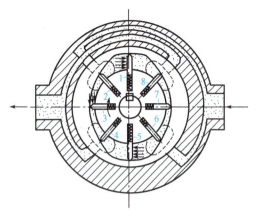

叶片马达的输出转矩与叶片马达的排量、进出油口之间的压力差有关,其转速由输入叶片马达的流量大小来决定。

(2)叶片马达的结构特点。叶片马达的典型结构如图 6-9 所示,其结构与双作用叶片泵基本相似,但还是有一定的区别,主要在以下几个方面:

①由于一般都要求叶片马达能正反转,所以叶片马达的叶片既不前倾,也不后倾,而是径向放置。

②为使叶片马达在正反转时,叶片能始终紧贴定子内表面,以保证良好的密封,因此,在吸、压油腔通入叶片根部的通路上应设置止回阀,保证叶片底部总能与压力油相通。

图 6-8 叶片马达的工作原理

③为了保证起动时叶片顶部与定子内表面紧密接触,在叶片根部还设置了预紧弹簧(图中为碟形弹簧)。因为在起动时,如叶片未贴紧定子内表面,则进、回油腔相通,就不能形成油压。

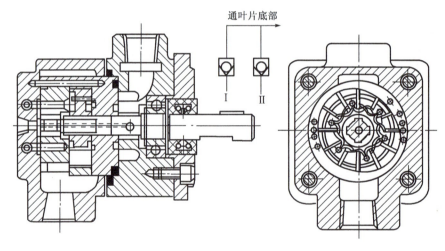

图 6-9 叶片马达的结构

捣固车捣固装置的偏心振动轴采用 T2SDT 型叶片马达驱动。叶片马达的结构如图 6-10 所示,它由壳体 1、定子 2、叶片 3、弹簧 4、转子 5、配油盘 6 和动力输出轴 7 等组成。工作时叶片底部始终与压力油腔连通,内泄漏油通回油口,所以这种液压马达工作时不能反向运转,但是可以作为液压泵使用。

叶片马达的体积小、转动惯量小、运转平稳、输出转矩脉动小、动作灵敏、允许换向频率高,但泄漏量较大,对油液污染敏感,叶片易咬死,低速工作时不稳定,因此叶片马达一般用于要求转速高、转矩小和动作灵敏的场合。

5)柱塞泵

柱塞泵是靠柱塞在缸体中作往复运动造成密封容积的变化来实现吸油与压油的液压泵。柱塞泵的种类很多,按柱塞排列的方向不同,可分为径向柱塞泵和轴向柱塞泵两大类,径向柱塞泵的柱塞与缸体中心线垂直,轴向柱塞泵的柱塞都平行于缸体中心线。

(1)径向柱塞泵。径向柱塞泵的工作原理如图6-11所示,它主要由柱塞1、转子(缸体)2、衬套3、定子4和配油轴5等组成。柱塞径向均匀安装在转子中,定子和转子之间有偏心矩 e,柱塞在离心力和低压油的作用下抵紧定子4内壁。配油轴固定不动,在轴的上部和下部各有一个缺口,此两缺口又分别通过所在部位的两个轴向孔与泵的吸、压油口连通。衬套3压紧在转子内并和转子一起回转。当转子按图示方向旋转时,上半部的柱塞在离心力作用下向外伸出,柱塞底部密封工作腔的容积逐渐增大,压力降低,产生局部真空,因而通过配油轴上的吸油口a从油箱吸油;下半部的柱塞因受定子内表面的推压作用而缩回,柱塞底部密封工作腔的容积逐渐减小,压力升高,并通过配油轴上的压油口d将压力油压入液压系统。当转子回转一周时,每个柱塞底部的密封容积完成一次吸、压油,转子连续运转,将连续从配油轴上半部两个油孔a吸入油液,从下半部两个油孔d压出油液。为了进行配油,配油轴在和衬套3接触的一段,加工出上、下两个缺口,形成吸油口b和压油口c,留下的部分形成封油区。封油区的宽度应能封住衬套上的吸压油孔,以防吸油口和压油口相连通,但尺寸不能大得太多,以免产生困油现象。

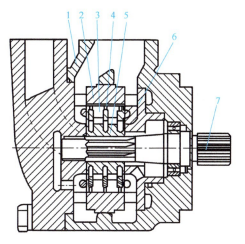

图6-10 T25DT型叶片马达的结构
1-壳体;2-定子;3-叶片;4-弹簧;5-转子;6-配油盘;7-动力输出轴

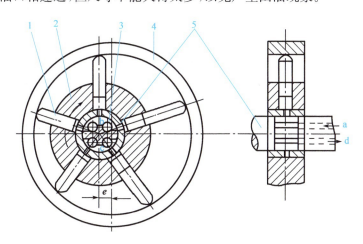

图6-11 径向柱塞泵的工作原理
1-柱塞;2-缸体;3-衬套;4-定子;5-配油轴

径向柱塞泵的流量因偏心距 e 的大小而不同。若使定子水平移动,则可改变偏心量,从而改变泵的排量;如果改变偏心距的方向,则输入、输出方向也随之改变,即可成为双向径向柱塞变量泵。

由于径向柱塞泵径向尺寸大,结构较复杂,自吸能力差,且配油轴受到径向不平衡液压力的作用,易于磨损,从而限制了转速和压力的提高,故近年来有逐渐被轴向柱塞泵所替代的趋势。

(2)轴向柱塞泵。轴向柱塞泵是将多个柱塞轴向配置在一个共同缸体的圆周上,并使柱塞轴线与回转缸体的轴心线平行的一种液压泵,它的结构形式很多,按其配流方式来分,主要有端面配流和阀配流两种,端面配流的轴向柱塞泵又可分为斜盘式和斜轴式两大类。下面主要讨论应用最多的端面配流轴向柱塞泵。

①斜盘式轴向柱塞泵工作原理。斜盘式轴向柱塞泵的工作原理如图 6-12 所示。这种泵主要由回转缸体 7、配油盘 10、柱塞 5 和斜盘 1 等零件组成。斜盘 1 与配油盘 10 固定不动,斜盘的法线与回转缸体轴线的交角为 γ。回转缸体由传动轴 9 带动旋转。在回转缸体的等径圆周处均匀分布了若干个轴向柱塞孔,每个孔内装一个柱塞 5。带有球头的套筒 4 在中心弹簧 6 的作用下,通过压板 3 使各柱塞头部的滑履 2 与斜盘靠牢,同时套筒 8 左端的凸缘将回转缸体 7 与配油盘 10 紧压在一起,消除两者接触面间的间隙。

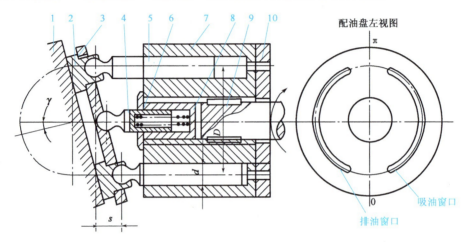

图 6-12 斜盘式轴向柱塞泵的工作原理

1-斜盘;2-滑履;3-压板;4-套筒;5-柱塞;6-中心弹簧;7-回转缸体;8-套筒;9-传动轴;10-配油盘

当回转缸体在传动轴 9 的带动下按图示方向旋转时,由于斜盘和压板的作用,迫使柱塞在回转缸体的各柱塞孔中作往复运动。在配油盘的左视图所示的右半周,柱塞随回转缸体由下向上转动的同时,向左移动,柱塞与柱塞孔底部密封工作腔的容积由小变大,其内压力降低,产生真空,通过配油盘上的吸油窗口从油箱中吸油;在左半周,柱塞随回转缸体由上向下转动的同时,向右移动,柱塞与柱塞孔底部密封工作腔的容积由大变小,其内压力升高,通过配油盘上的压油窗口将油压入液压系统中,实现压油。缸体每转一转,每个柱塞各完成一次吸油和压油,缸体连续旋转,柱塞则不断地吸油和压油。

若改变斜盘倾角 γ 的大小,就能改变柱塞的行程长度,也就改变了泵的排量;若改变斜盘倾角 γ 的方向,就能改变泵的吸、压油的方向,即可成为双向变量轴向柱塞泵。

柱塞泵的柱塞数较多且为奇数时,泵输出油的脉动率较小;柱塞数较少或为偶数时,输出油的脉动率较大。因此,柱塞泵的柱塞数一般为奇数,从结构和工艺性考虑,常取柱塞数 $z=7$ 或 $z=9$。

②斜盘式轴向柱塞泵结构。图 6-13 所示为常用的一种斜盘式轴向柱塞泵的结构,它主要由主体部分和变量机构两部分组成。同一规格不同变量形式的变量泵,其主体部分是相同的,仅是变量机构不同而已。

主体部分是由装在中间泵体 1 内的缸体 3 和配油盘 4 等组成,缸体 3 与传动轴 6 通过花键连接,由传动轴带动旋转。在缸体的轴向柱塞孔内各装有一个柱塞 7。为了避免柱塞头部与斜盘直接接触而产生易磨损的现象,在柱塞的头部装滑履9,用滑履的底平面与斜盘11接触,而柱塞头部与滑履则用球面配合,外面加以铆合,使柱塞和滑履既不会脱落,又使配合球面间能相对运动;柱塞中心和滑履中心均加工有小孔,压力油经小孔引到滑履底部油室,起到液体静压支撑作用,极大地减小了滑履与斜盘的接触应力,并实现可靠的润滑,这样大大降低了相对运动零件表面的磨损,有利于泵在高压下工作。传动轴6通过左面的花键带动缸体3旋转时,由于滑履9紧贴在斜盘表面上,柱塞随缸体旋转的同时在缸体中作往复运动。缸体中柱塞底部的密封工作容积是通过配油盘4与泵的进出口相通的,随着传动轴的转动,液压泵就连续地吸油和排油。

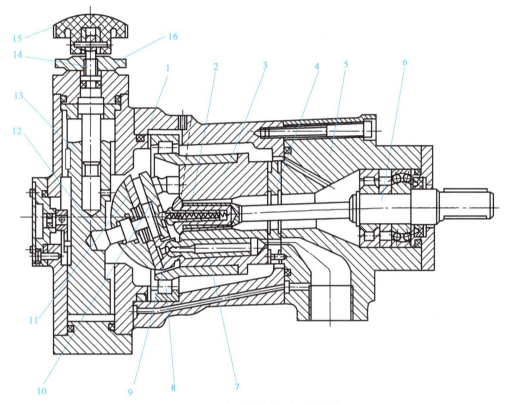

图6-13 斜盘式轴向柱塞泵的结构

1-中间泵体;2-中心弹簧;3-缸体;4-配油盘;5-前泵体;6-传动轴;7-柱塞;8-轴承;9-滑履;10-回程盘;11-斜盘;12-轴销;13-变量活塞;14-丝杠;15-手轮;16-锁紧螺母

中心弹簧2的作用,一方面通过钢球和回程盘10将各个滑履压向斜盘,使滑履始终紧贴斜盘;另一方面它将缸体压在配油盘上,以保证泵起动时的密封性。

正常工作时,处于压油区柱塞孔底部的压力油和中心弹簧将缸体压紧在配油盘上,同时配油盘和缸体之间的油液压力又对缸体产生一个轴向反推力。合理设计配油盘的尺寸,使反推力略小于压紧力,既保证其密封性,又可降低缸体与配流盘间的接触应力,并实现端面间隙的自动补偿,以减小泄漏,提高容积效率。

缸体通过轴承8支撑在中间泵体1上,这样斜盘通过柱塞作用在缸体上的径向分力由轴承承受,使轴不受弯矩,并改善了缸体的受力状态,从而保证缸体端面与配油盘更好地接触。

若要改变轴向柱塞泵的输出流量,只要改变斜盘的倾角γ,即可改变轴向柱塞泵的排量和输出流量。变量机构的形式很多,有手动变量机构、手动伺服变量机构、液控变量机构、恒定变量机构和恒功率变量机构等,这些变量机构与轴向柱塞泵的泵体部分组合就成为各种不同变量方式的轴向柱塞泵。图 6-13 采用的是手动变量机构,其工作原理如下:转动手轮 15,使丝杠 14 转动,因导向键的作用,变量活塞 13 只能做轴向移动,不能转动。通过轴销 12 使支撑在变量机构壳体上的斜盘 11 绕其中心转动,从而改变斜盘倾角,也就改变了泵的流量。当流量达到要求后,用锁紧螺母 16 锁紧丝杆。

图 6-14 所示为大型养路机械上所用的 P6P 型斜盘式轴向柱塞泵,它用电液伺服变量机构来控制斜盘的倾角,通过调节控制电流的大小和方向,就可以改变泵输出流量的大小和方向。

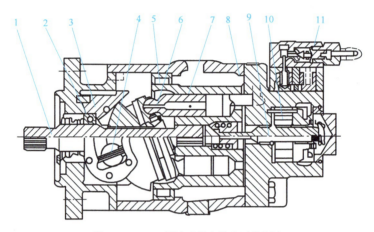

图 6-14 P6P 型斜盘式轴向柱塞泵结构图

1-主传动轴;2-轴承;3-斜盘机构;4-电液伺服变量机构;5-轴承;6-柱塞;7-转子;8-泵体;9-辅助驱动轴;10-齿轮泵;11-组合阀

柱塞泵的主传动轴 1 一端用花键与转子 7 连接,另一端穿过斜盘机构 3 用轴承 2 支撑在与泵体 8 相连的斜盘机构上。转子与壳体之间安装一大直径的圆柱滚子轴承 5,防止转子在高压和高速下发生倾斜。7 个带有青铜滑靴的柱塞 6 在压板作用下保持与斜盘接触。压板用挡圈轴向固定。辅助驱动轴 9 带动一小型内啮合齿轮泵 10,为主泵提供控制所需的伺服压力,并用作补油泵。

主泵的排量由电液伺服变量机构 4 控制。电液伺服变量机构的工作原理如图 6-15 所

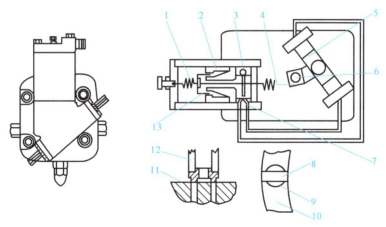

图 6-15 电液伺服变量机构的工作原理

1-零位弹簧;2-磁铁;3-喷管;4-反馈弹簧;5-控制活塞;6-伺服轴;7-接收器;8-叶片;9-叶片活塞;10-叶片室;11-伺服板;12-伺服滑靴;13-指令线圈

示,它主要由电液控制器和旋转伺服机构组成。旋转伺服机构安装在泵体的侧盖板上,其伺服轴6通过连杆与电液控制器的控制活塞5相连。变量泵就是通过改变电液控制器的输入电信号,由旋转伺服机构改变斜盘的位置,达到改变泵排量的目的。斜盘实际位置与给定位置之间的偏差,通过机械反馈加以修正。

由喷管3、控制活塞5组成的电液控制器提供一个与输入电流成比例的旋转伺服轴6位置,从而确定变量斜盘的位置。当没有电流输入时,指令线圈13不受力的作用,两个零位弹簧1和反馈弹簧4使喷管位于两个接收器7的中间。调整零位螺旋,可使喷管3对准两个接收器7中间的位置。喷管3的喷射液流使两个接收器7产生相等的压力,分别作用于控制活塞5的两端。由于活塞两端的压力相等,活塞不产生运动。

当指令线圈13输入控制电流时,它便产生一个与输入电流大小成比例、与极性相应的力作用在衔铁上,引起喷管3偏转并对准一个接收器7,使其压力升高,控制活塞5产生运动并带动伺服轴6旋转,使反馈弹簧4拉紧或放松。当控制活塞5移动了足够的距离,反馈弹簧4的力与线圈所受的力相等时,喷管3回到两个接收器7的中间位置,控制活塞5则停止在一定位置上。

机构的伺服滑靴12与伺服板11相配合起四通滑阀的作用。控制活塞5运动时带动伺服轴6旋转,与伺服轴相连的伺服摇杆带动伺服滑靴12,使之打开通向叶片室10的油路,上、下叶片室产生压力差,叶片活塞9带动斜盘偏转。与此同时,通过连杆推动伺服板11,使油路重新封闭,斜盘就停止在指定位置上。

当控制电流再降为零时,指令线圈不受力的作用,反馈弹簧4移动喷管3,使控制活塞5回到零位。如果控制电流反向,控制活塞5就反方向运动,从而使泵斜盘倾角反向。

电液伺服变量机构设有最大排量停止装置,可使泵的排量在零到最大排量之间调整。

③斜轴式轴向柱塞泵工作原理。斜轴式轴向柱塞泵的工作原理如图6-16所示,它由凸缘传动轴6、连杆5、柱塞4、缸体3、配油盘2和中心轴1等主要零件组成。凸缘传动轴6和缸体3的轴线倾斜一个角度γ,故称为斜轴式轴向柱塞泵。连杆是传动轴和缸体之间传递运动的连接件,依靠连杆的锥体部分与柱塞内壁的接触带动缸体旋转,连杆的两端为球头,一端的球头用压板与凸缘轴连在一起形成球铰,另一端的球头铰接于柱塞上。配油盘固定不动,中心轴起支撑缸体的作用。

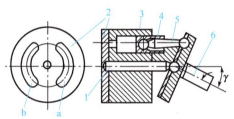

图6-16 斜轴式轴向柱塞泵的工作原理
1-中心轴;2-配油盘;3-缸体;4-柱塞;5-连杆;6-凸缘传动轴

当传动轴按图示方向旋转时,连杆就带动柱塞连同缸体一起转动,柱塞同时在柱塞孔内作往复运动,使柱塞底部的密封腔容积不断地增大和缩小,通过配油盘上的吸油窗口a吸油、压油窗口b压油。改变流量是通过摆动缸体改变γ角来实现的。

在实际结构中,缸体装在后泵体(也称摇架)内,摇架可以摆动,从而改变γ角的大小。摇架可以在一个方向上摆动,也可以在两个方向上摆动,因此既可以做成单向变量泵,也可以做成双向变量泵。

④斜轴式轴向柱塞泵结构。图6-17所示为斜轴式单向变量泵的一种典型结构,它由主轴、泵壳、轴承、带连杆的柱塞、中心轴、缸体、配油盘和变量机构等主要部分组成。主轴由原动机带动旋转,并通过连杆、柱塞带动缸体旋转。由于缸体轴线与传动轴轴线相交一个角

度,当缸体旋转时,柱塞在缸体内作往复运动,并通过配油盘吸油和压油。配油盘与变量机构壳体的接触面做成弧形,通过一个拨销将配油盘与变量机构连接起来。

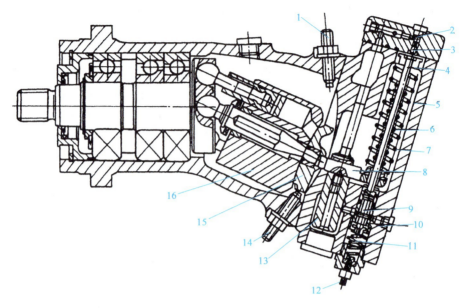

图 6-17 斜轴式单向柱塞泵的结构
1-最小摆角限位螺钉;2-喷嘴;3-先导活塞;4-导杆;5-后盖;6-小弹簧;7-大弹簧;8-拨销;9-控制阀芯;10-阀套;11-调节弹簧;12-调节螺钉;13-变量活塞;14-最大摆角限位螺钉;15-配油盘;16-缸体

当负载压力升高时,压力油通过喷嘴 2 作用到先导活塞 3 的上端,并推动导杆 4 和控制阀芯 9,由于此推力大于调节弹簧 11 的力,控制阀芯向下移动,使压力油通过阀套 10 的径向孔进入变量活塞 13 的下腔。这时变量活塞上、下两端液压力相等,但下端面积大而上端面积小,在液压力的差值作用下变量活塞向上移动,从而使缸体 16 的摆角变小,减小泵的流量,实现变量的目的。与此同时,套在导杆上的大小弹簧也受到压力,该压力通过导杆作用于先导活塞上,使先导活塞下端受到的力与上端的液压力相平衡,导杆对控制阀芯的压力减小,使控制阀芯上移直到阀套径向孔被关闭,于是变量活塞就固定在某一个位置上。反之,当负载压力减小时,调节弹簧通过作用于控制阀芯、导杆传到活塞上的压力大于先导活塞上端的压力时,控制阀芯在调节弹簧的作用下向上移动,将变量活塞大腔的控制油与低压腔沟通,变量活塞小端压力高而大端压力低,变量活塞又在液压力的差值作用下向下移动,通过拨销使缸体与主轴之间的摆角增大,流量增大。同时,大小弹簧对先导活塞的压力减小,先导活塞在上面压力的作用下又推动导杆和控制阀芯下移,直到与调节弹簧力相平衡,这时变量活塞又在某一位置处于新的平衡状态。因此,这种变量方式是使流量随着压力的变化而自动作相应的变化,可以大致保持流量与压力的乘积不变,即所谓恒功率变量。

与斜盘式泵相比较,斜轴式泵由于柱塞和缸体所受的径向作用力较小,允许的倾角较大,所以变量范围较大,一般斜盘式泵的最大倾角为 20°左右,而斜轴式泵的最大倾角可达 40°。由于靠摆动缸体来改变流量,故其体积和变量机构的惯量较大,变量机构动作的响应速度较低。

图 6-18 所示为大型清筛机液压系统所用的 A2FO250 型斜轴式定量轴向柱塞泵的结构。当传动轴旋转时,通过连杆带动缸体旋转,使柱塞在缸体内作往复运动,实现吸油和排

油过程。

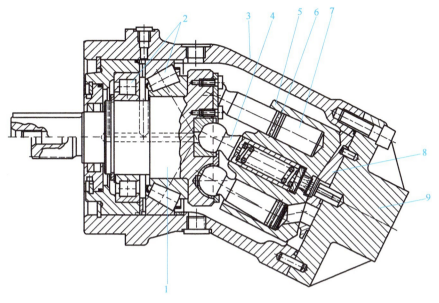

图 6-18 A2FO250 型斜轴式定量轴向柱塞泵的结构
1-主轴;2-轴承;3-泵体;4-连杆;5-缸体;6-柱塞密封环;7-柱塞;8-配油盘;9-后盖

⑤轴向柱塞泵的优缺点。轴向柱塞泵与齿轮泵和叶片泵相比有许多优点:

a. 构成密封容积的零件为圆柱形的柱塞和缸孔,加工方便,可得到较高的配合精度,密封性能好,在高压下工作仍有较高的容积效率;

b. 只需改变柱塞的工作行程就能改变流量,易于实现变量;

c. 柱塞泵主要零件均受压应力,材料强度性能可得以充分利用。由于轴向柱塞泵工作压力高、结构紧凑、效率高、流量调节方便,故多用于中高压、大流量、大功率的系统中和流量需要调节的场合。

轴向柱塞泵的缺点是轴向尺寸较大、结构复杂、制造工艺要求较高、价格贵、对油液的污染较敏感、自吸能力差、使用和维护要求高。

6) 柱塞马达

轴向柱塞马达常用的结构形式有斜盘式和斜轴式两种。图 6-19 所示为斜盘式轴向柱塞

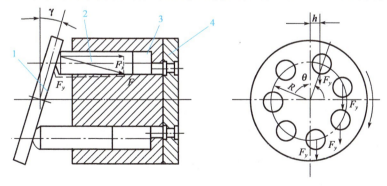

图 6-19 轴向柱塞马达工作原理
1-斜盘;2-柱塞;3-回转缸体;4-配油盘

马达的工作原理,斜盘1和配油盘4固定不动,柱塞2可在回转缸体3的孔内移动。斜盘中心线与回转缸体中心线间的倾角为γ。高压油经配油盘窗口进入回转缸体2的柱塞孔时,处在高压腔中的柱塞被顶出,压在斜盘上。斜盘对柱塞的反作用力F可分解为与柱塞上液压力平衡的轴向分力F_x和作用在柱塞上(与斜盘接触处)的垂直分力F_y。垂直分力F_y使回转缸体产生转矩,带动柱塞马达轴转动。当柱塞马达的进、回油口互换时,柱塞马达将反向转动。当改变斜盘倾角γ时,柱塞马达的排量便随之改变,从而可以调节输出转速或转矩。

图6-20所示为轴向柱塞马达的典型结构。在回转缸体7和斜盘2间装入鼓轮4,在鼓轮半径为R的圆周上均匀分布着推杆10,液压力作用在回转缸体7孔中的柱塞9上,并通过推杆作用在斜盘上。推杆在斜盘的反作用下产生一个对轴1的转矩,迫使鼓轮转动。鼓轮又通过连接键带动柱塞马达的轴旋转。回转缸体还可在弹簧5和柱塞孔内压力油的作用下,紧贴在配油盘8上。这种结构可使回转缸体只受轴向力,因而配油盘表面、柱塞和缸体上的柱塞孔磨损均匀;还可使回转缸体内孔与柱塞马达轴的接触面积较小,有一定的自位作用,保证缸体与配油盘很好地贴合,减少了端面的泄漏,并使配油盘表面磨损后能得到自动补偿。这种液压马达的斜盘倾角固定,所以是一种定量液压马达。

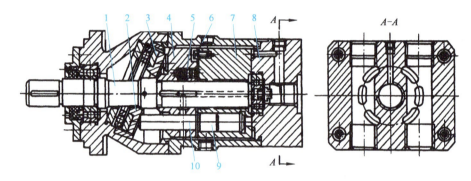

图6-20 轴向液压马达的典型结构
1-轴;2-斜盘;3-推力轴承;4-鼓轮;5-弹簧;6-拨销;7-回转缸体;8-配油盘;9-柱塞;10-推杆

动力稳定车的振动驱动回路中采用的执行元件是M6G型定量轴向柱塞马达,其结构如图6-21所示,工作原理与上述相同。

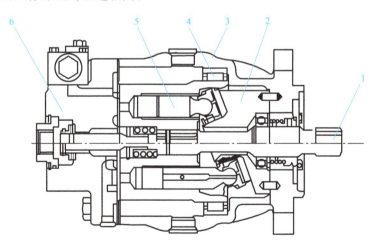

图6-21 M6G型定量轴向柱塞马达
1-主传动轴;2-斜盘机构;3-泵体;4-轴承;5-柱塞;6-配油盘

三、液压缸

液压缸是液压传动系统中的执行元件,它是一种将液压泵提供的液压能转变成机械能的能量转换装置,用以驱动工作机构作直线往复运动或往复摆动。液压缸结构简单、工作可靠,在各种机械的液压系统中得到广泛的应用。

1. 液压缸的类型及其特点

液压缸按结构形式不同,可分为活塞式、柱塞式和摆动式三类,其中以活塞式应用最为广泛。活塞缸和柱塞缸用以实现往复直线运动,输出推力和速度;摆动缸则用以实现小于360°的往复摆动,输出转矩和角速度。

液压缸按其作用方式不同又可分为单作用式和双作用式两大类。单作用式液压缸只利用液压力推动活塞向一个方向运动,而反向运动则靠外力(重力、弹簧力等)实现;双作用式液压缸正、反两方向的运动都靠液压力实现。

2. 活塞式液压缸

活塞式液压缸根据其使用要求不同可分为双杆式和单杆式两种;按其安装方式的不同,又有缸体固定式和活塞杆固定式两种。

1)双杆式活塞液压缸

图 6-22 所示为双杆式活塞液压缸的工作原理图,活塞两侧都有伸出杆,当两活塞杆直径相同、缸两腔的供油压力和流量都相等时,活塞或缸体两个方向的运动速度和推力也都相等,因此,这种液压缸常用于要求往复运动速度与负载相同的场合。

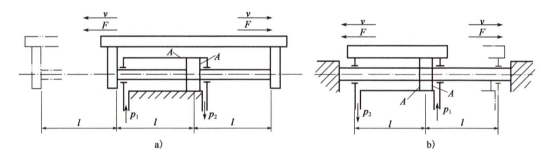

图 6-22 双杆式活塞液压缸工作原理图

图 6-22a)为缸体固定式结构,当缸的左腔进压力油、右腔回油时,活塞带动工作装置向右移动;反之,右腔进压力油、左腔回油时,活塞带动工作装置向左移动。

图 6-22b)为活塞杆固定式结构,当缸的左腔进压力油、右腔回油时,缸体带动工作装置向左移动;反之,右腔进压力油、左腔回油时,缸体带动工作装置向右移动。

双杆式活塞液压缸的推力 F 和速度 v 为:

$$F = A(p_1 - p_2) = \frac{\pi}{4}(D^2 - d^2)(p_1 - p_2)$$

$$v = \frac{Q}{A} = \frac{4Q}{\pi(D^2 - d^2)}$$

式中:A——液压缸的有效工作面积;
  D——活塞直径;
  d——活塞杆直径;

p_1、p_2——液压缸进、出油腔的压力；

Q——进入液压缸的流量。

2)单杆式活塞液压缸

图 6-23 所示为单杆式活塞液压缸的工作原理图,活塞只有一侧有伸出杆,两腔的有效工作面积不相等。当向液压缸两腔分别供油,且供油压力与流量相同时,活塞(或缸体)在两个方向上的推力和运动速度并不相等。单杆式活塞液压缸也有缸体固定和活塞杆固定两种形式。

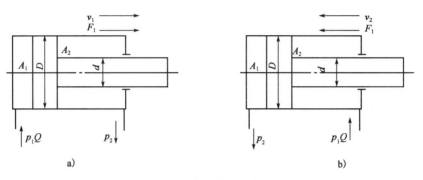

图 6-23 单杆式活塞液压缸

当无杆腔进压力油、有杆腔回油[图 6-23a)]时,其活塞上所产生的推力 F_1 和速度 v_1 为：

$$F_1 = A_1 p_1 - A_2 p_2 = \frac{\pi}{4}[(p_1-p_2)D^2 + p_2 d^2]$$

$$v_1 = \frac{Q}{A_1} = \frac{4Q}{\pi(D^2-d^2)}$$

当有杆腔进压力油、无杆腔回油[图 6-23b)]时,其活塞上所产生的推力 F_2 和速度 v_2 为：

$$F_2 = A_2 p_2 - A_1 p_1 = \frac{\pi}{4}[(p_1-p_2)D^2 + p_1 d^2]$$

$$v_2 = \frac{Q}{A_2} = \frac{4Q}{\pi(D^2-d^2)}$$

式中：A_1——液压缸无杆腔有效工作面积；

A_2——液压缸有杆腔有效工作面积；

p_1、p_2——液压缸进、出油腔的压力；

Q——进入液压缸的流量。

比较上面的公式可知,单杆式活塞液压缸由于活塞两端有效工作面积不等,如果以相同流量的压力油分别进入液压缸的左、右腔,活塞移动的速度与进油腔的有效面积成反比,而活塞上产生的推力则与进油腔的有效面积成正比,即油液进入无杆腔时有效面积大,速度慢,推力大；进入有杆腔时有效面积小,速度快,推力小。这一特点与一般机械的作业要求基本相符,即工作行程要求力大速度慢,而回程则要求力小速度快,因此在液压系统中应用最广,大型养路机械所用的液压缸大部分都是单杆式活塞液压缸。

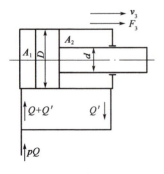

图 6-24 单杆活塞缸的差动连接

单杆式活塞液压缸两腔同时通入压力油时(图 6-24),由于无杆腔的工作面积比有杆腔的工作面积大,活塞向右的推力大于向左的推力,故活塞向右移动,同时使有杆腔中排出的油液(流量为 Q')也进入无杆腔,加大了流入无杆腔的流量($Q+Q'$),从而也加快了活塞移动的速度。液压缸的这种连接称为差动连接。

差动连接时,活塞的推力 F_3 和运动速度 v_3 为:

$$F_3 = p_1(A_1 - A_2) = p_2 \frac{\pi}{4}d^2$$

$$v_3 = \frac{Q+Q'}{A_1} = \frac{Q+\frac{\pi}{4}(D^2-d^2)v_3}{\frac{\pi}{4}d^2}$$

即

$$v_3 = \frac{4Q}{\pi d^2}$$

式中:A_1——液压缸无杆腔有效工作面积;

A_2——液压缸有杆腔有效工作面积;

p_1、p_2——液压缸进、出油腔的压力;

Q——进入液压缸的流量;

D——活塞直径;

d——活塞杆直径。

比较单杆式活塞液压缸在进、出油路不同连接状况下的推力和运动速度可知,差动连接时液压缸的推力比非差动连接小,速度比非差动连接时大。利用这一点,可使液压缸活塞在不加大油源流量的情况下得到较快的运动速度。

如果要求快速运动和快速退回速度相等,则:$D=\sqrt{2}d$。

在液压系统中,除需要液压驱动元件和执行元件外,还要一定的液压控制元件来对液流的方向、压力及流量进行控制和调节,以满足各种工况的要求。这些控制元件就是液压控制阀,简称液压阀。液压阀性能的优劣,工作是否可靠,对整个液压系统能否正常工作将产生直接影响。本章对常用液压阀及大型养路机械所用液压阀的结构、工作原理、性能特点及故障处理等作概略介绍。

▶▶ 四、液压阀

1. 液压阀的分类

液压阀根据其内在联系、外部特征、结构和用途等方面的不同,可将液压阀按不同的方式进行分类。

1)按其作用不同分类

(1)方向控制阀。控制油流的接通、切断或改变油流的方向,以控制执行机构的运动方向。方向控制阀包括止回阀、换向阀等。

(2)压力控制阀。调节和控制液压系统的压力大小,以控制执行机构输出力或输出转矩的大小。压力控制阀包括溢流阀、减压阀、顺序阀、平衡阀、压力继电器等。

(3)流量控制阀。控制供给的流量大小,以便控制执行机构运动速度的大小。流量控制阀包括节流阀、调速阀等。

在实际应用中,这三类阀并不仅仅单独使用,还可根据需要组合为组合阀,如止回阀与减压阀或顺序阀组合而成单向减压阀、单向顺序阀,电磁阀与溢流阀组合而成卸荷阀,止回阀与行程阀和节流阀组合而成单向行程调速阀等,这些阀可以实现两种以上的控制功能。

2)根据操纵方式分类

液压阀按操纵方式可分为手动式、机动式、电动式、液动式等多种形式,并且可以组合成机液、电液等控制形式。它们有的只作近距离操纵,有的可作远距离操纵,有的作开关式控制,有的则作连续式自动控制。

根据安装形式分类。按液压阀与其他元件的安装连接方式不同,可分为管式、板式、凸缘式、叠加式和插装式。

①管式连接。管式连接阀的油口为螺纹孔,可以直接通过油管同其他元件连接,并固定在管路上,如图 6-25 所示。这种连接方式结构简单、体积小、油路阻力小、质量轻,但拆卸不便、布置分散、刚性差,仅用于简单液压系统。

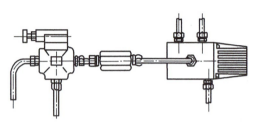

图 6-25 管式连接

②板式连接。板式连接阀的各油口均布置在同一安装面上,油口为光孔。将阀用螺钉固定在有对应油口的连接板上,再通过连接板上的孔道或与连接板连接的管接头与其他元件连接,如图 6-26 所示。还可把几个阀用螺钉分别固定在一个集成块的不同侧面上,由集成块上加工的孔道连接各阀组成回路,实现无管集成化连接。这种连接方式装拆方便、更换元件容易、连接可靠、刚性好,应用较为广泛,但存在结构尺寸和质量都较大、密封性差的缺点。

③凸缘式连接

凸缘连接是在油管端部焊接凸缘,用螺钉和阀体相连,如图 6-27 所示。这种连接方式强度高、连接可靠、密封性好,适用于通径大于 $\phi 32mm$ 的大流量阀的连接。

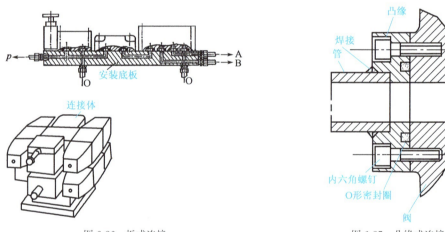

图 6-26 板式连接　　　　　　　　图 6-27 凸缘式连接

④叠加式连接。叠加阀的各油口分布在阀体的上、下两个接合面上,各阀相互叠装组成回路,不需油管连接。每个阀除其自身功能外,还起油路通道的作用。这种连接结构紧凑,压力损失小,在工程机械中应用较多。

⑤插装式连接。插装阀无单独的阀体,只有由阀芯和阀套等组成的单元组件。单元组件插装在公共阀体的预制孔中,再用连接螺纹或盖板固定成一体,通过阀体内通道把各插装阀连通组成回路。公共阀体起到阀体和管路通道的双重作用。这是一种能灵活组装、通用化程度高的新型连接方式,在高压大流量系统中得到广泛应用。

3)根据控制方式分类

液压阀按控制方式可分为定值控制阀或开关控制阀、比例控制阀、伺服控制阀等。

对液压阀的基本要求。由于液压阀不是对外做功的元件,而是用来实现执行元件所提出的力(力矩)、速度、变向等要求,并且所有的液压阀都是依靠改变阀口的通、断关系或改变阀口的通流面积来达到控制目的,因此液压传动系统对液压阀的基本要求是:

①动作灵敏、使用可靠、工作时冲击和振动小。

②油液通过液压阀时压力损失要小。

③密封性能好、内泄漏小、无外泄漏。

④结构简单、紧凑,安装、调整、维护方便,通用性好,使用寿命长。

2. 方向控制阀

方向控制阀是通过阀芯和阀体间相对位置的改变,来实现油路通道通断状态的改变,从而控制油液流动方向的阀。

方向控制阀是液压系统中必不可少的控制元件,按其用途可分为止回阀和换向阀两大类。止回阀的主要作用是控制油液的单向流动;换向阀的主要作用是改变油流的流动方向或通断油路。

1)止回阀

止回阀是控制油液单方向流动的控制阀,它有普通止回阀和液控止回阀两种。

(1)普通止回阀结构和工作原理。普通止回阀(简称止回阀)的作用是控制油液只能从一个方向流动而反向截止,故普通止回阀亦称逆止阀。

止回阀按其结构的不同,有钢球密封式直通止回阀(图6-28)、锥阀芯密封式直通止回阀(图6-29)和直角式止回阀(图6-30)三种形式。不论哪种形式的止回阀,它们的工作原理都相同。当油液从阀体的进油口 p_1 流入时,液压力克服压在阀芯或钢球上的弹簧作用力,以及阀芯与阀体之间的摩擦力,顶开阀芯或钢球,油液从阀体的出油口 p_2 流出。而当油液从相反方向流入时,液压力和弹簧力一起使阀芯或钢球压紧在阀体的阀座上,阀口关闭,油液无法通过。止回阀中的弹簧主要用来克服阀芯的摩擦阻力和惯性力,使止回阀工作灵敏可靠,所以弹簧的刚度都较小,以免油液流动时产生较大的压力降,一般止回阀的开启压力为 $0.035\sim0.05$ MPa。

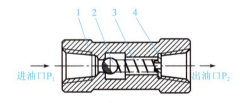 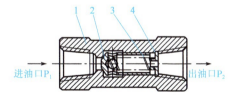

图6-28 钢球密封式直通单向阀　　　　　图6-29 锥阀芯密封式直通止回阀
1-阀体;2-钢球;3-复位弹簧;4-挡圈　　　1-阀体;2-锥阀芯;3-复位弹簧;4-挡圈

止回阀的图形符号如图6-31所示,其中图6-31a)为止回阀单独使用时的图形符号;图6-31b)为止回阀与其他阀(如节流阀、顺序阀、减压阀、调速阀等)组合使用时的图形符号。

钢球密封式止回阀结构简单,制造工艺简便,但密封性较差,由于无导向,易产生振动,一般用于流量小及要求不高的场合。锥阀密封式止回阀正向通油的阻力小,其导向性能、密封性能均好,但加工工艺要求严格,阀体孔和阀座孔间有较高的同轴度,故多用于高压大流量的场合。

(2)止回阀的主要用途。

①控制油路单向接通。

②安置在液压泵的出口处,防止系统过载或液压冲击时影响液压泵的正常工作或对液压泵造成损害。

③放置在回油路上作背压阀使用,此时,需将止回阀中的弹簧换成刚度较大的弹簧,使止回阀的开启压力达到 0.2～0.6MPa。

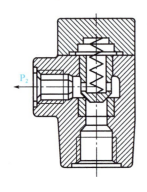

图 6-30 直角式止回阀

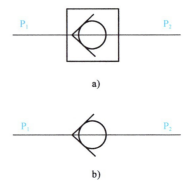

图 6-31 单向阀的职能符号

④分隔油路,防止油路间的干扰。

⑤与其他控制元件组合成具有单向功能的控制元件。

(3)止回阀的故障诊断与处理。止回阀在使用过程中常见故障的产生原因与排除方法如下。

①阀与阀座(锥阀芯或钢球)产生泄漏,而且当反向压力比较低时更容易发生。

主要原因:

a. 阀座孔与阀芯孔同轴度较差,阀芯导向后接触面不均匀。

b. 阀座压入阀体孔中时产生偏差或拉毛损伤等。

c. 阀座碎裂。

d. 弹簧变形或弹性衰弱。

排除方法:

a. 对于产生原因的 a、b 项,应重新铰、研加工阀座孔或阀芯孔,也可将阀座拆出重新压装再研配。

b. 对于产生原因的 c、d 项,应相应更换损坏的零件。

②止回阀启闭不灵活,有卡阻现象。在开启压力较小和止回阀水平安放时易发生。

主要原因:

a. 阀体孔与阀芯加工的尺寸、形状精度较差,间隙不适当。

b. 阀芯变形或阀体孔安装时因螺钉紧固不均匀而变形。

c. 弹簧变形扭曲,对阀芯形成径向力,使阀芯运动受阻。

排除方法:

a. 修研抛光有关变形阀件并调整间隙。

b. 换用新弹簧。

③工作时发出异常噪声。

主要原因：

a. 油流流量超过允许值。

b. 与其他阀发生共振现象发出激荡声。

排除方法：

a. 换用流量规格较大的阀。

b. 换用刚度合适的弹簧。

c. 改进系统回路本身的设计，必要时加装蓄能器等。

2) 液控止回阀

(1) 结构和工作原理。液控止回阀的结构如图 6-32 所示，它与普通止回阀相比，增加了控制活塞 1 和控制油口 K。当控制油口 K 不通压力油时，该阀的作用与普通止回阀相同，压力油只能从进油口 p_1 流向出油口 p_2，不能反向流动；当控制油口 K 通入一定的控制压力油时推动控制活塞 1 使锥阀芯 2 右移，阀口保持开启状态，进油口和出油口接通，油液便可在正反两个方向流动。控制油口 K 通入的控制油一般从主油路上单独引出，控制油的压力不应低于主油路压力的 30%～50%。为了减小控制活塞移动时的背压阻力，控制活塞液压缸制成台阶状，并设一个外泄口 L 与油箱相通，如图 6-32a) 所示。当出油口 p_2 油腔压力较高时，顶开锥阀芯所需要的控制压力可能很高，为减少控制油口 K 的开启压力，可在锥阀芯内部增加一个卸荷阀芯 3，如图 6-32b) 所示。在控制活塞 1 顶起锥阀芯 2 之前，先顶起卸荷阀芯 3，使上下腔油液经卸荷阀芯上的缺口连通，锥阀上腔 p_2 的压力油泄到下腔，压力降低，此时控制活塞便可以较小的力将锥阀芯顶起，使 p_1 和 p_2 两腔完全连通，这样，液控止回阀用较低的控制油压即可控制有较高油压的主油路。

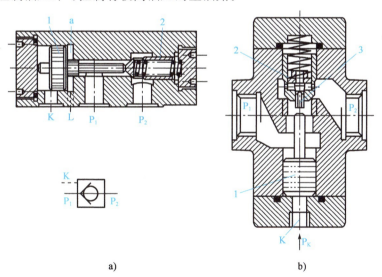

图 6-32 液控止回阀结构

1-控制活塞；2-锥阀芯；3-卸荷阀芯

液控止回阀锥阀芯的压紧弹簧力远大于普通止回阀的弹簧力，因此具有良好的单向密封性能，故液控止回阀也常被称为单向闭锁阀。

(2) 液控止回阀的应用。液控止回阀常用于执行元件需要较长时间保压、锁紧等场合，也用于防止立式液压缸停止运动时因自重而自动下滑的回路，以及速度换接等回路中。图 6-33 所示回路，当液压缸上升过程中突然断电，或要求重物在任意位置停留时，液控止回阀

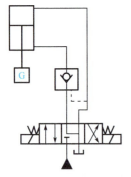

图 6-33 采用液控止回阀的回路

可以保证液压缸活塞不会自行下滑。

(3) 液控止回阀的故障诊断与处理。液控止回阀在使用过程中的常见故障的产生原因与排除方法如下。

① 不能严格密封,泄漏较严重。

主要原因:

a. 阀座安装孔与阀芯导向的阀体孔一般是一次加工完成,可以保证同轴度要求,但阀座圈本身较短,在压装时稍有不慎即会产生歪斜,使得阀芯锥面与阀座配合处产生缝隙,造成泄漏。

b. 阀体加工时,阀座孔与阀芯孔的同轴度不慎超差,造成密封锥面处产生泄漏。

c. 阀芯由于制造精度不高或间隙太小,运行一段时间后卡死在阀体孔中,造成阀口开启泄漏。

d. 弹簧刚度变小、变短、弯曲甚至折断,致使阀芯推开后不能复位。

e. 控制活塞动作后未能正常复位,一直使阀芯处于被推开的状态,造成阀口开启。

排除方法:

a. 阀座歪斜,应重新铰制密封锥孔或将阀座拆卸后重新压入,甚至换用新阀座,压入后再研配。

b. 阀座孔与阀芯孔的同轴度超差,需将阀芯锥面与阀座孔重新研磨来保证密封。

c. 将制造精度低的阀芯重新研配。若阀芯与阀芯孔间隙太小,应研配阀芯。

d. 更换损坏的弹簧。

e. 造成控制活塞不能复位的原因是由于活塞曾被磕伤、拉毛,控制油内有杂质卡住活塞,或者是活塞与阀体内的活塞孔制造时精度误差较大等,此时应重新研配活塞,清除杂物。

② 液控动作后,油液不能反向流动。

主要原因:

a. 液控止回阀选用不当。液控止回阀安装于系统中,其反向进油腔压力较高,因而控制活塞推不动主阀阀芯。

b. 控制活塞由于加工精度及油液污染等被卡死。

c. 控制活塞进油管道、端盖处漏油较严重,或者管道太细,某处被碰弯、压扁、折裂,因此,推动不了控制活塞进行工作。

d. 液控压力油油压太低。

e. 主阀芯由于加工精度、间隙不当或弹簧弯曲被卡死。

排除方法:

a. 反向进油腔压力较高时,应选用带有卸荷阀芯的液控止回阀。

b. 控制活塞卡死应通过拆洗、修研处理。

c. 控制油管泄漏等故障应加强日常维护。

d. 控制油压太低,须通过调整来提高控制系统的压力。

e. 主阀芯卡死时,可通过拆洗、修研及更换弹簧来消除。

③ 工作时噪声严重。

主要原因:

a. 液控止回阀动作不稳定,产生低频振荡的噪声。这往往是回路设计时不够合理,尤其当控制油来自执行工作主回路时,因为主回路油压波动,引起液控压力油波动,使得液控止回阀时开时闭,这又引起被控制元件(如液压缸)的开开停停、断断续续地工作,而发生共振性冲击噪声。

b. 液控止回阀规格选择不当。当系统中通过阀的流量超过该阀允许最大流量时,也会发出噪声,且液压设备动作会迟慢。

排除方法:

a. 液控止回阀的控制压力油应尽可能来自主油路,否则,设计时要注意回路的稳定性。

b. 应选用规格适当的液控止回阀。

3)换向阀

换向阀是利用阀芯和阀体之间的相对移动来控制油路的通断、改变油液的流动方向,从而控制执行元件的运动方向。

换向阀的种类很多,按操纵方式可分为:手动换向阀、机动换向阀、电磁换向阀、液动换向阀、电液换向阀等;按阀的工作位置数不同可分为二位、三位、多位换向阀;按阀体上油路通道数的不同又可分为二通、三通、四通、五通等;按阀芯的结构形式可分为滑阀式换向阀和转阀式换向阀。大型养路机械液压传动系统大量使用换向阀,主要以手动换向阀、电磁换向阀和电液动换向阀为主。

滑阀式换向阀。滑阀式换向阀简称换向滑阀,其结构分为主体和操纵两大部分,操纵部分有手动、电动、液动、电液动等多种形式;主体部分由阀体与阀芯组成,阀体上开有多个通口,当阀芯在阀体内轴向移动时,就改变了各通道之间的连通关系,从而改变了液流通过阀后的方向。滑阀式换向阀的功能主要由其工作位数和位机能来决定。

所谓滑阀机能是指相应位上的油口沟通形式。滑阀处于中位时表现出来的机能称为中位机能。不同的中位机能其阀体的结构基本相同,不同的只是阀芯,也就是说,不同的中位机能是依靠改变阀芯的形状和尺寸得到的,因此,同一阀体内装入不同轴向尺寸的阀芯便得到不同机能的滑阀。

不同的中位机能,可以满足液压系统的不同要求。中位机能不仅直接影响液压系统的工作状态,而且在换向阀由中位向左位或右位转换时对液压系统的工作性能亦有影响。因此,在分析和选择阀的中位机能时,通常需考虑以下几点:

(1)系统保压:当系统有保压要求时,选用油口 p 是封闭式的中位机能,如 O、Y、J、U、N 型,这时一个液压泵可用于多缸的液压系统。也可选用油口 p 和油口 O 接通但不畅通的形式,如 X 型中位机能,这时系统能保持一定压力,可供压力要求不高的控制油路使用。

(2)系统卸荷:当系统有卸荷要求时,应选用油口 p 与油口 O 畅通的形式,如 H、K、M 型,这时液压泵可卸荷。

(3)换向精度与换向平稳性:当系统对换向精度要求较高时,选用工作油口 A、B 都封闭的形式,如 O、M 型,换向过程中易产生液压冲击,换向平稳性差,但换向精度高。当选用 A、B 口都通 O 口的形式,如 Y 型,这时换向平稳性好,液压冲击小,但换向过程中执行元件不易迅速制动,换向精度低。

(4)起动平稳性:若系统对起动平稳性要求较高时,应选用油口 A、B 都不通 O 口的形式,如 O、C、P、M 型,这时液压缸某一油腔的油液在起动时能起到缓冲作用,因而可保证启动的平稳性。反之,若阀在中位时,液压缸某腔如通油箱,则起动时该腔内因无足够的油液起缓冲作用,起动不平稳。

(5)浮动或任意位置锁住:当系统要求执行元件能浮动时,应选用油口 A、B 相连通的形式,如 U、H、Y 型,这时可利用其他机构按需要改变执行元件的位置(立式液压缸除外);当要求执行元件能在任意位置停留时,应选用 A、B 油口均堵塞或均与 p 口相通的形式(差动缸除外),如 O、M、p 型,这时液压缸左右两腔作用力相等,液压缸在任意位置停止并被锁住。

滑阀式换向阀与转阀式换向阀相比易于实现径向力的平衡,因而换向时所需的操作力小,易于实现多通路控制,工作可靠。

3. 压力控制阀

在液压系统中,用来控制液体工作压力的阀和利用压力信号控制其他元件产生动作的阀,统称为压力控制阀。这类阀所依据的基本工作原理,都是利用阀芯上的液压作用力与弹簧力的相互作用来控制阀口开度、调节压力或产生动作。

液压系统的压力能否建立起来是由外界负载决定的,而压力高低的控制是由压力控制阀来完成的。常用的压力控制阀有溢流阀、减压阀、顺序阀、平衡阀、压力继电器等。

1)溢流阀

溢流阀是通过阀口的开启溢流,使被控制系统的压力维持恒定,实现稳压、调压或限压。几乎在所有的液压系统中都要用到溢流阀,所以它的性能好坏对整个液压系统的正常工作有很大影响。

(1)溢流阀的结构与工作原理。常用的溢流阀按其结构形式和基本动作方式可分为直动型和先导型两种。

①直动型溢流阀。直动型溢流阀是依靠系统中的压力油直接作用在阀芯上与弹簧力相平衡,以控制阀芯的启闭动作。

图 6-34 所示为 P 型直动型低压溢流阀的结构。p 是进油口,O 是回油口,进口压力油经阀芯 4 中间的阻尼孔 f 作用在阀芯的底部端面上。当进油压力较小时,阀芯在调压弹簧 2 的作用下压紧在阀座上,将 p 和 O 两油口隔开;当进油压力升高,在阀芯下端所产生的液压作用力超过弹簧的压紧力 F_S 时,阀芯上升,阀口被打开,部分多余的油液从进油口 p 通过回油口 O 流回油箱,实现溢流。从阀芯周围间隙泄漏到阀芯上腔 a 的油液,经内泄油孔与回油口接通流回油箱,保证上腔不产生油压。阀芯上阻尼孔 f 的作用是减小油压的脉动,提高溢流阀工作的平稳性,例如,当系统压力突然下降时,由于 f 孔的阻尼作用,滑阀下腔压力不致突然下降,从而避免了阀的冲击。

当通过溢流阀的流量变化时,阀口的开度也随之改变,但在弹簧压紧力 F_S 调好以后作用于阀芯上的液压力 $p=F_S/A$(A 为阀芯的有效作用面积)。因而,当不考虑阀芯自重、摩擦和液动力的影响时,可以认为溢流阀进口处的压力 p 基本保持为定值,故调整弹簧的压紧力 F_S,也就调整了溢流阀的工作压力 p。

弹簧对阀芯的压紧力是通过调整螺母来调节的。由于调整螺母没有刻度,故只能通过系统中的压力表来观测压力的调定值,压力调定后必须将调整螺母锁紧。用直动型溢流阀控制较高压力时,因需要用刚度较大的弹簧而导致调节困难,油压的波动也较大,因此,一般只用于低压小流量系统或作为先导阀使用;但倘若采取适当的措施也可用于高压大流量的场合。例如,德国 Rexroth 公司开发的 DBD 型插装式直动溢流阀,其结构如图 6-35 所示,在锥阀的尾部有一阻尼活塞 3,活塞的侧面铣扁,以便将压力油引到活塞底部。该活塞除了在锥阀开启时能增加运动阻尼,提高阀的工作稳定性外,还可作为锥阀的导向杆,保证锥阀开启后不会倾斜,提高阀的静特性。此外,锥阀的另一端制有偏流盘1,盘上的环形槽用来改变锥阀出油口的液流方向,一方面补偿锥阀2的液动力,另一方面由于液流方向的改变,产生一个与弹簧力相反方向的射流力。当通过溢流阀的流量增加时,虽然因锥阀阀口增大引起弹簧力增加,但由于与弹簧力方向相反的射流力同时增加,结果抵消了弹簧力的增量,有利于提高阀的通流流量和工作压力。

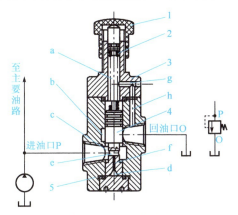

图 6-34 直动型溢流阀
1-调整螺母;2-调压弹簧;3-上盖;4-阀芯;5-阀体

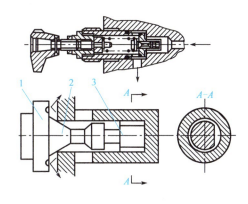

图 6-35 DBD型直动溢流阀
1-偏流盘;2-锥阀;3-阻尼活塞

②先导型溢流阀。先导型溢流阀由先导阀和主阀两部分组成,先导阀一般为一个小规格的锥阀芯直动型溢流阀,其内的弹簧用来调定主阀部分的溢流压力;主阀为滑阀或锥阀,它控制溢流的流量,其内的弹簧不起溢流调压作用,仅是为了克服摩擦力使主阀芯及时复位而设置。图 6-36 所示为 Y 型先导型溢流阀的结构,它的主阀芯为滑阀,压力油从 p 口进入,经孔 g 进入主阀芯下腔,同时经阻尼孔 e 进入主阀芯上腔,而主阀芯上腔压力由先导阀来调整并控制。当进油口压力低于先导阀的调定值时,导阀上的液压作用力不足以克服导阀右边的弹簧作用力,锥阀关闭,没有油液流过阻尼孔 e,主阀芯上、下两端压力相等,有效作用面积也相等,所以,在较软的主阀弹簧 6 作用下,主阀芯 7 处于最下端位置,进、出油口关闭,不溢流。当进油口压力达到先导阀的调定压力值时,锥阀打开,经阻尼孔 e 的油液因流动而产生压降,致使主阀芯上、下两端压力差大于主阀弹簧 6 的作用力,主阀芯抬起,进、出油口连通,实现溢流。调整调节螺母 1,可以调节溢流阀的控制压力。先导阀开启时,流经锥阀的油液从孔道 h 和回油口 O 流回油箱。

先导型溢流阀有一个远程控制口 K,如果将 K 口用油管接到另一个远程调压阀(远程调压阀的结构和溢流阀的先导控制部分一样),主阀芯上腔的油压就可以由远程调压阀来控制,而不受自身的先导阀调控。调节远程调压阀的弹簧力,即可调节溢流阀主阀芯上端的液压力,从而对溢流阀的溢流压力实现远程调压。但是,远程调压阀能调节的最高压力不得超过溢流阀本身导阀的调整压力。当远程控制口 K 通过二位二通阀接通油箱时,主阀芯上端的压力接近于零,主阀芯上移到最高位置,阀口开得很大,由于主阀弹簧较软,这时溢流阀 p 口处压力很低,系统的油液在低压下通过溢流阀流回油箱,实现卸荷。

图 6-37 所示为另一种先导型溢流阀的结构,它的主阀芯为锥阀,大型养路机械上使用的 R4V 型溢流阀就属于这种结构。

压力油从进油口 p 经主阀芯底部阻尼孔 a 和导阀上的阻尼孔 c 作用于锥阀 8 上,当进

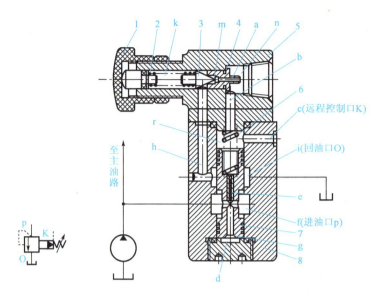

图 6-36 Y 型先导型溢流阀
1-调节螺母；2-调压弹簧；3-导阀芯；4-导阀座；5-导阀体；6-主阀弹簧；7-主阀芯；8-主阀体

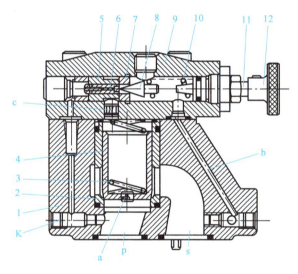

图 6-37 R4V 型先导型溢流阀
1-阀体；2-阀套；3-主阀弹簧；4-主阀芯；5-导套；6-柱塞；7-锥阀座；8-锥阀；9-先导阀体；10-调压弹簧；11-调节螺钉；12-手轮

口压力较低时，锥阀关闭，主阀芯 4 也在主阀弹簧 3 的作用下处于最下端位置，进、出油口不连通；当进口压力升高时，锥阀 8 顶开，压力油通过油道 b 流回油箱，由于压力油流动通过阻尼孔时产生的压降使主阀芯克服弹簧作用力向上移动，进、出油口连通，压力油通过出油口 O 溢流回油箱。

导套 5 和柱塞 6 的作用是当锥阀 8 打开时，柱塞阻尼孔有油液通过，柱塞两端产生压力差，使柱塞向右移动，始终顶住锥阀，这样锥阀 8 就有了导向作用，使锥阀工作稳定，不易产生振动。

主阀的 K 口为外控制油口，可以对溢流阀的压力实现远程调节。

由于先导型溢流阀的主阀芯是利用压差作用开启的，主阀芯弹簧很弱小，因而即使压力较高,流量较大,其结构尺寸仍较紧凑,且压力和流量的波动也比直动型溢流阀小,但灵敏度不如直动型溢流阀。先导型溢流阀适用于中、高压大流量液压系统中。

(2)溢流阀在液压系统中的应用。溢流阀在液压系统中能起到溢流定压、安全保护、远程与多级调压、使泵卸荷以及使液压缸回油腔形成背压等多种作用。

①溢流定压。在液压系统中用来维持定压是溢流阀的主要用途。它常用于节流调速系统中,和流量控制阀配合使用,调节进入系统的流量,并保持系统的压力基本恒定。正常工作时,溢流阀处于调定压力的常开状态,调节弹簧的压紧力,也就调节了系统的工作压力。溢流阀调整的开启压力一般为大于系统工作压力的5%～10%。

②安全保护。用于过载保护的溢流阀一般称为安全阀。在正常工作时,安全阀处于常闭状态,只有在系统发生故障,压力升至安全阀的调整值时,阀口才打开,使油液流回油箱,以防止系统过载,保障系统的安全。安全阀调整的开启压力一般为大于系统工作压力的20%～25%。

③使泵卸荷。采用先导型溢流阀调压的定量泵系统,当阀的外控口K与油箱连通时,其主阀芯在进口压力很低时即可迅速抬起,使泵卸荷,以减少能量损失。

④远程调压。当先导型溢流阀的外控口(远程控制口)与调压较低的溢流阀或远程调压阀连通时,其主阀芯上腔的油压只要达到调压阀的调整压力,主阀芯即可抬起溢流(其先导阀不再起调压作用),从而实现远程调压。

⑤形成背压。将溢流阀安装在回油路上,造成一定的回油阻力,形成背压,改善执行元件的运动平稳性,因此,这种用途的溢流阀又称背压阀。

2)减压阀

减压阀是使阀的出口压力低于进口压力并保持恒定的一种压力控制阀。当液压系统的某一部分压力要求稳定在比供油压力低的压力上时,一般常用减压阀来实现,它在系统的夹紧回路、润滑回路和控制回路中应用较多。

根据减压阀所控制的压力不同,它可分为定压减压阀、定差减压阀和定比减压阀三类。定压减压阀的出口压力为定值,可以保证系统得到稳定的低压;定差减压阀的进出口压力差为一定值;定比减压阀的进出口压力成一定比值。不同类型减压阀的结构基本相同,各自适用于不同的场合,其中定压减压阀应用最广,以下主要介绍这种减压阀。

(1)减压阀的结构与工作原理

定压减压阀按调压方式的不同又可分为直动型定压减压阀和先导型定压减压阀两种,直动型很少单独使用,先导型则应用较多。

图6-38所示为先导型减压阀的结构,它由先导阀和主阀两部分组成。导阀3在调压弹簧2的作用下,紧压在导阀座4上,调节螺母1可改变调压弹簧2对导阀作用的预紧力。主阀芯7在主阀弹簧8的作用下处在主阀体6的最下端,主阀弹簧8很软(刚度很小),其作用是克服摩擦力,将主阀芯压向最下端。

先导型减压阀的控制压力引自出油口。高压油(又称一次压力油)从进油口 p_1 进入,经过节流口产生压力降,低压油(又称二次压力油)从出油口 p_2 流出。出口压力油又经孔g流入主阀芯7的下端,同时经主阀芯上的阻尼孔e进入主阀芯的上腔f及先导阀的前腔m。

当出口压力 p_2 低于先导阀弹簧的调定压力时,先导阀呈关闭状态,主阀芯上、下腔油压相等,它在主阀弹簧力作用下处于最下端位置,这时减压阀口开度 x_R 最大,不起减压作用,

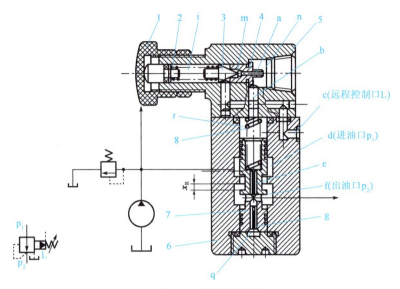

图 6-38 先导型减压阀
1-调节螺母；2-调压弹簧；3-导阀；4-导阀座；5-先导阀体；6-主阀体；7-主阀芯；8-主阀弹簧

其进、出口油压基本相等。当 p_2 达到先导阀弹簧调定压力时，先导阀开启，主阀芯上腔油经先导阀泄油口 L 流回油箱，下腔油经阻尼孔向上流动，使阀芯两端产生压力差。主阀芯在此压差作用下向上抬起，关小减压阀口开度 x_R，阀口压力降低，p 增大，使出口压力减到调定压力为止。这时若由于负载增大或进口压力向上波动而使 p_2 增大，在 p_2 大于弹簧调定值的瞬时，主阀芯立即上移，使开口开度 x_R 迅速减小，p 进一步增大，出口压力 p_2 便自动下降，仍恢复为原来的调定值。由此可见，减压阀是利用其出油口处压力作为控制信号，自动调整主阀阀口的开度 x_R，改变液流阻力来保证出油口处压力恒定的。当减压阀的进油口压力发生变化，或流经减压阀的流量发生变化时，减压阀的出油口压力都会出现瞬时变化，但立刻又通过该阀的自动调节作用，最后仍保持其出油口处的压力基本上恒定不变。

值得注意的是，与减压阀相连的出口油路不能处于卸荷状态，否则，主阀全开，系统将不能建立起压力。

减压阀的阀口为常开型，其泄油口必须由单独设置的油管通往油箱，且泄油管不能插入油箱液面以下，以免造成背压，使泄油不畅，影响阀的正常工作。

当阀的外控口 K 接一远程调压阀，且远程调压阀的调定压力低于减压阀的调定压力时，可以实现二级减压。

减压阀与溢流阀从结构上和工作原理上基本类似，但存在以下不同之处：

① 溢流阀是保持进口处压力基本不变，控制主阀芯移动的压力油来自进油口；减压阀是保持出口压力基本不变，控制主阀芯移动的压力油来自出油口。

② 在不工作时，溢流阀处于关闭状态，而减压阀则处于开启状态。

③ 溢流阀的出油口通油箱，泄漏油采用内泄方式回油箱；减压阀为保证出口压力调定值恒定，它的泄漏油不能从回油口排出，需通过泄油口单独外接油管排出。

减压阀还与止回阀并联组合成单向减压阀使用，如在捣固车捣固装置的夹持液压缸液压回路中，就使用了 Rexroth 公司生产的 DR20 型单向减压阀，把液压系统的压力从 15MPa 减小到 9～12.5MPa，供给外侧夹持液压缸。

DR20 型单向减压阀的结构如图 6-39 所示，它是一种先导型减压阀，由导阀和主阀两部分组成,导阀调定主阀的出口压力。导阀是一个直接控制式的溢流阀,在锥阀 8 的左端装有流量恒定器 7。主阀芯 1 内装有球型止回阀 4 及球阀弹簧 5,在高低压油路之间装有止回阀 14。

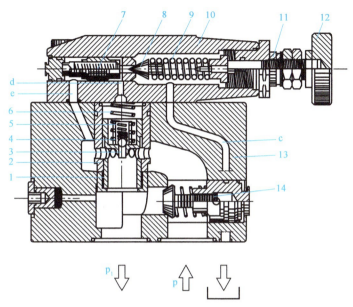

图 6-39 DR20 型单向减压阀

1-主阀芯;2-阀套;3-油孔;4-球型止回阀;5-球阀弹簧;6-主弹簧;7-流量恒定器;8-锥阀;9-调压弹簧;10-导阀体;11-螺钉;12-手轮;13-主阀体;14-止回阀

当减压阀的出口压力 p_1 小于减压阀的设定值时,锥阀 8 在调压弹簧 9 的作用下关闭,主阀芯 1 处于全开状态。进口压力油通过主阀芯 1 和套阀 2 上的孔流出。此时一部分压力油经过通道 e、流量恒定器 7 和通道 d,作用在主阀芯 1 的上端及锥阀 8 上。

当减压阀的出口压力 p_1 超过设定压力时,锥阀 8 克服调压弹簧的作用力被打开,这时主阀芯 1 上部的油液经过通道 d、弹簧腔及回油道 c 流回油箱。

由于流量恒定器上阻尼孔的降压作用,主阀芯 1 上部的油压力小于进口的油压力 p,故在主阀芯上、下腔形成压力差,使主阀芯克服主弹簧 6 的作用力而向上移动,减小主阀芯 1 与阀套 2 上的阀孔开口度,使出口压力 p_1 降低。

为了保证出口压力 p_1 稳定,就必须使作用在主阀芯 1 上部的压力 p_2 稳定不变,而 p_2 是否稳定又取决于通过先导阀的流量是否稳定,为此,在先导阀内装有流量恒定器 7,它的作用原理如图 6-40 所示。

流量恒定器由固定节流阻尼 1 和可变节流阻尼 3 串联。可变节流阻尼借助于小活塞 2 来改变通道孔 N 的过流面积,从而改变液阻。固定节流阻尼孔在小活塞的左端,由于固定节流阻尼孔的作用,小活塞两端出现压力差 $p_2 < p$,它与小活塞内弹簧共同作用,使小活塞处于某一平衡的位置,这时总液阻一定。在进口压力 p 一定的条件下,故通过先导阀的流量一定,而与流经主阀的流量无关。如果因进口压力 p 的上升而引起通过流量恒定器的流量增大时,将因为总液阻来不及变化而导致小活塞两端压力差增大,使小活塞右移,油孔 N 的面积减小,即流量恒定器总液阻增大,通过流量恒定器的流量反而减小,力图恢复到原来的值。

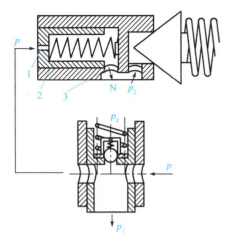

图 6-40 流量恒定器的工作原理
1-固定节流阻尼；2-小活塞；3-可变节流阻尼

旋转手轮，改变调压弹簧的作用力，即可调整减压阀的设定压力。如果减压阀的出口压力 p_1 有冲击，主阀芯内的球形止回阀迅速开启卸压，出口压力恢复到设定值后，球形止回阀重新关闭，因此，球形止回阀在这里起压力缓冲的作用。

在高低压油道之间的有止回阀 14，正向通过油流时，止回阀 14 在一次油压力的作用下关闭，反向通过油流时止回阀 14 被打开，这时减压阀不起作用，故称为单向减压阀。

(2) 减压阀在液压系统中的应用。在液压系统中，减压阀应用在要求获得稳定低压的回路中，如夹紧回路、控制回路、润滑回路等。此外减压阀还可用来限制执行元件的作用力，减少压力波动带来的影响，改善系统的控制性能。

(3) 减压阀的故障诊断与排除。减压阀在液压系统中使用时的主要故障及原因有：

① 减压出油口压力上不去，且出油很少或无油流出。

a. 主阀芯阻尼孔堵塞。主阀芯上腔及先导阀前腔成为无油液充入的空腔，主阀成为一个弹簧力很弱的直动滑阀，出油口只要稍一上压，立即可将主阀芯抬起而使减压阀口关闭，使出油口建立不起压力，且油流很少。

b. 主阀芯在关闭状态下被卡死。

c. 手轮调节不当或调压弹簧太软。

d. 先导锥阀密封不好，泄漏严重，甚至锥阀漏装。

e. 外控口未封堵或泄漏严重。

② 不起减压作用。

a. 先导阀上阻尼孔堵塞。该孔堵塞后，先导阀不起控制作用，而出口压力油液通过主阀内阻尼孔充入主阀上腔，主阀芯在弹簧作用下处于最下端位置，阀口一直大开，故阀不起减压作用，进、出口压力同步上升或下降。

b. 泄油口堵塞。该口堵塞后，先导阀无法泄油，故进、出口油压也是同步上升或下降。

c. 主阀芯在全开状态下被卡死。

③ 二次压力不稳定。

a. 先导调压弹簧扭曲、变形或阀口接触不良，形状不规则，使锥阀启闭时无定值。

b. 主阀芯与阀孔几何精度差，阀芯工作移动不畅。

c. 主阀芯中阻尼孔或其进口处有杂物，使阻尼有时堵塞，有时能通过，阻尼作用不稳定。

d. 系统中及阀内存有空气。

针对以上故障现象，选择适宜的措施加以排除。

4. 流量控制阀

液压系统中执行元件运动速度的大小，由输入执行元件的油液流量大小来确定。流量控制阀是依靠改变阀口通流面积的大小或通流通道的长短来改变液阻、控制流量，从而调节执行元件运动速度的液压控制元件。

液压传动系统对流量控制阀的主要要求有：

①较大的流量调节范围，流量调节要均匀。

②当阀前、后压力差发生变化时，通过阀的流量变化要小，以保证负载运动的稳定。

③油温变化对通过阀的流量影响要小。

④液流通过全开阀时的压力损失要小。

⑤当阀口关闭时，阀的泄漏量要小。

常用的流量控制阀主要有节流阀、调速阀等。

1）节流阀

（1）结构与工作原理。节流阀是一种可以在较大范围内以改变液阻来调节流量的组件。因此可以通过调节节流阀的液阻，来改变进入液压执行元件的流量，从而调节执行元件的运动速度。

图 6-41 所示为一种普通节流阀的结构，这种节流阀的节流通道呈三角槽式，压力油从进油口 p_1 流入，经孔道 a 和阀芯 1 左端的轴向三角槽节流口后进入孔道 b，再从出油口 p_2 流出。阀芯 1 在弹簧 4 的作用下始终紧贴在推杆 2 的端部。旋转手柄 3，可通过推杆 2 使阀芯做轴向移动，改变节流口的通流截面积，从而调节通过阀的流量。这种节流阀的进、出油口可以互换。

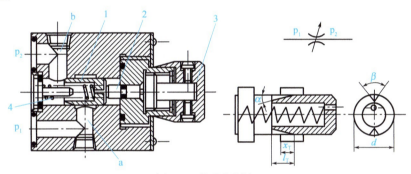

图 6-41　普通节流阀

1-阀芯；2-推杆；3-手柄；4-弹簧

这种节流阀的特点是出油口的压力油通过阀芯中间的通孔，同时作用在阀芯左右两端，使阀芯只受复位弹簧的作用，因此调节比较轻便。

节流阀输出流量的平稳性与节流口的结构形式有关，节流口除轴向三角槽式之外，还有偏心式、针阀式、周向缝隙式、轴向缝隙式等。

节流阀可与止回阀组合成单向节流阀。如在清筛机液压系统中应用的 Z2FS6 型双单向节流阀，其结构如图 6-42 所示。

止回节流阀由止回阀与节流阀并联组合而成，当正向流通时，压力油从阀口 A_1 流入，经节流口 1 到阀口 A_2 流出，起节流阀的作用。节流开口由节流圆柱阀芯 3 通过调压螺杆 4 调节；反向流通时，压力油从阀口 A_2 流入，作用在阀座 2 上，当阀座 2 右端的液压力大于左端弹簧 5 的压紧力时，阀座 2 打开，压力油经过阀口 A_2 后从阀口 A_1 流出，起止回阀的作用。

节流阀在定量泵液压系统中，与溢流阀配合组成节流调速回路，但若在回路中仅有节流阀而没有与之并联的溢流阀，则节流阀就起不到调节流量的作用。因为，液压泵输出的液压

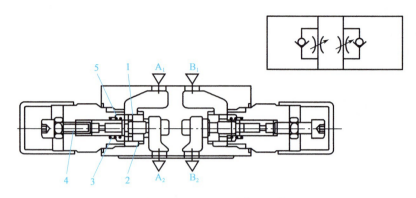

图 6-42 Z2FS6 型双单向节流阀

1-节流口;2-阀座;3-节流圆柱阀芯;4-调压螺杆;5-弹簧

油全部经节流阀进入液压执行元件,改变节流阀节流口的大小,只是改变液流流经节流阀的压力降,节流口小,流速快,节流口大,流速慢,而总的流量是不变的,因此液压执行元件的运动速度不变。所以,节流阀用来调节流量是有条件的,要求有一个接受节流阀压力信号的环节,即与之并联的溢流阀或恒压变量泵,通过这一环节来补偿节流阀的流量变化。

普通节流阀的开口调定后,通过节流阀的流量是随负载的变化而变化的。这是由于负载变化,引起节流阀前后的压差发生变化,从而通过阀口的流量是变化的,造成执行元件速度的不稳定。所以,节流阀只能应用于负载变化不大、速度稳定性要求不高的液压系统中。

(2)节流阀的故障诊断与排除。节流阀和单向节流阀在使用中的常见故障是流量调节失灵、流量不稳定、内泄漏量增大等,其产生原因及排除方法如表 6-1 所示。

节流阀常见故障诊断与排除　　　　　　　表 6-1

故障现象	产　生　原　因	排　除　方　法
流量调节失灵或调节范围变小	阀芯卡住: ①阀芯在全关闭位置时径向卡死,调节手轮无油液流出 ②阀芯在开启位置时径向卡死,调节手轮,流量不发生变化	拆卸、检查、修研或更换零件
	单向节流阀进、出口油腔安装相反,调节手轮,因止回阀代替节流阀工作,故流量不变化	重新安装
	止回节流阀中的止回阀密封不良,或弹簧变形	修研止回阀阀座或更换弹簧
	节流阀阀芯与阀体孔配合间隙太大,造成严重的泄漏	注意检验滑阀式阀芯与阀体孔的配合间隙及其他有关主要零件的精度与配合状况,或修复使用或更换新件
	节流口被杂物阻塞	在运行时将节流阀调整到最大流量位置,让系统运转一段时间,借助压力油本身冲向阻塞部位,必要时可人工适度叩击阀体,以产生振动帮助疏通。若此法疏通无效,则应拆卸清洗、疏通

续上表

故障现象	产 生 原 因	排 除 方 法
流量不稳定	油液中污染杂物黏附于节流口周围,使通流面积减小,执行元件速度变慢;当杂物被油液自然冲走后,通流面积恢复,执行元件速度上升	拆洗有关元件,加强油液的过滤,保证清洁度,若油液污染变质严重,则应更换新油
	系统油温上升后,油液黏度下降,流量增加,速度加快	采用[黏(度)—温(度)]特性适宜的油液制品,加强油液的冷却、降温措施
	锁紧装置松动。由于机械振动等原因,节流口锁紧装置松动后,节流口通流面积变化,引起流量不稳定	注意加强日常的维护工作,定期检查,使各类阀件、螺钉等锁紧,紧固件不松动
	系统负载产生突然变化而使节流阀控制作用丧失稳定	检查系统压力的变动源,查出原因,对症解决
	系统中有空气	利用液压系统排气装置,将空气驱除干净
	内泄漏或外泄漏均会使流量不稳定,造成执行元件工作速度不稳定	提高阀的零部件精度和配合间隙或更换新元件

2) 调速阀

由于工作负载的变化很难避免,为了使流经节流阀的流量不随负载变化而变化,就必须对节流阀前后油液压差进行补偿,以保持节流阀前后压差近似于恒定值。压力补偿通常有两种方式:一种是将定差减压阀与节流阀串联起来,组合成调速阀;另一种是将稳压溢流阀与节流阀并联起来,组成溢流节流阀。这两种压力补偿方式是利用流量变动所引起油路压力的变化,通过阀芯的负反馈动作,来自动调节节流部分的压力差,使其基本保持不变。

调速阀是由定差减压阀与节流阀串联而成的组合阀。节流阀用来调节通过的流量,定差减压阀则自动补偿负载变化的影响,使节流阀前后的压差为定值,消除负载变化对流量的影响。

图 6-43 所示为调速阀的工作原理图,在节流阀 2 前面串接一个定差减压阀 1,液压泵的出口(即调速阀的进口)压力 p_1 由溢流阀调定,基本上保持恒定,调速阀出口处的压力 p_2 由液压缸负载 F 决定。油液经减压阀阀口 h 产生一次压力降,将压力降到 p_2 后进入节流阀 2,同时又分别经孔道 f 和 e 进入油腔 c 和 d。油液经节流阀后产生二次降压,压力由 p_2 降为 p_3。压力为 p_3 的油液一部分经调速阀的出口进入执行元件,另一部分经反馈孔道 a 进入减压阀芯的上腔 b,调速阀稳定工作时,其减压阀芯在 b 腔的弹簧力、压力为 p_3 的油压力和 c、d 腔压力为 p_2 的油压力作用下,处在某个平衡位置上。

当调速阀出口处的油液压力 p_3 由于负载增加而增加时,作用在减压阀芯上端 b 腔的液压力也随之增加,阀芯失去平衡而向下移动,于是开口 h 增大,液阻减小(即减压阀的减压作用减小),使 p_2 相应增加,直到阀芯在新的位置上达到平衡为止。故当 p_3 增加时,p_2 也增加,节流阀两端的压差 p_2-p_3 基本保持不变;当负载减小时,情况相似。当调速阀进口压力 p_1 增大时,由于一开始减压阀芯来不及运动,减压阀的液阻没有变化,故 p_2 在这一瞬时也

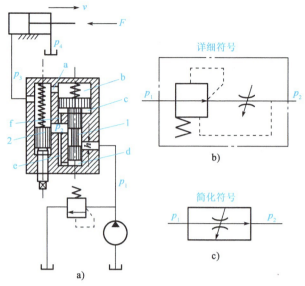

图 6-43 调速阀工作原理图
1—减压阀；2—节流阀

增加，阀芯 1 因失去平衡而向上移动，使开口 h 减小，液阻增加，又使 p_2 减小，故节流阀两端的压差 p_2-p_3 仍保持不变。总之无论是调速阀的进口油液压力 p_1 发生变化，还是出口油液压力 p_3 发生变化，由于定差减压阀的自动调节作用，节流阀前、后压差总能保持不变，从而保持通过节流阀的流量也基本不变，其工作机构的运动速度基本稳定。

图 6-44 为调速阀的结构。压力油从进油口进入环槽 f，经减压阀的阀口减压后至 e，再经孔 g、节流阀 2 的轴向三角节流槽、油腔 b、孔 a 至出口。节流阀前的压力油经孔 d 进入减压阀阀芯 3 大台肩的油腔，并经减压阀阀芯 3 的中心孔流入阀芯小端右腔，节流阀后的压力油则经孔 a、孔 c 通至减压阀阀芯 3 大端的右腔。转动旋钮 1，使节流阀阀芯轴向移动，即可调节所需的流量。

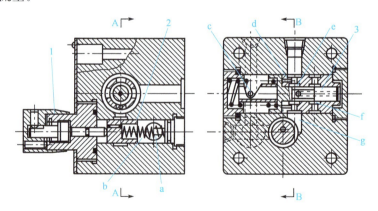

图 6-44 调速阀的结构
1—旋钮；2—节流阀；3—减压阀阀芯

调速阀的应用与普通节流阀相似，即与定量泵、溢流阀配合组成节流调速回路，与变量泵配合组成容积节流调速回路等。由于调速阀的流量与负载无关，因此适用于执行元件负载变化较大、运动速度平稳性要求较高的液压系统中。

3)溢流节流阀

溢流节流阀也是一种压力补偿型节流阀,它由稳压溢流阀与节流阀并联组成,其工作原理如图6-45所示。从液压泵输出的油液一部分经节流阀4进入液压缸左腔推动活塞向右运动,另一部分经溢流阀3的溢流口流回油箱。溢流阀3阀芯的上端a腔同节流阀出口相通,其压力为p_2;b腔和c腔同节流阀入口的油液相通,其压力为p_1。当负载F增大时,节流阀出口压力p_2升高,溢流阀阀芯上腔a的压力增大,阀芯下移,关小溢流口,从而使节流阀入口压力p_1增加,因而节流阀4的前后压差p_1-p_2基本保持不变;反之,当出口压力p_2减小时,阀芯上移,开大阀口,使进口压力p_1下降,结果仍能保持节流阀前后压差p_1-p_2基本不变。

溢流节流阀上附带一个安全阀2,当出口处压力p_2增大到等于安全阀的调整压力时,安全阀打开,使p_2不可能再升高,这样就防止了系统过载。

比较调速阀和溢流节流阀可以看出,两者都是通过压力补偿来保持节流阀前后压差基本不变,但是它们在性能上和应用上仍有一些差别。在节流调速回路中,调速阀可以安装在执行元件的进油路上,也可以安装在回油路上,液压泵输出压力是一定的,它等于系统溢流阀的调整压力,因此液压泵消耗的功率较大。而溢流节流阀只用在进油路上,它的进口压力(液压泵的输出压力)是随着出口压力(负载压力)的变化作相应的变化,因此液压泵的功率损失较小,系统发热量也小。但是,溢流节流阀中流过的流量比调速阀大(一般是系统的全部流量),阀芯运动时的阻力较大,弹簧较硬,其结果使节流阀前后压差Δp加大(需达0.3~0.5MPa),因此它的稳定性稍差。

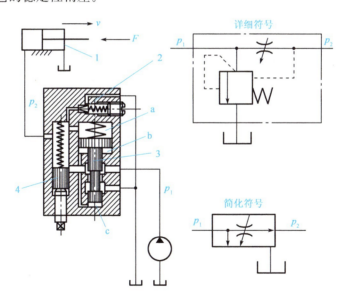

图6-45 溢流节流阀工作原理
1-液压缸;2-安全阀;3-溢流阀;4-节流阀

五、液压辅助元件

液压系统中的辅助元件,是指除液压驱动元件、执行元件和控制元件以外的其他各类组成元件,包括蓄能器、过滤器、密封装置、管件、油箱等。它们虽被称之为辅助元件,但却是液压系统正常工作不可缺少的组成部分,对液压系统的动态性能、工作稳定性、工作寿命、噪声和温升都有直接影响。因此,在使用液压设备时,对辅助元件应予以足够的重视。下面以过滤器为例作一介绍。

1. 过滤器的作用和基本要求

1)过滤器的作用。液压系统中使用的油液,因受外界灰尘、脏物以及油液和管道的氧化变质等的影响,不可避免地会混入一些杂质、污物,使油液受到不同程度的污染。杂质和污物的存在,不仅会加速液压元件的磨损,擦伤密封件,而且会堵塞工作缝隙和小孔,卡死阀芯,使元件动作失灵以至损坏,导致液压系统不能正常工作。一般认为,液压系统中75%以上的故障是由于油液污染造成的,因此,为了保证液压元件和液压系统的正常工作,必须对油液进行净化。

过滤器的作用在于净化油液,过滤掉混在液压油中的杂质,使油液的污染程度控制在所允许的范围之内。

2)对过滤器的基本要求

过滤器滤清油液的作用是通过过滤器上无数的微小间隙或小孔来实现的。油液经过这些微小间隙或小孔时,油液中所含的尺寸大于间隙或小孔的杂质便被阻隔,从而使油液得到净化。一般对过滤器的基本要求是:

(1)应有适当的过滤精度。过滤精度是指过滤器滤除杂质颗粒的粒度大小,以其直径 d 的公称尺寸(μm)表示。粒度越小,精度越高。过滤精度反映了滤芯的最大通孔直径,从理论上来说,大于该尺寸的固体颗粒就不能通过滤芯。按滤芯直径的不同,过滤精度可分为粗($d=100\mu m$)、普通($d=10\sim100\mu m$)、精($d=5\sim10\mu m$)和特精($d=1\sim5\mu m$)四个等级。

液压系统要求的过滤精度必须保证使油液中所含杂质颗粒尺寸小于有相对运动的液压元件之间的配合间隙(通常为间隙的一半)或油膜厚度。系统压力越高,相对运动表面的配合间隙越小,因而要求的过滤精度就越高。因此,可以说液压系统的过滤精度主要取决于系统的工作压力,压力同过滤精度间的关系如表6-2所示。

各种液压系统的过滤精度　　　　　　　　　表6-2

系统类别	润滑系统	传动系统			伺服系统
工作压力(MPa)	0~2.5	≤14	14~21	>21	≤21
过滤精度(μm)	≤100	25~50	≤25	≤10	≤5

研究表明,由于液压元件相对运动表面间隙较小,如果采用高精度过滤器有效地控制 $1\sim5\mu m$ 的污染颗粒,液压泵、液压马达、各种液压阀及液压油的使用寿命均可大大延长,液压故障亦会明显减少。

(2)有足够的过滤能力。过滤能力是指在一定压力降下允许通过过滤器的最大流量,一般用过滤器的有效过滤面积(滤芯上能通过油液的总面积)来表示。过滤器的过滤能力应大于通过它的最大流量,允许的压力降一般为0.03~0.07MPa。对过滤器过滤能力的要求应结合过滤器在液压系统中的安装位置来考虑,如过滤器安装在吸油管路上时,其过滤能力应为泵流量的2倍以上。

(3)过滤器的滤芯及壳体应有一定的机械强度,不致因液体压力作用而被破坏。

(4)滤芯要有足够的抗腐蚀性能,并能在规定的温度下持久地工作。

(5)过滤器应便于拆装、清洗和维护,滤芯要便于更换。

2.过滤器的类型及性能特点

过滤器按过滤精度可分为粗过滤器和精过滤器两大类;按滤芯材料和结构形式可分为网式、线隙式、纸芯式、烧结式和磁性过滤器等多种;按连接形式可分为管式、板式和凸缘式三种。

1)网式过滤器

网式过滤器的结构如图 6-46 所示,它由上盖 1、下盖 4、开有很多圆孔的金属或塑料筒形骨架 3 和包在骨架上的一层或几层铜丝网 2 组成。这种过滤器的过滤精度由铜丝网的网孔大小和层数决定,在 80~180μm 之间,压力损失不大于 4kPa。网式过滤器的优点是结构简单、通流能力大、压力损失小、清洗方便,但过滤精度低。

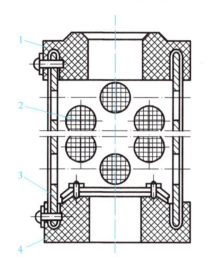
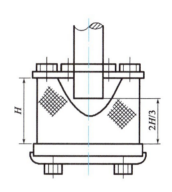

图 6-46 网式过滤器
1-上盖;2-铜丝网;3-骨架;4-下盖

网式过滤器主要用在液压泵的吸油口,对油液进行粗过滤,避免进入较大的机械杂质,以保护液压泵。安装时,要注意网的底面不宜与油管的进口靠得太近,以免造成进油不畅。一般进油管的进口离网的底面为过滤器的 2/3 高,同时过滤器一定要全部侵入油面以下,以使油液能从四周和上、下面进入网内。此外,安装部位要远离系统的回油管,以免系统回油还未充分散热就被吸入液压泵,造成油温升高。安装时还要注意装拆方便,以便经常将其拆下来清洗。

2)线隙式过滤器

线隙式过滤器的结构如图 6-47 所示,它由污染堵塞指示器 1、端盖 2、壳体 3、带孔的筒形骨架 4 和绕在骨架 4 外部的铜线或铝线 5 组成。这种过滤器是利用线丝间的缝隙来阻挡油液中杂质的通过,过滤精度决定于缝隙的大小,一般在 30~100μm 之间,额定流量的压力损失为 30~60kPa。工作时,油液从孔 a 进入过滤器内,经线间的缝隙、骨架上的孔进入滤芯中再由孔 b 流出。

线隙式过滤器的特点是结构简单、通流能力大、过滤精度高,但滤芯材料强度低,不易清洗,一般用于泵的吸油口和低压系统中。当用在吸油口时,线隙式过滤器没有外壳体,并只允许通过额定流量的 2/3~1/3,即额定流量应选得比液压泵的大些。

3)烧结式过滤器

烧结式过滤器的结构如图 6-48 所示,它由端盖 1、壳体 2 和滤芯 3 组成,其滤芯一般是由颗粒状锡青铜粉压制后烧结而成,具有杯状、管状、碟状和板状等多种形状。它利用铜粉颗粒之间的微孔滤去油液中的杂质,因此,过滤精度与微孔的大小有关。选择不同粒度的粉末制成不同厚度的滤芯就能得到不同的过滤精度。这种过滤器的过滤精度一般在 10~100μm 之间,压力损失一般为 30~200kPa。工作时,油液从 A 孔进入过滤器内,经滤芯 3 后由孔 B 流出。

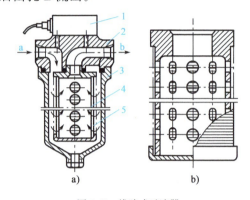
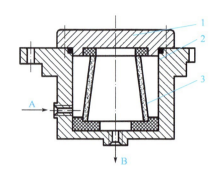

图 6-47 线隙式过滤器
1-堵塞指示器;2-端盖;3-壳体;4-骨架;5-铜线或铝线

图 6-48 烧结式过滤器
1-端盖;2-壳体;3-滤芯

烧结式过滤器的主要特点是滤芯能烧结成各种不同的形状,且强度高、抗腐蚀性好、制造简单、过滤精度高,适用于精过滤;其缺点是易堵塞、清洗困难,金属颗粒易脱落,所以最好与其他过滤器配合使用。

4)纸芯过滤器

纸芯过滤器的结构与线隙式过滤器基本相同,区别仅在于用纸质滤芯代替了线隙式滤芯。纸质滤芯以处理过的滤纸作为过滤材料,通过滤纸的微孔滤除油中杂质。为了增加过滤面积,滤芯常折叠成波纹状,并绕在带孔的镀锡铁皮骨架 2 上,以支撑纸芯以免被压力油冲破,如图 6-49 所示。这种过滤器的过滤精度可达 5~30μm,压力损失为 10~40kPa。工作时,油液沿箭头 a 方向流过滤芯后,再沿箭头 b 方向流出。

纸芯过滤器的特点是结构紧凑、通流能力大、过滤精度高、滤芯价格低,但过滤元件强度低,易堵塞而无法清洗,需要经常更换滤芯。纸芯过滤器适用于一般的高压液压系统,它是当前在中高压液压系统中使用最为普遍的精过滤器。

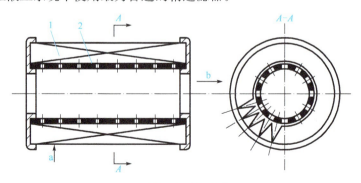

图 6-49 纸质滤芯
1-滤芯;2-骨架

5)磁性过滤器

磁性过滤器是利用磁铁来吸附油液中的铁质微粒。图 6-50 所示为一种结构简单的磁性过滤器,它由圆筒式永久磁铁 3、非磁性罩 2 及罩外的多个铁环 1 等零件组成。铁环之间保持一定距离,并用铜条连接。当液流通过过滤器时,能磁化的杂质即被吸附于铁环上而起到滤清作用。为便于清洗,铁环分为两半,清洗时可取下,清洗后再装上,能反复使用。

由于磁性过滤器对其他杂质不起作用,所以磁性滤芯常和其他过滤材料组成有复合式滤芯的过滤器,如纸质磁性过滤器、磁性烧结过滤器等,以满足实际生产的需要。

3.过滤器上的堵塞指示装置

为了便于观察过滤器在工作中的过滤性能,防止过滤器堵塞而引起系统的故障,在一些过滤器中装有堵塞指示装置,用以指示出滤芯的堵塞情况,并发出报警信号,以便及时清洗和更换滤芯。常见的过滤器堵塞指示装置有滑阀式堵塞指示器和电信号堵塞指示器。图 6-51 所示为滑阀式堵塞指示器,过滤器的进、出油口压力油分别引至滑阀的左、右端,当滤芯通过能力良好时,滑阀上的指针在弹簧的作用下处于左端位置,随着滤芯的逐渐堵塞,滑阀两端的压力差逐渐加大,指针也逐渐右移,这就指示出过滤器的堵塞情况,使用者可根据上述指示,确定是否应进行清洗或更换滤芯。图 6-52 所示为电信号堵塞指示器,它由活塞、永久磁铁、感簧管、报警指示灯等组成。滤芯压差作用在活塞上,并与弹簧的弹簧力平衡。当滤芯堵塞,油液经过滤器时产生的压力差达到一定值时,压差作用力大于弹簧力,推动活塞和磁铁右移,感簧管内的触点受到磁力作用后吸合,接通线路,指示灯便发出报警信号,提醒操作者及时更换滤芯,或由时间继电器延时一段时间后实现自动停机保护。

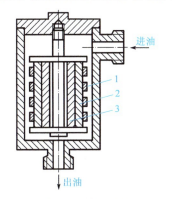

图 6-50 磁性过滤器
1-铁环;2-非磁性罩;3-永久磁铁

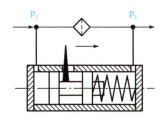

图 6-51 滑阀式堵塞指示器

4.过滤器的图形符号

过滤器的图形符号如图 6-53 所示。

六、大型养路机械液压系统所用的过滤器

为了保证液压油的洁净,在各种大型养路机械的液压系统中都采用了多个过滤器,根据用途不同,它们可分为吸油过滤器、回油过滤器和高压过滤器。

1.吸油过滤器

在每个液压泵的吸油口都安装有吸油过滤器,以避免液压泵吸入较大颗粒的杂质。吸油过滤器为网式粗过滤器,过滤精度为 $125\mu m$。

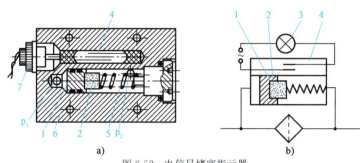

图 6-52 电信号堵塞指示器
a)结构图;b)原理图
1—活塞;2—永久磁铁;3—报警指示灯;4—感簧管;5—弹簧;6—阀体;7—接线杆

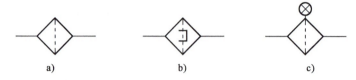

图 6-53 过滤器的图形符号
a)一般符号;b)带磁性滤芯的过滤器;c)带堵塞指示器的过滤器

吸油过滤器的结构如图 6-54 所示,它由外壳、滤芯、磁铁、弹簧、堵塞指示器等零件组成。滤芯用金属网制成,脏污后可以拆下来进行清洗;滤芯下部有弹簧作用,使滤芯的上下端部与壳体密封,滤芯内装有磁铁,用以吸出油液中的磁性杂质。油箱中的油液从进油口进入过滤器,经滤芯过滤后从出油口进入液压泵。堵塞指示器显示滤芯的污染程度,严重时应及时拆下进行清洗。

2.回油过滤器

回油过滤器一般安装在液压系统的回油管上,油液过滤后流回油箱。回油过滤器一般采用纸芯式普通过滤器,过滤精度为 $25\mu m$。

回油过滤器的结构如图 6-55 所示,它由端盖、外壳、滤芯、磁铁、旁通阀、堵塞指示器等零件组成。磁铁用以吸除回油中的磁性杂质。从液压系统回路来的油液进入回油过滤器,经滤芯后从出油口流回油箱。滤芯受到污染,过滤阻力增大,当压力降达到 0.2～0.4MPa 时,堵塞指示器的电路闭合,发出报警信号,此时要及时更换滤芯;当压力降超过 0.4MPa 时,堵塞指示器发出报警信号的同时,旁通阀被打开,油液直接经旁通阀流出,以防止损坏过滤器。

图 6-56 所示为管式安装形式的 LF160 型回油过滤器,它也由端盖、外壳、滤芯、旁通阀和堵塞指示器等零件组成。滤芯堵塞时,油液从旁通阀通过,并发出报警信号。

3.高压过滤器

高压过滤器安装在比例方向阀、比例减压阀、起道伺服阀、拨道伺服阀的进油路上,应能承受液压系统中较高的工作压力,用以保证这些精密液压控制阀的正常工作。高压过滤器一般采用纸芯式精过滤器,其结构与回油过滤器相近,过滤精度为 $10\mu m$。

4.油管

油管是用以连接液压元件和输送液压油的。液压系统中使用的油管种类很多,有钢管、纯铜管、橡胶软管、尼龙管、塑料管等。油管材料的选择,主要根据液压系统各部位的工作压力、安装位置及其使用环境等条件决定。

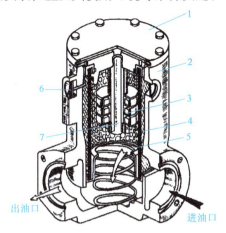

图 6-54 吸油过滤器
1-端盖;2-外壳;3-磁铁;4-滤芯;5-弹簧;6-堵塞指示器;7-磁铁安装杆

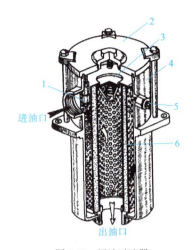

图 6-55 回油过滤器
1-磁铁;2-端盖;3-旁通阀;4-外壳;5-堵塞指示器;6-滤芯

5. 钢管

钢管分为焊接钢管和无缝钢管,压力小于 2.5MPa 时可用焊接钢管;压力大于 2.5MPa 时常用冷拔无缝钢管。要求防腐蚀、防锈的场合应选用不锈钢管;超高压系统可选用合金钢管。钢管能承受高压,刚性好,耐腐蚀,价格低廉,缺点是弯曲和装配均较困难,需要专门的工具或设备,因此,常用于中、高压系统或低压系统中装配部位限制少的场合。

6. 纯铜管

纯铜管可以承受的压力为 6.5~10MPa,它

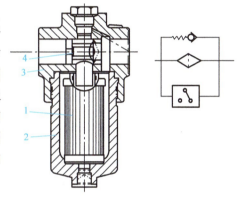

图 6-56 LF160 型过滤器
1-滤芯;2-外壳;3-端盖;4-旁通阀

以根据需要较容易地弯成任意形状,且不必要专门的工具,因而适用于小型中、低压设备的液压系统,特别是内部装配不方便处。其缺点是价格高,抗震能力较弱,且易使油液氧化。

7. 橡胶软管

橡胶软管用作两个相对运动部件的连接油管,分高压和低压两种。高压软管由耐油橡胶中间夹一层或几层钢丝编织网制成,层数越多耐压越高,其最高承受压力可达 42MPa。低压软管由耐油橡胶夹帆布或棉线制成,其承受压力一般在 1.5MPa 以下。橡胶软管比硬管安装方便,不怕振动,可以部分吸收液压冲击,尤其是通过挠性软管可以向在移动或摆动的液压执行元件输送动力,实现机械传动完成不了的动作。

8. 尼龙管

尼龙管为乳白色半透明新型油管,其承压能力因材质不同自 2.5~8MPa 不等。尼龙管可塑性大,有软管和硬管两种。硬管加热后可以随意弯曲成形和扩口,冷却后又能定形不变。尼龙管使用方便,价格低廉,目前多用在低压系统中。

9. 耐油塑料管

耐油塑料管价格便宜,装配方便,但承压很低,使用压力不超过 0.5MPa,高温时软化,长期使用会老化,一般只用作回油管和泄油管。

与泵、阀等标准元件连接的油管,其管径一般由这些元件的接口尺寸决定,其他部位油管的管径和壁厚,可按通过油管的最大流量、允许的流速及工作压力计算确定。

油管的安装质量直接影响液压系统的工作,因此,油管安装时,管路应尽可能短,尽量避免交叉,少转弯,不许有扭转现象。管路弯曲半径不能太小,一般应大于油管外径的 3~5 倍;尽量避免小于 90°的弯管,弯曲处的内侧不应有明显的皱纹、扭伤,其椭圆度不应超过管径的 10%。为便于安装管接头及避免振动影响,平行管之间的距离应大于 100mm。长管道应用管夹固定牢固,以防振动和碰撞。

软管直线安装时要有 30% 左右的余量,以适应油温变化、受拉和振动的需要。弯曲半径要大于 9 倍软管外径,弯曲处到管接头的距离至少等于 6 倍外径。软管安装时还应避开热源。

大型养路机械主要由冷拔无缝钢管和橡胶软管构成液压系统的油路。油管内径必须与通过流量相适应,油管太细,通过油管横截面的油液流速过大,会产生油温上升或振动、噪声等问题,使液压功率损失显著增加。橡胶软管有高压软管和低压软管之分,基本上都采用德国 AEROGVIG 公司生产的胶管,有 2781 型双层钢丝编织的高压胶管;GH506 型四层钢丝缠绕的高压胶管;2651、2681 型单层钢丝编织的中压胶管等,分别适用于不同液压系统的回路。

10. 管接头

管接头是油管与油管、油管与液压元件间的可拆卸连接件,它应满足连接牢固、密封可靠、液阻小、结构紧凑、拆装方便等要求。

管接头的种类很多,按接头的通路方向分有:直通、二通、三通、四通、直角、铰接等多种形式;按其与油管的;连接方式分有:焊接式、卡套式、管端扩口式、扣压式管接头和快速拆装管接头。管接头与液压件之间都采用螺纹连接,在中低压系统中采用圆锥螺纹,连接时外加防漏填料;在高压系统中则采用普通细牙螺纹,连接时应外加组合密封垫,且应在被连接件上加工出一个小平面。

管接头必须在强度足够的条件下能在振动、压力冲击时保持管路的密封性,在高压处不能向外泄漏,在有负压的吸油管路上不允许空气向内渗入。常用的管接头有以下几种:

1) 焊接式管接头

图 6-57 所示为焊接式管接头的结构和连接情况。管接头的接管 1 焊接在油管的一端,用螺母 2 将接管 1 和接头体 4 连接在一起。接管与接头体的接合处用球面与锥面接触密封或平面加 O 形密封圈来实现密封,前者具有自位性,安装要求不严格,但密封性能较差,使用压力不高,最高工作压力应低于 8MPa,适用于低压系统;后者则用于高压系统,工作压力可达 31.5MPa。

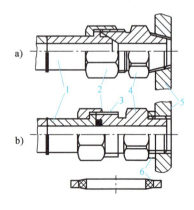

图 6-57 焊接管接头
1-接管;2-螺母;3-密封圈;4-接头体;5-机体;6-组合密封圈

接头体 4 和机体 5(泵、马达、阀及其他元件)用螺纹连接。如果是采用圆柱螺纹,其本身密封性能不好,常常用组合密封圈 6 或其他密封圈加以密封;若采用锥螺纹连接,在螺纹表面包一层聚四氟乙烯的密封带旋入,在锥螺纹连接面上就可以形成牢固的密封层。

焊接式管接头制造简单,工作可靠,装拆方便,但对焊接质量要求高,当工作压力高时,焊缝是它的薄弱环节。

2)卡套式管接头

图 6-58 所示为卡套式管接头的结构和连接情况,卡套式管接头由接头体 1、钢管 2、卡套 4 和螺母 3 组成。卡套是带有尖锐内刃的金属环,拧紧螺母 3 时,卡套受压而中部略凸,在 a 处和接头体 1 的内锥面接触,形成密封,同时刃口嵌入钢管 2 的表面,起到连接和密封的作用。卡套的中部受压弯曲,产生很强的弹簧作用,可以防止螺母因振动冲击而松弛。这种管接头既不用焊接,也不用另外的密封件,其轴向尺寸要求不严,拆装方便,工作压力可达 31.5MPa,密封可靠,在高压系统中被广泛采用。但卡套式管接头要求油管表面有较高的径向尺寸精度,需采用精度较高的冷拔钢管,而不适用于热轧管。

3)扩口式管接头

图 6-59 所示为扩口式管接头的结构和连接情况,它由接头体 1、管套 2 和接头螺母 3 组成。装配前,先把被连接的油管在专用工具上扩成喇叭口,扩口角约为 74°,再用接头螺母 3 将管套 2 连同油管一起压紧在接头体 1 的锥面上形成密封。管套的作用是防止拧紧螺母时管子跟着转动。这种接头结构简单,连接可靠,装配维护方便,适用于纯铜管、薄壁钢管、尼龙管及塑料管等低压管道的连接,工作压力不大于 8MPa。

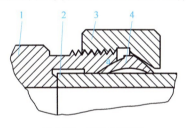

图 6-58 卡套式管接头
1-接头体;2-钢管;3-螺母;4-卡套

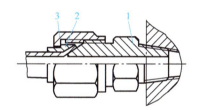

图 6-59 扩口式管接头
1-接头体;2-管套;3-接头螺母

4)软管接头

软管与油管或软管与液压元件之间的连接都采用软管接头。软管接头的形式很多,目前,常用的有扣压式和可拆卸式两种。图 6-60a)所示为扣压式软管接头的连接情况,由接头芯 2 和接头外套 1 组成,装配前先剥去胶管的一段外胶层,然后把接头外套套在剥去外胶的胶管上,再插入接头芯,最后利用专用的设备和模具进行挤压收缩,使外套内锥面上的环形齿嵌入钢丝层达到牢固地连接,也使接头芯与胶管内胶层压紧而达到密封的目的。这种管接头结构紧凑,密封可靠,耐冲击和振动,但扣压后不能拆开重复使用。

可拆式软管接头的结构如图 6-60b)所示,接头外套 1 和接头芯 2 做成六角形,便于经常拆装软管。接头外套 1 有锯齿形内螺纹,接头芯 2 有细牙外螺纹,当接头芯 2 拧入接头外套 1 时,接头芯使胶管内层扩胀,钢丝编织层楔入齿形螺纹槽内,形成牢固连接和密封。

对于软管接头,除要求具备一般管接头的工作可靠性外,还应具备耐振动、耐冲击和耐反复屈伸等性能。可拆式和扣压式软管接头,各有 A、B、C 三种形式,A 型采用焊接管接头,B 型采用卡套管接头,C 型采用扩口式管接头。这种管接头随管径的不同,可用于工作压力

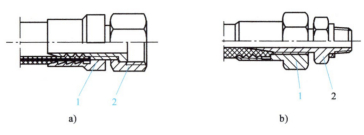

图 6-60 软管接头
a)扣压式；b)可拆式
1-接头外套；2-接头芯

在 6～40MPa 的液压系统中。

5)快速装拆管接头

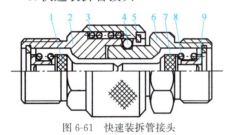

图 6-61 快速装拆管接头
1、7-锥形阀芯；2-接头体；3、8-弹簧；4-钢球；5-卡箍；
6-接头芯子；9-弹簧座

快速装拆管接头的结构如图 6-61 所示。当接头连接时,两止回阀的锥形阀芯 1、7 互相顶开,形成油路通道。需要断开油路时,可用力推卡箍 5,使弹簧 3 向左移动,钢球 4(有 6～12 颗)即从接头芯子 6 的槽中退出,这时可将接头芯子 6 从接头体 2 中拔出,两止回阀的锥形阀芯 1 和 7 分别在两端弹簧的作用下各自关闭,油路即断开,并且分开的两段软管均不漏油,同时卡箍在弹簧 3 的作用下复位。

这种管接头结构比较复杂,压力损失较大,装拆时无需装拆工具,管子拆开后可自行密封,管道内流体不会流失,因此适用于经常装拆的场合。

大型养路机械常用的是卡套式管接头和扣压式软管接头,前者用于钢管之间的连接,后者用于橡胶软管与液压元件、油管之间的连接。

11. 密封装置

液压系统中各元件都相当于一个压力容器,因此,在有可能泄漏的表面间和连接处都要有可靠的密封。密封是解决液压系统泄漏问题最重要、最有效的手段。液压系统如果密封不良,会造成液压元件的内部或外部泄漏,从而降低液压系统的容积效率,泄漏严重时,甚至不能建立必要的压力,使整个系统无法工作。外漏的油液还会污染环境,浪费油料。密封装置的功用在于防止工作介质的泄漏及外界灰尘和异物的侵入,以保证系统建立起必需的压力,使其能正常工作。

1)对密封装置的要求

(1)在一定的工作压力和温度范围内,应具有良好的密封性能,并随着压力的增加能自动提高密封性能。

(2)密封装置和运动件之间的摩擦力要小,摩擦系数要稳定。

(3)抗腐蚀能力强,不易老化,工作寿命长,耐磨性好,磨损后在一定程度上能自动补偿。

(4)有良好的耐温性,并能适用液压系统高温和低温的要求。

(5)结构简单,使用、维护方便,价格低廉。

(6)采用标准化结构和尺寸,并合理选择预压缩量和密封件的安装沟槽尺寸及加工精度。

2)密封装置的种类和特点

密封装置按密封部分的运动特性可分为用于固定连接件间的静密封和用于相对运动件间的动密封;按其工作原理可分为非接触式密封和接触式密封,前者主要指间隙密封,后者指密封件密封。

(1)间隙密封。间隙密封是靠相对运动件配合表面之间的微小间隙来进行密封的,其密封性能与间隙的大小、压力差、配合表面的长度和直径等有关,其中间隙的大小对密封性能的影响最大,故配合表面的加工精度要求高。为了防止因加工误差所造成的不平衡径向力,避免不均匀的磨损和克服液压卡紧现象,增加泄漏油的阻力,通常在圆柱面上加工几条环形小槽,以提高密封能力。如图6-62所示,环形槽一般宽度为0.3~0.5mm,深度为0.5~1.0mm,间距为2~5mm。油液在这些槽中形成涡流,能减缓漏油速度,还能起到使两配合件同轴、降低摩擦阻力和避免因偏心而增加漏油量等作用,因此这些槽又称压力平衡槽。

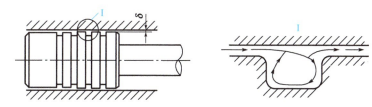

图6-62 间隙密封

间隙密封结构简单,摩擦阻力小,能耐高温,是一种最简便而紧凑的密封方式,在液压泵、液压马达和各种液压阀中得到了广泛的应用,例如,柱塞泵的配油盘和转子端面间、柱塞和柱塞缸孔间、滑阀的阀芯和阀套间,以及直径较小、压力较低的液压缸的活塞和缸体间都采用间隙密封。间隙密封的缺点是密封效果差,密封性能随工作压力的升高而变差,配合面磨损后无法自动补偿,尺寸较大的液压缸要达到间隙密封所需要的加工精度比较困难,也不经济,因此,间隙密封主要用于直径较小的圆柱面之间。

(2)接触密封。接触密封是在配合表面之间加装各种弹性密封元件,借助于装配时的预压缩力和工作时密封件在油压力作用下发生弹性变形所产生的弹性接触力来实现密封作用的。

接触密封常用的密封件是密封圈,它既可用于固定件的静密封,也可用于运动件间(直线往复运动和回转运动)的动密封。密封件以其断面形状命名,有O形、Y形、Y_X形、V形等,其中除O形密封圈外,其他都属于唇形密封圈。密封件的材料应用最广的是耐油橡胶,其次是聚氨酯。采用接触密封可以降低配合表面的加工精度,密封件结构简单,使用方便,并具有磨损后自动补偿的能力。

①O形密封圈。O形密封圈一般用耐油橡胶制成,其横截面呈圆形,它具有良好的密封性能,内外侧和端面都能起密封作用,结构紧凑,动摩擦阻力小,制造容易,装拆方便,成本低,安装沟槽小,可用于内径或外径的密封,也可用于动密封和静密封,故在液压系统中得到广泛的应用。

图6-63所示为O形密封圈的结构和工作情况。O形密封圈安装时要有合理的预压缩量,如图6-63b)中的δ_1和δ_2,从而在密封面上产生预紧力。当油压力较低时,O形密封圈靠自身的弹性自行密封;当油压力较高时,密封圈在沟槽中受到油压作用变形,会紧贴槽侧及配合偶件的壁,产生更大的弹性变形,因而其密封性能可随压力的增加而提高;但当工作压

力大于10MPa时,O形密封圈在往复运动中容易被油液压力挤入间隙,如图6-63c)所示,这会使密封圈挤裂而造成漏油,甚至使密封圈不能工作。为了防止这种现象的发生,需在O形密封圈的侧面设置厚度为1.2~1.5mm的聚四氟乙烯或尼龙挡圈,单向受压时,在不受力侧安放一个挡圈,如图6-63d)所示;双向受压时,则在两侧各放一个挡圈,如图6-63e)所示。静密封压力大于32MPa时也要设置挡圈。

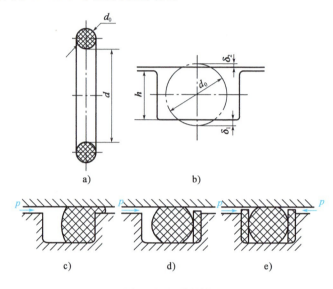

图6-63 O形密封圈

O形密封圈的安装沟槽除矩形外,也有V形、燕尾形、半圆形、三角形等,实际应用中可查阅有关手册及国家标准。

②唇形密封圈。唇形密封圈根据截面的形状可分为Y形、Y_X形、V形等,这类密封圈的共同特点是都具有一个与密封面接触的唇边。唇形密封圈的工作原理如图6-64所示,安装时,唇口对着压力油,安装时的预压缩使唇边和被密封面紧贴,低压时唇边靠自身的预压缩弹性力来密封;当压力升高时,唇口在压力油的作用下张开,使唇边与被密封面贴得更紧。压力越大,密封能力越高,并能自动补偿唇边的磨损,保持密封性能不降低。

③Y形密封圈。Y形密封圈的结构如图6-65所示。密封侧呈唇形,其材料为耐油橡胶。Y形密封圈的结构简单,摩擦阻力小,适用于压力小于21MPa时作内径或外径的滑动密封,如活塞与缸筒之间的密封、活塞杆与缸端盖间的密封等,缺点是在滑动速度高、压力变化大时,易产生"翻转"现象。

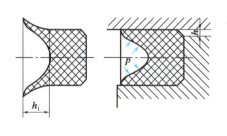

图6-64 唇形密封圈的工作原理

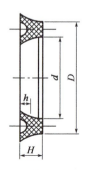

图6-65 Y形密封圈

④Y_X形密封圈。Y_X形密封圈是一种断面的高宽比等于或大于2的Y形密封圈,又称小Y形密封圈,其结构如图6-66所示,由聚氨酯橡胶制成,截面小,硬度高,结构紧凑,工作压力可达32MPa。这种密封圈由于断面宽度和高度的比值大,增加了底部支撑宽度,可以避免摩擦力造成的密封圈翻转和扭曲,其密封性、耐磨性、耐油性都比Y形密封圈好。

目前,液压缸中普遍使用Y_X形密封圈作为活塞和活塞杆的密封,使用情况如图6-67所示。Y_X形密封圈分轴用和孔用两种,轴用时,其内唇与轴面间有相对运动;孔用时,外唇与缸内壁间有相对运动。密封圈的两唇高度不等,固定面唇边长,以增大支撑;滑动面唇边短,可以降低摩擦阻力,防止运动件切伤密封唇,提高密封圈的使用寿命。

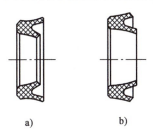

图6-66 Y_X形密封圈的结构
a)轴用(装在孔上);b)孔用(装在轴孔)

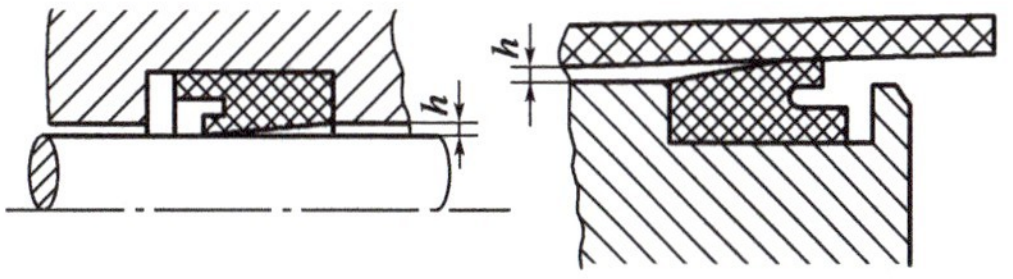

图6-67 Y_X形密封圈的使用情况
a)轴用;b)孔用

⑤V形密封圈。V形密封圈的形状如图6-68所示,它由多层涂胶织物压制而成,由压环、密封环和支撑环三个圈叠在一起使用。当压环压紧密封环时,支撑环可使密封环产生变形而起密封作用,其工作压力可达50MPa。在工作压力低于10MPa时,使用一个密封环(三件一套)已足够保证密封,当压力升高时,可以增加中间密封环的数量。

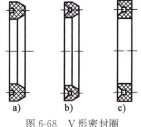

图6-68 V形密封圈
a)支撑环;b)密封环;c)压环

安装时应将密封环的开口面对压力油作用方向。调整压环压力时,应以不漏油为限,不可压得过紧,以防密封阻力过大。

V形密封圈可以用于内径和外径的密封。它的接触面较长,密封性能好,但摩擦阻力较大,调整困难,所以主要用于压力较高、移动速度较低的场合,如在往复运动速度不高的液压缸活塞杆处应用较多。

(3)组合式密封装置。随着液压技术的应用日益广泛,系统对密封的要求越来越高,普通的密封圈单独使用已不能很好地满足密封性能,特别是使用寿命和可靠性方面的要求,因此,研究和开发了由包括密封圈在内的两个以上元件组成的组合式密封装置。

图6-69所示为O形密封圈与截面为矩形的聚四氟乙烯塑料滑环组成的组合密封装置。滑环与金属表面的摩擦系数很小,而且是无油润滑材料,因而耐磨性能好;O形圈不接触滑动表面,只是为滑环提供弹性预压力,使滑环与配合件表面贴合,组成密封接触面。因此,这种密封装置的摩擦阻力小而且稳定,使用寿命也比普通橡胶密封提高近百倍,可以承受40MPa的高压,主要应用于要求起动摩擦力很小,滑动阻力小,且动作循环频率很高的场合,如中、高压液压缸的往复运动中的密封。在往复运动密封时,速度可达15m/s;在往复摆动与螺旋运动密封时,速度可达5m/s。

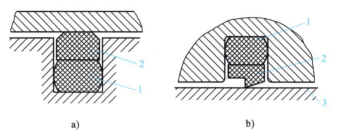

图 6-69 组合式密封装置
a)活塞用；b)活塞杆用
1—O形密封圈；2—滑环；3—被密封件

(4) 回转轴的密封装置。回转轴的密封装置用以防止旋转轴的润滑油外漏,其结构形式很多,图 6-70 所示是一种耐油橡胶制成的回转轴用密封圈,它的内部有直角形圆环铁骨架支撑着,密封圈的内边围着一条螺旋弹簧,把内唇收紧在轴上来进行密封,故这种密封装置又称骨架式油封,主要用作液压泵、液压马达和回转式液压缸外伸轴的密封,以防止油液漏到壳体外部,密封处的工作压力一般不超过 0.1MPa,最大允许线速度为 4~8m/s,需在有润滑情况下工作。

(5) 防尘密封圈。为了防止灰尘进入液压缸,保持油液清洁,减少运动件的磨损,延长液压元件的使用寿命,除在活塞杆与缸盖之间安装密封圈外,对外伸活塞杆处还必须采取防尘措施。

常用的防尘措施是使用防尘密封圈来刮除活塞杆上的灰尘。防尘密封圈有骨架式和无骨架式两种,图 6-71 所示为聚氨酯制造的骨架式防尘圈的结构与应用,骨架的作用是增强防尘圈的强度和刚度。

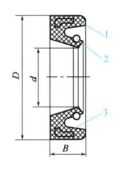

图 6-70 骨架油封
1—橡胶环；2—螺旋弹簧；3—骨架

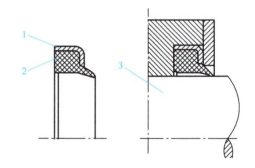

图 6-71 骨架式防尘圈
1—防尘圈；2—骨架；3—活塞杆(轴)

▶▶▶ 七、捣固车液压系统分析

捣固车是野外作业设备,每个捣固工作循环时间短,工作机构启动、制动频繁,振动冲击大,维修条件差。因而要求液压系统及元件应在振动冲击下有足够的可靠性,应有完善的安全装置,液压元件对油污染的敏感性应较低,液压油应有冷却装置等。

捣固车液压系统的执行元件多,共计液压缸 42 个、液压马达 6 台,这些元件不但有复合动作,而且有独立动作。为了充分利用发动机的功率,捣固车液压系统采用多泵、多回路液压系统。

1. 液压泵、振动液压马达回路

液压泵、振动液压马达回路如图 6-72 所示。

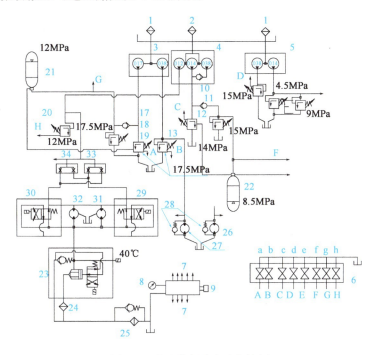

图 6-72　液压泵、振动液压马达回路

1、2-吸油滤清器；3、5-双联泵；6-远控阀组；4-三联泵；7-压力检测油路接口；8-压力表；9-转换阀；10、11、17、28-单向止回阀；12、18-卸荷溢流阀；13、14、15、16、19、20-溢流阀；21、22-蓄能器；23-温控阀；24-散热器；25-回油滤清器；26、27-捣固振动液压马达；29、30-电磁阀；31、32-夯实振动液压马达；33、34-分流集流阀

这个多泵多回路系统，采用二台双联泵和一台三联泵，组成三个独立的液压泵—液压马达回路和三个具有不同压力、流量的液压泵—蓄能器—液压缸回路。

三台液压泵装在动力换挡变速箱的取力口处，由柴油机驱动。止回阀、卸荷溢流阀、溢流阀集中安装，形成集成油路；远控阀组 6、压力检测油路接口 7 安装在司机室内的控制盘上；压力表 8 通过转换阀 9 可以检测各油路压力。

2. 捣固装置振动液压马达回路

捣固装置固定频率为 35Hz，所以采用定量液压泵和定量液压马达组成开式液压泵—液压马达回路。它分别有 T6DC 双联泵的液压泵 038、溢流阀 13 和叶片液压马达 26、27 组成左右两个相同的捣固装置振动液压马达回路。

溢流阀的设定压力为 15MPa，并由远控阀 b 和 d 控制。当远控阀打开时，溢流阀开启使油泵卸荷，液压路建立不起压力，液压马达不能转动。反之，关闭远程阀后，溢流阀正常工作，液压马达开始转动。课件远程控制在这里有启动或者停止的作用。

发动机转速为 2000r/min 时，液压泵转速为 1892r/min，液压泵的输出流量为 217L/min，则液压马达的最大转速为 2100r/min。

3. 夯实装置振动液压马达回路

夯实装置的振动频率为 30Hz，所以也采用定量液压泵、定量液压马达组成的液压泵—液压马达回路。它由 T2SDCB 型三联泵的液压泵 4、溢流阀 20、分流集流阀 33 和 34、轴向柱塞液压马达 31 和 32、两位四通电磁阀 29 和 30 组成。

发动机转速为 2000r/min 时,液压泵转速为 2000r/min,液压泵的输出流量为 78L/min,溢流阀的设定压力为 12MPa,并由远控阀 6 控制。

两台轴向柱塞液压马达并联,为了使并联液压马达转速同步,在液压马达的进油路上,串、并联两台分流集流阀,提高分流精度。

二位四通电磁阀 29、30 分别作为两台液压马达的旁通开关(先期引进的捣固车采用截止阀)沟槽液压马达旁通油路,二位四通电磁阀在零位时,沟通旁通油路,液压马达停止转动,当电磁阀有控制电信号时,阀芯动作,关闭旁通油路,压力液压进入液压马达,液压马达开始转动。

在液压马达的回油路上,由控温阀 23、散热器 24、回油滤清器 25 组成散热油路。

温控阀 23 由电磁阀、液动阀、温度继电器和止回阀组成,(本单元第二节所述温控阀用在前期引进的捣固车上,与温控阀结构不同)。当回油温度低于 40℃ 时,电磁阀在零位,液动阀关闭通往散热器的油路,则回油压力打开止回阀(开启压力为 0.05MPa),油液直接经滤清器回油箱。当回油温度高于 40℃ 时,温度继电器动作,发出电信号,使继电器动作,油液进入液控阀,打开通往散热器的油路,这时温度较高的回油经散热器冷却后再回到油箱,降低油箱中的温度。

4. 捣固装置外侧夹持液压缸用液压泵、蓄能器油路

捣固车外侧夹持液压缸用液压泵、蓄能器油路由双联泵的液压泵 017、卸荷溢流阀 18、止回阀 17 和蓄能器 21 组成。它给捣固车外侧夹持液压缸提供稳定的压力油源。

发动机转速的为 2000r/min 时,液压泵 017 的转速为 1892r/min,液压泵的输出流量为 100L/min,压力为 15MPa,溢流阀 19 的设定压力为 17.5MPa,它起安全阀的作用,防止液压缸和蓄能器内的压力过高,止回阀 17 的作用是防止蓄能器内的压力油倒流向液压泵。卸荷溢流阀 18 保持液压泵输出压力不超过 15MPa;另外,蓄能器内的压力达到 15MPa 时,控制油路起作用使卸荷溢流阀开启,则液压泵卸荷。

捣固装置外侧夹持液压缸是间歇工作,在夹持液压缸不工作的时间,要求液压缸的小腔内保持 15MPa 的油压力,使活塞杆缩回,捣固镐头张开,为下一次下插做准备。所以油路中并联蓄能器。在这里蓄能器的作用是:

(1)在液压泵处于卸荷工况,蓄能器使液压缸夹持小腔内保持 15MPa 的油压力。

(2)补偿系统的泄漏,液压泵可间歇工作。

(3)蓄能器能够吸收和减小由于液压泵流量脉动和换向阀换向引起的液压冲击,使系统压力保持稳定。

(4)在夹持液压缸工作时,液压泵和蓄能器能够同时向液压缸供油,提高液压缸的运动速度。

另外,蓄能器能够节约发动机功率,使系统更加经济。捣固装置不工作时,打开远控阀 g,使蓄能器和夹持液压缸卸荷,蓄能器内的油液流回油箱。捣固作业完毕后,打开远控阀 a,控制油路压力降低,卸荷溢流阀 18 打开,使液压泵 017 卸荷,这时整个外侧夹持液压缸回路处于泄压状态。

5. 捣固装置内侧夹持液压缸用液压泵、蓄能器油路

捣固装置内侧夹持液压缸用液压泵、蓄能器油路由双联泵 014、卸荷溢流阀 12、溢流阀

15和蓄能器(见捣固装置油路图)组成。它给捣固装置内侧夹持液压缸提供低压(4.5MPa)油源。液压泵014的输出流量为83.6L/min、卸荷溢流阀12的设定压力为4.5MPa,溢流阀15的设定压力为9MPa。

由于回油压力较低,所以在液压泵的出油路没有设置止回阀。

当打开远控阀e时,卸荷溢流阀12开启,使内侧夹持液压缸回路处于泄压状态。

捣固装置内侧夹持液压缸用液压泵、蓄能器油路与外侧夹持液压缸用液压泵、蓄能器油路的组成和工况特点相同。

6. 作业走行液压马达和起拨道液压缸等用液压泵、蓄能器油路

作业走行液压马达和起拨道液压缸等用液压泵、蓄能器油路由三联泵的液压泵014和038、止回阀10、单向阀11、溢流阀16和蓄能器22组成。

发动机转速在2000r/min时,液压泵014和038的总输出流量为326.2L/min,单向阀11的设定压力为14MPa,溢流阀16的设定压力为17.5MPa。

三联泵的液压泵014和038的压力油并联为一路,为作业走行液压马达、起拨道液压缸、夹持油路、捣固装置内侧夹持液压缸、捣固装置升降液压缸、横移液压缸、液压制动液压缸、液压支撑液压缸和夯实器升降液压缸提供压力油源。这些执行元件的工况特点是走行液压马达和液压缸相互交替间歇工作。液压马达运转时,液压缸不动作;液压缸运动时,液压马达不工作。另外,液压支撑液压缸要求保压,所以在供油路上并联蓄能器,当执行元件不工作时,蓄能器储存部分液压能;执行元件工作时,蓄能器向油路供油,提高执行元件的运动速度。当液压泵卸荷时,蓄能器保持支撑液压缸有稳定的压力,使支撑液压缸保压。

打开远控阀c时,卸荷溢流阀开启,使液压泵卸荷。捣固作业完毕后打开远控阀f,使蓄能器和液压缸泄压。

如果遇到液压泵和发动机故障,某一工作装置尚未处于运行状态,可以利用蓄能器的压力油,使液压缸动作,完成工作装置收回动作。

▶▶ 八、捣固装置液压回路

捣固装置除振动液压马达外,夹持及升降液压缸的动作均为间歇式。每次捣固作业时,液压缸的基本动作程序是:升降液压缸使捣固镐插入道床一定深度,夹持液压缸开始持续动作,夹持完毕后升降液压缸把捣固装置升起的同时,夹持液压缸动作使内外捣固镐张开,准备下一次捣固。

另外,夯实器升降液压缸与捣固装置升降液压缸同时动作;捣固装置横移液压缸根据线路情况随时动作。

根据不同线路维修要求,捣固镐的夹持力能调整;内侧夹持液压缸能单独动作;任一捣固也能单独工作。

为了满足以上的工况条件,左右捣固装置液压回路相同,且采用并联油路,如图6-73所示。除振动液压马达外,捣固装置的升降、横移和夹持液压缸由三个不同的油路供油,可分为几个独立的液压回路。即外侧夹持液压缸液压回路、内侧夹持液压缸液压回路、升降及横移液压缸液压回路。

1. 外侧夹持液压缸液压回路

外侧夹持液压缸液压缸的压力为15MPa。一侧捣固装置上的四个外侧夹持液压缸的油路并联，液压缸的大腔和小腔油路分别由两个电磁换向阀控制。

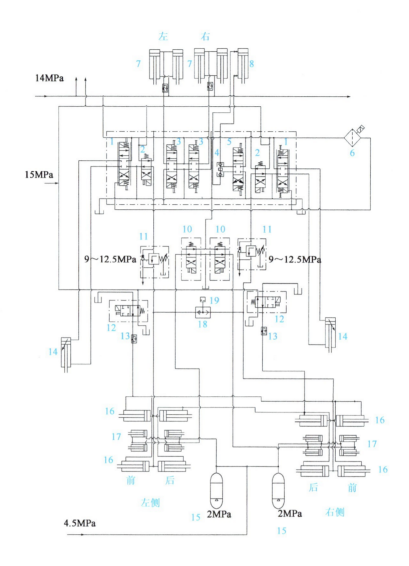

图 6-73 捣固装置升降液压缸液压回路

1-比例方向阀；2-二位电通电磁换向阀；3、5-三位四通电磁换向阀；4-液压锁；6-高压滤清器；7-夯实器升降液压缸；8、13-单向节流阀；9-横移液压缸；10、12-二位四通电磁换向阀；11-单向减压阀；14-升降液压缸；15-蓄能器；16-外侧夹持液压缸；17-内侧夹持液压缸；18-梭阀；19-压力继电器

通往外侧的夹持液压缸的小腔油路上装有二位四通电磁换向阀 12 和单向节流阀 13，二位四通电磁换向阀为 I_1 型机能，初始位油路通液压缸小腔，所以在外侧夹持液压缸的小腔内常作用着 15MPa 的压力油液。

通往外侧的夹持液压缸大腔油路上装有二位四通电磁换向阀 2 和单向减压阀 11，电磁阀为 I_1 型机能，初始位油路把液压缸大腔通油箱，所以电磁换向阀不动作，液压缸小腔内的压力油使活塞缩回，捣固镐头处于张开状态。

通往外侧夹持液压缸大腔的压力油液经单向减压阀 11 调节，油压力降到 9~12.5MPa（根据线路条件确定），以适应不同线路维修的要求。外侧夹持液压缸动作时，二位四通电磁换向阀 2 换向,压力油经单向减压阀减压后进入液压缸大腔。此时,虽然液压缸的大、小腔都有油液,但是,由于活塞两端的受力面积不同,推力仍大于拉力,则活塞杆伸出,完成夹持动作。

调节单向节流阀 13,改变液压缸小腔回油的流量,即可改变外侧夹持液压缸的夹持动作速度。二位四通电磁换向阀 12 换向时,切断液压缸小腔的油路,则外侧夹持液压缸不能进行夹持动作。这时只能有内侧夹持液压缸的夹持动作,即实现单侧夹持捣固作业。

在外侧夹持液压缸的大腔油路上装有梭阀 18 和压力继电器 19,用来检测夹持动作时的油压力。当液压马达到压力继电器的设定压力时,压力继电器动作,给捣固过程自动循环的控制系统提供夹持终了电信号。

2. 内侧夹持液压缸液压回路

一侧捣固装置的四个内侧夹持液压缸并联,液压缸的大、小腔分别由高、低压两台液压泵供油。液压缸的大腔常通 4.5MPa 压力的油液,液压缸的小腔经二位四通电磁换向阀 10 通 14MPa 压力的油液。

二位四通电磁换向阀 10 为 I_1 型机能,初始位把液压缸小腔连通油箱。所以当电磁阀不动作时,内侧夹持液压缸大腔内有 4.5MPa 的压力油,使活塞杆伸出,捣固镐处于张开状态。

二位四通电磁换向阀 10 换向,高压油进入液压缸小腔时,作用在活塞上的拉力大于推力,则活塞杆缩回,完成内侧液压缸的夹持动作。

3. 捣固装置横移液压缸液压回路

捣固装置横移液压缸 9 由三位四通电磁换向阀 5 控制,液压缸的大、小腔油路上装有固定节流器和液压锁 4。三位四通电磁换向阀为 Y 型机能,当三位四通电磁换向阀 5 不动作时,液压缸的大、小腔油路由液压锁关闭,则活塞杆处于某一固定位置不能移动。当三位四通电磁换向阀 5 动作时,压力油将液压锁顶开,连通液压缸大、小腔油路,活塞杆开始移动。捣固装置横移速度较低,故在液压缸的进出油路上装有固定节流器,限制液压缸的进出口液压油流量,降低液压缸的动作速度。

4. 捣固装置升降液压缸液压回路

捣固装置升降液压缸 14 由比例方向阀 1 控制,回路压力为 14MPa,比例方向阀的控制油路要求油液清洁度高,故在比例方向阀的控制油路上装有高压滤清器 6。

5. 夯实器升降液压缸液压回路

左、右两台夯实器各有两个升降液压缸 7,两个升降液压缸采用并联油路,由三位四通电磁换向阀 3 控制。液压缸的大腔油路上装有单向节流阀 8,可以调节液压缸大腔进油量,改变夯实器的下降速度。

▶▶ 九、起拨道装置及作业走行马达液压回路

起拨道装置及作业走行液压马达液压回路压力为 14MPa。起拨道装置的工作液压缸与走行液压马达是交替间歇工作的。

起拨道装置的液压缸回路可以分为拨道液压缸电液伺服控制回路、起道液压缸电液伺服控制回路及夹轨钳液压缸回路。

起拨道液压缸电液伺服控制回路及作业走行液压马达回路如图 6-74 所示。

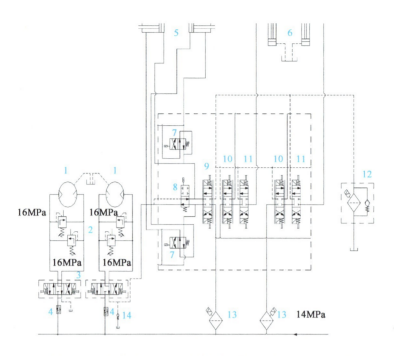

图 6-74 起拨道液压缸电液伺服控制回路及作业走行液压马达回路

1-液压马达;2-安全阀;3-电液换向阀;4-单向节流阀;5-拨道液压缸;6-起道液压缸;7-二位四通电磁换向阀;8-二位四通电磁换向阀;9-拨道电液伺服阀;10-起道电液伺服阀;11-三位四通电磁换向阀;12-回油滤清器;13-高压滤清器;14-背压阀

1. 作业走行液压马达回路

捣固车作业走行采用两台液压马达驱动,两台液压马达分别组成两个独立的开式液压回路。它由 N630 型摆线液压马达 1、安全阀 2、电液换向阀 3、单向节流阀 4 和背压阀 14 组成。

捣固车作业走行时,液压马达由三联泵的液压泵 038 和 014 并联输出供油,其总流量为 326.2L/min,压力为 14MPa。两台液压马达并联,每台液压马达的输入流量为 163.1L/min,所以选用控制大流量换向的电液换向阀控制。换向阀为 Y 型机能,换向阀在初始位时,液压马达的进、出油路与油箱连通,液压马达处于浮动状态,有利于对车轮施加制动。

安全阀 2 一般装在液压马达的进、出油口处,安全阀的设定压力为 16MPa,防止油路在制动停车时产生冲击压力,而损坏液压马达及管路。

在电液换向阀的进油路上装单向节流阀 4,可以调节进入液压马达的流量,达到改变捣固车作业走行速度的目的。

图 6-74 中右边的液压马达驱动后转向架,在其液压马达的回油路上装有与拨道液压缸共用的背压阀 14,背压阀 14 的开启压力为 0.35MPa。在液压马达运转时,回油路中 0.35MPa 的压力油通通拨道液压缸 5,使拨道轮外缘离开钢轨,以减小捣固车作业走行阻力。

2. 拨道液压缸液压回路

拨道液压缸的液压回路由拨道液压缸 5、拨道电液伺服阀 9、二位四通电磁换向阀 7 和 8 组成。

两个拨道液压缸为串联油路,即一个液压缸的大腔与另一个液压缸的小腔油路相通。拨道作业时,两个液压缸的作用力方向一致,一个液压缸是推力,另一个液压缸是拉力。

二位四通电磁换向阀 7 起截止阀的作用。当某一个二位四通电磁换向阀 7 换向,切断通往相应液压缸小腔的油路,此时,只有另一个拨道液压缸能动作。例如在作业中某一侧的拨道装置脱离钢轨时,可以切断另一侧拨道液压缸的油路,使它不动作。那么就可以通过调整脱离钢轨一侧的拨道液压缸,使拨道装置复位。

二位四通电磁换向阀 8 与拨道电液伺服阀 9 的工作油口相通。当拨道电液伺服阀在零位时(无拨道动作),二位四通电磁换向阀 8 使液压马达的回油路连通,两个拨道液压缸的大、小腔,利用作业走行马达的回油压力(0.35MPa),使两个拨道液压缸的活塞杆伸出,拨道轮内缘靠在钢轨里侧。这样就使拨道轮外缘离开钢轨头,当拨道轮通过钢轨接头处,不会挤坏信号连接线,并且也减小了捣固车的走行阻力。

拨道电液伺服阀 9 在拨道工况时,二位四通电磁换向阀 8 换向,切断 0.35MPa 的压力油路,使拨道液压缸处于拨道工况状态。

MOOG-62 型电液伺服阀与拨道液压缸、放大电路、线路方向检测装置共同组成电液位置伺服控制系统。

当线路方向检测和修正信号与反馈信号相比较有偏差时,系统就工作。电液伺服阀的输出流量与输入的偏差电信号成比例。偏差信号由正(负)变为负(正)时,电液伺服阀的输出流量改变方向,则拨道液压缸的运动方向也改变。

3. 起道液压缸液压回路

起道液压缸液压回路由起道液压缸 6、起道电液伺服阀 10、三位四通电磁换向阀 11 和高压滤清器 13 组成。

两个起道液压缸和电液伺服阀、电磁换向阀组成两个独立的起道电液位置伺服油路,分别控制左、右起拨道装置的起道动作。

起道液压缸的大腔与油箱常通,液压缸小腔通三位四通电磁换向阀 11。因此,起道液压缸是单作用液压缸,起拨道装置的下降靠自重,起道液压缸无推力作用。

起道电液伺服阀 10 与起道液压缸之间串联三位四通电磁换向阀 11,在捣固车作业走行工况时,不进行起道作业,三位四通电磁换向阀 11 和起道电液伺服阀均在零位状态,起道液压缸的小腔油路被封闭,所以起拨道装置不能下降。

如图 6-74 所示,无起道信号电流时,电液伺服阀和电磁换向阀均在零位,起道液压缸小腔油路封闭。此时,起拨道装置不能下降。但是在外力作用下起拨道装置可以上升,能够减小捣固车作业走行阻力。当有起道量时,伺服阀有起道信号电流,并输出相应的液压流量,此时,三位四通电磁换向阀的左端线圈有电,使由伺服阀来的工作油液进入起道液压缸小腔,活塞上移,通过起拨道装置把轨道提起一定的高度。其起道高度与起道信号电流成正比。起拨道装置下降时,电液伺服阀有下降的信号电流。此时,由于伺服阀的输出油路是堵死的,所以电液伺服阀不能控制起道液压缸。三位四通电磁换向阀的右端线圈有电,使起道液压缸的小腔与油箱连通,液压缸活塞下移,起拨道装置依靠自重自由下降。

由于电液伺服阀要求油液的清洁度较高,所以在电液伺服阀的进油路上装有高压滤清器 13,回油路上装有回油滤清器 12。

4. 夹轨钳液压缸液压回路

左、右起拨道装置各有两个液压缸带动夹轨滚轮的张合,实现起拨道装置对钢轨的夹持或松开,前、后两个夹持液压缸采用并联油路,由 Y 型机能的三位四通电磁换向阀控制,如

图 6-75 所示。

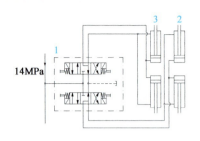

图 6-75 夹轨液压缸液压回路
1-三位四通电磁阀；2-前夹轨液压缸；3-后夹轨液压缸

前、后夹轨液压缸的控制油路相同。三位四通电磁换向阀在零位时，夹轨液压缸的大、小腔与油箱连通，因此，液压缸的动作处于自由状态。

当三位四通电磁换向阀动作时，夹轨液压缸动作，使夹轨滚轮夹持钢轨或是松开。

前期引进的捣固车夹轨液压缸使用二位四通电磁换向阀控制，在夹轨液压缸的大、小腔内常通 14MPa 的压力油，由于液压缸的推力大于拉力，所以活塞杆处于伸出位置，则夹轨滚轮常处在张开状态。

十、制动及支撑液压缸液压回路

捣固车作业时为了能够迅速准确地使捣固镐头对准轨枕空间，要求捣固车制动机敏、制动力大、缓解快，为此，捣固车在捣固作业时用液压制动代替空气制动。另外，为了使线路状态检测装置正常工作，要求轴箱、转向架和车体之间相对固定，为此，捣固车在作业时用液压缸把轴箱、转向架和车体之间支撑住，消除它们之间的相对位移。

图 6-76 是制动及支撑液压缸液压回路。

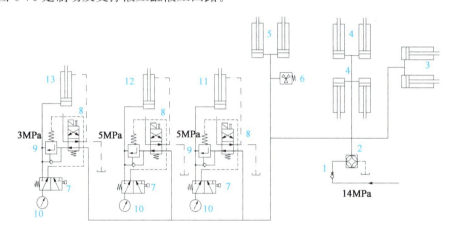

图 6-76 制动及支撑液压缸液压回路
1-止回阀；2-转动分配阀；3-后转向架与车体支撑液压缸；4-后转向架与轴箱支撑液压缸；5-前转向架与 II 轴箱支撑油箱；6-压力继电器；7-手动开关；8-二位四通电磁换向阀；9-单向减压阀；10-电压表；11-后转向架制动液压缸；12-前转向架制动液压缸；13-拖车制动液压缸

1. 支撑液压缸液压回路

捣固车从运行工转换为作业工况时，转动分配阀 2 使 14MPa 的压力油液经止回阀 1 进入制动及支撑液压缸回路，支撑液压缸活塞杆伸出，实现支撑。支撑液压缸均为单作用液压缸，8 个支撑液压缸并联，支撑动作同时完成。

作业完毕后，从作业工况转换为运行工况时，转动分配阀 2，使制动及支撑液压缸回路与油箱连通，支撑液压缸卸压，活塞杆在车体重力作用下缩回，消除支撑作用。

2. 制动液压缸液压回路

作业制动有三套相同的液压制动回路，每套液压制动回路有二位四通电磁换向阀 8、单向减压阀 9、手动开关 7 和制动液压缸组成。

三套制动液压缸液压回路并联,制动液压缸的大腔油路上串联单向减压阀 9,连接前、后转向架制动液压缸 11、12 的单向减压阀的设定压力为 5MPa,连接拖车制动液压缸 13 的单向减压阀的设定压力为 3MPa。为了能够正确的调整制动液压力,在单向减压阀的出口油路上接有手动开关 7 和压力表 10,按下手动开关按钮时,压力表连通制动液压缸大腔油路,即可测出制动液压力。

二位四通电磁换向阀 8 为 I1 型机能,因此,换向阀不动作(零位)时,制动液压缸大腔内有压力油液作用,活塞杆伸出,推动基础制动装置使车轮制动,所以捣固车在非作业走行时,处于制动状态。

在制动液压缸的活塞杆伸出时制动风缸鞴鞲杆伸出,使制动风缸内弹簧压缩。当踩下作业走行踏板时,二位四通电磁换向阀 8 换向,使制动液压缸大腔和油箱连通,活塞杆借助制动风缸弹簧的作用力缩回,制动缓解。

压力继电器 6 的动作压力为 1MPa,当制动液压缸及支撑液压缸回路中油液压力超过 1MPa 时,压力继电器 6 动作,在后司机室内控制盘上的指示灯发亮,告知操作人员,作业工况转换完毕,可以进行作业操纵。

练习题

1. 你知道液压系统一般由哪几大部分组成?
2. 防止液压系统污染的主要措施有哪些?
3. 能简单说说液压轴向柱塞液压泵的工作原理吗?
4. 可以简要说明液压缸的典型结构吗?
5. 你了解捣固装置的液压回路原理吗?
6. 简单说说液压换向阀的工作原理。
7. 简要说明溢流阀的工作原理及作用。
8. 你知道捣固车作业走行速度的调整原理是什么吗?
9. 液压系统中过滤器的作用是什么?

单元七

电气控制系统

【知识目标】
1. 能够正确认识电气系统元件代号。
2. 能够简单叙述柴油机、捣固升降控制系统整个工作过程。
3. 能够正确描述拨道控制、起道抄平系统的工作原理。
4. 能够正确理解 GVA 与 ALC 系统的基本概念。

【能力目标】
1. 能根据柴油机与捣固装置的电路图纸进行相应的操作。
2. 根据抄平起拨道电气系统的图纸进行多路的故障检测。

D08-32 型捣固车的电气系统担负着整车各种作业的控制任务。它是整车的大脑,直接指挥各种作业。从电路控制而言,它涉及到模拟控制、数字控制、计算机软硬件控制以及电气控制等各个领域。其涉及面广,内容较多,该单元先简介电气系统,然后再按各功能子系统介绍具体的控制电路。

▶▶ 一、电气系统概述及元件代号

1. 电气系统概述

根据控制功能的相对独立性,将 D08-32 型捣固车的电气系统分成如图 7-1 所示的框图。

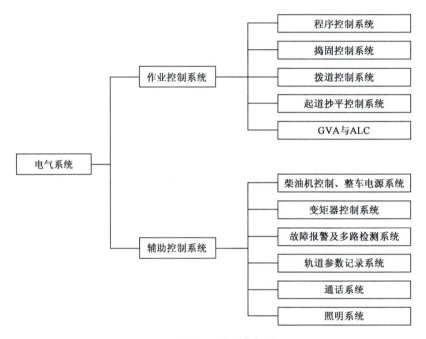

图 7-1 电气系统框图

由图 7-1 可见整车的电气系统分成作业控制系统和辅助控制系统两大部分。

1) 作业控制系统

作业控制系统分为程序控制系统、捣固控制系统、拨道控制系统、起道抄平控制系统和 GVA(轨道参数自动处理系统)等。

程序控制系统担负着全车的逻辑控制和逻辑联锁。机械的各种作业操作,如作业走行、制动、捣固、起道、拨道、夯拍等均是在程序控制系统的统一指挥和协调下进行的。程序控制系统的正常工作是各项作业能够顺利进行的基本条件。一旦程序控制系统出现故障,整车将无法进行任何作业。

轨道线路经过一段时间运行后,轨道变形而影响运行。为此设计的捣固系统可以精确地控制捣固装置的下降、提升,并与下降深度、捣固深度传感器构成闭环系统,在程序控制系统的严格控制下进行捣固作业,并将捣固装置的位置信号反馈到程控系统,供程控系统进行逻辑控制和联锁。

轨道的横向移位是由拨道系统来控制的。在程控系统的控制下,液压伺服阀动作,执行机构将轨道拨到要求的位置上。在拨道系统中根据输入的各种参数形成总的拨道信号,再由总的拨道信号与矢距传感器构成闭环控制。

起道抄平系统则是针对轨道的超高和纵平。通过输入的轨道基本起道量和超高值,并与辅助给定信号一起送入相应侧的起道伺服控制电路中。伺服控制电路在程控系统的协调控制下完成起道作业。

GVA(轨道参数自动处理系统)是一套计算机系统。在捣固车中,它根据输入的线路参数自动计算出在当前作业点进行起拨道所需的5个参数。这5个参数是拨道正矢、基本起道量、起道减小量、作业区理论超高和前端理论超高。使用GVA进行作业时,GVA自动的给出上述5个参数,准确而又方便,可提高作业质量和作业效率,减小操作人员的劳动强度。在结构上,由距离脉冲传感器、键盘和监视器构成GVA的外围设备。GVA根据输入的距离脉冲计算出当前所在点的公里标,作业线路参数则从键盘输入,监视器用于显示当前作业线路的给定状况。由于GVA的输出信号与手动给定信号在电路上是相加的,所以在实际作业时,只能取其一,而另一给定必须为零。

2)辅助控制系统

辅助控制系统是指除作业控制系统以外的其他电控部分。

柴油机控制及整车电源:捣固车作业和自身行走的动力均来自于车上的柴油机,柴油机停机时由两组+12V的蓄电池串联供电;柴油机起动后,由三台直流发电机并联供电,且同时对蓄电池充电,成为整车的总电源,再根据需要形成全车的供电回路。

变矩器控制:变矩器是捣固车高速行走的传动部件,是全车行走的最重要环节。为了保证对变矩器的安全,使用及行车安全,对其有相应的联锁及控制要求,这些要求就是由变矩器控制部分来完成的。

故障报警及多路检测:故障报警电路可检测总风缸压力、柴油机机油压力和柴油机缸体温度、三个直流发电机、制动闸瓦磨耗、两个柴油机滤清器、变矩器的油温、油压和滤油器等共14个量。当任意一路发生故障时,相应的指示灯点亮并产生声音报警以提醒操作者处理。多路检测是一个40路输入的信号选择器。通过选择可监测作业系统中的大多数信号,为迅速检查故障提供一个有力手段。

轨道参数记录系统是一双通道长图笔式记录仪。它根据距离脉冲传感器产生的脉冲控制走纸,要记录的模拟信号控制记录笔的移动,从而将轨道的方向和水平偏差信号记录下来。

通话系统提供了前后操作司机室的对话功能,以使前后操作者协调操作。

在捣固车上还装配有空调器和燃油式取暖器。空调器的压缩机是由柴油机驱动的,所以只有当柴油机运转时,才能使用空调器。但燃油式取暖器则可以单独使用。

全车的照明包括作业照明、前后灯和驾驶室照明等。它们均由相应的操作开关进行控制。照明的电源来自主蓄电池和由柴油机带动的三个直流发电机。

以上是从控制结构上对D08-32型捣固车电气系统的一个简单介绍。从硬件而言,电气系统共包括38个大小不同的控制箱和布线盒,系统包括15种30件标准3U结构的控制板和13种8件其他类型的控制板,6种11件矢距、超高和测距等传感器。

2. 电路元件代号

D08-32型捣固车是引进技术生产的,以前我国也曾经进口了一批这种车。在奥地利提供的电气系统图纸中,所采用的图形符号和电路元件代号与我国的国家标准不完全相同。目前我国正在推行新的电路图形符号国家标准(GB 4728.1—1985~GB 4728.13—1985),

在电气系统的国产化过程中,尽量按照新国家标准的规定出图。

1)元件代号的组成

元件代号通常由三部分构成,如下所示:

第一部分	第二部分	第三部分

第一部分:数字,由1位或2位数字组成(在各个控制箱的布线图及各电路板的原理图上这一部分常常省略),表示元件在车上的位置。

第二部分:通常只有一个或两个英文字母,表示元件的类型。

第三部分:通常由1位到3位数字组成,代表其序号。

2)各部分字符所代表的意义

第一部分:

1——表示该元件安装在车体上,而不在各控制箱中。

2——表示该元件在B2控制箱中。

此外还有4、5、7、11、13、19、21、28、33、40、42、50、51、52、53、55、77、83等均表示箱号,分别表示该元件或部件在B4、B5、B7、B11、B13、B19、B21、B28、B33、B40、B42、B50、B51、B52、B53、B55、B77、B83等控制箱中

第二部分:各英文字母所代表元件的种类如表7-1所示。

各英文字母所代表元件的种类 表7-1

字母	代表种类	说明
a	开关	主电源开关,如la1主蓄电池开关
b	开关	一般开关,按钮开关,钮子开关,点火开关等
D、n	二极管	在印制电路板上用D,其他地方用n
e	安全元件	保险管,自动开关(断路器)等
f	传感器	正矢、超高、深度、抄平、位移、油压、温度等传感器
g	测量仪表	一般仪表、电压表、电流表、计数器、记录仪等
h	信号元件	灯、电笛、蜂鸣器、闪光灯等
IC	集成电路	
LED	发光二极管	
m	电机	发电机、电动机、风扇、洗涤泵、起动电动机等
p	电位器	仅指印刷电路板上的电位器
R	电阻	通常指印刷电路板上的电阻
r	电阻	通常指印刷电路板以外的电阻
Re	继电器	通常指用于印刷电路板上的继电器
d	继电器	通常指位于印刷电路板以外的继电器和接触器
S	电磁阀	电磁阀线圈,印刷电路板上的开关
T	三极管	
u	PCB组件	印制电路板组件
ZD	齐纳二极管	包括稳压管和过电压抑制二极管

说明:D08-32型捣固车电气系统共有三种接地点,即OA、OD、1,在各个控制箱中互不相连,而在车体的一点上连在一起。

第三部分：

由 1~3 位数字构成，这是由设计者给定的该元件的编号。

举例：1f01 是指安装在车体上的正矢传感器，5b8 是 B5 箱内的柴油机起动开关。

二、柴油机控制及整车电源

1. 柴油机控制

柴油机的控制包括起动控制、停机控制及预热控制。

(1) 柴油机的起动控制。

①准备。在起动之前电源主开关 1a1，自动开关 5e6、5e9、13e2、13e3、13e8 和 13e12 均应合上以接通起动所需的电路，钥匙开关 569 插入并合上。

②预热。将起动开关 5b8 或 11b8 拉至第 1 位，则继电器 13Re3 得电动作。预热电阻得电开始预热，同时，继电器 5u5/D 也得电而自保持，13Re2 失电不动作，则 1S6、1S71 得电，燃油回路开通。当预热一定时间后，信号灯 5h4 和 11h4 亮，此时预热结束。

③起动。将起动开关 5b8 或 11b8 拉至第 2 位。此时，1S91 喷油电磁阀得电开始喷油，13Re1 得电，1S592 和起动电动机得电，且起动离合器合上。于是柴油机起动条件得到满足而起动起来，此时松开 5b8 或 11b8，起动电动机失电，起动离合器脱离，但 5u5/D 自保持而保持油路畅通，柴油机继续运转。

(2) 柴油机的停机控制。开关 1b20~1b25、2b45、4b16 和 5b29 任一个被压下闭合时，继电器 5u5/D 失电，13Re2 得电，1S6、1S71 失电，从而切断供油回路将柴油机停机。

(3) 另有两个信号：作业闭锁信号和走行闭锁信号加至继电器 5u6/B。这两个信号的引入是为了确保在起动柴油机之前不能接通作业系统电源、变矩器不能挂挡，以确保安全运行。因为一旦作业系统得电或变矩器挂挡，则继电器 5u6/B 得电，其动断触点断开，13Re1 不能得电，导致起动电动机不能得电，于是柴油机不能起动。

(4) 通过对控制电路的分析，有一个问题有必要提出，如果作业过程中，因某种原因导致柴油机停机，此时如要再次起动柴油机请检查：

①确保紧急停机按钮 2b45 未压力；

②作业电源开关 2b20 未合上；

③变矩器前后挡位开关 1u11 和 1u11a 未挂挡，三个条件必须满足才能按操作要求起动柴油机。

2. 整车电源

整车电源系统框图如图 7-2 所示。

从图 7-2 可看出，由 3 台直流发电机向 4 组蓄电池充电，其中 1n1 为 24V 200Ah 的主蓄电池，1n2 为向 GVA 供电的 24V 蓄电池，由发电机直接向它充电。1n3 为 12V 的蓄电池，当未使用激光准直时，由主蓄电池经充电电路限流降压后向它充电；当使用激光准直时，由它向激光接收器供电。BA 为 20Ah 12V 的干式蓄电池，它装于激光发射器的电源箱中，未使用时，放于车上由 1n1 经插头、电源箱内的充电控制板向它充电；当投入使用时，由它向激光发射器供电。

在全车的供电中，有三种电源板：EK-8125V、EK-8135V 和 EL-T5083。

EK-8125V：该板用于程控系统，它是一块基于 PWM 控制的开关电源。内含过电流和

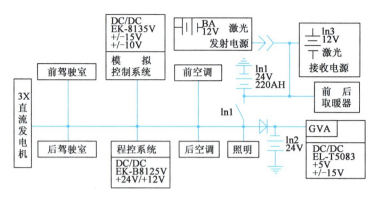

图 7-2 电源系统框图

过电压保护电路,输入为 19~32V,输出稳定在 12V,输出电流可达 3.5A。

EK-8135V:该板用于模拟控制系统中。全车共有 4 块投入使用。输入电源为 24V,经一开关电源 DC/DC 变换模块后输出±15V 电源,±15V 经稳压后输出±10V。±15V 主要用于模拟控制中向运放电路提供电源,±10V 则用作传感器和给定值的电源。±10V 的负载能力被限制在 40mA。该板中电位器 P1 用于校正+10V,P2 用于校正-10V。

EL-T5083:该板用于 GVA 中,用来将+24V 电源变换为 GVA 系统中所需的+5V 和±15V 电源。该板用 PWM 控制集成电路构成的单端正激式开关电源,输入与输出隔离,输出电压的稳定度较高。它输出的+5V 主要用于向计算机电路供电,±15V 用于运放和 D/A 及采样保持电路等。

三、捣固装置升降控制系统

捣固装置是捣固作业最主要的部件,捣固装置工作正常与否直接影响作业的质量和效率。因此了解捣固控制电路原理和调整方法是十分重要的。

捣固装置有左右两个,分别由两块装在 B2 箱内的 EK-16V 电路板来控制。下面先介绍 EK-16V 板的电路原理,再介绍其调整方法。

1. 捣固装置升降控制的电路原理

捣固装置升降控制电路框图如图 7-3 所示,详细分板电路原理图参见 ZS99-00-15DY。

捣固装置升降控制系统是一个包括电路、液压部件和传感器组成的闭环控制系统。

装在 B2 箱面板上的拨盘电位器 2f13 担任捣固深度给定。其输出电压值随给定深度而线性变化。当给定深度为 400mm 时,2f13 的输出电压为-10V。深度传感器(左 1f14,右 1f15)的输出电压作为反馈信号,最大输出电压为±10V,零点以上为负,零点以下为正。

捣固深度反馈信号由插件的 6d 端子经电阻 R3 送入运算放大器 OP1A 的同相端。OP-1A 为一电压跟随器,起隔离作用。运放 OP1B 担任捣固装置位置的调零并兼作放大倍数调整,其闭环放大倍数通过电位器 P13 可在 0.78~1.5 之间调整,正常工作时应调在 1.32 倍。

由 2f13 来的深度给定负电压信号经插件的 6b 端子和电阻 R29 送到运放 OP2B 的反相端。OP2B 为一反相器,其输出的正电压经继电器 Re5 的接点送到运放 OP3B 的反相端,在 OP3B 中与来自 OP1B 的反馈信号相比较,OP3B 将给定信号和反馈信号的差值进行倒相,以满足后级运放 OP4B(捣固装置下降时)或 OP4A(捣固装置上升时)的极性要求。OP4B 和 OP4A 为捣固装置控制调节器。

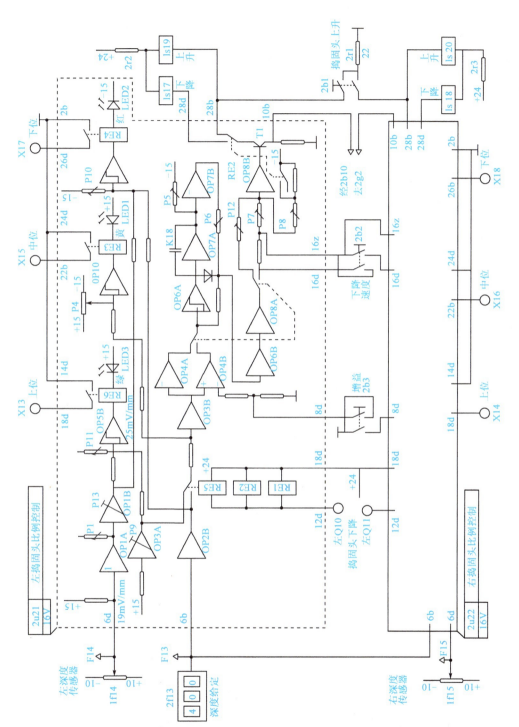

图 7-3 捣固装置升降控制框图

单元七 电气控制系统

当需要捣固装置下降时,来自程控电路的捣固装置下降信号产生(左 Q10,右 Q11)。插件的 lgd 端子接 OD,18b 端子的 +24V 电压使继电器 Rel、Re2、Re5 得电吸合。来自 2f13 的深度给定信号经 OP2B、Re5 的得电闭合触点和 OP3B 送到 OP4B。由于 OP4B 的放大倍数较大(约 4.55 倍),当捣固装置尚未来得及下降时,OP4B 输出约 -14V 的饱和电压。该电压经 OP6B 和 OP8A 两次倒相,再经 R62、R64、P7 送到 OP8B 的反相端。OP8B 输出的正电压使晶体管 T1 导通,电流加大,+24V 电压经 Sil→D18→端子 30Z→2r2(在 B2 箱底板上)捣固装置下降比例伺服阀(左 1S17,右 1S18)→端子 28d→D15→T1→R76→端子 30db(OD),比例伺服阀流过最大值为 570mA 左右的控制电流(开关 2b2 在 2 位,即闭合位)捣固装置开始下降。当捣固装置下降到指定深度时,深度传感器(左 lfl4,右 lfl5)来的正极性反馈电压送到调节器 OP4B,使 OP4B 的输出退出负饱和回 0,并出现数值不大的正电压,再经 OP6A、OP6B、OP8A、OP8B 的作用使 T1 截止,比例伺服阀电流减小到 0,捣固装置停止下降。

当捣固完成需要捣固装置上升时,来自程控电路的捣固装置下降信号(左 Q10,右 Q11)消失,继电器 Rel、2、5 失电。捣固装置上升高度的给定电压由 OP3A 的输出电压决定。OP3A 的输入电压为固定 +15V,其输出电压可在 -1.25~-6.95V 之间调节,在作业时捣固装置的上升高度可在 50~263mm 之间调节。一般规定捣固装置的作业上位在 0 位以上 100mm 处,因此应调节 P9 使 OP3A 的输出电压为 25mV×100=2.5V。此时由运放 OP4A 担任调节器。和捣固装置下降时一样,OP4A 输出的负电压经 OP6B、OP8A、电阻 R63、P12、OP8B 使 T1 导通,电流增大,此时 +24V 电压经 Sil、D18、30Z、2r2、上升比例伺服阀 1S19(1S20)、28b、D15、T1、R76、30db 到 OD,形成捣固头上升伺服电流通路(该电流最大值约 500mA),捣固装置上升。当捣固装置上升到指定高度时,OP4A 输出电压回 0 并微正,T1 截止,捣固装置停止上升。

电阻 R76 为比例伺服电流取样电阻,阻值为 lfl。将 R76 上的电压经开关 2b10 加到 0.75V 满度的电压表 2g2 上,即可从 2g2 上读出伺服电流值。

比例伺服阀线圈是电感元件。当晶体管 T1 突然截止时,线圈两端感应出很高的电压可能将 T1 击穿,为此接入续流二极管 D16 和 D17,又为了缩短续流时间而增加了电阻 R67 和 R68。

运放 OP8B 是通过 R75、T1 的发射结、R74 形成闭环,R74 为闭环反馈电阻。这样闭环的好处是可以克服 T1 发射结所造成的控制死区。

不论捣固装置下降或上升,当给定电压刚加入时,即捣固单元下降信号 Q10、Q11 刚到来或消失的瞬间,捣固装置还来不及动作,此时 OP4B 或 OP4A 输出负饱和电压,约 -14V。该电压除了送到 OP6B,同时还送到 OP6A,使 OP6A 输出 -14V 左右的负饱和电压。由于 OP6A 对负输入电压处于开环放大状态,放大倍数极大,此负饱和电压将一直保持。该电压经 R47、P3 送到 OP7A 的反相端。在此以前 OP7A 已经有 -10.6V 的输出电压,此电压与经 R52、P5 来的 -15V 电压相叠加,使 OP7B 输出 +12.2V 的电压。此电压经 P6、R50 送到 OP6B 的输入端与来自 OP4B 或 OP4A 的 -14V 电压恰好相互抵消。此时 OP6B 输出电压为零。OP8A 输出亦为零,但来自 P8、R78 的 -15V 预置电压,已经加到 OP8B 的输入端,使 T1 导通,比例伺服阀中流过预置电流。由于 OP7A 为一积分器,来自 OP6A 的 -14V 电压送来后,使 0P7A 的输出电压从 -10.6V 逐渐变成 +10.6V。这时 OPTB 的输出电压也从 +12.V 逐渐变到零,OP6B 的输出电压从零逐渐变到 +14V。因此比例伺服阀 1S17~

1S20 的电流从预置电流逐渐上升到最大值,这样就可以避免捣固头的冲击。运放 OP7A 输出电压的变化速率取决于积分时间常数 $\tau=(R47+P3)K18$,调节 P3 即可调节变化速率。P3 应在整车调试时根据捣固装置的动作情况来进行调节。

当捣固装置动作到位时,比例阀中通过预置电流 250mA,但比例阀的阈值电流为 200mA,即是说此时比例阀中仍有液压油通过,这就迫使捣固装置到达指定的位置时仍继续移动。当深度传感器来的反馈电压的绝对值比给定电压的绝对值略大时,使得 OP4B 或 OP4A 的输出电压变为正值。只要有很小的正电压加到 OP6A 的输入端,由于 R45 和 D6 强烈的正反馈作用,OP6A 立刻输出正饱和电压,约+14V,该正电压经 D7、R58 加到 OP6B,使 OP6B 负饱和,OP8A 正饱和,晶体管 T1 立即截止,比例伺服阀电流降到零,捣固装置停止动作。随着 OP6A 输出的+14V 电压对电容 K18 的充电,OP7A 的输出由+10.6V 逐渐向-10.6V 变化,OP7B 的输出也由零逐渐升高到+12.2V,为捣固装置下一步动作的缓冲做好准备。

当比例伺服阀工作时,线圈中首先流过一定的预置电流或称偏置电流,让滑阀克服弹簧的作用力使阀口处于临界开放状态。

该预置电流是在 OP8A 输出电压为零的情况下通过调节 P8 来确定的,一般调到 250mA 左右。捣固装置上升比例伺服阀中的预置电流由于电路中串入了电阻 R72 要比下降比例伺服阀中的预置电流略小一些。

B2 面板上的"下降速度"控制开关 2b2 扳到 2 位,即闭合位时,经插件的 16d、16z 端子将电阻 R64 短接,下降比例伺服阀中的电流较大。当 2b2 扳到 1 位,即断开位时,R64 接入,伺服电流减小,捣固装置下降的速度减慢。

前已述及,OP4B 为捣固装置下降控制调节器,其静态放大倍数为 4.55 倍。若 OP4B 的负饱和电压为-14V,则在捣固装置下降过程中,当输入 OP4B 的电压绝对值超过(14÷4.55)3V 时,OP4B 始终输出-14V 饱和电压零比例伺服阀保持最大伺服电流。一旦 OP4B 输入电压绝对值小于 3V,OP4B 即退出饱和,输出电压从-14V 开始向 0,变化,伺服电流也从最大值开始减小。已知深度给定电位器 2f13 在深度给定为 400mm 时,输出电压为-10V,即单位电压的给定深度为 40mm/V。因此 3V 电压的对应深度为 120mm,也就是说当捣固装置下降到离给定深度还差 120mm 时,伺服电流开始减小;当达到给定深度时,OP4B 输出电压为零,伺服电流降到预置电流值。当捣固装置因惯性而稍有过冲时,伺服电流降到零。

综上所述,伺服电流的变化过程可用图 7-4 来表示。

图 7-4 中:

I_J——下降比例阀伺服电流;
I_{JY}——下降比例阀预置电流;
I_{JM}——下降比例阀最大伺服电流;
I_S——上升比例阀伺服电流;
I_{SY}——上升比例阀预置电流;
I_{SM}——上升比例阀最大伺服电流。

图中 $0\sim t_1$、$t_4\sim t_5$ 为伺服电流的增长时间,它取决于积分时间常数 τ。伺服电流下降时间

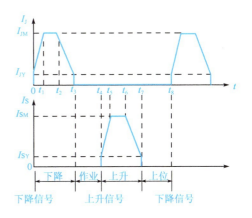

图 7-4 伺服阀的电流变化曲线

$t_2 \sim t_3$,取决于 OP4B 的闭环放大倍数。$t_6 \sim t_7$ 取决于 OP4A 的闭环放大倍数。为了改变捣固装置下降过程中伺服电流的下降时间,在 B2 箱面板上装有开关 2b3,称作增益开关。当 2b3 闭合时,R40 被短接,OP4B 的放大倍数增加到 6.33 倍。捣固装置下降到离给定深度还有 88mm 时,伺服电流开始减小。

控制箱 B2 面板上的开关 2b1(2X19)可以将捣固装置手动升起。当开关 2bl 置左位时,捣固装置上升比例伺服阀(1S19、1S20)不受 EK-16V 电路板的控制,而通过 2r2(2r3)、2rl 直接与 24V 电源接通,捣固装置手动升起。

运放 OP10、OP5A、OP5B 及其外围电路用以显示捣固装置的所在位置,并向一位机程序控制部分提供位置信号,以保证整车作业和走行时逻辑控制的正确性。

从电路结构来说 OP10、OP5A、OPSB 均为施密特触发器。

OP10 担任捣固装置中位信号检测。当捣固装置下插到零位以下 100mm 时,即认为已经进入中位,此时调节 P4 使继电器 Re3 吸合,插件的 22b 与 24d 接通,即程控输入 X15 接 OD,同时黄色发光二极管 LEDl 亮。OPSB 担任捣固装置上位信号检测。当捣固装置上升到上部停止位以下 40mm 处,认为已进入上位,此时调电位器 P11 使继电器 Re6 吸合,插件的端子 18b 与 14d 接通,程控输入 X13 接 OD,同时绿色发光管 LED3 亮。由于捣固装置的上部停止位是可变的,因此在 OP5B 的输入端除了引入传感器的反馈电压外,还应引入上位的给定电压信号,即 OP3A 的输出电压。OPSA 担任捣固装置下位信号检测。当捣固装置下降到给定深度以上 30mm 处即认为已到下位,此时调 P10 使继电器 Re4 吸合,X17 接 OD,同时红色发光管 LED2 亮。由于下位点随给定捣固深度的不同而异,故在 OP5A 的输入端必须同时引入深度给定信号。

继电器 RE3、RE4、RE6 动作所代表的上位、中位、下位如图 7-5 所示。

2. 捣固装置升降控制插件的调整

将 EK-16V 插件按图 7-6 接线。其中 Ug 代表捣固深度给定电压,Uf 代表深度传感器反馈电压,RL 为取代比例阀线圈的负载电阻。

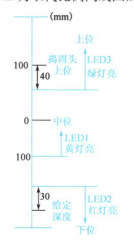

图 7-5 捣固装置上位、中位、下位置示意图

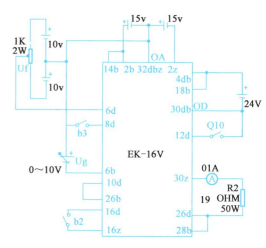

图 7-6 EK-16V 插件调试接线图

首先将 b2、b3、Q10 三个开关全部断开。

调试步骤如下:

(1)Ug、Uf 全部调到零,调电位器 P1 使其中点输出电压为 0.000V。

(2)给定 Uf=+1.90V,调 P13 使 OP1～10 脚为-2.89V;给定 Uf=-1.90V,测 OP1-10 脚应为+2.11V。

(3)使 Uf=0.00V,调 P9 使 OP3-12 脚为-2.50V,测 OP3-10 脚应为+2.89V,OP4-12 脚应为-9.62V。

(4)将电路板上的按钮开关 b1 扳到-15V 位,测 OP7-12 脚应为+10.6V 左右,调 P5 使 OP7-10 脚为 0V;再将 b1 扳到+15V 位,测 OP7-12 脚应为-10.6V 左右,OP7-10 脚应为+12.2V 左右,若 b1 开关在+/-15V 位时,OP7-12 脚电压与-/+10.6V 相差过大(1.2V 以上),则应更换稳压管 ZD1、ZD2。

(5)调 P3 使其阻值约为 20kΩ。

(6)闭合开关 Q10,测 Re1、Re2、Re5 应正常吸合。使 Uf=0,Ug=-5V,测 OP4-10 脚应为负饱和输出,约为-14V。将开关 b1 打到+15V 位,调 P6 使 OP6-10 脚为 0V,同时 OP8-12 脚也应为 0V。

(7)同(6)条,在保持 OP8-12 脚为 0V 的情况下,调 P8 使电流表指示值≈250mA。

(8)同(6)条,闭合 b2 和 Q10,使 Uf=0,Ug=5.0V,插件内的开关 b1 在中间位,调 P7 使电流表指示 570mA。

(9)断开 b2 和 Q10,使 Uf=0,Ug=5.0V,调 P1Y2 使电流表指示 500mA。

(10)闭合 Q10,使 Uf=0,Ug=1.0V,测 OP4-10 脚应为 7.63V,再闭合 b3,测 OP4-10 脚应为-10.62V。

(11)使 Uf=+1.90V,调 P4 使 Re3 吸合,LED1(黄色)应亮,测 22b 与 0D 间电阻应为零。减小 Uf 使 Re3 释放,22b 与 0D 间应不通。

(12)使 Uf=-1.14V,调 P11 使 Re6 吸合,LED3(绿色)应亮,测 14d 和 18d 间电阻应为零。将 Uf 向正方向增加,使 Re6 释放,测 14b 与 18d 应不通。

(13)使 Ug=10·00V,Uf=+7.03V,调 P10 使 Re4 吸合,测 2b 和 26d 间电阻为零,LED2(红色)应亮。逐渐减小 Uf,使 Re4 释放,测 2b 与 26d 间应不通。

现将捣固头模拟控制插件 EK-16V 中各电位器的作用介绍如下:

P1——捣固装置零点调整;

P3——捣固装置阻尼(积分时间)调整;

P4——中位信号调整;

P5——OP7B 输出电压调整;

P6——OP6B 输出电压调整;

P7——下降最大伺服电流调整;

P8——预置电流调整;

P9——捣固装置上位点调整;

P10——下位信号调整;

P11——上位信号调整;

P12——上升最大伺服电流调整;

P13——深度反馈信号校正电位器。

四、拨道控制系统

D08-32 型捣固车采用单弦测量轨道方向偏差的方法,通过电路上的自动控制,借助于液压执行系统而减小或消除轨道的方向误差。

单弦测量法,又可选用三点式或四点式来具体实现拨道,在长直线段还可借助激光来进行准直拨道。

首先简介拨道系统的作业控制过程,然后分析控制电路,最后再介绍五路信号选择显示电路。

1. 拨道系统的构成

三点式和四点式拨道的几何原理可见其他单元,那么拨道系统又是怎样控制的呢? 如图 7-7 所示,拨道系统由相应的测量、电子控制和执行拨道的液压机构等构成。拨道系统的控制电路框图如图 7-8 所示。

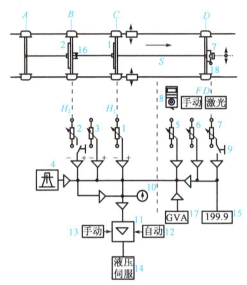

图 7-7 拨道系统原理图

1-矢距 H_1 测量传感器(1f01);2-矢矩 H_2 测量传感器(1f02);3-后驾驶室的调零电位器(7f24);4-作业区电子摆(1f07);5-手动输入曲线修正值的数字电位器(4f1);6-前端轨道偏移量 FD 的输入电位器(4f4);7-激光准直时,前端轨道偏移量 FD 值传感器(1f27);8-三点式与四点式的选择开关(7b1);9-激光准直投入开关(4b1);10-拨道指示仪表(1993,3394);11-拨道信号总和;12-自动拨道控制信号(来自于程控(Q1A));13-手动拨道控制开关(2b26);14-液压拨道系统的伺服控制;15-拨道指示数字表(3 位半,492);16-三点式拨道的钢弦固定叉;17-GVA;18-激光接收驱动电动机(1m7);S-钢弦线;A-后张紧小车(在材料车下);B-测量小车(在后驾驶室下);C-拨道小车(在作业区);D-前张紧小车(存前驾驶窜下)

2. 四点式拨道作业

四个小车放在轨道上,并被预加载压向某一股钢轨,测量钢弦被张紧于 A、D 小车之间,弦 AD 的方向即成为准直方向,三点式拨道的钢弦固定叉 16 被抬起。拨道传感器 1f01 和矢距测量传感器 1f02 的叉子卡于钢弦 AD 上,传感器的拨叉由钢弦带动,而传感器拨叉的运动又将带动传感器中的电位器旋转,这样就将矢矩量转换为与矢距值相对应的电信号,并送入电子控制系统。矢矩量 H_0 乘以矢距比之后以(与 H_0)相反的极性加到拨道信号总线上。同时,在前驾驶室中将曲线修正值或前端轨道偏移量分别通过数字电位器 5 和电位器 6 送入控制系统中。如果线路曲线已输入 GVA 中,GVA 已通过内部线路与控制系统相连,GVA 即会将修正值自动送到控制系统。此时就不再需通过数字电位器 5 输入,而必须将数字电位器置于 000.0mm 上,但 GVA 中没有前端轨道偏移量 FD 值送出。数字电位器 6 经四点式的偏差减小率的比例变换后再加至拨道信号总线上,同时还有零点校正信号 3 和曲线修正信号 4 加至信号总线上,这就形成了拨道的总信号。

拨道总信号一路送到拨道指示表 10 (19g3 和 33g4),当拨道完成时,拨道指示表应指向 0 位;另一路则送到拨道伺服放大器。自动拨道时,伺服放大器受控于来自程控的自动拨道开始信号 QIA,伺服放大器控制拨道伺服阀而使液压拨道系统进行拨道。拨道时,矢距传感器将矢距 H_0 检测出来又回送到总信号线上。当矢矩传感器检测到的矢矩 H_0 达到要求时拨道总信号变为 0,伺服阀中无电流而停止拨道。当手动拨道时,拨道总信号不参与拨道控制,仅手动拨道信号直接控制伺服系

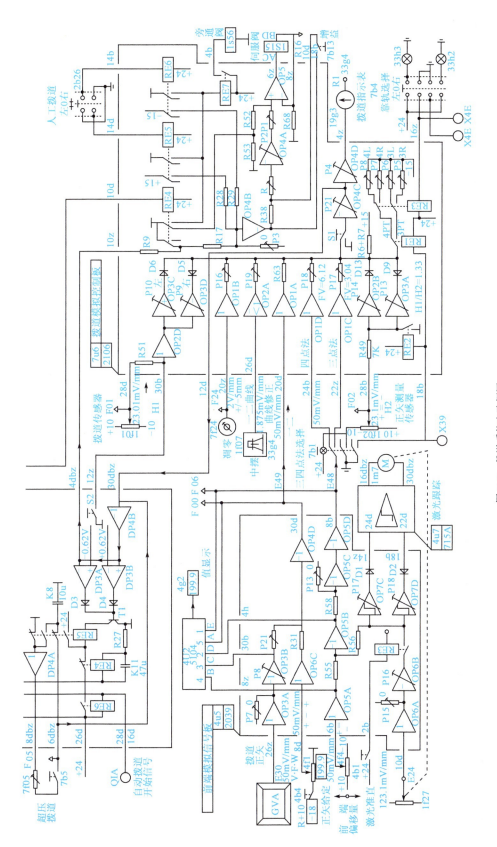

图 7-8 拨道系统电路框图

单元七 电气控制系统

统进行拨道,但拨道指示表仍继续指示。当拨道指示表针指向 0 位时则停止拨道,这样就完成了手动拨道。

3. 三点式拨道作业

三点式拨道的钢弦固定叉卡于钢弦上。三点式与四点式的选择开关 7b1 置于三点式,这样就切除了矢距测量传感器 2(1f02),即不使用矢距 H_0 测量传感器。在前驾驶室中的数字电位就切除了矢距测量传感器 2(1f02),即不使用矢距 H_0 测量传感器。在前驾驶室中的数字电位器 5(4f1)送入作业点的理论正矢值(参见三点式部分)而不再是送入四点式时的修正值;当使用 GVA 时,GVA 会自动地将理论矢距值送到拨道控制回路中。此时需将数字电位 4fl 置于 000.0mm 位置。送到拨道信号总线上的理论矢距与从拨道传感器 1f01 送到总线上的线路实际矢距 H_1 值比较,其差值信号送去控制伺服放大器,通过控制拨道伺服阀从而控制液压拨道系统。当理论矢距与拨道传感器 1f01 的矢距 H_1 的差值为 0 时,拨道指示于 0 位,伺服阀中电流为 0,停止拨道。

4. 激光准直作业

激光准直仅用于长直线路的作业。

激光准直投入开关 9(4b1)置于 ON 位,无论使用三点式还是使用四点式拨道,数字电位器 5(4f1)和电位器 6(4f4)均置于 0 位。因为直线的理论矢距 $H=0$,而前端轨道偏移量 FD 由激光接收器处的 FD 值传感器(1f27)输入[取代电位器 6(4f4)]。机器正前方的激光发射器发射来的激光束成为作业过程的准直基准方向。当机器前端的轨道线路向左偏移或向右偏移时,激光接收器的跟踪控制电路将驱动电动机 18(1m7)控制激光接收器左右移动,使激光接收器始终处于激光光束正好打中的地方。激光接收器又通过拉弦带动 FD 值传感器 1f27 中的电位器随激光接收器的左右移动而旋转,从而将前端轨道偏移量 FD 值转换成电信号送入拨道控制电路。拨道时,当传感器 1f01 检测到的矢距 H_0 与 FDf 汽送到拨道信号总线上的信号差为 0 时,就完成了对该作业点的准直作业。

5. 超量拨道

当钢轨处于张紧状态,并有很大的弹性时,用通常的拨道方法完成拨道后,钢轨将向原来的位置反弹,即并未将钢轨拨到所要求的位置上。在这种情况下就需要使用超量拨道,通过对钢轨的拨道以消除弹性变量的影响,如对重型钢轨的拨道作业。

拨道开关 765 接通,通过 7f05 可调节超量拨道量。在拨道开始前,合成的拨道信号被存入一存储器中。在拨道一开始时,存储器中的信号通过一定的比例与原来的拨道信号加在一起进行拨道。这样,在这个方向的拨道量就比要求进行的拨道量多出了一个拨道值。当两者和信号的拨道值完成时,控制电路就将来自存储器中的信号切除。这时,由于在合成的拨道信号中超量拨道信号的切除使得合成的拨道信号变成一个与原拨道方向相反的拨道信号。这个信号使得轨道被拨回到要求的位置上。这样通过超量拨道电路的控制就解决了对重型钢轨进行拨道作业时所产生的回弹问题。

五、起道抄平系统

1. 起道抄平系统概述

D08-32 型捣固车的起道抄平系统实际上进行两个方向上的起道作业:一是横向以实现对轨道要求的超高;二是纵向以实现对轨道线路纵向水平要求。

对于纵平和横平,两者采用了不同的检测方法。

纵平的检测如图7-9所示,在前张紧小车和测量小车上左右各有一探测杆,探测杆的上端。两侧各张有一根钢弦,M点拨道小车上探测杆的上端两侧各有一抄平传感器,分别与对应侧的钢弦相连,两个比例抄平传感器则将两条钢轨的纵平转换成电信号送入起道模拟控制电路。横平的检测如图7-10所示,在R、M和F点的三个测量小车的横向中央各装有一电子摆,分别将所在点轨道的超高转换成电信号。其中M点和F点的超高电信号送入起道模拟控制电路中,而R点电子摆的超高信号不参与作业控制,仅用于对作业后轨道线路的超高测量,以供记录仪记录之用。

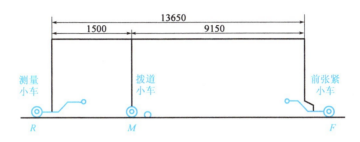

图7-9 起道抄平系统的纵平检测

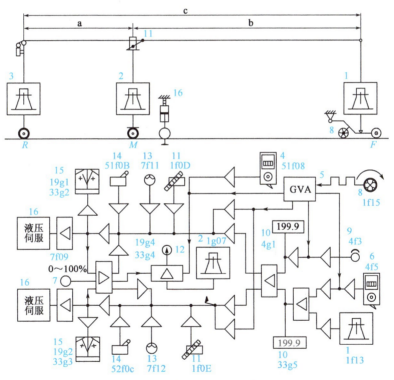

图7-10 起道抄平系统原理图

1-前张紧小车上的电子摆(1f13);2-作业区电子摆(1f07);3-N量作业后线路超高的电子摆(1f16);4-作业区超高输入数字电位器(51f08);5-GVA;6-前端超高输入电位器(4f5);7-沉降补偿调节电位器(7f09);8-距离脉冲传感器(1fS1);9-前端起道量输入电位器(4f3);10-三位半数字表(49l显示起道量,339l显示超高值);11-抄平传感器(左1f0D,右1f0E);12-作业点理论超高与实际超高的差值指示表(19g4,33g4);13-起道总信号调零电位器(左7fll,右7f12);14-辅助起道量的手柄输入电位器(左51f0B,右52f0C);15-起道总信号指示表(左19g1、33g2,右19g2、33g3);16-液压起道伺服系统

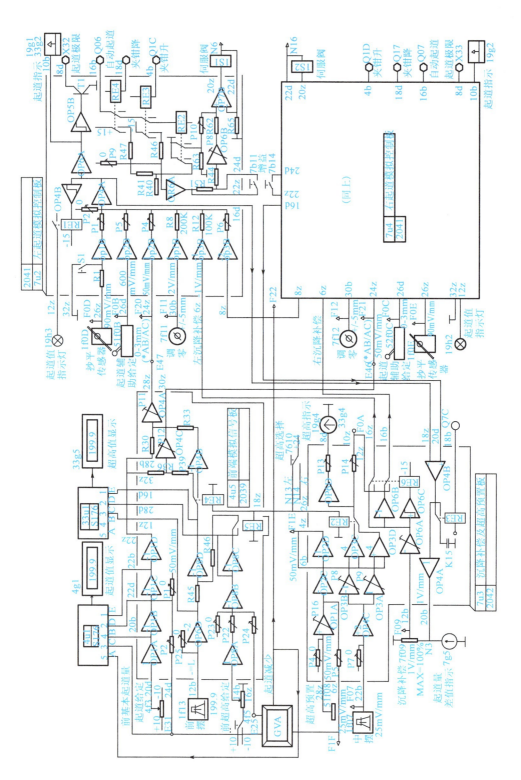

图 7-11 起道抄平系统电路框图

前端的理论超高与前电子摆所测出的实际超高的差值和输入的起道量一起分别形成左右两侧的前端起道量。该起道量以一定的比例传送到左右两侧的起道模拟控制电路中,形成作业点起道信号。

抄平传感器来的信号与理论的起道信号进行比较,其差值再加上辅助起道信号共同构成起道总信号。起道总信号经放大后控制液压起道伺服系统去执行起道。起道抄平系统电路框图如图 7-11 所示。

2. 起道抄平系统电路板控制过程

起道抄平控制系统主要由前端模拟信号板 ZS99-02-41-00DY、沉降补偿及超高预置板 ZS99-04-32-00DY、起道模拟控制电路板 ZS99-04-31-00DY 组成。其中,前端模拟信号板 ZS99-02-41-00DY 是起道信号电路,超高信号与前端起道信号都是从该板形成的;沉降补偿及超高预置板 ZS99-04-32-00DY 主要功能是,将起道点的实际超高与理论超高进行比较辅助,产生差信号用来驱动抄平指示表指示作业情况,操作人员根据指示表指示情况,使用辅助起道量的手柄输入电位器进行相应调节。将左、右两侧的总信号相比较,其差存入存储器,在起道时产生沉降补偿信号送到需进行补偿一侧的起道信号中。起道模拟控制电路板 ZS99-04-31-00DY 对采集信号进行放大处理与运算等。

▶▶ 六、GVA 与 ALC 系统

1. GVA 概述

GVA 是捣固车上的一台微机。它由一套以 6502 为中央处理器的八位微机控制系统组成,主要功能是根据预先输入的轨道理论几何数据,包括公里标、曲线半径、超高、基本起道量、坡度等数据,自动计算出捣固车起道、拨道和抄平时所要参与控制的五种给定值,替代复杂而又频繁的人工给定,以实现半自动作业,提高作业效率。

GVA 输出的五种给定值为:

E30——拨道矢距值或矢距修正值(替代人工给定电位器 4f1)。

E31——基本起道量(替代人工给定电位器 4f3)。

E25——前端超高给定值(替代人工给定数字电位器 4f5)。

F1F——作业区超高给定值(替代人工给定数字电位器 51f08)。

E32(E55)——下沉量(GVA 自动计算出的起道修正值,可以用于补偿起道测量系统中的一些误差)。

如图 7-12 所示,GVA 系统由控制箱、键盘及液晶显示、CRT 显示器三部分组成。

1) 控制箱

控制箱是 GVA 系统的主要部分,主要由七块电路板组成:

(1) 电源板 PS。将 DC24V 变换成 DC+5V,DC±15V。

(2) 视频接口板 TV。CRT 显示器与 CPU 的接口。

(3) 中央处理器板 CPU。该微机系统的核心部分,中央主控制板,其中也包含部分存储器。

(4) 存储器板 RAM。存储程序及数据,并完成输入输出控制功能,包括与键盘及液晶显示器的输入输出接口。

(5) 距离测量板 WM。通过距离测量轮传感器测量作业位置送 CPU,供控制程序使用。

(6)数模转换板 DAC。将 CPU 计算出的数字量输出值转换成模拟量输出值。

(7)模拟量求和板 ANAL。将 GVA 输出的模拟量与外面手工输入的模拟量相加,提供灵活多变的控制方式。

此外在控制箱面板上还有一蜂鸣器,用于输出音频信号,如预警信号、错误提示信号等,受 RAM 板控制。

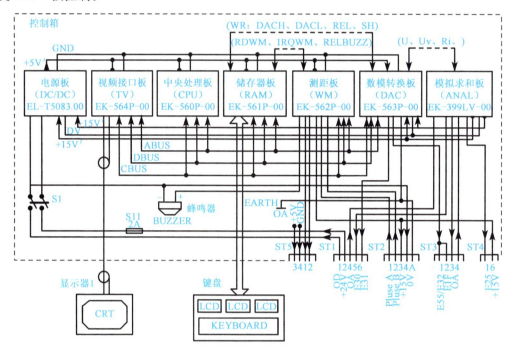

图 7-12 GVA 系统框图

2)键盘及液晶显示部分

键盘作为 GVA 的输入设备之一用于输入数据、选择各种功能,实现人机对话。液晶显示部分作为 GVA 的输出设备之一,分左、中、右三块,用于显示系统的文字信息。两者合在一起由键盘液晶板控制其功能。

3)CRT 显示器

CRT 显示器用于显示 GVA 系统的图形信息,由控制箱中的 TV 板提供视频信号。

前面所说的五种参数均是线路的位置即公里标 S 的函数,$X_n = f_n(S)X$。我们用测轮距测量公里标数 S,将不同的函数关系事先编制在软件中,方便准确地计算出五种参数 X_n,送捣固车作业控制系统。也就是说,GVA 系统的工作原理可以简单地看成:采集公里标信号 S,根据软件已编好的函数关系 f_n,计算输出五种不同的参数 X_n,供捣固车作业控制用。

2. GVA 系统功能

1)GVA 主要功能

(1)输入功能:在 GVA 参与控制作业前可用键盘输入线路的几何形状数据,在作业过程中可用键盘输入数据以操作 GVA 运行。

(2)修改功能:借用输入功能,以公里标为关键字,当第二次输入同公里标的数据时,系统自动进入修改数据功能,同时提供数据删除功能。

(3)输出功能:由液晶显示块 LCD 显示各种操作提示信息和输入输出的数据,由 CRT

显示线路几何形状的图示信息,由蜂鸣器输出预警提醒信号,由 DAC 板和 ANAL 板输出五种计算转换好的模拟控制信号。

(4)存储功能:通过 RAM 板存储 40 个曲线点的数据。有后备电池保护,GVA 掉电后,数据不丢失。另外系统运行的控制软件固化存储在 CPU 板和 RAM 板中。

(5)测距功能:通过距离测量轮传感器,经 WM 板处理,取得距离控制信号,送 CPU 供控制用。

(6)计算功能:由预先编好的程序,根据 WM 板的距离信号,快速准确地计算出五种输出值。这些计算有的是函数计算,有的是查表运算。

2)GVA 系统工作过程

当合上 GVA 系统控制箱主开关后,GVA 被启动运行,中央处理器(CPU)6502 经短暂的上电复位后,自动进入运行状态。首先从一确定地址(FFFC,FFFD)单元读出数据,送程序计数器,CPU 就由此开始逐条执行存储器中的指令。存储器中的指令是按具体功能编制好的,即控制软件。这样系统就开始按软件程序规定的功能正常运行,根据操作者的操作完成一系列的功能。首先操作者可以选择各种方式的输入数据功能,预先输入线路的几何数据,CPU 将其保存在存储器中备用。还可选择显示功能,以查正输入的数据。当发现输入数据有误时,可以以公里标为关键字重新选择输入功能。GVA 遇到第二次输入同公里标数据时提供修改删除功能。一段线路的数据都输好后,可以选择距离模拟功能以实现模拟运行。当捣固车开始作业时,则一段线路的数据都输好后,可以选择距离模拟功能以实现模拟运行。当捣固车开始作业时,则选择开始工作功能。此时 GVA 自动采集测距脉冲以确定捣固车的作业位置,同时实时地自动计算并输出前述五种控制信号,参与作业控制,等等。

3. CPU 板功能

1)CPU 芯片 6502

CPU 即中央处理器,其主要功能是完成计算机系统的基本控制和算术逻辑运算。它控制整个系统协调地工作。存储器中的每条指令都由它读入并解释执行,然后发出各种控制信号,完成不同功能。所有的数据也都经由 CPU 输入输出。

GVA 系统的 CPU 选用的是 Rockwell 公司的 6502(同曾经流行的苹果机、中华学习机的 CPU),它是一种八位通用微处理器(MPU),即数据总线为八位 D0~D7,它的地址总线为十六位 A0~A15,因而 6502 的寻址空间为 64K 0000H~FFFFH。6502 的指令系统简捷明了,寻址方式灵活多样,使用方便。6502 的编址方式采用的是存储器映像编址,即对存储单元与 I/O 混合编址,一个 I/O 口与一个存储单元是等同的。这种编址方式使其 I/O 操作灵活方便,但减少了可用存储空间。本板 6502 的工作频率采用 1MHz 或 2MHz 时钟。这样的工作速度完全能满足捣固车作业的要求。图 7-13 所示为 6502 的引脚功能。

2)CPU 板功能

CPU 板功能框图如图 7-14 所示。

CPU 板的基本工作过程如下。

系统上电后,晶振 U14 起振,产生 8MHz 的时钟信号,经 U13 的 A 和 B 四次分频后送到 RAM 板,再经 RAM 板两分频或不分频送回 CPU 板,给 6502 提供输入时钟 ϕ0。上电的同时在复位电路 T1、U9 的控制下,使衰丽产生低电平强制 6502 复位。6502 处于复位状态,初始化内部各寄存器,并将(FFFC,FFFD)的内容送 CPU 内部的程序计数器 PC。经过片刻,复位电路使 RESET 信号变高,6502 进入运行状态,开始按程序计数器 PC 的内容执

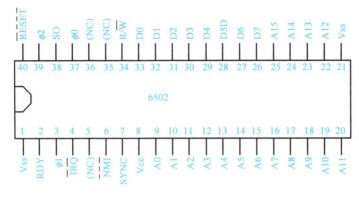

图 7-13 所示 6502 的引脚功能

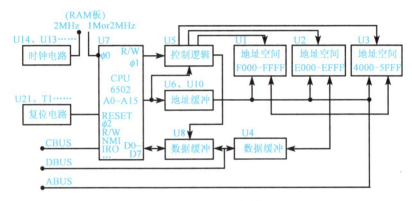

图 7-14 CPU 板功能框图

行各条指令。执行完一条指令，PC 自动加 1 实现程序的顺序执行。PC 也可以被转移类指令修改，以实现程序的跳转。一般的程序总是一个大循环，因此 CPU(6502)就这样按照程序内容循环往复地运行。

CPU 板中的 U1、U2 为 EPROM(2732)，是可擦除只读存储器，存储了部分系统运行程序。U3 为 RAM 也可为 EPROM，既可存储程序也可存储数据，在 GVA 中空着没用，可给有兴趣的开发者扩充功能。U6、U10 为地址总线缓冲器，提高地址信号带负载能力。U4、U8 为双向数据总线缓冲器。U5 为片选信号控制逻辑。继电器 RE1 接 6502 的 NMI 脚上，实现掉电保护。U13、U14 产生时钟信号，提供系统主时钟信号。

3)复位电路

复位电路在 GVA 系统中起着举足轻重的作用，如果其工作不正常，则 GVA 有可能会失去控制，造成死机，或者控制程序进入非正确的工作状态而使计算机进入死循环。

该复位电路有两个功能：一是启机自动复位，另一个是当 CPU 运行中由于某种偶然原因使 CPU 工作不正常而造成死机时，能自动复位，即"看门狗"功能。

复位电路的工作原理如图 7-15 所示。刚上电时，电源通过 RN2-7，对 C20 开始充电。C20 上电压从 0 逐渐上升，U9:C-8 脚输出"1"电平，该电平通过 R1、D2 反馈到 T1 的基极，使 T1 处于截止状态，并保证 C20 按正常速率充电，并通过 U9:D 对 CPU 清零。当电压充到足以使 U9:C 翻转的电平时，U9:C-8 脚输出为"0"，从而取消对 CPU 的清零。另一方面 D2 使反馈回路切断,此时的 T1 由原来 C21 上所积累电压的作用而保持截止,但因 CPU 已进入正常的程序运行阶段,所以地址线 A0 上已有正常的连续脉冲变化;通过 C23 耦合到 C21 上,补充泄放的电压,从而保证 T1 一直处在截止状态,维持 CPU 处在正常的程序运行。

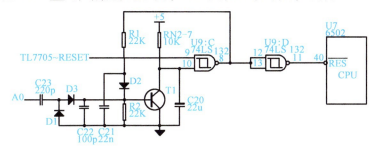

图 7-15　CPU 复位电路

当由于某种原因使 CPU 执行的程序发生错误死机时,地址线 A0 失去脉冲,T1 的基极通过 R2 而进入放大区,集电极电平下降。由于 R2 选择的偏置电流足以使集电极电压低于 U9:C 电路翻转电平,从而通过 U9:D 产生对 CPU 的清零,并且通过 U9:C8 脚输出经反馈回路 R1、D2,使 T1 截止,恢复对 C20 充电,完成清零周期。

4. ALC 概述

ALC 计算机自动处理系统特别适用于捣固车的参数处理和机械控制过程。ALC 的软、硬件系统是一个由相互连通的测量、控制综合人机联动自动控制系统组成的。它是由 Plasser 公司专门为养路机械而设计的。ALC 系统可以进行线路几何参数的发送、接收、分析、处理、存储、转换和传递等多方面的数据处理控制。并且在以上的数据过程结束后,可以根据数据处理的结果,进行线路的进一步自动操作和测量控制。ALC 软件不仅适用于标准线路的捣固作业控制,而且能够进行线路几何参数的随后计算机处理,获得在非标准线路上的修正值。ALC 全视图如图 7-16 所示。

5. ALC 系统硬件

1) 显示器

显示器为液晶显示器,显示器的附件如图 7-17 所示,屏幕罩的作用是保护屏幕同时遮光。显示器的倾斜度可在 90°范围内予以调整。通过前后移动槽形手柄调整显示器的倾斜度。通过轻轻拧紧固定手柄固定选好的倾斜度。拉出拧动可更换固定手柄的位置。拧动时切勿用力过大。

图 7-16　ALC 全视图

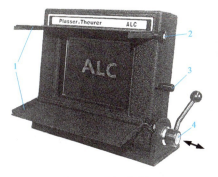

图 7-17　显示器附件
1-屏幕罩;2-屏幕罩安装螺灯;3-槽形手柄;4-固定显示器手柄

2)电源

主电源为外置电池(DC24V),由机器的电力系统充电。如遇主电源电压低或断电,本系统将自动转接到内部电源(备用电池),但显示器不予供电而被自动切断。此时 BACK UP 灯点亮。采用内部供电,处理机可工作约 30min,之后,自动断开。当计算机接通后,内部电源的电池自动由机器的电力系统予以充电。

3)键盘

键盘的结构如图 7-18 所示,键盘的具体使用说明如下。

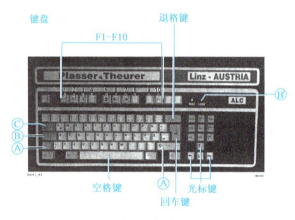

图 7-18　键盘

EXIT 键:用于拿掉菜单、整个屏幕页及帮助模式。如果已输入的屏幕页拿掉而未作变动,在屏幕底部会出现:

"Do you want to quit this form [y/n]?"(你想拿掉这一表格吗?)

(y 键＝是,n 键＝不)

如果这一问题是 y 回答,则这一页被拿掉,不接纳已作的变动。

再按 EXIT 键一下,菜单便后退一步。

按两下 EXIT 键＝停止这一工作模式。

INPUT 键:Enter 键。此键用于选定子菜单、菜单中的项目、输入的窗口以及对输入的确认。如果在同一输入页中有还有更多的窗口,使用 OK 键则可将这些数据一起纳入。

SPACE 键:用于设置空格,并用于选项间的变更,例如:3-point/4-point 或 y/n。

Print:不用。

Roll:不用。

Pause:不用。

Einfg:在光标位置插入字符。

Entf:删除光标标出的字符。

删除标出的"恒定几何形状"区段(当使用"正矢补偿"模式时)。删除标出的"多点"或"纵向水平"区段(当使用"水平补偿"模式时)。

Pos.1:分别将光标置于左边,将输入的窗口置于左上方或选定菜单顶部项目(取决于使用的菜单)。

Ende:分别将光标置于右边,将输入的窗口置于右下方或选定菜单底部项目。

B:ld ↑:向上滚动。

B:ld ↓:向下滚动。

Cursor:根据箭头方向分别移动光标或定位线,输入窗口。

A:大写字母键,小写字母与大写字母之间的转换。

B:大写字母锁定。

B′:大写模式指示灯(LOCK)。

  注:要输入线路数据时,启动大写键(B),而且必须关闭 LOCK 指示灯(B′)。

C:制表键,与大写字母键(A)功能相反。

6. ALC 系统故障分析

1)显示器

显示器出现得最多的问题便是花屏和抖动厉害等问题。这些问题大部分都是由于振动的原因引起显示小板松动而引起的。将显示器打开,取下压条,将显示小板压紧,问题基本能够解决。如果不能解决,并且排除显卡的可能性,这可能是显示小板到显示器接口中间的连线损坏,造成一路信号没有传输到显示小板。如果出现是蓝屏、黑屏可能是显示小板损坏。

2)键盘问题

目前处理的键盘问题相当少,一般情况都是连线松动。

3)电源问题

如果按下开关,ALC 系统没有任何反应,这可以初步判断为电源部分出现问题。首先,应测量供电线路是否有电,如果无,检查 B13 内的 13e48 熔断器是否跳闸,如果没有跳闸,则根据原理图继续向上分析。如果供电线路有电,且是 24V,则是电源板损坏,应该更换电源板。

4)硬盘问题

首先,可以用随机带的 Windows 光盘中的 scandiak 程序检查是否是出现了坏道。如果出现坏道,使用重新分区的办法,将坏道隔离,并不能很好的解决问题,建议更换硬盘。如果没有坏道,则可能是引导区出现问题。特别是引导区有时候能够引导进入 Windows 系统时,很容易被判断为软件方面的问题。作者在青藏线上处理乌局的一台 D09-32 型连续式捣固车时,就遇到过这样问题。由于硬盘引导区出现错误,使得有时候不能正常进入 Windows 系统,使用随车的 Win98 系统盘安装时,进行了硬盘检测后,光驱便不读盘了,不能成功安装系统。而使用作者带的 98 盘却能够安装成功。在系统调试好后一天,系统再次出现错误,不能正常进入 Windows。使用 98 安装盘不能安装成功。使用恢复光盘却能够正常恢复,却仍然不能进入 Windows 系统。系统出现"Invalid system disk,Replace the disk and then press any key."提示。这个提示很重要,可以作为系统引导区错误的一个重要标志。解决方法:使用随车的 Windows 光盘内的 Fdisk 命令低格硬盘,重新建立硬盘分区。最好使用 PartitionMagic(分区魔法师)这个工具来重新建立分区。使用 PartitionMagic 可以在保留硬盘数据的情况下,重新建立引导区。

5)模拟输入输出板

由于模拟输入输出板控制着拨道正矢、超高量,如果这块板出现问题,使用 ALC 时,拨道正矢、超高表都会严重偏转,影响作业。判断是否是输入输出板的问题,我们可以测量 E30(拨道正矢)、E31(基本起道量)、E32(前端偏移)、E25(前端超高)这几个端子的电压与 ALC 上显示的电压是否一致,如果不同则可以判断输入输出板损坏。

6)显卡问题

如果 ALC 出现显示不正常的情况,应该把显卡和显示器综合起来考虑。最好的分析方法是用其他车上的显示器安装到问题车上来进行判断。

练习题

1. 你知道电气系统在 D08-32 型捣固车中的作用是什么?
2. 电气系统的组成是什么?如何进行分类?
3. 你知道柴油机起动电气系统的控制过程是怎样的?
4. 你知道捣固装置升降装置控制过程原理是怎样的?
5. 激光准直系统的工作过程是什么样的?
6. 你知道 GVA 与 ALC 的主要功能有哪些?

单元八

空气制动与气动系统

【知识目标】
1. 能够正确叙述 YZ-1 型空气制动机工作原理。
2. 掌握空气制动阀、调压阀、中继阀等的结构与原理。
3. 能够了解 YZ-1 型空气制动机在捣固车上应用。

【能力目标】
1. 能够对 YZ-1 型空气制动机操作与维护。
2. 能够对空气制动阀、调压阀、中继阀等进行检测与维护。

目前,大型养路机械所采用的空气制动机主要有两种,一种是国内自行开发生产的YZ-1型空气制动机,另一种是引进产品上安装的DB-60型空气制动机。YZ-1型空气制动机占装机总量的绝大多数,而DB-60型空气制动机相对数量较少。

一、YZ-1型空气制动机

1. YZ-1型空气制动机的作用原理

YZ-1型空气制动机的作用原理框图如图8-1所示。

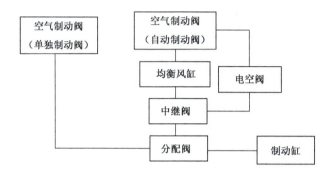

图8-1 YZ-1型空气制动机作用原理框图

YZ-1型空气制动机的控制过程如下。

1)控制全列车运行

空气制动阀(用作自动制动阀)→均衡风缸→中继阀→列车管压力变化→分配阀→制动缸。

YZ-1型空气制动机在控制全列车运行时,用作自动制动阀的空气制动阀实施均衡风缸的压力控制;中继阀根据均衡风缸的压力变化,使列车管的压力产生相应变化;分配阀响应列车管的压力变化,产生制动和缓解的控制。

2)控制单机运行

空气制动阀(用作单独制动阀)→分配阀→制动缸。

YZ-1型空气制动机在控制单机运行时,用作单独制动阀的空气制动阀实施作用管的压力控制,再通过分配阀均衡部去控制制动缸的压力变化,从而实现制动与缓解作用。

自动制动阀俗称大闸,单独制动阀俗称小闸。自动制动阀操纵控制须通过均衡风缸压力的变化转变成列车管压力的相应变化,再去控制制动缸的压力变化。而单独制动阀操纵控制是直接去控制制动缸压力的变化,因此,单独制动阀的制动也称为直接制动,自动制动阀的制动则称为间接制动。

2. YZ-1型空气制动机的组成

YZ-1型空气制动机在各种大型养路机械上的使用,其原理都是一致的。我们以YZ-1型空气制动机在D08-32型捣固车上的运用为例(图8-2),来讨论和学习YZ-1型空气制动机的组成、综合作用、性能试验等知识。

3. YZ-1型空气制动机的主要技术性能

1)自动制动性能(列车管压力500kPa)

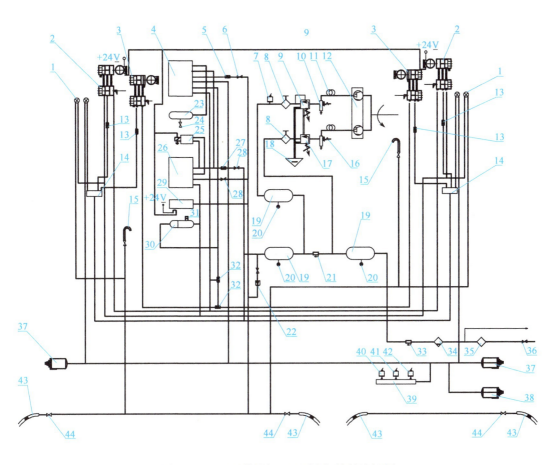

图 8-2　D08-32型捣固车 YZ-1 型空气制动机原理图

1-压力表；2-空气制动阀（大闸）；3-空气制动阀（小闸）；4-分配阀；5、27-滤尘器；6、28、36-截止塞门；7、40、41、42-压力继电器；8-防冻液泵；9-压力调节器；10-集尘器；11-冷却管；12-柴油机；13-调压阀；14-分配块；15-紧急制动阀；16-高压安全阀；17-压力控制器；18-消声器；19-储风缸；20-放水塞门；21-顺序阀；22-无动力装置；23-工作风缸；24-放水塞门；25-电空阀；26-中继阀；29-紧急放风阀；30-双室风缸；31-安全阀；32-三通换向阀（梭阀）；33-顺序阀；34-油水分离器；35-油雾器；37、38-制动缸；39-分配块；43-制动软管；44-截断塞门

(1) 均衡风缸压力自零充至 480kPa 的时间为 5～7s。

(2) 均衡风缸压力自 500kPa 减压至 360kPa 的时间为 5～8s。

(3) 常用全制动时制动缸最高压力为 360kPa（允许在 340～380kPa 范围内）。

(4) 常用全制动时制动缸升压时间为 6～9s。

(5) 常用全制动后制动缸压力由最高值缓解至 35kPa 的时间为 5～8s。

(6) 紧急制动时列车管压力由定值排至零的时间小于 3s。

(7) 紧急制动时制动缸最高压力为 (450±10)kPa。

(8) 紧急制动时制动缸升至最高压力的时间为 6～9s。

2) 单独制动性能

(1) 全制动时制动缸的最高压力为 360kPa。

(2) 制动缸压力自零升至 340kPa 的时间不大于 4s。

(3) 制动缸压力自 360kPa 降至 35kPa 的时间不大于 5s。

二、主要元器件的构造与原理

1. 空气制动阀(大闸、小闸)

1)空气制动阀的作用

空气制动阀是铁路机车制动机使用的标准件。空气制动阀设有"空气位"和"电空位"两个位置。当转换柱塞拨杆置于"空气位"时,空气制动阀作为自动制动阀(大闸)使用,并通过控制均衡风缸的压力变化来操纵全列车的缓解与制动。当转换柱塞拨杆置于"电空位"时,空气制动阀作为单独制动阀(小闸)使用,直接控制作用管的压力变化,单独操纵机车的制动或缓解。

2)空气制动阀的结构

空气制动阀的外形如图 8-3 所示,内部结构如图 8-4 所示,它主要由三大部分组成:凸轮盒部分、阀体部分、阀座。

图 8-3 空气制动阀
1-操纵手把;2-阀体;3-凸轮盒;
4-转换柱塞拨杆;5-阀座

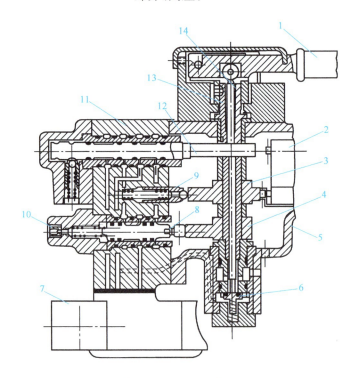

图 8-4 空气制动阀结构
1-手把;2-联锁开关组;3-定位凸轮;4-作用凸轮;5-凸轮盒;6-单独缓解阀;7-阀座;8-作用柱塞;9-定位柱塞;10-排气缩堵;11-阀体;12-转换柱塞;13-转轴;14-顶杆

(1)凸轮盒部分

凸轮盒部分包括手把1、转轴13、定位凸轮3、作用凸轮4、单独缓解阀6、联锁开关组2等零部件。

①手把、转轴与凸轮。手把1、转轴13和定位凸轮3、作用凸轮4组成动作机构,即空气制动阀自身的操纵机构,以实现不同工作位置的气路和电路通断,保证动作准确可靠。转轴13为空心方轴结构,外套定位凸轮3和作用凸轮4。定位凸轮有两个作用:与定位柱塞9组成定位机构,以确保手把各工作位置的准确无误;与联锁开关组2构成电路的控制。作用凸轮根据各工作位置的行程变化来控制作用柱塞8的左右移动,实现气路的连通或切断。转轴中装有顶杆14,顶杆上顶手把,下与单独缓解阀6相连。

②单独缓解阀。单独缓解阀简称单缓阀,当按压手把时,顶杆压下单独缓解阀,2号管的压力空气通过阀体暗道直接进入单独缓解阀的下方,再经阀口排入大气,可实现机车的单独缓解作用。

③联锁开关组。联锁开关组2设在凸轮盒的空腔内,由微动开关、接线端子和安装座组成。它有两个微动开关,上微动开关是双断点微动开关,其弹簧杆触点正对转换柱塞后部,并受转换柱塞12控制。下微动开关是常开的单断点微动开关,其位置恰好在定位凸轮3的后方,受定位凸轮的控制。微动开关通过接线端子与外电路相连。在YZ-1制动系统中,只有在"空气位"时才使用下微动开关的电联锁。

(2)阀体部分

阀体部分主要包括阀体11、作用柱塞8、定位柱塞9、转换柱塞12等零部件。

①阀体。阀体为转换柱塞套、作用柱塞套以及定位柱塞、排气缩堵等零件的安装体,内部有安装转换柱塞套、作用柱塞套以及定位柱塞的空腔,还有许多暗道作为内部气路。

②作用柱塞。作用柱塞随手把转动而动作,改变气路的通断。

③定位柱塞。定位柱塞是用来确定手把各工作位置的定位机构,以防止手把移位而影响空气制动阀的作用。

④转换柱塞。转换柱塞是用来实现电—空转换的机构。它不随手把转动而动作,而是通过阀左侧电—空转换拨杆的扳动在转换柱塞套内作左右移动。通过其尾部定位装置使该转换柱塞只有两个工作位:"电空位"和"空气位"。柱塞的移动不仅切换了气路的通断,同时也使电联锁开关组上方的微动开关压合或开启。

(3)阀座

阀座既是空气制动阀的安装座也是管路的连接座,空气制动阀阀座外形及接管情况如图8-5所示。

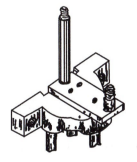 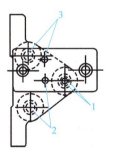

图8-5 空气制动阀阀座外形及接管图
1-1号管;2-2号管;3-3号管

空气位(自动制动阀):1号管是调压阀管,2号管是单缓管,3号管是均衡风缸管。
电空位(单独制动阀):1号管是调压阀管,2号管是作用管,3号管空缺(不接)。

3) 空气制动阀的工作原理

空气制动阀共有四个作用位置,按逆时针顺序排列为:缓解位、运转位、保压位及制动位,如图 8-6 所示。

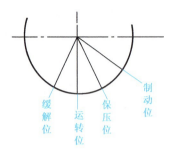

图 8-6 空气制动阀工作位置示意图

下面分别就空气制动阀在"空气位"或"电空位"当作自动制动阀(大闸)或单独制动阀(小闸)使用时,各作用位置的工作过程介绍如下。

(1) 空气位——大闸

当转换柱塞拨在"空气位"后,该空气制动阀作为自动制动阀(大闸)使用。此时,转换柱塞将单缓管至作用柱塞通路阻断,而沟通均衡风缸管至作用柱塞的通路,从而使该制动阀能控制均衡风缸的充风和排风。

①缓解位(图 8-7)。在缓解位时,作用凸轮推动作用柱塞左移至极端位,1 号调压阀管压力空气经作用柱塞凹槽、转换柱塞的固定凹槽进入 3 号均衡风缸管,实现均衡风缸的充气增压。

同时,断开电源和电空阀导线间的连通,不输出电联锁信号。

②制动位(见图 8-8)。在制动位时,作用凸轮有一个最大降程,在弹簧反力作用下使作用柱塞右移到右极端位置,1 号调压阀管的通路被转换柱塞阻断;同时,3 号均衡风缸管的压力空气经转换柱塞的固定凹槽至作用柱塞右侧通道、作用柱塞尾部的排气缩堵通入大气,使均衡风缸排气减压。

此时,下微动开关接触,连通了电源与电空阀间的外接电路,输出电联锁信号。

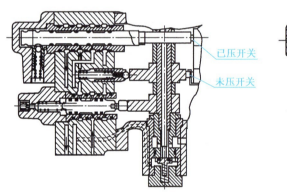

图 8-7 缓解位(空气制动阀"空气位")

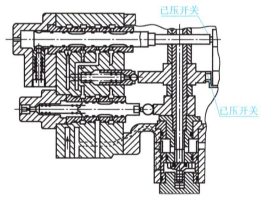

图 8-8 制动位(空气制动阀"空气位")

③保压位(图 8-9)。在保压位时,作用凸轮较制动位时有较小的升程,作用柱塞左移至中间位,不仅切断了缓解位连通的 1 号调压阀管与 3 号均衡风缸管的通路,同时也切断了制动位时连通的 3 号均衡风缸管与大气的通路,使得均衡风缸的压力保持在原来状态,实现自动制动阀(大闸)制动或缓解后的保压。

定位凸轮与下微动开关的位置关系与制动位相同,即连通了电源与电空阀间的外接电路,输出电联锁信号。

④运转位(图 8-10)。在运转位时,作用凸轮与作用柱塞的位置与保压位相同,气路通断状况也与保压位相同,而电联锁在相位上正好相反。也就是说,在运转位时定位凸轮与下微动开关脱离,断开电源与电空阀间的外接电路,不输出电联锁信号。

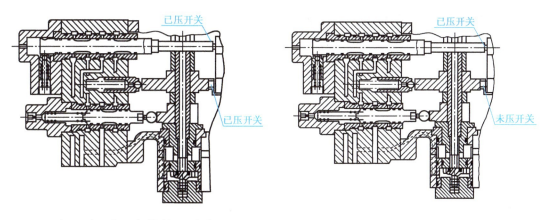

图 8-9　保压位(空气制动阀"空气位")　　　　图 8-10　运转位(空气制动阀"空气位")

由于运转位与保压位的气路连通状况一样,故都具有保压作用。

通过以上分析,我们得知,定位凸轮给出各作用位置的电联锁,缓解位与运转位是一致的,保压位与制动位是一致的,而缓解位与制动位的状态正好相反。

(2)电空位——小闸

转换柱塞拨在"电空位"后,空气制动阀就作为单独制动阀(小闸)使用。此时,转换柱塞处于左极端位置,并与对应的上微动开关脱离;同时,转换柱塞将3号均衡风缸通路阻断,仅沟通2号作用管至作用柱塞的通路,从而使该制动阀能够控制2号作用管的排风和充风。

①缓解位(图8-11)。在缓解位时,作用凸轮推动作用柱塞左移至极端位置,这时2号作用管经转换柱塞固定凹槽及作用柱塞的左端进入凸轮盒与大气相通,作用管压力下降。

定位凸轮与下微动开关的位置关系与空气制动阀电空位时的缓解位相同,即断开了外接电路。

②制动位(图8-12)。在制动位时,作用柱塞右移,2号作用管通大气的通路被阻断,此时1号调压阀管的压力空气经作用柱塞凹槽、转换柱塞凹槽进入2号作用管,作用管压力上升。

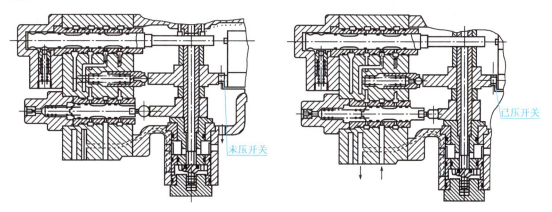

图 8-11　缓解位(空气制动阀"电空位")　　　　图 8-12　制动位(空气制动阀"电空位")

定位凸轮与下微动开关的位置关系与空气制动阀电空位时的制动位相同,即连通了外接电路(但无作用)。

③保压位(图8-13)。在保压位时,作用柱塞左移至中间位,不仅切断了制动位时连通

的1号调压阀管与2号作用管的通路,同时,也切断了缓解位时连通的2号作用管与大气的通路,使作用管压力保持在原来状态。

定位凸轮和下微动开关的位置关系与制动位时相同,即连通了外接电路(但无作用)。

④运转位(图8-14)。在运转位时,作用凸轮与作用柱塞的位置关系与保压位相同,其气路的通断状态也与保压位相同。而定位凸轮和下微动开关的位置关系与缓解位时相同,即切断了外接电路。

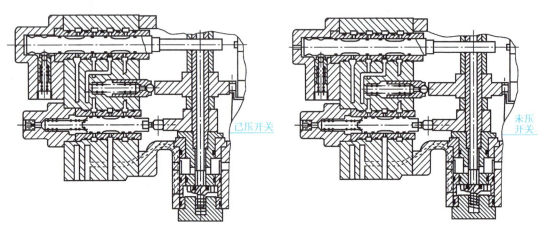

图8-13 保压位(空气制动阀"电空位")   图8-14 运转位(空气制动阀"电空位")

把空气制动阀当作单独制动阀——小闸使用时,由于不利用电联锁的功能,而运转位与保压位的气路通断状况又相一致,故两个位置的作用相同,均起保压作用。因此,单独制动阀(小闸)实际上只有三个作用位置,即缓解位、制动位与中立位(保压位、运转位)。

空气制动阀用作YZ-1型空气制动机的自动制动阀(大闸)和单独制动阀(小闸),虽然都有四个工作位置,但气路的连通状态是不一致的。为了便于区别和记忆,我们把空气制动阀的气路通断用图8-15简单、明了地表示出来。

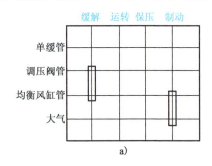 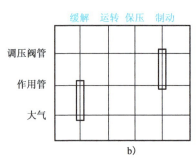

图8-15 空气制动阀的气路通断状况简示
a)空气制动阀用作大闸;b)空气制动阀用作小闸

2.紧急制动阀

1)紧急制动阀的作用

YZ-1型空气制动机中,紧急制动阀是施行紧急制动作用的操纵部件。其作用就是控制大型养路机械单机或所牵引的列车发生紧急制动作用时,使之迅速停车。

2)紧急制动阀的结构及工作原理

大型养路机械采用了两种形式的紧急制动阀,一种是车长阀,另一种是手动换向阀。
(1)车长阀

车长阀的结构如图 8-16 所示,它由阀体 1、阀 5、阀座 2、偏心轴 4 和手把 3 等组成。阀 5 的开启和关闭,是通过手把 3 转动偏心轴 4 来完成的。在阀体上开有两个较大的排气孔8。

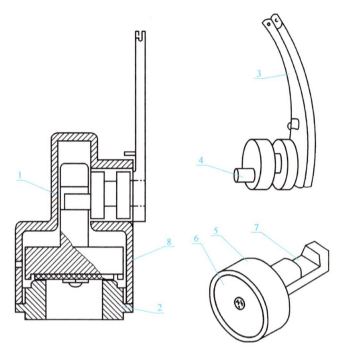

图 8-16 车长阀结构图
1-阀体;2-阀座;3-手把;4-偏心轴;5-阀;6-胶垫;7-阀杆;8-排气孔

车长阀安装在列车支管上,阀 5 的下部连通列车管。在正常情况下,手把 3 向上,偏心轴 4 向下,阀 5 被压紧在阀座 2 上,阀口密闭。

在大型养路机械牵引列车或单机运行中,遇到紧急情况时使用车长阀。使用时,向下拉动手把,将偏心轴转到上方位置,使阀杆带动阀离开阀座上移,阀口打开,列车管内的压力空气通过开启的阀口以及阀体上的排气孔直接而迅速地排向大气,如图 8-17a)所示。

要使列车管停止排气,则向上拉动手把,将手把放回原来位置。由于偏心轴转到下方位置,阀杆带动阀下移,使阀紧压阀座,关闭阀口,遮断列车管与大气的通路,从而停止排出列车管内的压力空气,如图 8-17b)所示。

(2)手动换向阀

改进后的 YZ-1 型空气制动机在每端的操纵机构中,设置有两个二位三通推拉式手动换向阀,它们都与气控阀组合,完成相应的功能。其中一个手动换向阀和常闭气控阀组合,完成紧急制动阀(车长阀)的功能;另一个手动换向阀则和中继阀前的常开气控阀组合,完成附挂回送时转换中继阀前列车管截断塞门的功能。

二位三通推拉式手动换向阀的结构如图 8-18 所示,它有三个外接口,P 为输入口、A 为输出口、O 为排气口。P 口与总风缸连通,A 口与气控阀的控制管连通,O 口与大气连通。

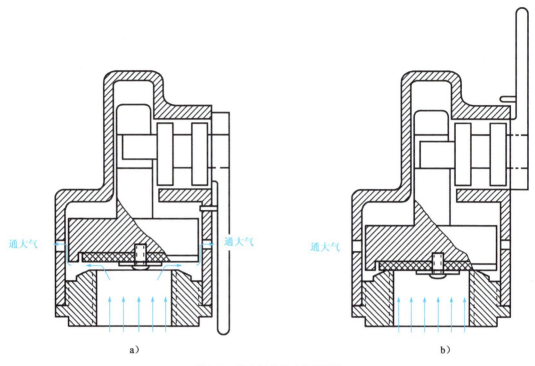

图 8-17 紧急制动阀工作原理图
a)排气位;b)停止排气

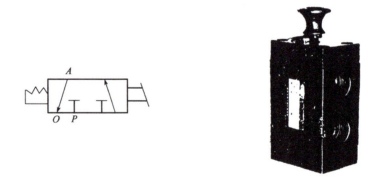

图 8-18 手动换向阀的结构图

在正常状况下,A口和O口相通,P口截断,即总风不能进入输出口,而气控阀控制风路内的压力空气从排气口排入大气,气控阀保持正常的工作状态。当拉动手动换向阀的手把后,阀内柱塞转换位置,使P口与A口连通,截断O口通路,输入端的总风缸压力空气进入输出端气控阀控制风路内,促使气控阀转换工作状态:常闭气控阀变为常开,常开气控阀变为常闭,控制相应的气路通道。

常闭气控阀的输入端与列车管连通,而输出端直接通大气。操纵手动换向阀的手把后,气控阀的控制风路就引入压力空气,控制气控阀转换工作状态,连通气控阀的输入与输出端,列车管内的压力空气从气控阀输出端排入大气。气控阀输出端的孔口较大,故列车管的排风速度也较快,能使紧急放风阀、分配阀产生相应动作,达到紧急停车的目的。所以它们的组合可以代替紧急放风阀实现紧急制动的功能。

3.调压阀

1)调压阀的作用

调压阀是为了满足系统对不同调定压力的需要并保证稳定的供风而设置的。

YZ-1型空气制动机共设有多个调压阀,分别安装在前、后司机室制动操纵柜自动制动阀(大闸)和单独制动阀(小闸)的下面、总风进入制动阀前的管路中,但它们所控制的压力并不相同。自动制动阀(大闸)下面的调压阀控制总风进入均衡风缸的压力,调定值为500kPa;单独制动阀(小闸)下面的调压阀控制总风进入作用管的压力,调定值为360kPa。

2)调压阀的结构

YZ-1型空气制动机可以采用不同规格、型号的调压阀,它们的结构基本相同,工作原理则相一致。我们以QTY-15型调压阀为例来剖析调压阀的结构、工作原理。QTY-15型调压阀主要由调压弹簧、模板、调整手轮、进风阀、阀座及溢流阀等组成,如图8-19所示。

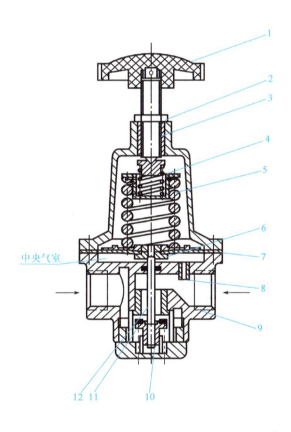

图8-19 QTY-15型调压阀

1-调整手轮;2-紧固螺母;3-上阀体;4-一级弹簧;5-二级弹簧;6-溢流阀;7-模板;8-小孔;9-下阀体;10-进风阀;11-阀弹簧;12-阀杆

进风阀为平板橡胶阀。溢流阀为金属锥形阀口,与阀杆配合需研磨良好,才能保证密封。

调压阀的输出压力值可通过调整手轮1进行调整,顺时针旋转手轮为调高压力;反之,为调低压力。在静态和动态的不同工况下,调整值会有所变动,通常可根据正常工况进行调整。

压力调好后,应将紧固螺母 2 拧紧,以保证调定压力值的稳定。

安装时应注意下阀体上箭头指向,保证进、出口风的正确接管。

3)调压阀的工作原理

当调压阀左侧通入压缩空气时,由于调整弹簧 4、5 的作用,模板 7 下凹,通过阀杆 12 顶开进风阀 10,使总风缸压力空气经过进风阀 10 的阀口通向右侧输出,同时经下阀体上的平衡小孔 8 进入模板下方中央气室,如图 8-20 所示。当输出压力逐渐增高时,模板上下侧压力差逐渐减小,模板将渐趋平衡而上移,进风阀在进风阀弹簧作用下也逐渐上移。当输出压力与调定压力相等时,进风阀阀口关闭,总风缸压力空气停止向右侧输出。该结构能使输出的漏泄得以补充。当输出端压力高于调定值时,模板下方中央气室的压力高于弹簧压力,将模板中央向上顶起,进风阀关闭,溢流阀开启,多余的压力空气从溢流阀孔、上阀体中的排气口排入大气,直到模板上、下的压力再次趋于平衡,溢流阀重新关闭,排气通道切断,如图 8-21 所示。

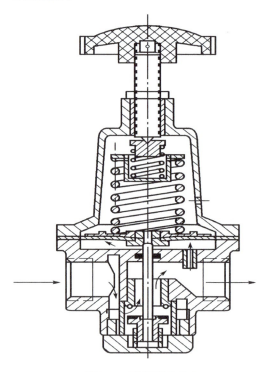
图 8-20 调压阀供气状态

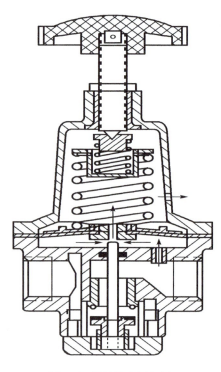
图 8-21 调压阀溢流阀开启

4. 中继阀

1)中继阀的作用

中继阀是一种气动执行元件,它接受自动制动阀(大闸)的操纵,并按照均衡风缸压力的变化,直接控制列车管的压力变化,即列车管的充气和排气。

中继阀既能将总风充向列车管,又能把列车管内的压力空气排向大气。列车管的压力变化是通过均衡风缸的压力变化来控制的,而均衡风缸的压力变化则是自动制动阀(大闸)操纵的结果。当自动制动阀处在制动位时,均衡风缸的压力空气排入大气,均衡风缸压力下降;当自动制动阀处在缓解位时,调压后的总风向均衡风缸充风,均衡风缸压力上升。

2)中继阀的结构

中继阀由双阀口式中继阀、总风遮断阀和阀座三部分组成,如图8-22所示。

(1)双阀口式中继阀

双阀口式中继阀的结构如图8-23所示,它主要由主阀、模板、排气阀、排气阀弹簧、供气阀、供气阀弹簧、阀座、顶杆、过充柱塞、阀体及阀盖等组成。

双阀口式中继阀直接控制列车管的充气和排气,其模板的左侧为中均室与均衡风缸管相通,模板的右侧与列车管连通。中继阀模板依其两侧的压力差而动作,并通过顶杆与供气阀或排气阀联动。供气阀室经总风遮断阀与总风缸相通,排气阀室经排风堵与大气相通,两阀座的中间与列车管相通。

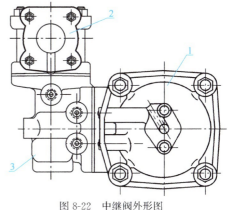

图8-22 中继阀外形图
1-双阀口式中继阀;2-总风遮断阀;3-阀座

根据均衡风缸的压力变化,双阀口式中继阀共有三个作用位置,其工作原理如图8-24所示。

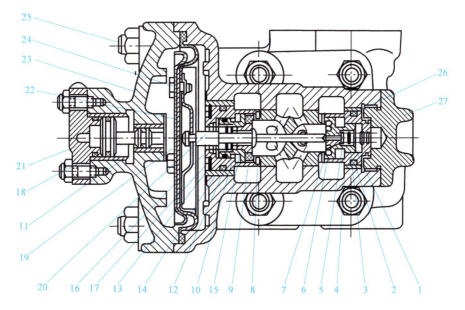

图8-23 双阀口式中继阀结构图
1-供气阀套;2、3、11、12、14-O形密封圈;4-供气阀;5-供气阀弹簧;6、15-胶垫螺帽;7-供气阀套挡圈;8-供气阀挡圈;9-排气阀胶垫;10-排气阀;13-定位挡圈;16-排气阀套;17-排气阀弹簧;18-过充柱塞;19-主阀;20-顶杆;21-过充盖;22-模板;23-中继阀盖;24-螺钉;25-六角螺栓;26-供气阀胶垫;27-螺盖

①均衡风缸压力上升[图8-24a)]。当模板左侧中均室的均衡风缸压力增加时,模板向右侧移动,通过顶杆将供气阀开启,总风经供气阀阀口向列车管充风;同时,列车管压力空气经 $\phi 1mm$ 的缩孔8通入模板右侧,模板右侧的压力也随之逐渐上升。

②均衡风缸压力下降[图8-24b)]。当模板左侧中均室的均衡风缸压力降低时,模板在右侧列车管压力作用下左移,并通过顶杆将排气阀开启,列车管压力空气经排气阀阀口排向大气,同时右侧压力空气经缩孔8随同列车管一起降压。

③均衡风缸压力不变[图 8-24c]。当模板左侧中均室的均衡风缸压力保持不变时,模板右侧列车管压力上升或下降后,逐渐与左侧的均衡风缸压力接近一致,达到平衡。

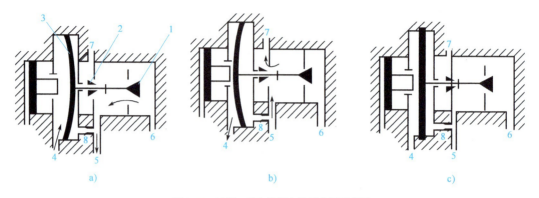

图 8-24　双阀口式中继阀各作用位置示意图
1-供气阀口;2-排气阀口;3-模板;4-均衡风缸管;5-列车管;6-总风管;7-排气口;8-缩孔

(2)总风遮断阀

总风遮断阀的结构是由阀体、遮断阀、阀座、阀套及弹簧等组成,如图 8-25 所示。

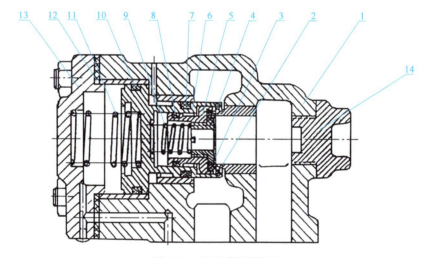

图 8-25　总风遮断阀结构图

1-遮断阀体;2-挡圈;3、12-胶垫;4-胶垫螺母;5-遮断阀;6-遮断阀套;7、8、10-O 形密封圈;9-遮断阀弹簧;11-弹簧;13-遮断阀盖;14-螺盖

总风遮断阀是专为开启或关闭列车管供气的总风通路而设的,它相当于控制中继阀向列车管充气的一个阀门。

YZ-1 型空气制动机系统所采用的中继阀中的总风遮断阀受电空阀的控制,用以启闭中继阀的总风源。遮断阀的左侧通从电空阀引出的遮断风管,右侧通总风缸管,中部与双阀口式中继阀的供气阀室相通。

当遮断风管未通压力空气时,遮断阀套左侧无压力,总风缸压力克服弹簧力使遮断阀左移,打开阀口,保证中继阀的充气效能。当遮断风管通上压力空气时,总风遮断阀套左侧充气,由于遮断风的压力相当于总风缸压力,则遮断阀套左端的受压面积大于遮断阀套右端的受压面积,再加上弹簧力,从而使遮断阀套带动遮断阀左移,关闭遮断阀,切断列车管充气风源。

总风遮断阀受遮断风管的压力变化控制遮断阀的开闭。当遮断风管通有遮断风时,总风遮断阀呈关闭状态;当遮断风管泄掉遮断风时,总风遮断阀呈开启状态。

(3)阀座

中继阀阀座既是双阀口式中继阀和总风遮断阀的安装座,同时也是外接管的连接座,采用这种结构便于中继阀的组装和检修。

3)中继阀的工作原理

由于中继阀受自动制动阀(大闸)及电空阀的控制,因而与自动制动阀(大闸)的工作状态密切相连。相应地,中继阀也有四个作用位置,各作用位置的工作过程如下。

(1)缓解充气位

当自动制动阀(大闸)手柄置于缓解位时,总风经调压阀调整到规定的压力(500 kPa)后充入均衡风缸,同时经均衡风缸管向中继阀模板左侧充气,模板向右移动,通过顶杆将供气阀开放,并压缩供气阀弹簧。因此时自动制动阀(大闸)不输出电联锁信号,电空阀失电,遮断风管通大气,总风遮断阀处于开启状态,于是,总风缸压力空气经遮断阀口、阀体暗道、供气阀口直接向列车管充气。同时,列车管压力空气经直径为 $\phi1\text{mm}$ 的缩堵孔向模板右侧充气,中继阀呈缓解充气状态,如图8-26所示。

(2)缓解后保压位

当均衡风缸压力上升到一定值后将自动制动阀(大闸)手把从缓解位移到运转位,此时,随着模板右侧列车管压力的增加,将逐渐平衡模板左侧中均室的均衡风缸压力,模板随之左移,供气阀在其弹簧反力作用下也跟着左移。当模板两侧压力达到平衡时,供气阀口关闭,切断总风缸向列车管充气的通路,中继阀呈缓解后的保压状态,即列车管处于充气后的保压状态,如图8-27所示。

若模板左侧中均室的均衡风缸压力再增高,则模板将再次失去平衡,右移,使供气阀再度开启,列车管得到再充气,待模板两侧压力平衡后,中继阀仍处于缓解后的保压状态。

若模板右侧列车管压力由于泄漏而降低,则模板两侧压力也将失去平衡,左侧压力高于右侧,模板右移,供气阀再度被顶开。由于自动制动阀(大闸)运转位时同样不输出电联锁信号,使电空阀失电,总风遮断阀处于开启状态,所以列车管压力空气可以得到补充,待模板两侧压力重新达到平衡后,中继阀又处于缓解后的保压状态。

(3)制动位

当自动制动阀手柄置于制动位时,均衡风缸减压,中继阀模板左侧中均室的压力下降。右侧列车管压力推动模板左移,顶杆随之左移,带动排气阀离开阀座,并压缩排气阀弹簧,打开排气阀口,列车管压力空气经排气阀口和排风堵孔($\phi8\text{mm}$)排向大气。同时,模板右侧的压力空气经缩孔($\phi1\text{mm}$)逆流回到列车管,随列车管一起降低压力,中继阀呈制动状态。总风遮断阀也在自动制动阀的电联锁信号控制电空阀的作用下呈关闭状态,阻断了总风向列车管充风的风源通道,如图8-28所示。

(4)制动后保压位

当制动缸压力上升到一定值后,将自动制动阀(大闸)手把从制动位移到保压位,模板左侧中均室的均衡风缸压力停止下降。随着模板右侧列车管压力的降低,两侧的压力差逐渐减小,模板推动顶杆也逐渐右移,排气阀在其弹簧反力作用下随之右移,阀口开启度也逐渐减小。当模板两侧压力接近一致时,排气阀口关闭,列车管停止排气,中继阀呈制动后的保压状态,如图8-29所示。

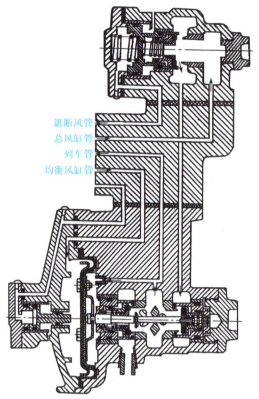

图 8-26 缓解充气位

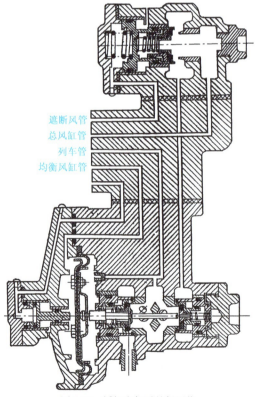

图 8-27 缓解充气后的保压位

图 8-28 制动位

图 8-29 制动后保压位

若此时模板左侧均衡风缸压力再降低,制动保压后的平衡状态被破坏,则排气阀口又重新被打开,列车管将再度排气减压。待模板两侧压力达到新的平衡后,仍恢复制动后的保压状态。

若在制动保压后列车管发生泄漏,由于自动制动阀(大闸)在保压位时输出电联锁信号,使电空阀得电,总风遮断阀处于关闭状态,切断总风向列车管充风的风源通道。此时,虽然模板两侧压力平衡被破坏,模板推动顶杆右移,重新打开供气阀阀口,但总风缸的压力空气无法进入供气阀室,因而也就不能给列车管补风,模板两侧的压力差逐渐增大,均衡风缸压力将保持不变,而列车管的压力下降直至为零。

通过以上分析,我们可以充分领悟中继阀通过均衡风缸的压力变化来控制列车管压力变化的含义。只要操纵自动制动阀,使均衡风缸压力发生变化,必然引起中继阀模板两侧的压力差发生变化,从而引起中继阀内的供风阀或排气阀的开闭,促使总风向列车管充风或列车管向大气排风,列车管的压力也相应发生变化,直至列车管的压力与均衡风缸压力达到一致。

中继阀具有供排风快和灵敏度高的特点,模板的动作灵敏度为10kPa,即两侧的压差达到10kPa就能发生动作,推动顶杆左右移动。

5. 分配阀

1)分配阀的作用

分配阀是气动执行元件,它除接受自动制动阀(大闸)的操纵外,还可接受单独制动阀(小闸)的操纵,从而实现间接制动与直接制动。在间接制动时,分配阀是根据列车管的压力变化来控制制动缸的压力变化;在直接制动时,分配阀则根据作用管的压力变化来控制制动缸的压力变化。

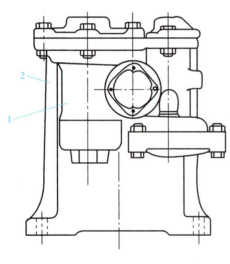

图8-30 109型分配阀
1-主阀;2-阀座

2)109型分配阀的结构

YZ-1型空气制动机所属的109型分配阀由主阀、阀座两部分组成,如图8-30所示。

(1)主阀

主阀是分配阀组成中最主要的部分,它控制着充气、制动、保压、缓解等作用。主阀由作用部、均衡部及增压阀和主阀体四部分组成,其形状如图8-31所示。

①作用部。作用部是根据列车管的压力变化来控制均衡部的动作,从而达到控制制动机的制动、保压、缓解等的作用。

作用部主要由主阀、稳定装置及节制阀、滑阀和滑阀座等零部件组成,如图8-32所示。主阀上侧通列车管,下侧通工作风缸,作用部就是利用主阀上下两侧压力差,即列车管与工作风缸的压力差,使主阀带动节制阀和滑阀上下移动,形成各个不同的作用位置,连通或切断相应的有关通路,产生制动、缓解、保压等作用。

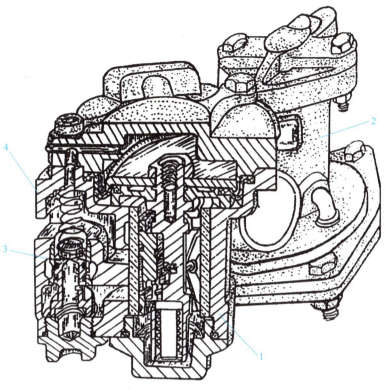

图 8-31 109 型分配阀主阀结构图
1-作用部；2-均衡部；3-增压阀；4-主阀体

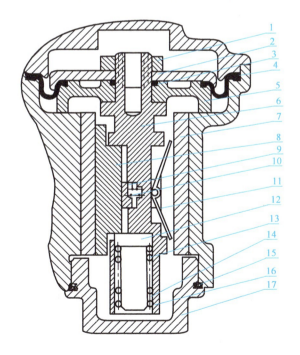

图 8-32 作用部构造示意图

1-压帽；2-上阀；3-ϕ24mm 密封圈；4-模板；5-下阀；6-主阀杆；7-滑阀座；8-滑阀；9-节制阀；10-节制阀弹簧；11-滑阀弹簧；12-稳定杆；13-稳定弹簧；14-稳定弹簧座；15-ϕ75mm 密封圈；16-挡圈；17-主阀下盖

②均衡部。均衡部接受自动制动阀(大闸)、单独制动阀(小闸)的操纵,根据容积室或作用管的压力变化来控制制动缸的压力变化。

均衡部位于作用部旁,它由上部的均衡阀部、下部的均衡阀 9 部以及缩孔堵Ⅱ、均衡上盖 1、均衡下盖 8 等组成,如图 8-33 所示。

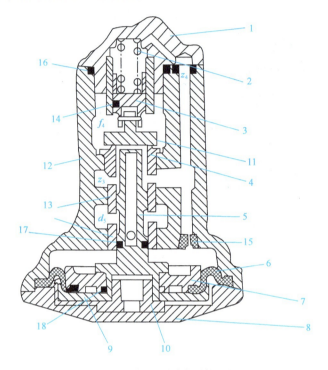

图 8-33 分配阀均衡部结构示意图

1-均衡上盖;2-均衡阀弹簧;3-均衡阀杆;4-均衡阀座;5-均衡杆;6-均衡模板;7-均衡上阀;8-均衡下盖;9-均衡下阀;10-均衡杆压帽;11-均衡阀;12-滤尘套;13-均衡杆套;14-ϕ19 密封圈;15-均衡缩孔堵Ⅱ;16-ϕ45 密封圈;17-ϕ15 密封圈;18-ϕ35 密封圈;z_3、z_4-通制动缸;f_4-通总风;d_5-通大气

均衡阀上侧通总风缸,下侧通制动缸,均衡阀杆的上方也通制动缸。均衡阀杆和均衡上盖上套有密封圈,分别用以防止总风缸的压力空气漏入制动缸或制动缸的压力空气漏入大气。

均衡阀上侧通制动缸,下侧通容积室,均衡杆的轴向中心孔经杆上的径向孔通大气。

通过作用部的控制,使容积室的压力根据需要发生变化。均衡部则利用容积室的压力变化,使均衡阀按其上下两侧容积室和制动缸的压力差而发生上下移动,开放或关闭均衡阀,从而控制制动缸的充气、保压与排气,实现制动、保压和缓解作用。

③增压阀。为使紧急制动时提高制动缸压力,以获得更大的制动力,确保大型养路机械的运行安全,在主阀体的下部设有增压阀。增压阀由增压阀杆 4、增压阀套 2、增压阀弹簧 1 及 ϕ24 密封圈 3 等组成,图 8-34 为增压阀的结构示意图。

增压阀上侧通列车管,增压阀杆轴向中心孔下部有两个 ϕ3mm 径向孔 r_6 通容积室 r_3。增压阀套压入主阀体内,沿径向有 8 个 ϕ1mm 的小孔,小孔经主阀体暗道通总风缸管。增压阀杆外周容积室 r_3 与作用部滑阀座下方 r_2 孔相通。

在缓解与常用制动位时,由于增压阀弹簧的弹力和列车管压力及阀杆的自重作用使增压阀杆经常处于下方的关闭位置。只有在紧急制动时,增压阀套上的8个小孔都被开放,总风缸的压力空气经过增压阀套径向孔 f_5 及增压阀杆上的径向孔 r_6 进入增压阀杆下侧的轴向中心孔,再进入容积室 r_3,形成容积室的增压作用。获得增压作用的容积室压力空气作用于分配阀均衡部均衡阀的下侧,使制动缸也获得增压作用。

④主阀体。主阀体用铸铁制成,主阀体中有用来安装作用部、均衡部、增压阀等部件的空腔,并压装有与各部件相配合的铜套。主阀体内有许多暗道,可作为压力空气流动的通路,如图8-35所示。

主阀体上的作用部排气口(又称容积室排气口)和均衡部排气口(又称制动缸排气口),均制成M10的螺纹孔,以便安装防尘罩。

(2)阀座

阀座为主阀及各管路的连接座,座内铸有一个局减室(0.6L)空腔。在阀座的背面接6根管子:列车管——L、总风缸管——F、制动缸管——Z、工作风缸管——G、容积室管——R、单缓管——D。阀座的正面为主阀

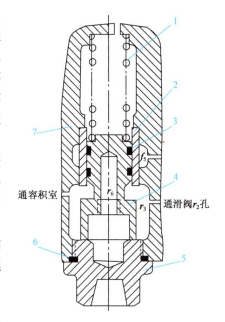

图8-34 增压阀结构示意图
1-增压阀弹簧;2-增压阀套;3-ϕ24密封圈;
4-增压阀杆;5-增压阀盖;6-ϕ40密封圈;
7-主阀体

的安装面,其上有大小直径不同的七个孔路,与主阀内各对应气路相连通,如图8-36所示。这7个孔路分别以代号表示为:l——通列车管,f——通总风缸,z——通制动缸,g——通工作风缸,j——通局减室,r——通容积室,r_5——通均衡阀下侧。

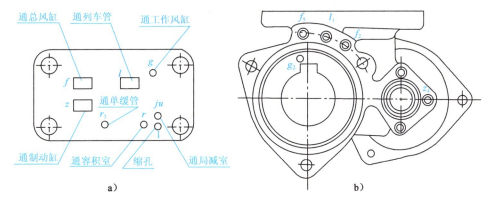

图8-35 主阀体安装面及顶面各孔
a)主阀安装座;b)主阀体顶面通孔
l-通列车管;f-通总风缸;z-通制动缸;g-通工作风缸;ju-通局减室;r-通容积室;r_5-通单缓管;Ⅰ-局减室排气口缩孔堵(ϕ0.8mm);g_2-通工作风缸;l_1-通列车管;f_2-通总风缸;f_5-通增压阀套;z_4-通制动缸主阀体顶面通孔

由于阀座内的容积室外移,故 r、r_5 孔分别与外接管相连:r 为通往容积室的孔口,与容积室管 R 相接,r_5 为容积室通往均衡阀下侧的孔口,应与单缓管 D 相接。

3)109型分配阀的工作原理

109型分配阀共有四个作用位置,分别是:充气缓解位、常用制动位、制动保压位、紧急制动位,各位置的工作原理分述如下。

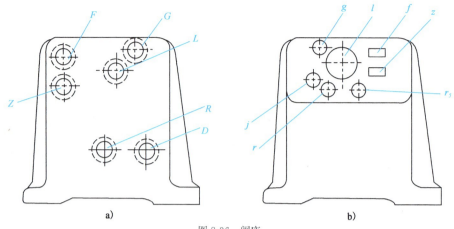

图 8-36 阀座
a)阀座背面管;b)阀座安装面(正面)孔路

L-列车管;F-总风缸管;Z-制动缸管;G-工作风缸管;R-容积室管;D-单缓管;l-通列车管;f-通总风缸;z-通制动缸;g-通工作风缸;j-通局减室;r-通容积室;r_5-通均衡阀下侧

(1)充气缓解位(图 8-37)

列车管充风时,压力空气经主阀体进入作用部主阀上方,推动主阀带动滑阀一起向下移,直至主阀下底面碰到主阀体时为止。主阀处于充气缓解位。

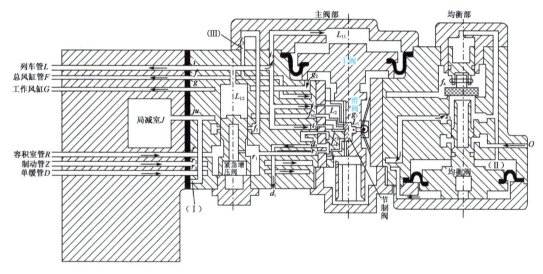

图 8-37 分配阀作用原理图——充气缓解位

①工作风缸充气:列车管压力空气经主阀安装面 l 孔→滑阀座上的充气孔 l_2→滑阀底面上的充气孔 l_5→滑阀顶面的充气限制孔 g_1→滑阀室(主阀下方)→滑阀室孔 g_2→经主阀体暗道至安装面上孔 g→阀座 G 孔→工作风缸。

②增压阀关闭:列车管压力空气经主阀安装面 l 孔、主阀体内暗道进入增压阀上方的 l_{12} 后与增压阀弹簧共同作用,使增压阀处于下部关闭位。

③容积室缓解:容积室的压力空气经单缓管 D→主阀安装面上的 r 孔→增压阀下部 r_3→滑阀座上容积室孔 r_2→滑阀底面的缓解联络沟 d_1→滑阀座上的排大气孔 d_2→作用部排气孔 d_3→大气。而均衡阀下方的压缩空气经主阀体内暗道 r_4→主阀体安装面 r_5 孔→容积室,再经上述通路排入大气。

④制动缸缓解：均衡阀上侧与制动缸连通，下侧与容积室相通，由于容积室的缓解，均衡阀上下失去了平衡，制动缸压力使均衡阀下移，均衡杆的顶面离开均衡阀，露出均衡杆顶面轴向中心孔口，于是，制动缸的压力空气经安装座→主阀安装面上的 z 孔→均衡杆上部外围空间 z_3→均衡杆轴向中心孔和径向孔 d_5→均衡部排风口 d_6→大气。这时，均衡阀上侧的压力空气经缩孔Ⅱ、均衡杆上侧的压力空气经主阀体顶面 z_4 孔分别流向均衡杆上部外围空间 z_3，再从上述通路排入大气。

由于容积室压力空气排入大气，均衡阀下移，引起制动缸压力空气也排入大气，所以说，制动缸的压力是受容积室压力控制的。

(2)常用制动位(图8-38)

当列车管减压后，主阀两侧形成一定的压力差，下侧压力大于上侧压力，推动主阀上移。主阀首先压缩其尾部的稳定弹簧上移4mm(因主杆尾部与滑阀下肩的间隙为4mm)，带动节制阀也上移4mm，形成主阀的初制动位。此时，由于滑阀与滑阀座间的最大静摩擦力大于压缩稳定弹簧所需的力，故滑阀暂未动。节制阀上移时，先关闭滑阀顶面的充气限制孔 g_1，以切断列车管与工作风缸的通路，不让工作风缸的压力空气向列车管逆流。同时开放滑阀顶面上的制动孔 r_1，以便主阀到达常用制动位时，工作风缸压力空气迅速充入容积室，加快制动作用。这时节制阀上的局减联络沟 l_{10} 连通滑阀顶面的 l_6 与 l_7 孔，使列车管的压力空气 l→滑阀座局减孔 l_3→滑阀局减孔 l_6→节制阀上局减联络沟 l_{10}→滑阀上的局减孔 l_7→滑阀座局减室孔 ju_1→主阀安装面孔 ju→阀座内的局减室 j，再经主阀安装面上的 $\phi0.8$mm 缩孔(Ⅰ)沿胶垫上槽路排入大气。这就形成了分配阀的初制动位，此时列车管产生局部减压作用。

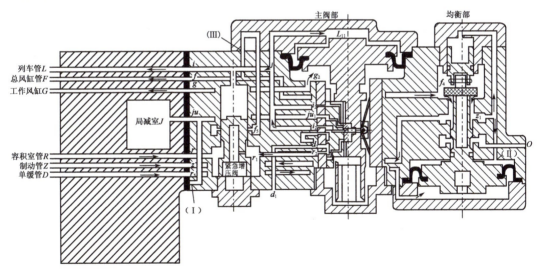

图8-38 分配阀作用原理图——制动位

由于列车管的局减作用及列车管的继续减压更加大了主阀两侧的压力差，于是主阀带动滑阀克服滑阀与滑阀座之间的摩擦阻力进一步上移到制动位。滑阀与滑阀座的相对位置发生了变化，滑阀底面上的 l_6 孔与滑阀座上的 l_3 孔错开，因而切断了列车管与局减室的通路。同时，滑阀底面上的 l_8、l_9 和 r_1 孔分别与滑阀座上的 l_3、z_1 和 r_2 孔对准，形成了容积室与制动缸的充风通路，进一步产生制动作用。

①容积室充风：工作风缸压力空气→主阀安装面上 g 孔→主阀体上 g_2 孔→滑阀室→滑

阀上的制动孔 r_1→滑阀座上的容积室孔 r_2→增压阀杆下部周向通道 r_3→主阀安装面上的 r 孔→容积室管 R→容积室,容积室压力上升。

②制动缸充风:容积室与均衡阀下侧一直是连通的,所以容积室压力空气→单缓管 D→主阀安装面上的 r_5 孔→主阀体暗道和主阀体底面孔 r_4→均衡阀下侧,推动均衡阀上移,顶开均衡阀。

同时,总风缸压力空气经体内暗道至均衡阀气室上方 f_4→开放的均衡阀口→均衡杆上端外围空间 z_3→主阀安装面上的 z 孔→阀座暗道→制动缸,制动缸压力增加。进入均衡杆上端外围空间 z_3 的压力空气一路经阀体上 z_4 孔进入均衡阀杆上方,以抵消作用在均衡阀下侧面上的制动缸反力,使均衡阀与阀座密贴;另一路经缩孔Ⅱ进入均衡阀上侧,以平衡均衡阀下侧的压力。

在常用制动位时,由于列车管和容积室的压力差不足以克服增压阀杆上部剩余压力及弹簧弹力之和,故增压阀仍处在下部关闭位置,不起作用。

(3)制动保压位(图 8-39)

在施行常用制动后,当压力表显示出列车管达到所要求的减压量时,将自动制动阀手把移到保压位置,停止列车管减压,这时分配阀就处在保压状态。

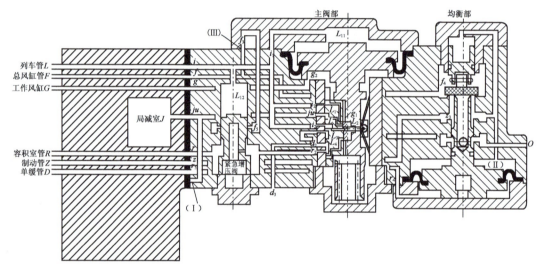

图 8-39　分配阀作用原理图——制动保压位

在列车管刚停止减压时,由于主阀、滑阀和节制阀都还在制动位,工作风缸仍向容积室充气,因而工作风缸压力继续降低,直到主阀两侧的列车管与工作风缸的压力相接近时,在主阀尾部原被压缩的稳定弹簧的反力及主阀自重的作用下,使主阀仅带动节制阀向下移动(滑阀不动),间隙移到主阀尾部和下肩面之间,节制阀遮盖住滑阀顶面的制动孔 r_1,切断了工作风缸与容积室的通路,工作风缸才停止向容积室充气,使工作风缸压力停止下降、容积室压力停止上升,此时,主阀作用部的所有通路均遮断,作用部处于保压状态。

在均衡部,当容积室压力停止上升时,因均衡阀仍处在开放状态,总风仍向制动缸充风。当通过缩孔Ⅱ流入均衡阀上侧的制动缸压力空气,其压力增大到与均衡阀下侧的容积室压力相近时,在均衡阀、均衡阀的自重及均衡阀弹簧的作用下,使均衡阀压着均衡杆一起下移,关闭阀口,切断总风缸与制动缸的通路,停止总风向制动缸充风,同时也关闭制动缸排大气的通路,使制动缸压力停止上升或下降,均衡部处在制动保压状态。

在制动后的保压位，109型分配阀能实现制动力保持不变的要求。如果制动缸及其连接管系发生泄漏时，会引起制动缸压力的下降，均衡阀两侧的压力将失去平衡，均衡阀在容积室压力作用下又会向上移动，重新打开均衡阀，使总风再向制动缸充风，直到均衡阀两侧压力再次恢复平衡为止，这就是制动缸的自动补风作用。

(4) 紧急制动位（图8-40）

当列车管由于种种原因而引起急速排风时，列车管急剧减压，紧急放风阀动作，引起分配阀产生紧急制动作用。

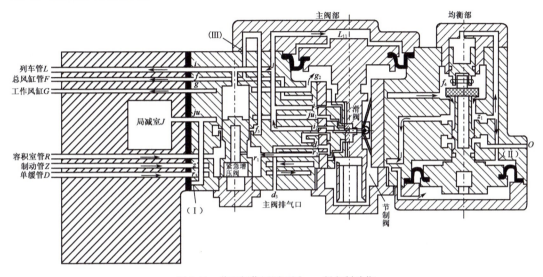

图8-40 分配阀作用原理图——紧急制动位

紧急制动时，主阀各部分的作用（除增压阀外）均与常用制动位相同，只是动作更加迅速，所以，压力空气的通路（包括滑阀、滑阀座及节制阀的通路）情况也基本上与常用制动位时相同，不同的地方只在增压阀的动作上。

由于列车管压力空气急速排出，故增压阀杆上侧的列车管压力急剧下降，而增压阀杆下侧由于工作风缸向容积室充入压力空气，使得容积室压力迅速上升，阀杆上下两侧形成的压力差足以克服增压阀弹簧弹力和阀杆自重而上移。于是增压阀套径向小孔开放，总风缸与容积室的通路被连通，增压阀处于开放位。此时，等候在增压阀套径向小孔外侧空穴 f_5 处的总风缸压力空气，迅速进入增压阀杆下部周向通道 r_3，并流到容积室，若不加限制，容积室的最高压力可与总风缸压力相平衡。事实上，容积室的压力受安全阀的控制，按规定要求，大型养路机械紧急制动时的制动缸最高压力为450kPa，当容积室压力达到该数值时，安全阀即向外喷气，以保证容积室压力不超过规定值。由于紧急制动时容积室压力比常用制动时大得多，因此，可得到比常用制动更高的制动缸压力，从而得到更大的制动力。

总风缸 F →主阀安装面 f →主阀体顶面 f_3 →缩孔Ⅲ→增压阀套径向小孔外侧空穴 f_5 →增压阀杆下部径向孔 r_6 →增压阀杆下部轴向孔→增压阀杆下部周向通道 r_3 →主阀安装面 r →容积室管 R →容积室→单缓管 D →主阀安装面上的 r_5 孔→主阀体暗道和主阀体底面孔 r_4 →均衡阀下侧。

109型分配阀还可以从常用制动状态转为紧急制动状态。列车管从常用制动速率排气转到紧急制动速率排气，降压速度骤增，同样引起增压阀上移，仍能有效地产生紧急制动作用。但必须指出，当由常用制动转为紧急制动时，必须在列车管最大有效减压量之前进行才能起到紧急制动的作用,其效果也随列车管减压量的增大而有所下降;反之,当超过列车管的最大减压量再去施行紧急制动,不但无济于事,还将浪费大量的压缩空气。

分配阀除了接受大闸的操纵控制外,还接受小闸的操纵控制。前者是由列车管压力的变化引起分配阀作用部主阀上下移动,控制容积室压力的变化,进而通过分配阀均衡部控制制动缸的充风和排风;后者则依据小闸控制作用管的压力变化,直接通过分配阀均衡部控制制动缸的充风和排风。分配阀接受作用管压力控制的过程与容积室压力控制均衡阀动作的过程是完全一致的,故在此不作详细介绍。

6. 紧急放风阀

1) 紧急放风阀的作用

紧急放风阀的作用是在紧急制动时加快列车管的排风,提高紧急制动波速和紧急制动的灵敏度,使紧急制动作用可靠。

紧急放风阀是一种气动压差阀,受气体流动波速的控制而动作,使列车管的压力空气迅速排出,分配阀产生紧急制动作用。它不仅加速了列车管的排风速度,同时还通过本身联锁开关的动作,输出电信号,控制电空阀动作,自动切断列车管的供风源。

2) 紧急放风阀的构造

紧急放风阀由两部分组成:紧急阀与阀座。

(1) 紧急阀

紧急阀由紧急阀、安定弹簧 8、放风阀 12、放风阀导向杆 13、放风阀套 14、放风阀弹簧 15、传递杆 16、双断点微动开关 19、外罩 18 以及阀盖 1、阀上体 11、阀下体 17 等零件组成,其结构如图 8-41 所示。

紧急阀的上侧经阀盖和阀体内的通道与阀座内紧急室连通,下侧经阀座内通孔与列车管连通;放风阀导向杆的下侧经阀下盖、阀体也与列车管连通。

在紧急杆 7 的中心孔道上有三处缩孔:轴向缩孔 I ($\phi1.8$mm) 用以控制紧急室压力空气向列车管逆流的速度;上部径向缩孔 II ($\phi0.5$mm) 用以控制列车管压力空气向紧急室的充气速度;下部离下端 11mm 处,钻有径向缩孔 III ($\phi1.2$mm),是在紧急制动时限制紧急室压力空气向大气排出的速度。

(2) 阀座

阀座内铸有容积为 1.5L 的紧急室,阀座上有一通孔,两侧外接列车管,另一侧与紧急阀列车管(带滤尘罩)口连通。紧急阀通过 $2\times M16$ 的螺栓螺母紧固在阀座上,中间夹有胶垫以防漏气。

3) 紧急放风阀的工作原理

紧急放风阀有三个作用位置:充气位、常用制动位和紧急制动位。各作用位置的工作过程如下。

(1) 充气位[图 8-42a]

当列车管充风时,紧急放风阀处于充气状态。列车管来的压力空气经滤尘罩进入紧急阀的下方,并推紧急阀上移,直至阀与上盖接触,并通过一个 $\phi16$mm 的密封圈与上盖密贴。这时进入阀下方的列车管压力空气只有通过阀杆中心孔和轴向缩孔 I,再经上部横向缩孔 II,由阀体暗道向设在阀座内的紧急室充风,直至紧急室压力与列车管压力相等为止。

在列车管向紧急室充气的通路上,缩孔 II 的通径最小,它控制着向紧急室充风时间的长

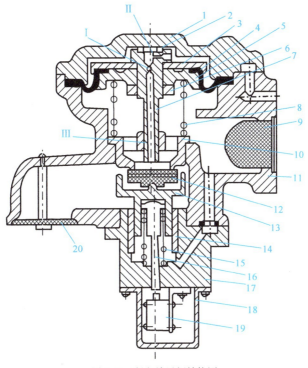

图 8-41 紧急放风阀结构图

1-阀盖;2-异形密封圈;3-上阀;4-橡胶模板;5-下阀;6-紧固螺母;7-紧急杆;8-安定弹簧;9-滤尘罩;10-放风阀座;11-阀上体;12-放风阀;13-放风阀导向杆;14-放风阀套;15-放风阀弹簧;16-传递杆;17-阀下体;18-外罩;19-双断点微动开关;20-排风口罩;Ⅰ-轴向缩孔 φ1.8mm;Ⅱ-径向缩孔 φ0.5mm;Ⅲ-径向缩孔 φ1.2mm

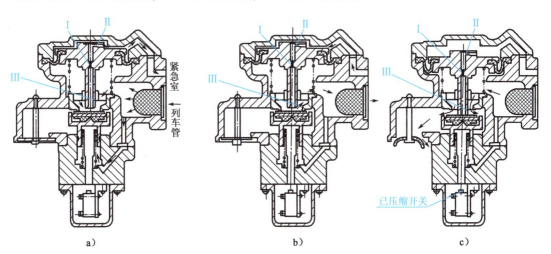

图 8-42 紧急放风阀工作原理
a)充气位;b)常用制动位;c)紧急制动位

短。对于 YZ-1 型空气制动机,紧急室压力从 0 升至 480kPa 的充气时间为 35～55s。紧急室的压力不能与列车管压力同步上升,也防止了在列车管充风时因列车管压力波动而引起的意外紧急放风。

由列车管进入紧急放风阀的压力空气除一路进入紧急室外,还有一路从阀下体的暗道进入放风阀导向杆的下方,以抵消作用在放风阀上侧的列车管压力(背压),并与放风阀弹簧一起使放风阀处于关闭状态,截断列车管的排风通路。

(2)常用制动位[图 8-42b)]

当列车管按常用制动排风速率减压时,紧急阀下方压力降低,紧急室的压力空气通过缩孔Ⅱ、缩孔Ⅰ向列车管逆流,造成阀上方的压力稍高于下方,使阀缓慢下移,上方的密封圈与上盖分开,这就使缩孔Ⅰ成为紧急室向列车管逆流的限制孔。缩孔Ⅰ的孔径($\phi 1.8 mm$)设计是与列车管的常用制动排风速率相匹配的,它足以使紧急室压力空气的逆流速率与列车管压力空气的下降速率保持一致,使得紧急阀两侧不会形成更多压缩安定弹簧的压力差。因此,在列车管按常用制动减压排风时,紧急阀应稍下移,露出杆顶面端孔后,紧急阀又会稍稍上移,随即呈悬浮状态。

若停止列车管减压转到保压状态,则紧急阀上侧的紧急室压力与下侧的列车管压力逐步达到一致,紧急阀将在安定弹簧的张力作用下恢复到原充气位时的上方,但此时紧急室压力与列车管压力均为制动保压后的压力。

在常用制动位,紧急阀下部电联锁的微动开关未被压缩,仍处于断开状态。

(3)紧急制动位[图 8-42c)]

紧急制动时,列车管压力空气以紧急制动速率排风减压,但紧急室的逆流速率远低于列车管的减压速率,使阀上方的紧急室压力远高于阀下方的列车管压力,紧急阀上下形成较大的压力差,足以压缩安定弹簧,紧急阀从常用制动的悬浮状态继续下移,压下放风阀,这样一来,大量的列车管压力空气便从开启了的放风阀阀口冲开排风口迅速排至大气,从而产生紧急制动作用。

紧急制动时,放风阀下压传递杆,顶杆压缩微动开关,接通有关电路,给出联锁电信号控制电空阀,切断中继阀内总风向列车管充风的供风源。

紧急室的排风时间规定为 15s 左右(由缩孔Ⅲ的大小决定),这一方面是为了在发生紧急制动后,放风阀有足够开启时间使列车管的压力空气排出,能保证列车能迅速地停车;另一方面是为了防止在紧急制动后而尚未停车时对列车施行缓解,否则将会产生剧烈的纵向冲动,甚至造成断钩事故。

▶▶ 三、制动机的综合作用

制动机的综合作用,习惯上是根据自动制动阀(大闸)与单独制动阀(小闸)手把位置的变换来确定的制动机各主要部件之间的相互关系和作用规律。学习综合制动作用,要在熟悉制动机所属主要部件的构造、工作原理的基础上进行,并结合制动机实际操纵,学习和掌握制动机操纵的基础知识,为学习大型养路机械牵引车辆或单机运行的操纵及故障分析打下基础。

YZ-1 型空气制动机的综合作用,分为自动制动作用、单独制动作用、自动制动后的单独缓解、紧急制动作用等状况,下面就制动机组成中的主要部件在这些状况下如何协调制动与缓解的动作情况进行分析。

1.自动制动作用

自动制动作用,是把单独制动阀(小闸)放在运转位,操纵自动制动阀(大闸)手把在各工作位置时的综合作用。该作用用于大型养路机械牵引其他车辆时操纵整个列车的制动、保压与缓解。

1)缓解位

该位置是大型养路机械运行(作为牵引动车或单机运行)中,自动制动阀(大闸)手把常放位置,是向列车管充风、缓解列车制动及保证单独制动阀(小闸)正常运用的位置。

在缓解位,各主要阀类部件的作用如下:

(1)自动制动阀(大闸)。自动制动阀(大闸)手把放在缓解位时,调压阀管与均衡风缸管连通,使减压后的压力为500kPa的压力空气经自动制动阀(大闸)的作用柱塞、转换柱塞充入均衡风缸,均衡风缸压力上升。同时,不输出联锁电信号。

(2)电空阀。电空阀处于失电状态。电空阀的下阀口关闭、上阀口开启,连通遮断风管风压排大气的通道。

(3)中继阀。由于均衡风缸压力上升,中继阀处于充气缓解位,总风经开启的供气阀阀口进入列车管和模板右侧。待列车管压力上升至均衡风缸压力相等,且达到定值(500kPa)时,供气阀关闭,总风不再进入列车管,中继阀恢复到保压位。

(4)分配阀。列车管的增压使分配阀作用部处于充气缓解位。作用部主阀在其上侧列车管压力作用下向下移动,并通过其上肩推动滑阀一起下移,直至主阀下底面碰到主阀体;列车管经开放的充风孔向工作风缸充风,直到工作风缸压力与列车管定压相等;容积室的压力空气经作用部缓解通路从排气口排出。

增压阀在增压阀弹簧和列车管压力作用下处于下部关闭位。

分配阀的均衡部则由于均衡阀下侧压力空气经分配阀外部的单缓管进入容积室,再由作用部的排气口排入大气,致使均衡阀下侧压力下降,制动缸压力空气使均衡阀下移;均衡杆顶面离开均衡阀,开放均衡杆上端中心孔;制动缸压力空气经均衡杆轴向中心孔和径向孔以及均衡部排气口排入大气。制动机呈缓解状态。

(5)紧急放风阀。该阀处于充气缓解位。列车管向紧急室充风,直到紧急室压力与列车管定压相等。放风阀在下部放风弹簧作用下,关闭排风阀口;同时,放风阀导向杆下部的传递杆与微动开关脱离,微动开关内的常开联锁断开,不输出联锁电信号,使电空阀处于失电状态,保证中继阀供风源的开通。

(6)安全阀。容积室上的安全阀处于关闭位置。容积室内压力空气排入大气,安全阀阀口不能打开,安全阀不动作。

2)制动位

该位置是在列车运行中,操纵列车正常停车或调节速度时的工作位置。自动制动阀(大闸)手把在该位置停留时间的长短,控制着列车管从最小常用制动减压量到最大常用制动减压量间的各种不同常用制动减压量,也即控制着制动缸的不同压力。

制动位时,各主要阀类部件的作用如下:

(1)自动制动阀(大闸)。自动制动阀(大闸)手把放在制动位时,均衡风缸管压力空气经转换柱塞、作用柱塞左端及端盖排风堵排入大气,均衡风缸压力下降。同时,连通外接电路,输出联锁电信号。

(2)电空阀。自动制动阀(大闸)输出联锁电信号,故电空阀处于得电状态,连通总风缸,压力空气进入遮断风管的通道。

(3)中继阀。由于总风遮断阀呈关闭状态,切断了列车管的供风源。因均衡风缸减压,中继阀的排气阀阀口开启,列车管压力空气经排气阀排向大气,直至与均衡风缸压力一致,中继阀转呈制动后的保压位。

(4)分配阀。列车管压力逐渐降低,使得分配阀作用部处于制动位,开通了工作风缸向容积室充风的通路,容积室压力上升。

增压阀上部增压阀弹簧和列车管压力仍大于下部容积室压力,增压阀处于关闭位。

而均衡部由于均衡阀下侧容积室压力上升,均衡阀上移,其杆顶面接触均衡阀并顶开均衡阀,一方面阻断了制动缸排大气的通路,另一方面使总风缸压力空气经开放的均衡阀口进入制动缸,制动缸压力上升,制动机呈制动状态。

(5)紧急放风阀。紧急放风阀处于常用制动位,紧急室压力以接近列车管的减压速率回流至列车管,使紧急室压力与列车管压力达到同步下降,紧急阀呈悬浮在中间状。放风阀在下部放风阀弹簧作用下,仍关闭排风阀口,同时,放风阀导向杆与微动开关不接触,故断开外接电路,不输出联锁电信号。

(6)安全阀。虽然容积室内压力空气压力上升,但达不到安全阀开启的调定压力,故安全阀阀口处于关闭位置。

3)保压位

保压位是保持列车管压力不变的工作位置。根据手把操纵顺序的不同可分为制动前保压位和制动后保压位,可操纵列车实现阶段制动和阶段缓解。

保压位时,各主要阀类部件的作用如下:

(1)自动制动阀(大闸)。自动制动阀(大闸)手把放在保压位时,各通路均被切断,微动开关闭合,给电空阀输出联锁电信号。

(2)电空阀。电空阀接受自动制动阀(大闸)输出的联锁电信号的控制,总风缸压力空气进入中继阀遮断风管。

(3)中继阀。中继阀处于保压状态。由于总风遮断阀呈关闭状态,切断了列车管的供风源,故列车管的泄漏不能得到补充。

(4)分配阀。由于列车管压力停止上升或下降,使得分配阀作用部处于保压状态,工作风缸停止向容积室充风。与容积室连通的均衡阀下侧压力不变,均衡阀上侧的制动缸压力与均衡阀下侧的压力达到平衡,制动缸压力也处于保压状态。由于容积室压力得到保压,此时,分配阀均衡部能自动补偿制动缸压力空气的泄漏。分配阀的增压阀仍处于下部关闭位。

(5)紧急放风阀。由于列车管停止减压或升压,紧急阀在弹簧反力作用下又恢复到充气缓解位,放风阀和其下部的电联锁状态也同上述的缓解位。

4)运转位

运转位也是保持列车管压力不变的工作位置,根据手把操纵顺序的不同也可分成制动前运转位和制动后运转位。

运转位时,各主要阀类部件的作用如下:

(1)自动制动阀(大闸)。各通路均被切断,无电联锁信号输出。

(2)电空阀。电空阀状态与保压位相反,电空阀处在失电状态,中继阀遮断风管通大气。

(3)中继阀。中继阀处于保压状态。由于总风遮断阀呈开启状态,故列车管压力泄漏能得到自动补偿。

(4)分配阀。分配阀各部分的位置与气路通断状况与保压位完全一致。制动缸压力空气的泄漏同样可通过分配阀均衡部得到补偿,以保持制动缸压力不发生变化。

(5)紧急放风阀。紧急放风阀也处在充气缓解位,与保压位完全相同。

通过以上对YZ-1型空气制动机自动制动作用的分析可知,制动机各主要零部件的工作状态在缓解位与制动位时刚好相反,而运转位和保压位是处在缓解位和制动位的中立状态,但由于运转位和保压位的电联锁状态正好相反,使得运转位有列车管泄漏的自动补风功能,而保压位则没有自动补风功能。

2. 单独制动作用

单独制动作用,是把自动制动阀(大闸)放在缓解位,操纵单独制动阀(小闸)手把在各位置时的综合作用。该作用用于单独操纵大型养路机械的制动、保压和缓解。

自动制动阀(大闸)在缓解位时,分配阀处于充气缓解状态;容积室压力空气经作用部排气口排入大气,但容积室与均衡阀下侧的连通被梭阀所切断,而单独制动阀(小闸)的作用管通过梭阀与均衡阀下侧连通,达到单独制动和缓解的目的。

1) 缓解位

缓解位是单独操纵大型养路机械缓解的作用位置。

缓解位时,单独制动阀(小闸)与分配阀的作用如下:

(1) 单独制动阀(小闸)。将单独制动阀(小闸)手把放在缓解位,由于作用柱塞左移,作用管压力空气经单独制动阀(小闸)的作用柱塞、转换柱塞排入大气。

(2) 分配阀。分配阀均衡阀下侧的压力空气经外接的单缓管和梭阀与作用管连通,再经单独制动阀(小闸)排入大气,于是均衡阀下移,均衡杆的顶面孔口露出,制动缸压力空气经均衡杆轴向中心孔和径向孔,从均衡部排气口排入大气,达到单独缓解的目的。

2) 制动位

抽动位是单机运行时,在正常情况下调节速度或停车使用的位置。

制动位时,单独制动阀(小闸)与分配阀的作用如下:

(1) 单独制动阀(小闸)。将单独制动阀(小闸)手把放在制动位,经调压阀调整后的压力为 360kPa 的总风缸压力空气进入作用管,作用管压力上升。

根据单独制动阀(小闸)在制动位停留时间的长短,可获得 0~360kPa 的各种不同的作用管压力。

(2) 分配阀。作用管压力上升,经梭阀和单缓管通均衡阀下侧,推动均衡阀上移,其均衡杆顶面接触均衡阀并顶开均衡阀,切断制动缸排大气的通路,总风经开放的均衡阀口进入制动缸,并经缩堵孔进入均衡阀上侧,制动缸压力上升,达到单独制动的目的。

3) 中立位(保压位、运转位)

中立位是使作用管压力保持一定的工作位置,也分成制动前的中立位和制动后的中立位。

中立位时,单独制动阀(小闸)与分配阀的作用如下:

(1) 单独制动阀(小闸)。把单独制动阀(小闸)手把放于中立位(由于不利用单独制动阀的电联锁功能,保压位与运转位的气路通断状况是一模一样的,这两个位置的作用也一致。但在正常运行时,习惯上都将手把放在缓解后的运转位,以缩短手把从缓解位移到制动位的时间),切断了作用管排大气的通路(制动后的中立位),也切断了调压阀管压力空气进入作用管的通路(制动前的中立位),作用管的压力保持与手把转换到中立位前的状态一致。

(2) 分配阀。作用管的压力保持不变,即分配阀均衡部均衡阀下侧的压力保持不变。制动缸压力停止上升。

单独制动阀(小闸)手把置于中立位(保压位、运转位)时,YZ-1 型空气制动机的所有气路均被截断。

3. 自动制动后的单独缓解

自动制动后的单独缓解是指用自动制动阀(大闸)操纵列车制动后,通过下压单独制动阀(小闸)来单独缓解牵引动车,而不影响全列车其他车辆的制动作用。

自动制动后,容积室压力空气经梭阀和单缓管通至分配阀的均衡阀下侧,由于梭阀的作用,切断了单独制动阀(小闸)作用管与分配阀均衡部的连通,因此,无法用单独制动阀(小闸)来缓解自动制动阀(大闸)的制动。此时,通过下压自动制动阀(大闸)手把,顶开其上单独缓解阀,将与分配阀均衡部均衡阀下侧连通的单缓管压力空气通过自动制动阀(大闸)中的单独缓解阀阀口、阀体排风口排入大气,容积室的压力也随之下降,分配阀均衡部均衡阀在上侧制动缸压力的作用下带动均衡杆下移,开放制动缸排风通道,使制动缸压力空气从分配阀均衡部排风口排入大气。在此过程中,由于列车管压力没有上升,故整个过程并不影响到列车其他制动机的制动作用,而只缓解了牵引动车的制动,从而达到单独缓解的目的。

紧急制动作用是大型养路机械在运行途中遇有紧急情况危及行车安全时所施行的操纵。YZ-1型空气制动机的紧急制动一般都不是由自动制动阀直接控制的,而是通过操纵紧急制动阀直接排出列车管内的压力空气来实现的。

1)紧急制动

紧急制动作用一般都是运行途中发生的。此前,不论是联挂运行还是单机运行,自动制动阀(大闸)手把应放在缓解位,单独制动阀(小闸)手把应放在运转位。

紧急制动时,各主要阀类部件的作用如下:

(1)自动制动阀(大闸)。手把放在缓解位,总风以500 kPa的调整压力向均衡风缸管充风。施行紧急制动操纵后,应同时将自动制动阀(大闸)手把移到保压位,经过一定时间的保压后,再按需要将手把移回到缓解位,缓解紧急制动。

(2)单独制动阀(小闸)。手把放在运转位,切断各气路的连通。

(3)紧急制动阀。施行紧急制动时,向下拉动紧急制动阀手把(或按下紧急制动按钮),列车管压力空气经开启的阀口、阀体上的排风口排入大气。

(4)紧急放风阀。列车管压力急剧下降,紧急室压力来不及通过缩孔Ⅰ逆流到列车管,紧急阀失去平衡,下移并压下放风阀,开放列车管排风阀口,进一步加速列车管的排风。同时,紧急放风阀输出压力信号,去控制总风遮断阀动作,直到压力信号消失。

(5)中继阀。因列车管减压,中继阀处于充气缓解状态,供气阀开启。但总风遮断阀呈关闭状态,切断列车管的供风源,中继阀虽处于充气缓解位,但是列车管还是得不到充风,保证了紧急制动作用的产生。

(6)分配阀。分配阀作用部很快到达常用制动位,工作风缸迅速向容积室充风,容积室压力上升。

增压阀上移开放总风与容积室的通路,容积室压力继续上升,直至安全阀动作。安全阀使容积室压力保持在450 kPa,制动缸压力也将迅速上升到450 kPa,产生紧急制动作用。

(7)安全阀。容积室的压力保持450 kPa的压力,即保证紧急制动时制动缸的最大压力为450 kPa。

待紧急室压力排空后(大于15s),紧急放风阀排气口关闭,中继阀内总风遮断阀转呈开启状态,总风经遮断阀阀口、供气阀阀口进入列车管,列车管压力上升,紧急制动作用将在较短的时间内得到自行缓解。

2)紧急制动后的单独缓解

紧急制动后的单独缓解与自动制动后的单独缓解类似,只需下压自动制动阀(大闸)手把就能实现单独缓解。所不同的是紧急制动后的单独缓解时间比常用制动后的单独缓解时间长,且制动缸压力不能完全缓尽。这是因为紧急制动后,分配阀的增压阀发生作用,总风将通过增压阀向容积室补风,以提高容积室的压力,当下压手把单独缓解时,因增压阀没有复位,出现了一面单独缓解排气,一面总风补充的现象,故单独缓解的时间将要延长,制动缸压力不能缓尽。

练习题

1. 你知道捣固车的制动系统一般由哪几部分组成?
2. YZ-1型空气制动机的作用原理是什么?
3. 调压阀的作用是什么?
4. 你能说说调压阀的作用是什么?
5. 紧急放风阀的工作原理是什么?其作用是什么?
6. 简单说说说明抄平起拨道捣固车基础制动的工作原理。

单元九

激光准直系统

【知识目标】
1. 了解捣固车激光测量系统的作用。
2. 掌握捣固车激光测量系统工作原理。
3. 熟悉激光发射器的结构及主要特点。
4. 熟悉数字式养路机械记录仪的结构及工作原理。
5. 了解数字记录仪的功能。

【能力目标】
1. 熟练掌握激光准直系统的操作方法。
2. 能进行激光准直系统基准点标定的操作。

准直,就是给出一条标准的直线作为测量的基准线。我国铁路大型捣固车都装备有激光准直测量系统。D08-32型捣固车和D09-32型连续式捣固车装有一维激光准直系统,可满足捣固车的自动拨道作业要求,激光准直测量系统作为捣固车的起道或起、拨道作业导向,体现了"长弦测量"的技术优点。

一、捣固车激光测量系统工作原理

检测线路方向偏差的基准线是张紧 A、D 两检测小车中间的钢弦线,这根基准线的长度只有21.1m。可以想象,用这么短的基准线来检测方向偏差并据此来拨道,这在曲线地段尚可以,而在直线区段,显然精度是不够的,特别是在百米以上的长直线区段,偏差较小而长距离的方向不良(俗称慢弯)不能拨直。为了解决这个问题,提高直线地段拨道的质量,线路方向偏差检测装置附加了激光准直测量系统。

D08-32型捣固车、D09-32型连续式捣固车装备的JZT型激光准直系统,如图9-1所示。基本工作原理是"光电接收—机械跟踪";激光接收器只在水平方向自动跟踪(称作"一维激光系统"),适用于在长直线路引导捣固车实现自动拨道作业,最大工作距离为600~800m,作业后的线路轨向精度可以达到±2mm。

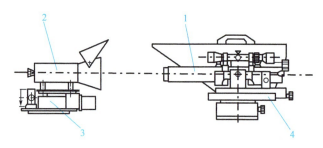

图9-1 激光准直系统
1-激光发射器;2-激光接收器;3-接收跟踪架;4-发射调整架

该系统主要由激光发射器、激光接收器、接收跟踪架、发射调整架四部分组成。其工作原理为:定位于前方轨道中心的激光发射器,向捣固车前端的激光接收器射出一束扇形激光束,如图9-2所示。接收器会自动跟踪激光束,使接收器中央始终处于激光束的中心;在左右跟踪过程中发生的位移量转换成相应的电信号,经控制电路处理后,指导捣固车的拨道机构进行拨道作业。激光接收器如图9-3所示。

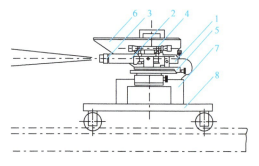

图9-2 激光发射器发射扇形激光束
1-激光电源;2-激光管;3-光学系统;4-瞄准镜;5-发射调整架;6-外罩;7-电池箱;8-激光发射小车

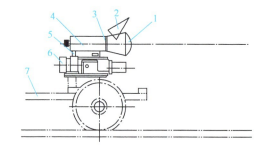

图9-3 激光接收器
1-柱面镜筒;2-镜头罩;3-光电池;4-电路盒;5-减振器;6-跟踪机构;7-D点检测小车

当激光束落在接收器中央时,接收电路处于平衡状态,无任何信号输出;中位指示灯亮(远距离时,由于激光束在空气中会发生漂移,捣固车的左右指示灯有节奏地交替闪烁),如图9-4所示。

图9-4 指示灯闪烁

二、捣固车激光测量系统类型

随着光电控制技术的进步,尤其是激光器件的技术突破,捣固车的激光准直测量系统也引入了新材料、新技术、新工艺,经过多年的不懈技术攻关,终于实现了JZT型产品由A型向B型的更新换代。

"A型激光系统",发射器采用的光源是He-Ne气体激光器,耗电量大,需要配用电容量较大的12V蓄电池;接收器的控制电路为模拟电路。"B型激光系统",发射器采用的光源是半导体激光器,省电、轻便,配用3节1号普通干电池或充电电池;接收器的控制电路为数字电路。"B型激光系统"可与"A型激光系统"互换,使用性能完全相同。A型和B型发射器如图9-5所示。A型发射器结构如图9-6所示。

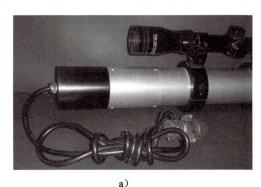

图9-5 A型和B型发射器
a)A型发射器;b)B型发射器

JZT-A型发射器的主要特点:

(1)激光器采用He-Ne气体激光管,管内封装He-Ne气体,外管为石英玻璃材料,输出光束$\phi 1$mm。

(2)光学扩束系统将激光器射出的激光束扩束为直径20 mm的平行光束。光学扩束系统与发射器外筒精确同心。

(3)光束调平装置将物镜射出的直径 20mm 的平行激光束扩展成宽度为 20mm 的垂直光带(距离 100m 处光束高 2m),满足捣固车在有竖曲线的线路上作业的需要,如图 9-7 所示。B 型发射器结构如图 9-8 所示。

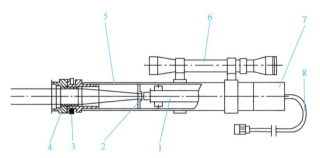

图 9-6 A 型发射器结构

1-激光管;2-光学扩束系统;3-锁母;4-光束调平装置;5-外筒;6-瞄准镜;7-激光电源组成;8-电源线

图 9-7 垂直光带

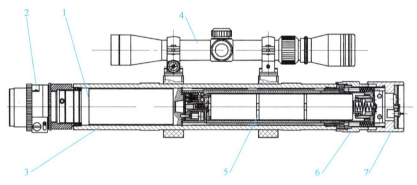

图 9-8 B 型发射器结构

1-激光器及光学扩束系统;2-光束调平装置;3-外筒;4-瞄准镜;5-电池;6-连接套;7-电源控制器

JZT-B 型发射器的主要特点:

(1)以半导体激光器替代 He-Ne 气体激光器。

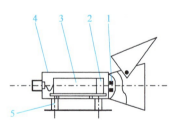

图 9-9 激光接收器结构

1-柱面镜;2-光电接收屏;3-电路盒;4-外壳;5-减振器

(2)采用普通 1 号干电池作为发射器电源,从而取消了 A 型发射器所需的笨重的充电电源箱。

(3)由于半导体激光耗电量小,约每工作 40h 换一次电池即可。

(4)与 A 型激光器完全通用。

激光接收器结构如图 9-9 所示,柱面镜 1 将接收到的垂直条状激光束,还原成圆形光斑;经过窄波滤光镜,投射到光电接收屏 2 上;光信号被转换成电信号,由接收电路板转换成控制电信号,输出给司机室内的接收控制电路板(EK-104V)。

▶▶▶ 三、激光准直系统操作与调试(以 D08-32 型捣固车为例)

1.激光准直系统的操作方法

(1)捣固车的准备:打开作业电源;放下所有测量小车;张紧测量钢弦;拨道系统置于"三

点法作业"状态,测量小车靠轨方式设为"左预加载",并且将拨道全部输入值回零,把捣固车停在拨道起点上且拨道应在零点位置上(拨道表针位于红区中央)。

(2)激光发射小车放到捣固车前轨道上,装上蓄电池盒(激光发射控制盒),再装上激光发射装置并把2个固定螺栓拧紧,插上电源插头。然后将发射小车向前推移到指定的位置(约300m),锁紧在基准轨上(左轨),摇动底手柄,使激光发射架移到设定的拨道基准点。

(3)放下激光接收小车,打开接收器护罩盖并锁牢;将B77箱的b1开关扳至工作位"Laser",将B4箱上4b1开关扳至调整位(中位)"adj",此时接收器处于调整工作状态。

(4)将拨道输入数据选择开关置于"2"位,检查拨道输入数据显示值,如不为零则按动B4箱上的4b13钮或4b14钮,将接收器显示至"0"。

(5)发射器的定位:打开发射器上的开关至"开"位,发射器射出激光束:仔细调整发射调整架的微调钮,通过瞄准镜观察,使瞄准镜的十字丝交叉点落在接收屏中央,此时应锁紧水平粗调旋钮,然后仔细转动水平微调钮,直至捣固车前端接收指示灯的中位灯亮,或左右灯有节奏的交替闪亮,如图9-4所示,即完成激光对中工作。

(6)将B4箱上的4b1开关扳至跟踪位(右位)"on",接收装置处于自动跟踪状态,捣固车即可开始自动拨道捣固作业。

(7)待捣固车作业至发射小车5~10m时,停止作业,关闭激光发射器电源开关,将发射小车向前推移,此时如果激光拨道显示值仍有拨道量应手动把其顺至零,重复前述操作步骤进行下一段作业。注意:此时接收器不要移动位置,作为下一次激光作业的起点拨道位置。

(8)使用完毕后激光接收器开关转至充电位。

作业中,一、二号位应加强协调联系,随时注意监视拨道表指针的摆动状态及拨道值的变化情况,发现异常应及时停止作业。激光准直系统的准直距离是10~600m,准直精度是300m左右,所以激光拨道距离应在300m左右,距离太长可能影响拨道精度。

2.激光准直系统的故障及排除

激光准直系统的故障及排除如表9-1所示。

激光准直系统的故障及排除　　　　　表9-1

序　号	故障现象	原　因	排除方法
1	发射器不出光	(1)发射器电源电压过低 (2)发射器失效或损坏	(1)更换新电池 (2)更换发射器
2	接收距离短	(1)发射器射出的激光束不平行 (2)激光管老化,功率下降	(1)校准光束 (2)更换发射器
3	接收距离严重跑偏(持续向一侧移动)	(1)接收器工作电压低 (2)接收器失效或损坏	(1)更换蓄电池或检查充电电路板 (2)更换接收器
4	接收跟踪不稳定或精度严重失常	(1)发射调整架水平轴套配合间隙增大,造成左右微摆 (2)横向风力较大(四五级以上) (3)接收器光电元件老化	(1)更换水平移动架 (2)不宜使用激光 (3)更换接收器
5	(1)跟踪架位移传感器 (2)牵引钢丝绳回缩不连续、不均匀	(1)钢丝轮复位弹簧失效或折断 (2)钢丝轮上钢丝出槽	(1)更换复位弹簧 (2)重新盘绕钢丝轮

3.激光准直系统的维护

(1)检查发射器的电池电量是否充足,否则应更换新电池。B型发射器若长期不用时,电池应及时取出。

(2)定期测量接受器充电电源箱(B77箱)的输出电压值(带负载时),测量点在E19或E61,若低于9V,则应更换蓄电池或检查充电电路板是否正常。

(3)定期(每三个月)检查发射器射出的激光束是否平行(在夜间露天进行),应及时校准,并检查瞄准镜十字丝中心是否对准光斑中央。

(4)按图9-10所示定期检查跟踪架位移传感器的钢丝绳回缩是否连续、均匀。

图9-10 位移传感器

(5)定期为接收跟踪架的传动丝杠和导杠加注润滑油。

(6)经常检查各部螺栓连接是否可靠。

▶▶四、激光准直系统基准点的标定

捣固车在激光拨道作业前应将激光准直系统基准点进行标定,所谓标定,即使激光系统的测量光弦与捣固车的测量钢弦精确重合。激光准直系统基准点的标定应选择在100m左右的平直线路上进行。

1.标定前的准备工作(以左预加载为例)

1)检查拨道量数字表显示与接收器实际位置是否一致

(1)0点位置。将"拨道作业挡位开关"设置在"4(人工)"位,转动"前端偏移量手动输入钮(大红钮)"使"拨道量数字表"显示为0,如图9-11所示。

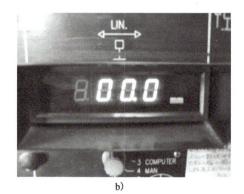

图9-11 0点位置(1)
a)拨道作业挡位开关;b)拨道量数字表

将"拨道作业挡位开关"设置在"2(人工＋激光)"位,按动"左动钮"或"右动钮",左右移动接收器,使接收器的指针对准底板标尺的 0 点。此时,拨道数字表的读数应为 0.0 ± 0.2,如图 9-12 所示。否则,应仔细调整跟踪架上位移传感器的钢索,使拨道数字表读数归 0。

图 9-12　0 点位置(2)
a)拨道作业挡位开关;b)左、右动钮(红钮);c)底板标尺;d)拨道量数字表

(2)左 100mm 位置。按动"左动钮",如图 9-12b)所示。向左移动接收器,使接收器指针对准标尺左侧的 100。此时,"拨道数字表"的读数应为-100 ± 0.5。否则,应仔细调整"前端模拟输入电路板(EK-2039)",修正位移当量值,使"拨道数字表"准确显示"-100",如图 9-13a)所示。

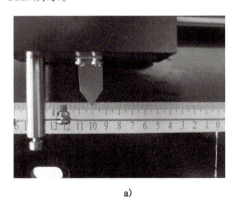
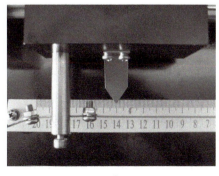

图 9-13　底板标尺

(3)左 140mm 位置。按动"左动钮",如图 9-12b)所示。向左移动接收器,使接收器指针对准标尺左侧的 140 ± 1,如图 9-13b)所示。此时,电动机应自动停机。否则,应仔细调整

"激光跟踪电动机控制板(EK-715A)",直至行程限位正常。

(4)右100mm位置。按动"右动钮",如图9-12b)所示。向右移动接收器,使接收器指针对准标尺右侧的100。此时,"拨道数字表"的读数应为100±0.5。否则,应仔细调整"前端模拟输入电路板(EK-2039)",修正位移当量值,使之准确显示"100"。

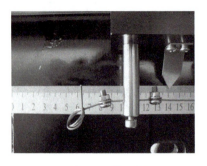

图9-14 底板标尺

(5)右140mm位置。按动"右动钮",如图9-12b)所示。向右移动接收器,使接收器指针对准右标尺的140±1,如图9-14所示。此时,电动机应自动停机。否则,应仔细调整"激光跟踪电动机控制板(EK-715A)",直至行程限位正常。

2)检查跟踪架标尺0点位置

如图9-15a)所示,用"铅垂法"检查标尺0点距左轨的距离,应为(712±1)mm,如图9-15b)所示。否则,左右调整跟踪架底板的位置,使之到位,如图9-15c)所示。

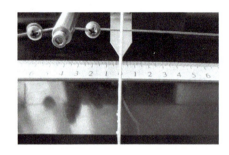

a)

b)

c)

图9-15 铅垂法检查跟踪架标尺0点位置

3)检查发射器的0点位置

如图9-16所示,将发射器摇到下摇架中央,用铅垂法测量移动座中点距左轨内侧的距离,应与跟踪架的(712mm±1mm)相等(目的是使发射架到跟踪架中心的连线与轨道中心线严格重合)。否则,摇动手柄使其到位。(注:轨距为1435mm,前张紧小车轮外侧距为1425mm。)

4)检查接收状态是否正常

打开接收器电源,"激光作业开关"置于"调整"位,将激光束投射在接收屏上。光束在中央时,中间指示灯亮;光束在左侧时,左侧和中间指示灯亮,如图9-4b)所示;光束在右侧时,右侧和中间指示灯亮。

图 9-16　铅垂法检查发射器 0 点位置

5）整备捣固车设置

(1) 打开作业电源。

(2) 放下所有测量小车。

(3) 张紧测量钢弦。

(4) 拨道作业方式设为"三点法"。

(5) 测量小车靠轨方式设为"左预加载"。

(6) 打开接收电源（B77 箱）。

(7) 打开接收器防护盖。

2. 标定步骤

1）左预加载标定

完成每个基准点的标定，捣固车需沿 100m 长的轨道往复行走 2～3 次。捣固车往复行走过程如图 9-17 所示。

 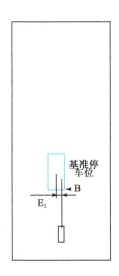 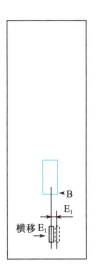 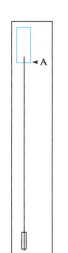 

图 9-17　捣固车往复行走过程示意图

(1) 将测量小车置于"左预加载"状态；测量原理设为"三点法"。

(2) 将"拨道作业挡位开关"设在 2 挡（人工＋激光），"激光接收开关"扳到"调整"位；按动"左动钮"或"右动钮"，将"拨道数字表"调到 0，如图 9-18 所示。

(3) 前后移动捣固车寻找拨道 0 点。当拨道表的指针摆到"红区"内时停车，在接收小车轮下方的轨道上作一标志，即为 A 基准点，如图 9-19 所示。

图 9-18 调 0 点位置

图 9-19 捣固车寻找 A 基准点

图 9-20 激光接收开关置于调整位

(4)打开接收器前端盖;打开接收电源,将"激光接收开关"置于"调整",准备发射器对光,如图 9-20 所示。

(5)将发射小车推至捣固车前方 100m 处停下,使发射小车的行走轮缘贴紧左侧钢轨内侧面,将扣轨把手扳下,使发射小车牢靠地固定在钢轨上。

(6)摇动下摇架手柄,使左标尺指针对准 0 点,并锁紧光杠锁紧扳手。

(7)调整调平装置水平泡,使之处于中间位置;打开发射电源开关,发射器射出红色激光束。

(8)"对光员"开始对光,使瞄准镜筒"十字叉"中心对准接收器,然后仔细调整水平微调旋钮,使捣固车中间指示灯亮(或左右灯交替闪亮)并稳定下来,然后通知捣固车司机开始前行。

(9)司机将"激光接收开关"置于"跟踪"位,稳定 2～3s 后使捣固车前行;行至发射小车前 10m 以内时停车,在接收小车轮下方的轨道上作一标志,即为 B 基准点。读出接收器偏差值(如－5.1),如图 9-21 所示。

a)　　　　　　　　　　　　　b)　　　　　　　　　　　　　c)

图 9-21 捣固车寻找 B 基准点

(10)通知"对光员"平稳摇动下摇架手柄,使发射器向右移 E1 值(如-5.1),使接收器自动跟踪回到 0 位。

(11)捣固车退回到 A 基准点(接收小车轮再次对准停车标志)停车,将"激光接收开关"扳到"调整"位;接收器重新调准至 0 位;然后,通知"对光员"重新对光。

(12)对准光后将"激光接收开关"置于"跟踪"位,稳定 2~3s 后使捣固车前行;行至 B 基准点后停车,读出接收器偏差值 E2(如-0.6),若不大于±1.0mm,则左加载标定完成。否则,再重新作一次。

(13)标定完成后,仔细调整并紧固左标尺,使指针对准 0 点,如图 9-22 所示。

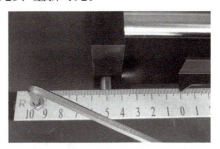

图 9-22 调整、紧固左标尺

在进行标定操作时应注意以下几点:

(1)调整标尺前千万不要动下摇架手柄。

(2)激光发射小车必须与钢轨可靠锁定,不得有任何松动。

(3)不要随意拆卸发射架的机罩。

(4)捣固车机械零点标定后,发射小车和下摇架不能互换使用。

2)右预加载标定

右预加载标定标定操作方法与"左预加载标定"操作方法相同。当捣固车置于"右预加载"状态时,激光发射小车也应当置于"右预加载"状态。

▶▶ 五、数字式养路机械记录仪

1. 数字记录仪概述

数字记录仪是以数字序列形式记录和存储被测信号波形,能以数字或模拟形式输出结果的仪器。一些常用的测量包括温度、压力、电流、速度、张力、位移和其他一些物理量。

随着仪表技术的成熟,记录仪的分类也越来越多。现主要介绍两种:

(1)根据打印种类分类:分为温度无纸记录仪和温度有纸记录仪。无纸记录仪可通过 U 盘或 CF 卡来转存记录仪中的数据,再到计算机上,通过打印机来打印记录的曲线和数据;有纸记录仪可直接在现场打印。随着科技的发展,有纸记录仪逐渐地被无纸记录仪给取代。

(2)根据输入输出信号的种类分类,记录仪可分为模—数、数—模、模—模、数—数等形式,它们的主体电路根据输出形式的不同而有所区别。当输出为数字信号时,其主要电路是能存储数字信息的存储器电路,它能随时将数字信号送给磁带机、穿孔机或其他设备,或经适当变换用示波器观察模拟波形,如数字存储器和波形存储器。当输出为模拟信号时,记录仪主体电路是没有存储功能的模拟放大驱动电路,必须立即用适当记录装置和方法将信号记录到纸、感光胶片或磁带上,才能保存信息,便于进一步分析处理,如各种笔录仪、光线记录器、绘图仪、磁带记录仪等。

模拟式电路主要有两种类型,即直接放大驱动型(如笔录仪)和自动平衡型(如绘图仪或 X-Y 记录仪)。在早期引进的大型养路机械上普遍采用国外进口的电子多通道记录仪,如 EL-T730 和 EL-T7025 型记录仪,该种记录仪为模拟信号,无法与轨道检查车进行数据交换。现已被 KT3-2JLA 型和 DWL8-3JL 型多通道数字式记录仪所取代。DWL8-3JL 型多通道数字式记录仪主要应用在 D09-3X 型和 DWL-48 型捣固稳定车上。DWL8-3JL 型多通道数字式记录仪如图 9-23 所示。

图 9-23　DWL8-3JL 型多通道数字式记录仪

数字记录仪和传感器一起配合工作,将待测的物理量和激励信号转换成电信号,如电压和电流。之后这些电信号再被转换或数字化为二进制数据。二进制数据是非常易于进行软件分析并存储到 PC 的硬盘或其他存储介质当中的,比如存储卡和 CD 光盘。

每个数字记录仪都必须包含的一些组件:

(1)用以对记录信号进行数字化的硬件设备,包括传感器、信号调理设备和模数转换硬件。

(2)长期数据存储设备,一般为 PC。

(3)数字记录软件,用以进行数据采集、分析和表示。

记录仪的主要技术指标为工作频率、输入信号动态范围、记录线性度、分辨度、失真度、响应时间、走纸准确度和稳定度。对用作计算机外围设备的磁带机还需要有复杂的电路和机构。

2. KT3-2JLA 型数字式养路机械记录仪

目前,在大型养路机械上广泛使用的是 KT3-2JLA 型数字式养路机械记录仪,用于记录铁路线路维修前后的线路状态。KT3-2JLA 型数字式养路机械记录仪主要应用在 D08-32 型捣固车、WD320 型动力稳定车等铁路大型养路机械上,了解作业后的作业质量,并记录机械车作业后铁路线路的横向水平和方向等情况。该系统采用进口专业工控机主板、液晶显示器、电子硬盘、数字采集卡、热敏打印机等配件,配合一套功能强大的软件,完成对铁路线路几何参数多个通道信号(即线路参数,通常包括正矢信号和水平信号等)的数字化采集、存储、显示、分析、打印等功能,还能通过随机配备的 U 盘将记录数据拷贝到普通计算机上进行数据分析、打印等。KT3-2JLA 型数字式养路机械记录仪如图 9-24 所示。

3. 数字式养路机械记录仪的结构及工作原理

数字式养路机械记录仪主要包括工业计算机、工业液晶显示器、触摸键盘和微型打印机等几部分。这几部分都集成在一个工业计算机机箱内,机箱具有良好的电磁屏蔽作用。安装机架把记录仪固定在养路机械上,同时该机架具有减振的作用。记录仪的工作电源可以直接利用车上的 24V 直流电源。在计算机的适配槽上插有信号转换卡、信号采集卡等。整个硬件系统的工作温度为 -10~50℃。

数字式养路机械记录仪的工作原理如图 9-25 所示:当信号转换卡接收到检测车上传感器发来的模拟信号后,信号转换卡对模拟信号进行低通滤波处理和电平转换,并将转换后的模拟信号传

图 9-24　KT3-2JLA 型数字式记录仪

输到信号采集卡;另外,信号转换卡还可以接收计算机发出的控制信号,实现信号校正和通道选择的功能。信号采集卡接收到模拟信号后将模拟信号转换为数字信号,经过信号采集卡转换后的数字信号再由主板传输到显示器屏上显示和储存到电子硬盘上。

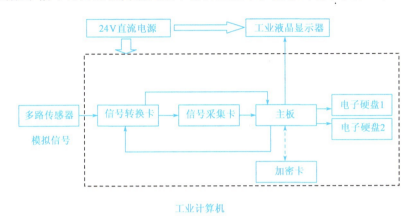

图 9-25　数字式记录仪的工作原理

数字式养路机械记录仪的软件操作系统为 DOS,该软件操作系统的优点是:

(1)系统稳定性和可靠性高(特别适合于条件恶劣的工业环境,例如强振动、强电磁干扰和存在突发电源断电),具有较强的抗干扰能力。

(2)操作系统和应用程序占用的存储空间小,可以选择可靠性高的 Flash 电子盘作为存储介质。

4.数字记录仪的功能

(1)在测量过程中随着检测车向前运行,可以实时采集检测车上的信号,将其转换成数字信号,以信号向前滚动的方式显示在屏幕上。并能够将数字信号存储为电子文件的形式,该电子文件由四部分组成:文件名(反映测量日期和测量方式)、公里标、查询标记和信号数据。测量中如出现信号超标,系统会显示报警的文字提示,同时有声音报警。信号超标的标准可以人为设定。对超标的地段有特殊的标记显示,并能统计超标地段的数目和超标地段的长度,而且可将超标地段的数目和超标地段的长度点,列出专门的表格,便于分析查找原因。

(2)在测量过程中,某些地段如需要重新测量,检测车向后运行,信号向后滚动,重新测量的信号会覆盖原有的信号,而不需要重新测量的地段,其信号保持不变。

(3)重新测量后的电子文件可以随时调出来进行分析,可以依据线别、上行、下行、测量日期、公里标以及特殊查询标记来查询电子文件。当调出某一电子文件后,不仅可以用曲线滚动(提供向前、向后滚动和暂停三种功能,曲线滚动的速度可调)的方式显示信号,同时可以测出任意点的信号值。另外,还可以直接查询任意点附近的曲线。信号显示的横坐标可以选择四种比例:1∶1、1∶5、1∶20 和 1∶50,1∶1 的含义是:显示器上一屏可以显示 40m 距离的信号;1∶5 的含义是:显示器上一屏可以显示 200m 距离的信号;1∶20 的含义是:显示器上一屏可以显示 800m 距离的信号;1∶50 的含义是:显示器上一屏可以显示 2000m 距离的信号。信号分析时,可以先选择 1∶20 和 1∶50 的比例来粗略了解整个测量信号的变化,再选择 1∶1 和 1∶5 的比例对信号进行详细分析。

(4)电子文件可以通过软盘、USB 盘、活动硬盘或计算机串行口转移到其他计算机上。

这一功能可以用于把电子文件转移到服务器上。在服务器上可以对多个检测车上的电子文件进行存档和管理。

（5）电子文件中的测量信号可以随时调出进行打印。打印机采用针式打印机（选择连续纸打印）。打印功能可以使数字多通道记录仪保留了原电子记录仪的功能，并在此基础上进行了功能扩展。

（6）为了提高电子文件的存储可靠性，采用双存储介质，即将所有的电子文件一式两份地存储在两个电子硬盘（或普通硬盘）内，当一个硬盘发生故障时，另一个硬盘可以完好的保存测量数据。

知识拓展

激光入门知识

在日常生活中可以看到各种各样的光，如日光、灯光、烛光等，但世界上还有一种特殊的光——激光。这个词我们经常听到，但它究竟是什么？是怎么产生的？

在谈激光的原理之前，先来看看激光与普通光之间有什么区别。

第一，激光的方向性很好，如图9-26所示。普通光源（如太阳光、灯光等）向四面八方发散，我们说它们方向性不好。手电筒、探照灯具有一定方向性，但传播一定距离后也发散得比较厉害。而激光就不同，在激光测距中，人们用激光打到月球上再反射回来，用时间差来计算地月距离，其光斑发散不超过一个足球场大小，这是普通光源无法比拟的。

第二，激光的单色性好，如图9-27所示。普通的白光（如太阳光）经三棱镜后变幻出七彩的颜色，每种颜色在物理上对应一个波长，其中我们肉眼可以看见的称为可见光，大概对应波长在450~750nm间的光（nm 即纳米，是一个长度单位，1 纳米是 1 微米的千分之一），这种光称为"非单色"或"复色"的。而激光的波长范围非常窄，比如 He-Ne 激光的波长范围只有 0.0001nm，就可以说这种光几乎是"单色"的，从视觉上，会觉得激光的颜色非常纯，当然，不存在绝对单色的光。

图9-26 激光测距

图9-27 激光的单色性

第三，激光的亮度非常高。亮度是光源在单位面积上，向某一方向的单位立体角内发射的功率。激光的输出功率虽然有个限度，但由于其光束细（发散特别小），功率密度特别大，因而其亮度也特别大。把分散在180°范围内的光集中到 0.18°范围，如图9-28所示，亮度提高 100 万倍。太阳光是日常生活中比较亮的光源了，白天肉眼直视会感到很刺眼。但激光的亮度可以达到太阳表面亮度的 100 亿倍。另外脉冲激光可以将能量在时间上集中，达到非常高的瞬间功率。

第四，也是反映更本质的性质，激光的相干性好。什么是相干性？打个比方，广场上有很多游客在随意走动，每个人都自己决定朝哪个方向走，走多快，也就是说人跟人之间互不"相干"。但换一种情况，阅兵式的时候，步兵方阵走过广场，每个人的步伐都是一致的，那么这种情况就是"相干"的。对光来说，可以认为光也是由许许多多的小颗粒"光子"构成的，普通光源中每个光子都是随意运动的，因此是"非相干"的。而激光中所有光子的步调一致，是"相干"的，正是这个性质，使得激光具有亮度高、颜色纯等特别的性质。

激光具有这些特性使之应用在很多领域，其中很多都是我们日常生活中能够见到的。在工业上有激光测距（利用方向性）、激光探伤（利用相干性）、激光加工（利用能量集中）。在医学上可用于激光除斑。在军事上用于激光武器、激光制导等。特别是在通信领域有广泛应用，如无线情况下可进行点对点的激光空间通信，有线时就是光纤通信。在我们身边，激光打印机、光驱、光电鼠标、超市条码扫描器、激光防伪标志等。

好了，激光有优异的特性和广泛的应用，那么激光到底是怎么产生的呢？激光的英语单词是 Laser，是 Light Amplification of Stimulated Emission of Radiation 的首字母缩写，意思是"受激辐射的光放大"。激光产生的原理就包含在激光的名字中，这个词组提示，辐射（Radiation）有几种，将其中一种称为受激辐射（Stimulated Emission）的辐射进行放大（Amplification）就能得到激光。中文名叫做"镭射"、"莱塞"。下面来看看细节。

近代物理学的发展告诉我们，世间万物都是由原子构成的，原子又是由原子核和绕着原子核转的电子构成，就像地球绕着太阳转一样，如图 9-29 所示。但是量子力学规定，电子只能在一些指定的"轨道"上运动，而不能在任意地方运动，就像是一栋楼房，电子可以选择住在 1 楼、2 楼，但不能住 1.2 楼、1.3 楼等。但是，电子有时会串门，从一个轨道跳到另一个轨道，并同时吸收或放出辐射能量，如果这些能量大小合适，就是我们看见的光了，如图 9-30 所示。详细的理论需要了解量子力学的更多知识，就不在这里多说了。

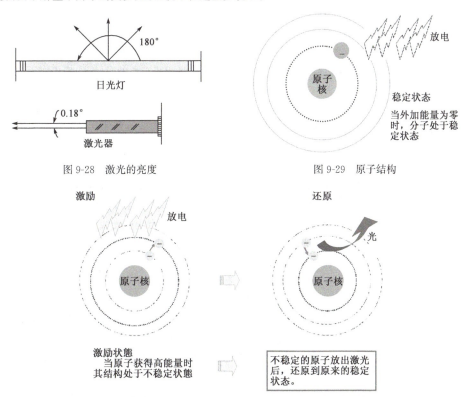

图 9-28　激光的亮度　　　　　图 9-29　原子结构

图 9-30　电子吸收或放出辐射能量

在这样的原子模型中,爱因斯坦提出,光与原子间有三种最基本的游戏,分别称为"受激吸收"、"自发辐射"和"受激辐射"。在"受激吸收"过程中,一个电子吸收一个光子的能量,并从能量较低的轨道跳("跃迁")到能量较高的轨道。显然,这个过程只会使光减弱。

电子跑到较高的轨道后,过一段时间,发现上面也没什么好玩的,就又跳回较低的轨道,并同时放出一个光子来。同一轨道上可能有很多电子,每个电子都自己决定什么时候、朝哪个方向以及以什么姿态跳下来,相互之间没有商量,所以它们发射的光子们之间是"非相干"。这个过程就是"自发辐射"。我们平时看到所有普通光都是由自发辐射过程产生的。

如果电子在上面轨道的时候,正好有个光子跑过来"刺激"它,那么电子也会跳楼,同时放出一个光子,这种过程就称为"受激辐射"。比较奇特的是,电子放出的光子和开始跑进来的那个光子长得一模一样,包括运动方向、能量、步伐等在内完全相同,完全是克隆出来的。这样从总体效果来说,一个光子进来,两个光子出去,光被放大了,而且这种光是"相干"的。

综上所述,受激吸收过程会使光减弱,自发辐射和受激辐射过程都放出光,但只有受激辐射过程产生相干光。所以要产生激光,需要利用受激辐射过程。

但问题没有这么简单,在实际情况中,这三种基本过程都同时存在,它们之间存在竞争。那么谁更强呢?在一般状态下,受激吸收过程是最强的。因为不同能量的轨道上的电子的数量不同,能量越高的轨道,电子的数量越少。就像是一栋没有电梯的楼房,让人们去选住几楼,绝大部分人都选择住一楼。电子也是一样,所以一般情况下,绝大部分电子都选择住在楼下(基态)。这样当光子们跑过来的时候,从下往上跳的电子,比从上往下跳的电子要多得多(比如说100∶1),光通过之后只会减弱,不会放大。

解决问题的办法是用一台"电子泵",预先把电子抽到楼上(激发态)去,最终使得楼上电子比楼下多,达到称为"粒子数反转"的状态。这样光再通过的时候,就能被放大。制造这种电子泵的方法很多,如给点电压、化学反应、普通光照等。

除了受激吸收与受激辐射竞争外,自发辐射也与受激辐射竞争消耗着电子。如果抽水机一边往上抽水,水一边纷纷往下漏,效果肯定也不好。电子在较高的能量上一般待的时间非常短,然后就以自发辐射漏到底能量状态上去了。在实际情况中,需要挑选一类具有"亚稳态"的原子,在这些亚稳态上电子可以待很长时间,从而使电子在抽水机工作的时候,能积累在这些状态上,达到粒子数反转。

最后,如果光只通过原子一次,则只能放大一倍,效率很低。为了充分利用受激辐射,我们在原子两边装两个镜子,让光在两个镜子间来回跑,光每折返一次就放大一倍。开始只有一个光子,一变二,二变四,四变八,这样折返成千上万次之后,光就会变得非常强。而自发辐射呢?由于是自发产生的,不受外界光的刺激,所以没有放大。这样的两个镜子以及其中的空间称为"谐振腔",两个镜子称为"腔镜",如图9-31所示。但是,如果仅这样,光就在腔里面来回反射出不来了。所以其中一面镜子做成有一点点透明(比如反射率95%,透射率5%),把光引出来,激光就产生了。由于光要在两面镜子间反射成千上万次,稍微有点歪的光线反射几次之后就跑掉了,所以只有那些方向非常平的光才最终形成激光,所以谐振腔使激光有非常好的方向性。另外谐振腔还能调整激光的横模纵模等性质。

最后来总结一下,要产生激光必要的两个要素是:①要有粒子数反转的工作物质(原子);②谐振腔。尽管激光种类繁多,从小巧的激光教鞭到大型的激光武器,但都遵循这两点要求。

激光是在1960年正式问世的。但是,激光的历史却已有100多年。确切地说,远在1893年,在波尔多一所中学任教的物理教师布卢什就已经指出,两面靠近和平行镜子之间反射的黄钠光线随着两面镜子之间距离的变化而变化。他虽然不能解释这一点,但为未来发明激光发现了一个极为重要的现象。

1917年爱因斯坦提出"受激辐射"的概念,奠定了激光的理论基础。1958年美国科学家肖洛和汤斯发现了一种奇怪的现象:当他们将闪光灯泡所发射的光照在一种稀土晶体上时,晶体

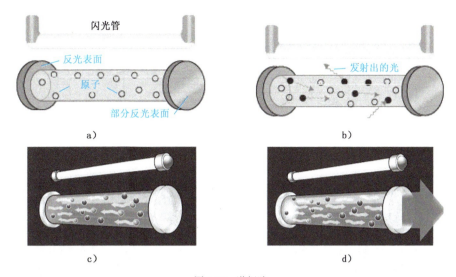

图 9-31 谐振腔

的分子会发出鲜艳的、始终会聚在一起的强光。由此他们提出了"激光原理",受激辐射可以得到一种单色性、亮度又很高的新型光源。1958 年,贝尔实验室的汤斯和肖洛发表了关于激光器的经典论文,奠定了激光发展的基础。1960 年,美国人梅曼发明了世界上第一台红宝石激光器,如图 9-32 所示。梅曼利用红宝石晶体做发光材料,用发光度很高的脉冲氙灯做激发光源,获得了人类有史以来的第一束激光。1965 年,第一台可产生大功率激光的器件——二氧化碳激光器诞生,如图 9-33 所示。1967 年,第一台 X 射线激光器研制成功。1997 年,美国麻省理工学院的研究人员研制出第一台原子激光器。

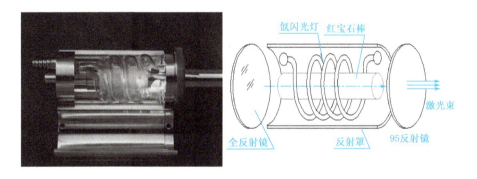

图 9-32 红宝石激光器

激光器是能发射激光的装置。按工作介质的不同,激光器可分为气体激光器、固体激光器、半导体激光器和染料激光器 4 大类。近来还发展了自由电子激光器,大功率激光器通常都是脉冲式输出。

激光器的结构一般包括三部分:

(1) 激光工作介质。激光的产生必须选择合适的工作介质,可以是气体、液体、固体或半导体。在这种介质中可以实现粒子数反转,是制造获得激光的必要条件。显然亚稳态能级的存在,对实现粒子数反转是非常有利的。现有工作介质近千种,可产生的激光波长包括从真空紫外到远红外,非常广泛。

(2) 激励源。为了使工作介质中出现粒子数反转,必须用一定的方法去激励原子体系,使处于上能级的粒子数增加。一般可以用气体放电的办法来利用具有动能的电子去激发介质原子,称为电激励;也可用脉冲光源来照射工作介质,称为光激励;还有热激励、化学激励等。各种激

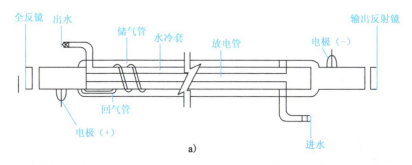

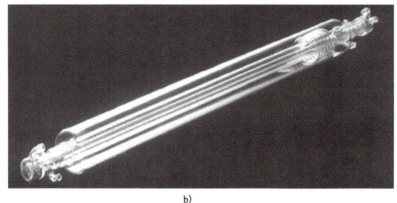

图 9-33 二氧化碳激光器

励方式被形象化地称为泵浦或抽运。为了不断得到激光输出,必须不断地"泵浦"以维持处于上能级的粒子数比下能级多。

(3)谐振腔。有了合适的工作物质和激励源后,可实现粒子数反转,但这样产生的受激辐射强度很弱,无法实际应用。于是人们就想到了用光学谐振腔进行放大。所谓光学谐振腔,实际是在激光器两端,面对面装上两块反射率很高的镜。一块光几乎全反射,一块光大部分反射、少量光透射出去,以使激光可透过这块镜子而射出。被反射回到工作介质的光,继续诱发新的受激辐射,光被放大。因此,光在谐振腔中来回振荡,造成连锁反应,雪崩似的获得放大,产生强烈的激光,从部分反射镜子一端输出。

激光器的种类很多,一般可分为固体、半导体、气体、染料等类型。

(1)固体激光器一般小而坚固,脉冲辐射功率较高,应用范围较广泛。

(2)半导体激光器是以半导体材料作为工作介质的。这种激光器体积小、质量轻、寿命长、结构简单,特别适于在飞机、军舰、车辆和宇宙飞船上使用。半导体激光器可以通过外加的电场、磁场、温度、压力等改变激光的波长,能将电能直接转换为激光能,所以发展迅速。

(3)气体激光器以气体为工作物质,气体激光器具有结构简单、造价低;操作方便;工作介质均匀,光束质量好;以及能长时间较稳定地连续工作的特点。在工农业、医学、精密测量、全息技术等方面应用广泛。气体激光器有电能、热能、化学能、光能、核能等多种激励方式。

(4)采用有机染料为工作介质的染料激光器于1966年问世,广泛应用于各种科学研究领域。现在已发现的能产生激光的染料在500种左右。这些染料可以溶于酒精、苯、丙酮、水或其他溶液。它们还可以包含在有机塑料中以固态出现,或升华为蒸气,以气态形式出现。所以染料激光器也称为"液体激光器"。染料激光器的突出特点是波长连续可调。染料激光器种类繁多,价格低廉,效率高,输出功率可与气体和固体激光器相媲美,应用于分光光谱、光化学、医疗和农业。

(5)自由电子激光器,这类激光器比其他类型更适于产生很大功率的辐射。它的工作机制与众不同,它从加速器中获得几千万伏高能调整电子束,经周期磁场,形成不同能态的能级,产生受激辐射。

练习题

1. 你知道捣固车激光测量系统由哪几部分组成?
2. 你能说说捣固车激光测量系统工作原理是什么吗?
3. 如何对激光准直系统进行维护?
4. 激光准直系统在基准点标定前应做哪些准备工作?
5. 在激光准直系统标定操作时应注意哪些事项?
6. 试着说说数字式养路机械记录仪的结构组成及结构特点。
7. 数字式养路机械记录仪的工作原理是什么?
8. 你知道数字式养路机械记录仪的软件操作系统有何优点?

单元十

捣固车运用

【知识目标】
1. 熟悉捣固车运行前的准备和驾驶、施工操作、作业标准。
2. 掌握捣固车收、放车、多机联挂作业规程。

【能力目标】
1. 能运用捣固车运行前的准备和驾驶、施工操作、作业标准。
2. 明确捣固车收、放车、多机联挂作业标准。
3. 掌握捣固车施工作业的基本要求。

一、运行准备与驾驶

1. 常规检查准备

(1)按照捣固车(图 10-1)保养制度或手册的要求对捣固车各部进行润滑保养,保证捣固车处于良好的润滑状态。

(2)对捣固车出现的故障要及时排除,杜绝带故障运行和作业。

(3)对捣固车进行必要的擦拭,清除各个部位的油污,以保持良好的清洁。擦洗捣固车时应避免随意使用带有腐蚀性的化学清洗剂。

(4)对捣固车的外露且容易松动脱落的螺钉、螺栓、螺母、销等紧固件进行定期检查,以保证机械各部件保持良好的紧固状态,利于安全行车和作业,如图 10-2 所示。

图 10-1　D08-32 型捣固车

图 10-2　检查螺钉、螺栓、螺母、销等紧固件

(5)定期检查空气制动系统、手制动装置、液压制动系统各部件的状态及性能,不符合规定的要及时调整。如图 10-3、图 10-4 所示。

图 10-3　2 号位控制系统

图 10-4　手制动轮阀

(6)检查所有工作机构、检测装置的安全锁定机构,保证锁定机构处于可靠状态。如图 10-5~图 10-8 所示。

图 10-5　捣固装置锁定机构

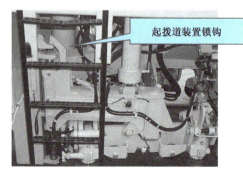

图 10-6　起拨道装置锁定机构

图 10-7 夯拍器锁定机构

图 10-8 测量小车锁定机构

(7)检查各油箱或油池的油位及其他液面高度,做到及时补充或更换,各车型所需油量有所不同,以各车型操作手册为准。检查项目包括:

①发动机机油油位。夏季使用 14 号中增压机油或 40CD,冬季使用 11 号中增压机油或 30CD。

②动力换挡变速箱油位。使用 8 号液力传动油。

③分动齿轮箱油位。使用 18 号双曲线齿轮油 GL-5 级 90 号。

④车轴齿轮箱油位。使用 18 号双曲线齿轮油 GL-5 级 90 号。

⑤作业液压走行驱动减速箱油位。使用 18 号双曲线齿轮油 GL-5 级 90 号。

⑥液压油箱油位。

⑦柴油箱油位。

⑧空气回路注油器油位。

⑨捣固装置润滑油箱及导向柱润滑油杯油位(D08-32 型捣固车)。

⑩蓄电池电解液液面(除去硅胶等电介质为固体的蓄电池)。

⑪空气回路防冻装置液面。

⑫空调器制冷剂液面。

(8)检查必备的随机工具,随机关键备件。要求齐全,状态或功能良好。

(9)检查捣固车随机配备的行车安全备品和装置。要求时刻处于良好状态,如运行监控装置、信号旗、火炬、响墩、信号灯、复轨器、灭火器等,严格按照铁路有关安全行车规章办理。

(10)对于闲置已久或新启用、经过大修的捣固车,严格按照铁路有关设备管理规章,进行功能、状态检查或试验。

2. 运行前的准备工作

1)运行前的机械准备

(1)检查各控制开关及手柄等。

①空气制动系统处于规定的工作模式。

②动力换挡变速箱末级离合器手柄转至垂直 ON 位,并锁定。

③作业液压泵驱动离合器处于脱开位置。

④手制动装置处于制动位置。

⑤作业气动塞门处于断开位。

⑥所有液压作业系统均处于泄压位。

⑦所有电路断路器处于接合位,即下位。

⑧前后司机室变速箱控制主开关处于切断位,变速箱的速度挡选择器处于空挡位置。

⑨前后司机室空调器或空气加热器处于切断停机状态。

⑩作业控制主开关处于断开位。

⑪前后司机室内发动机调速手柄处于低位,即怠速位。

(2)材料车上备品摆放牢固,不影响司机运行中的瞭望。装载质量小于2000kg,且无偏载。

2)发动机的起动

(1)较长时间未起动发动机的捣固车,在起动发动机时需在后司机室进行操作,因为各显示仪表在后司机室内,便于观察各显示参数或信号。

(2)打开电源主开关,如图10-9所示。下列各仪表电源已接通,显示相应的参数,如图10-10所示。

图10-9 电源主开关

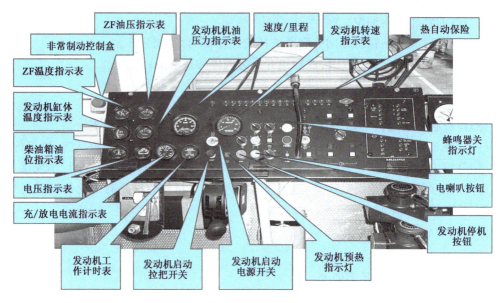

图10-10 驾驶室操作控制面板

①动力换挡变速箱温度表。

②动力换挡变速箱油压表。

③发动机温度表。

④发动机油压表。

⑤柴油箱油位表。

⑥电压表。

⑦充放电电流表。
⑧动力换挡变速箱油压指示灯亮。
⑨作业驱动指示灯亮。
⑩蓄电池充电指示灯亮。
⑪发动机油压指示灯亮。
⑫当储风缸压力低或无风时,指示灯亮。
⑬如果某锁定机构未锁定到位,则相应指示灯和总灯亮。
⑭前司机室内相应指示灯和仪表显示同样信号。

(3)确认在发动机周围无妨碍起动的人和物品后,按下电喇叭按钮,鸣笛一长声,发出起动发动机的信号。这里要注意,只有当变速箱操作手柄置于空挡位和主作业开关在关闭位时,才有可能起动发动机。

(4)将发动机油门手柄提拉(或下压)至大约全负荷油门的1/4位置上。

(5)将发动机起动开关拉起至起动位置,发动机一着火,则立即松开起动开关。

连续起动时间不得超过10s。为了保护蓄电池,在多次起动过程中,要有1min的间隔。在温度接近或低于零度时应当使用火焰加热塞。

起动过程为:将起动开关拉起至低于起动位置的预热位并保持,待预热指示灯发亮后即刻拉起动开关至起动位,发动机着火后,立即松开起动开关。

万一发动机预热起动没有起动起来或排出灰白色烟雾,须将起动开关再恢复到预热位补充加热。补充加热不得超过3min,连续起动时间不超过15s。只有当部分着火能带动发动机旋转时,连续起动时间才可为20~25s。如果发动机第一次起动没有转起来,为了保护蓄电池,到下一次起动前应休息2min。

(6)发动机一开始运转,就平稳减速,使发动机在中等负荷下以不同转速运转,在短时间内预热到使用状态。

(7)发动机起动后,确认下列显示信号是否正常。
①动力换挡变速箱温度表。
②动力换挡变速箱油压。
③发动机温度表。
④发动机油压表。
⑤电压表。
⑥充放电电流表指针指向充电侧。
⑦主风缸压力。
⑧动力换挡变速箱油压指示灯熄灭。
⑨发动机油压指示灯熄灭。
⑩蓄电池充电指示灯熄灭。
⑪空压机指示灯熄灭。
⑫蜂鸣器声响中断。

(8)D08-32型捣固车发动机的油门为风控式,当无风或风压不足时,会造成起动困难或无法起动,此时需拉机外手控油门,该油门的调整转速以控制发动机转速在1000r/min以下为宜,待发动机运转后使风压上升到足以控制油门时,松开手控油门,其他操作与前述过程相同。

3.运行操纵前的检查

为保证运行安全,在发动机起动后必须就下列事项进行检查和确认,以充分保证运行中的可靠性。

(1)所有作业装置及检测装置均必须处于正确的锁定位置,如图 10-11 所示。

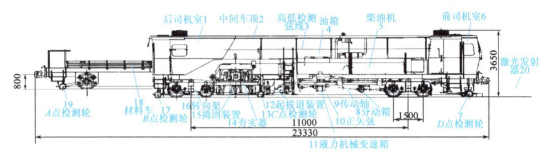

图 10-11 锁定位置检查检测点分布图

①捣固装置。

②夯实器。

③检测装置。

④起拨道装置。

⑤激光小车。

⑥作业走行距离测量轮。

(2)确认下列显示仪表、灯均显示无误,如图 10-12 所示。

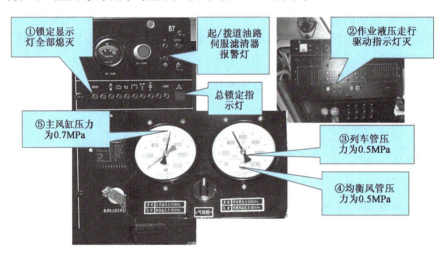

图 10-12 检查、检测点控制仪表

①锁定显示灯全部熄灭。

②作业液压走行驱动指示灯亮。

③动力换挡变速箱油压为(1 ± 0.2)MPa。

④动力换挡变速箱油温至少为 4℃。

⑤主风缸压力为 0.7MPa。

⑥列车管压力为 0.5MPa。

⑦均衡风缸压力为 0.5MPa。

⑧各系统或装置的滤清器报警灯均熄灭。

(3)制动系统。

①检查空气制动阀上的转换柱塞拨杆在正确位：自动制动阀(大闸)在"空气位"；单独制动阀(小闸)在"电空位"。

②施加风制动至最大制动压力 0.36MPa(在保持直接制动的情况下，松开手制动)。

③制动闸瓦磨耗显示器灯应在熄灭状态。

④制动系统各部无泄漏。

(4)开启无线列调电台、机车信号和运行监控装置等三项安全设备并进行自检，确保三项安全设备技术状态良好。

(5)检查照明、刷水器及报警装置、保证工作正常，严格按照有关行车规章进行确认。

(6)确认车下无人和障碍物，材料车上无人搭乘。

(7)防溜设施是否撤除。

二、运行驾驶

1. 运行

(1)根据捣固车运行方向选择司机室，一般选择驾驶位置面对预定的行驶方向。

允许在封闭线路上短距离反方向驾驶，但在非操作司机室内有瞭望人员，向驾驶司机发出信号，并严格按有关运行规定行车，保证运行安全。

(2)选择司机室后，需进行以下确认和检查：

①非驾驶司机室内的制动阀处于"运转位"。

②非驾驶司机室内的速度挡选择器位于空挡位。

③非驾驶司机室内的动力换挡变速箱主控开关位于切断位，钥匙已取出。

④非驾驶司机室内的风控油门手柄位于怠速位。

(3)将发动机转速提高到略高于怠速。

(4)接通动力换挡变速箱控制主开关(只要捣固车处于运行状态，主开关决不可切断，否则将使变速箱损坏)。

(5)运行速度挡选择器置于前进一挡位(图 10-13)。

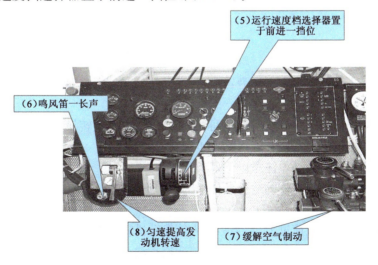

图 10-13　换挡显示图

(6)鸣风笛一长声。

(7)缓解空气制动。

(8)匀速提高发动机转速。

(9)捣固车运行速度控制。

①捣固车运行起动后,为提高运行速度将发动机油门手柄置于最高转速位。

②待捣固车在一挡内逐渐加速至最高速度(约为 25km/h)时,将挡位升至二挡,并适当降低发动机转速。

③待捣固车在二挡内逐渐加速至最高速度(约为 47km/h)时,将挡位升至三挡,并适当降低发动机转速。

④捣固车运行速度受发动机转速和挡位的控制,在任一挡位,均可提高发动机转速来提高运行速度。运行中必须注意捣固车自运行速度最高不能超过 80km/h,严禁超速驾驶。

⑤降低发动机转速,捣固车运行速度下降,以此可以起到控制运行速度的作用。

⑥在转换速度挡位时,遇到由高速度挡位换为低速挡位时,即降速运行工况,必须待动力换挡变速箱的自动控制锁闭机构已脱开后方可进行。如果确实需要快速换挡减速,在降低发动机转速的同时应施加空气制动强制减速。

(10)捣固车停止运行,如图 10-14 所示。

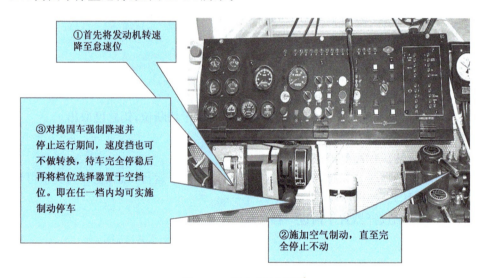

图 10-14 制动手柄位置图

①捣固车停止运行的操作方法为:首先将发动机转速降至怠速位,然后施加空气制动,直至完全停止不动。

②对捣固车强制降速并停止运行期间,速度挡位也可不做转换,待车完全停稳后再将挡位选择器置于空挡位。即在任一挡内均可实施制动停车。

(11)运行中操作人员必须注意以下事项:

①运行速度必须根据具体的运行条件来选择。不同的运行条件,如线路状况、天气情况等,有不同的运行速度。

②若因捣固车牵引载荷过大,在某一挡内使发动机转速由高速跌至 1400r/min 以下,需将速度挡位转换至下一低速挡,以防动力换挡变速箱油温过高。

③动力换挡变速箱的油温应控制在 80~95℃ 范围内,短时间内允许达到 110℃。若温

度过高,需将挡位转换至空挡位,发动机转速维持在1200~1500r/min,强制冷却油液,直至降至允许范围。

④在捣固车未停止运行前,严禁转换运行方向。

⑤捣固车处于运行状态且挡位未处于空挡位时,禁止发动机熄火和重新起动发动机。

⑥牵引其他车辆运行时,必须保证被挂车辆的制动系统作用与捣固车的一致性,原则上考虑到捣固车的结构特点,一般不用于牵引其他车辆。

(12)联挂运行(没有驱动,机器被牵引):ZF变速箱必须关闭,断开末级离合器,并在该位置锁定。

2.停机及停放

(1)速度挡选择器处于空挡位,切断动力换挡变速箱控制主开关,如图10-15。

(2)按下发动机停机按钮,使发动机在怠速下停机。

(3)顺时针旋紧手制动手轮,施加手制动的同时,可以低于空气全制动位的制动压力施加空气制动。

(4)切断空气加热器或空调器。

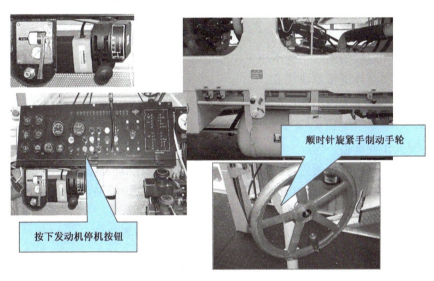

图10-15 停机、停放时制动控制操作

(5)关断所有照明装置。

(6)确认液压系统处于完全卸荷状态。

(7)排掉储风缸水分,如图10-16。

(8)关断蓄电池主开关。

(9)关闭窗户、锁固车门、降下发动机两侧的侧墙。

(10)按照相关规定,对捣固车设好防护。

▶▶▶ 三、D08-32型捣固车作业标准

1.作业条件

(1)作业时必须封锁线路。封锁时间应满足《铁路线路修理规则》有关规定。

(2)作业地段的枕下道床厚度不小于150mm。

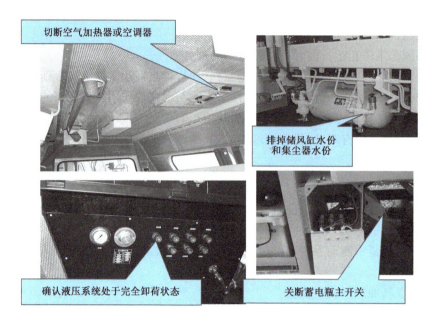

图 10-16　停机、停放时安保检查点

(3) 正线作业地段的曲线半径不小于 120m。
(4) 不适于在整体道床地段作业。
(5) 道床严重板结地段不能作业。

2. 作业程序

(1) 封锁前作业准备。

①按《大型养路机械使用管理规则》做好施工前准备及配合工作。
②完成对机械设备的全面检查,提前运行到施工区间的一端站。
③正线作业地段的曲线要素提前输入 GVA 中。
④根据《铁路工务安全规则》规定办理施工封锁手续,设置防护。

(2) 作业程序如图 10-17～图 10-28 所示。

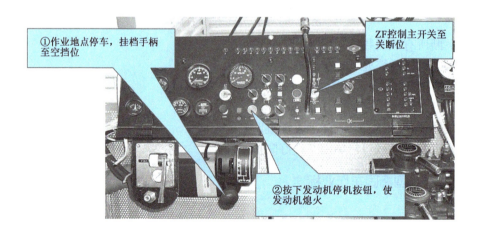

图 10-17　作业地点停车操作

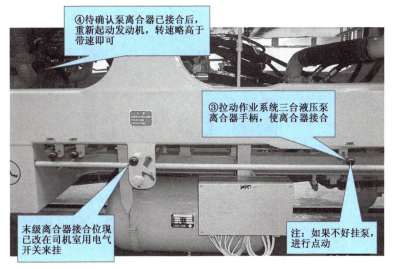

图 10-18 重启发动机

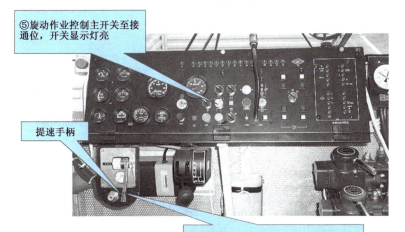

图 10-19 发动机提速

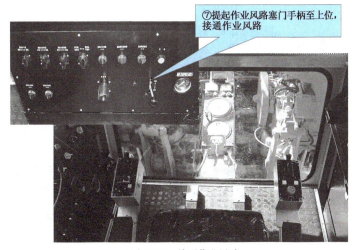

图 10-20 接通作业风路

图 10-21 放下测量小车

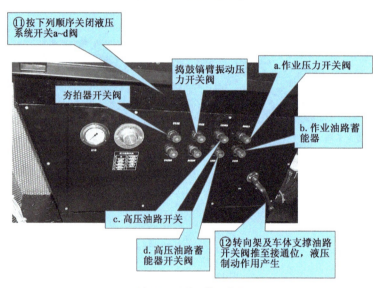

图 10-22 放下作业装置

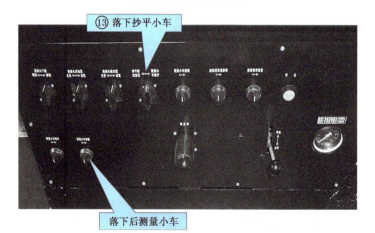

图 10-23 检测装置控制按钮

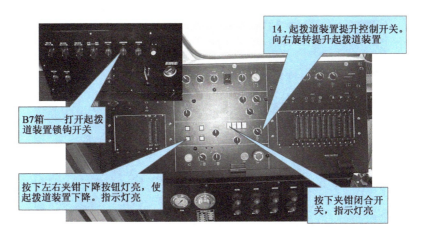

图 10-24　起拨道装置控制按钮

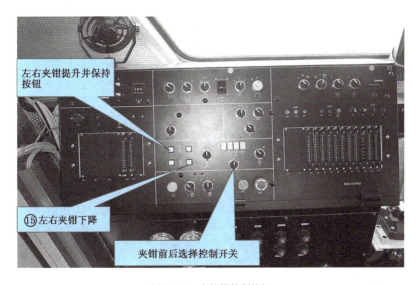

图 10-25　夹轨钳控制按钮

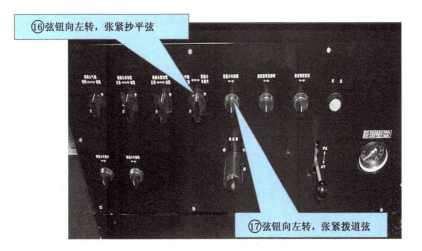

图 10-26　测量弦控制按钮

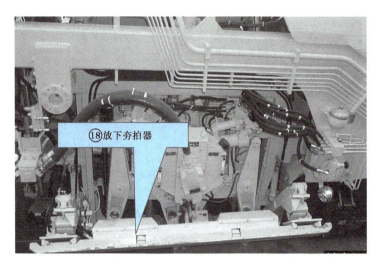

图 10-27　夯拍器放下

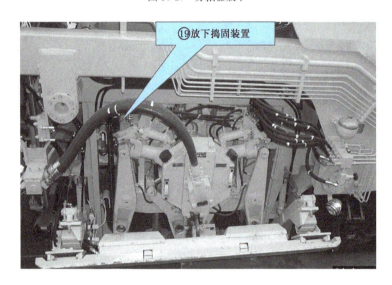

图 10-28　夯拍器、捣固装置同时放下

3. 捣固作业要求

(1)作业开始时,控制起道量按《铁路线路修理规则》规定,顺坡至标定起道量,以后随时调整。终止作业前,必须以同样比率顺坡后方可收车。

(2)捣固频率不超过 18 次/min。捣固时应设置不少于 10mm 基本起道量,当起道量为 10～50mm 时捣固 1 遍,起道量超过 50mm 时捣固不少于 2 遍。接头、桥梁头、道口等薄弱处所应加强捣固。下插深度规定为镐掌上沿距离轨枕下沿不得小于 15mm。如不达标,应及时调整。

(3)进入曲线地段前,必须预先核对现场数据,确认与 GVA 输入值一致方可进入曲线作业。

(4)捣固车距激光小车 10～20m 时应停车,待激光小车安装至下一个固定点后才能继续作业。

(5)遇障碍物时,监视号位应及时通知主操作手收起作业装置。

4. 捣固车收车作业程序

(1)按序收起捣固装置——夯实器、起拨道装置、检测小车、激光小车。

(2)各控制旋钮回零复位,关断作业气动塞门,液压支撑手柄回零位卸荷。

(3)关闭发动机分离液压泵离合器。

(4)联挂返回车站,开通线路。

5. 捣固车收车作业要求

结束作业前,捣固车应驶离顺坡终点20m,目视线路方向直顺方可收车。

6. 捣固作业安全

(1)操作人员作业前仔细检查机械设备,作业中严格按操作规程、作业程序及要求操作机器,遵守有关的安全操作规定,作业后应对设备进行认真保养,确保设备状态良好。

(2)运行时,应按《大型养路机械管理规则》规定,加强瞭望,呼唤应答,严禁超速,作业时,各机械间隔不得小于10m。

(3)起动发动机,在下放夯实器、捣固装备及作业前应鸣笛警告。

(4)地面作业人员在捣固车前、后的距离应不少于5m,严禁跟紧。

(5)无论电气化区段是否停电,所有作业人员均按有电作业,严禁攀顶,手持工具与接触的距离应在2m以上。

(6)在复线地段作业,监视号位禁止在临线道心上跟紧。

(7)作业中,应密切监视设备运转状况,发现异常及时处理。如有紧急情况,应立即按下紧急停机按钮。

(8)未经许可,禁止非本机组人员上机。

(9)严格执行一套钥匙制度。在转换司机室时,必须先关闭原司机室操纵装置,取走动力换挡变速箱钥匙,到指定司机室进行操作。

(10)捣固车应配备行车安全备品。

(11)在任何状态下停机,应采取空气制动,并将运行手柄置于空挡位。

(12)在作业中,现场施工防护人员要加强瞭望,发现邻线来车及时通知车组。

(13)如机械发生故障,应按《大型养路机械管理规则》规定执行。

7. 发动机相关要求

(1)起动发动机间隔不得少于1min。

(2)起动发动机后应避免立即高速运行,以怠速运行时间不少于5min。

(3)发动机运转时,机油压力在0.2~0.6MPa。

(4)在正常情况下,不能在满负荷工况下突然停机,需逐渐降低转速至怠速并保持一段时间后方可停机。

(5)发动机温度表指针进红区必须停机检查。

(6)发动机机油油位必须经常检查。

8. 液压系统、润滑系统和机械系统

(1)经常检查各车轴齿轮箱、分动箱、ZF的油位,ZF压力应在1.2MPa以上。

(2)液压油工作温度在80℃以下。

9. 制动系统

(1)确认制动系统达到规定压力,且面板各指示灯显示正常时方可动车。

(2)主风缸压力达到 0.7MPa,列车管压力保持在 0.5MPa。

(3)联挂运行时使用司机制动阀(大闸)制动,直接制动阀(小闸)只能用于单机运行或作业。正常情况下禁止使用紧急制动阀。

(4)应始终保持基础制动及手制动状态良好。

四、D08-32 型捣固车、D09-32 型连续式捣固车岗位职责

1. 司机长岗位职责

(1)在队长领导下负责本机组的全面管理工作。

(2)负责本车的调车、联挂、驾驶运行,指导副司机驾驶操纵,确保行车安全。

(3)熟练掌握使用设备结构原理、技术性能、作业条件,熟练本机各号位的操作,能组织排除设备常见故障。

(4)施工前召开机组会议,按施工命令对机组人员分配任务、提出安全要求,检查各岗位是否作业准备完毕。

(5)作业中监督各岗位严格执行操作规程,检查作业质量,发现异常及时向施工负责人汇报、处理;按时收车,保证线路正点开通,圆满完成施工任务。

(6)施工后组织机组人员认真检查保养设备。及时填写机械运转日志。

(7)转场前组织机组人员彻底检查须锁定部位安全锁定良好,确认机械车的作业与运行转换机构位于运行状态。转场时指定押车人员,严格履行押运职责。到达新场做好防护、防溜工作。

(8)管理好本机组配置的工具、器材、配件、防护用品等,及时提报配件计划和有关报表。

(9)抓好班组管理,遵章守纪,带领机组人员学习政治,钻研业务技术,不断提高思想觉悟和技术水平。

2. 后司机室操作人员岗位职责

(1)严格按照操作规程,起动、关闭各工作装置及锁定机构。

(2)工作前检查发动机润滑油和液力传动油的油位。

(3)负责检查制动系统、走行系统是否安全可靠。

(4)作业前或运行前松开手制动,停车后拧紧手制动。

(5)检查镐头磨损情况,是否安装牢固。

(6)负责作业前发动机的起动,起动前必须鸣笛警告。

(7)作业前得到各岗位准备完毕的报告后,确认无误后,选定作业零点,鸣笛作业。

(8)按照操作规程正确操纵捣固、夯实、起拨道、抄平系统。

(9)负责收放 C、B 点小车起拨装置、捣固装置,并且和左右侧辅助作业人员配合打开和锁定夯实器。

(10)对捣固装置、液压系统、发动机和蓄电池进行检查和保养。

(11)在作业中,注意车下辅助作业人员的动态,并及时联系,防止捣镐及夯实器碰撞线路设备和障碍物。

(12)和前司机室操作人员不断联系,坚持呼唤应答。发现异常情况及时停止作业。

(13)注意观察轨枕标记的符号和数据,发现问题及时与前司机室操作人员联系解决,防止施工错误。

(14)注意监视后司机室的各种仪表显示情况和各种按钮、手柄位置是否正确,监听后司机室内报警装置。发现问题后及时停车处理。

(15)负责打开作业主开关,并确认制动闸的手柄是否在缓解位,制动风缸的压力是否为零。

(16)负责检查作业完毕收车后各装置安全锁定开关及各按钮、开关是否处在正确位置。

(17)负责调整夹轨轮间隙及起拨道装置的保养。

(18)负责检查监视多路检查装置的显示情况。保养机械后,负责打扫后司机室内的清洁卫生,包括各操纵台、司机室玻璃的清洁工作。

3. 前司机室操作人员岗位职责

(1)严格按照操作规程进行作业。

(2)根据提供的线路资料数据,正确输入起道量和拨道量。

(3)作业前将各曲线技术条件按 GVA 或 ALC 操作规程,输入 GVA 或 ALC。

(4)负责收放 D 点测量小车。

(5)在前司机室进入曲线前将曲线要素 C 圆曲线半径、缓和曲线长度和超高值,准确地通知后司机室操作人员,并听到后司机室操作人员正确复述后再答复后司机室操作人员可以作业。如果发现异常,鸣笛停止作业。

(6)确认前轨枕标记和提供的资料数据是否相符。正确按技术资料进行作业,随时做好拨道量的记录。

(7)使用激光作业时,打开激光接收器盖子,协助机械前方操作人员做好准备工作。

(8)经常保持与前方操作人员的联系,观察激光装置是否工作正常。

(9)作业中,监视前司机室内的横向水平传感器、拨道表的工作情况,发现问题及时通知后司机室操作人员。

(10)负责作用记录仪,并监视其工作情况。

(11)负责打扫前司机室的清洁卫生,重点是前司机室玻璃操纵台的清洁。

(12)激光小车使用、管理工作及材料小车、照明小车使用管理工作。

4. 机械右侧岗位职责

(1)严格按操作规程进行作业。

(2)负责监视机械右侧捣固装置、夯实器、起拨道装置和测量装置的工作情况。

(3)严格监视起拨道装置的夹轨轮是否正确夹住钢轨,是否有脱轨现象。一旦发现,及时通知后司机室操作人员,并采取措施处理。

(4)监视右侧测量小车和中间探测杆工作是否正常,发现情况及时通知后司机室操作人员。若遇到非常情况,应立即采取停车措施。

(5)注意观察轨道附近的各种线路设备和障碍物是否影响机械的作业。若影响应及时通知后司机室操作人员,必要时采取停车措施(不捣固或收起夯实器,不进行夯实作业),并监督执行情况。

(6)经常监视起拨道作业是否正确,尤其要注意曲线段超高值的设定是否正确,如发现问题及时通知后司机室操作人员或采取停车措施。

(7)与后司机室操作人员配合打开、锁定夯实器锁销,完成后通知后司机室操作人员。

(8)监听发动机及右侧捣固装置运转情况。

(9)负责收放与锁定 A 点小车。

(10)负责监视右侧液压系统及气动系统有无泄漏等情况。

(11)负责辅助起动发动机(拉起、放下手油门)。

(12)负责后转向架及基础制动,手制动部分的保养和检查。

(13)作业完毕后,应检查、确认右侧捣固装置、起拨道装置、测量小车、夯实器机械销锁定是否牢靠,并向后司机室操作人员报告。

(14)负责联挂时前部车钩及风管的摘挂。

(15)材料小车及照明小车使用管理以及激光小车使用管理工作。

5.机械左侧岗位职责

(1)严格按照操作规程进行作业。

(2)负责监视左侧捣固装置、夯实器、起拨道装置和测量装置的工作情况。

(3)严格监视左侧起拨道夹持轮是否夹住钢轨,是否有脱轨现象。一旦发现问题及时鸣笛通知后司机室操作人员,并采取措施。

(4)监视左侧小车和中间探测杆工作是否正常,发现情况及时通知后司机室操作人员。若遇到非常情况,及时采取停车措施。

(5)注意观察轨道附近的各种线路设备和障碍物是否影响作业。若影响,及时通知后司机室操作人员,必要时立即采取停车措施(不捣固或收回夯实器,不进行夯实作业),并监督执行情况。

(6)经常监视起拨道作业是否正确,尤其要注意在曲线段超高值的设定是否正确,如发现问题及时通知后司机室操作人员采取停车措施。

(7)与后司机室操作人员配合打开、锁定夯实器锁销,完成后通知后司机室操作人员。

(8)监听发动机及左侧捣固装置工作情况。

(9)负责监视左侧液压系统及气动系统有无泄漏等情况。

(10)负责液压泵离合器的摘挂,工作前后、运行前后尤其要进行检查,确认在正确位置。

(11)作业完毕后,检查确认左侧捣固装置、起拨道装置、测量小车和中间探测杆的锁定是否锁牢,并向后司机室操作人员报告。

(12)负责前转向架及走行机构的保养,并协助后司机室操作人员的保养检查工作。

(13)协助五号位收放激光小车。

(14)负责联挂时后部车钩及风管的摘挂工作。

(15)负责最终驱动的正确摘挂。

6.机械前方操作岗位职责

(1)严格按照操作规程进行作业。

(2)负责收放激光小车、安装激光发射器和电池箱。

(3)调整校准激光发射器到正确位置,并通知前司机室操作人员。

(4)随时监视激光装置工作是否正常,如有问题及时通知前司机室操作人员。

(5)在不使用激光拨道时,着重进行作业前线路状态的调查,对不能作业的地段划上标记,发现问题及时通知前司机室操作人员。

练习题

1. 你知道柴油机的日常检查保养内容有哪些?
2. 你知道捣固装置、起拨道装置及检测机构的一级检查保养内容是什么?
3. 动力传动系统及走行机构的日常检查保养内容有哪些?
4. 怎样做好工地转移前的保养工作?
5. 你知道临时停放的保养内容有哪些?
6. 设备磨合期的保养内容有哪些?

单元十一

捣固车检查保养

【知识目标】
1. 熟悉捣固车柴油机、液压系统、捣固作业装置、制动系统的日常检查保养流程。
2. 掌握捣固车行车安全及作业流程。

【能力目标】
1. 区分捣固车一、二、三级检查保养内容。
2. 能按照捣固车一、二、三级检查保养流程检查车辆。

大型养路机械在铁路线路维修中发挥着重要的作用,设备保养的好坏将直接影响到施工生产,因此对大型养路机械的检修保养将是十分重要的。建立一个有效的检修保养制度,将更能发挥大型养路机械的作用。

▶▶ 一、日常检查保养

大型养路机械每日工作后进行一次日常检查保养,应做到"四勤",即勤清洗、勤检查、勤紧固、勤调整。

1. 发动机(图 11-1)

(1)按要求检查润滑油油位,磨合期(新发动机或解体检修后 50h 内)应每天检查两次,正常运用中每天检查一次。当润滑油油位为油标尺下刻度时,必须立即补润滑油。

(2)按要求检查清洗空气滤清器,并检查进气管凸缘及接头处的紧固状态。

①集尘器内不允许集满一半以上的灰尘。清理时,要严格按操作规定进行。清理完毕安装时,要注意使顶盖上的凹槽和集尘器上的凸榫对准,当空气滤清器水平安装时,应注意"上"字记号要向上。

图 11-1 发动机润滑油加油口

②滤筒不得频繁拆卸,其保养应根据保养指示器或指示灯的显示进行。发动机工作时,空气滤清器黄色指示灯亮。发动机排气冒黑烟或功率下降时,应按操作要求清洗或更换滤筒。滤筒保养 5 遍后,须更换六角螺母和安全筒。滤筒的保养次数应在安全筒上规定的标记区域内表示出来。

③安全筒的使用时间不得超过两年。安全筒不得清洗,换下的安全筒不得再用。若滤清器保养后,保养指示器马上又出现信号时,必须立刻更换安全筒。

④滤筒安装前,须用手电筒照亮仔细检查,不得有任何缺陷和损伤,其粘贴的密封垫不得有裂缝或其他损坏。如果保养指示器还指示保养信号,可按下复位按钮,红色保养区即可消失。

(3)检查驱动发动机和制冷压缩机的 V 形带张紧状况。在 V 形带中间用手指下压 10~15mm 为正常。

(4)每周清洗一次柴油粗滤清器芯。

(5)按要求检查蓄电池电解液液面高度。电解液液面应高出极板 10~15mm,液面高度不足时,一般加蒸馏水保持液面高度。如液面降低是由于电解液溢出原因,可加入电解液。每周检查一次蓄电池电解液密度,其在全充电状态下应为 $1.28 \sim 1.30 \text{g/cm}^3$;在半放电状态下应为 1.25g/cm^3;在全放电状态下应为 $1.10 \sim 1.15 \text{g/cm}^3$。冬季当发动机长期停止运转后,应将蓄电池拆下,放在温室内保存。

2. 动力传动系统及走行机构

(1)检查车钩及缓冲装置,检查制动风管有无异常,如图 11-2 所示。

(2)检查车轮、车轴、轴箱等有无异常。

(3)检查各传动轴有无裂纹,连接凸缘、连接螺栓有无松动,如图11-3所示。

图11-2 检查制动风管

图11-3 检查传动轴

(4)检查走行液压马达、减速箱等的油位,每周检查一次车轴齿轮箱的油位。
(5)起动发动机,检查变矩器的油位,检查动力换挡变速箱是否有异响。
(6)检查各离合器的动作状态是否良好。
(7)检查各传动轴转动时有无异常。
(8)检查液压减振器和橡胶减振器的作用是否正常。

3. 制动系统

(1)检查空气压缩机的工作是否正常、压缩空气压力显示是否正确(双针压力表的白针在0.65～0.7MPa的范围内),如图11-4所示。
(2)排放储风缸中的积水。
(3)检查制动闸瓦的磨损情况,闸瓦间隙应在3～10mm。试验空气制动和液压制动。
(4)检查手制动是否有效。
(5)检查旁路制动的性能是否良好。

4. 液压系统

(1)检查液压油箱油位。
(2)用液压选择开关检查各液压油路的压力。
(3)检查各油管及接头有无泄漏,如图11-5所示。

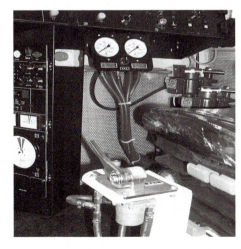

图11-4 检查空气压缩工作是否正常

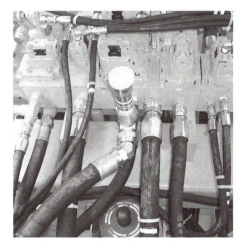

图11-5 检查各油管及接头有无泄漏

(4)检查各液压泵及液压马达的安装及连接有无松动,运转时有无异响。

5. 操纵装置和电气、气动控制系统

(1)检查无线列调、运行监控装置和机车信号的性能应良好。

(2)检查各仪表显示是否正常,清除仪表板面上的灰尘。

(3)检查各指示灯的工作状态。

(4)检查各操纵手柄、旋钮及开关的位置是否正确。

(5)检查手动输入电位计工作是否正常。

(6)检查故障报警显示系统是否正常,如图 11-6 所示。

(7)检查作业指示灯、前后车灯及室内照明灯是否良好。

(8)检查各照明开关的作用及状态,尤其要注意检查制动信号灯和走行离合器指示灯的显示是否正确。

(9)检查车内通话系统。

(10)检查 GVA(RVA 和 UVA)的工作状况。检查记录仪的工作是否正常。

(11)检查气动系统压力是否正常,各管路、汽缸等有无泄漏,检查气锁、刮水器、弦线等装置的状况。

(12)检查气动回路给油器的油位。

6. 车体及其他部分

(1)擦试车体及外部各部件。

(2)检查各检测小车、打磨小车、捣固装置、稳定装置、犁板、挖掘链扒齿和导槽等工作装置的锁定机构或保险绳、保险销是否可靠。

(3)检查车下各装置的紧固、锁定状态。

(4)检查各连接部件及紧固螺栓有无松动。

(5)按有关规定和要求向润滑部位加注润滑油。

7. 捣固装置(图 11-7)

图 11-6 检查故障报警显示系统是否正常

图 11-7 捣固装置

(1)检查润滑油箱的油位。

(2)夹持液压缸连接销轴处每 2～3h 加注一次润滑脂,待润滑脂从两边缝隙中挤出,表示润滑脂已注满。

(3)各铰接部位加注润滑油。

(4)检查偏心轴轴盖有无松动及轴承有无异响。

(5)检查镐头磨损情况和镐头紧固螺栓的紧固状态,更换磨损超限的镐头(磨损不得大于 25mm)。

(6)检查捣固镐开、合动作是否灵活。

(7)检查提升液压缸的安装铰座、活塞杆的球铰接处有无松动和异常。

(8)检查捣固装置横移导向杆有无松动。

(9)检查各软管、接头、液压缸的外泄漏情况,更换泄漏严重的软管。

8. 捣固车起、拨道装置及检测机构(图 11-8)

(1)清除起、拨道导向柱上的尘土和油污,向导向套内加注润滑油。

(2)检查拨道和抄平弦线的张紧汽缸有无泄漏及弦线的张紧情况(汽缸压力为 0.25MPa)。

(3)检查拨道仪表工作是否正常。

(4)检查拨道检测机构的 D 点横移机构。

(5)检查夹轨钳滚轮的安装及滚轮的磨损情况。

(6)检查电子摆调节螺钉有无松动。

(7)检查正矢和高度传感器的工作状态。

9. 卫星小车

(1)检查卫星小车齿轮箱油位。油位低于规定值时,按要求补油。

(2)检查走行装置是否有异响,走行加速是否正常。

(3)检查缓冲装置连接螺栓有无松动。

(4)检查卫星小车齿轮箱扭力板是否有明显裂纹或变形。

(5)检查卫星小车闸瓦间隙是否符合规定。

(6)检查卫星小车液压支撑是否正常,滚动轴承是否损坏,如图 11-9 所示。

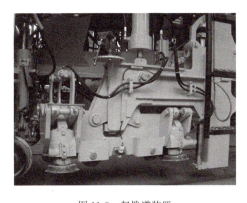 

图 11-8 起拨道装置　　　　　　图 11-9 卫星小车

(7)检查锁定机构是否正常。

▶▶ 二、针对性检查保养

1. 临时停放

(1)每周进行一次全面的日常检查保养工作。

(2)起动发动机并运转 15~20min。起动大修列车主发电机组、龙门架发动机和辅助发电机组,运转 30~60min,检查发动机、各发电机组、液压系统、电气系统工作性能。

(3)在作业工况状态下,使各工作装置在空载状态下运转,直至各摩擦零件表面保持有一定的油膜为止。检查大修列车收枕系统、散枕系统、拱砟装置、新枕输送链、旧枕输送链、各超声波传感器、位移传感器、接近开关、电器程控系统、监控系统等的工作性能。

2. 工地转移

(1)工地转移前的检查保养。

①机组人员应对动力传动及制动系统按一级检查保养所规定的项目进行一次检查保养。

②检查闸瓦状态,并按要求调整闸瓦间隙。

③进行单车制动试风和联挂车制动试风。

④对各车型工作装置的锁定进行加固。

⑤检查大修列车车轴齿轮箱的橡胶联轴器、车轴齿轮箱内润滑油和加注量。

(2)工地转移后的检查保养。

①解除各车型工作装置锁定机构的加固设施。

②按临时停放要求进行一次检查保养。

③检查捣固车和动力稳定车的方向和水平检测记录系统的检测精度,必要时重新进行标定;根据将要进行施工作业区段的钢轨类型调整夹轨钳的伸出长度。

3. 长期封存

对长期封存的机械,需由机组留守人员每月进行一次检查保养,其工作内容与机械临时停放时的检查保养一样。

4. 磨合期

(1)起动发动机,怠速运转不少于10min,待机体温度上升后,带负荷运转。所带负荷不得超过额定负荷的75%~80%,最高自行速度不得超过60km/h。

(2)应经常检查各连接部分的松紧程度是否符合要求,传动部件的润滑状态及运转是否正常。

(3)新发动机或大修后的发动机,工作50h后必须更换机油,在更换机油的同时应进行下列检查保养工作:

①更换机油滤筒。

②检查缸盖上进排气管的紧固状态。

③检查空气滤清器的橡胶管和卡箍是否连接紧密。

④再次拧紧机油的放油螺塞和发动机支架固定螺栓。

三、捣固车一、二、三级检查保养

1. 一级检查保养

发动机每工作100h和200h进行一次,其他工作装置每工作50h进行一次。一级检查保养时需先完成日常检查保养工作。

1)发动机

(1)发动机每工作100h的检查保养。

①取样化验发动机机油。若需更换机油,必须在热机状态下进行。放机油时,待全部机油流出后再将放油螺塞拧紧。加注新机油时必须保证加油口及新机油的清洁,必要时可采

取有效的过滤清洗措施。当油面至油尺上部的刻度时,停止加油。加油后,发动机经短时间运转应再次检查油面。

②按操作要求清洗燃油滤清器的滤芯和滤体,装配时要注意滤体和密封圈的正确状态。

③清洗发动机、变矩器油散热器和中冷器的外表面(若施工环境灰尘较多,应经常清洗),应特别注意风冷发动机散热片、汽缸盖垂直散热片间通道的通畅和清洁。检查进汽管上的橡胶管及汽缸盖上的排气管的密封状态是否良好。清洗的方法可根据现场情况采用金属丝刷、压缩空气吹洗、蒸汽喷嘴吹洗及用柴油或洗涤剂清洗等方法。当采用吹洗方法时,应从排气侧开始。当采用柴油或洗涤剂时,应经足够的浸润时间后,再用高压水冲洗,并迅速起动发动机,使残留的水分蒸发,以防零部件表面生锈。清洗时,要注意遮盖保护高压油泵、发电机、起动电动机、调节器等,严防水或污物进入。如洗涤剂为易燃物质,要注意不得使其与发动机排气管总成已有的绝缘材料接触,以免当发动机运转时产生燃烧事故。

④检查发动机紧急停车装置的作用是否灵活可靠。

(2)发动机每工作200h的检查保养。

①完成(1)条的内容。

②按操作要求更换机油滤筒或机油滤清器的滤芯。更换滤筒时,要注意清洗滤清器托架的密封面,严禁用工具拧紧滤筒。装好滤筒后,起动发动机,注意检查机油压力是否正常和滤筒的密封是否良好。如机油滤清器为纸质滤芯,发动机工作20～30h须进行更换。若滤芯为金属网,发动机每工作200h清洗一次。清洗时发现金属网有损坏,必须更换新滤芯。

③按操作要求清洗冷却风扇液力耦合器的机油滤清罩。安装时要注意O形密封圈的位置,切忌损伤O形密封圈。

④检查并拧紧发动机上的各紧固螺栓。

2)动力传动系统

(1)按操作要求检查各齿轮箱的油位,润滑油不足时,按规定补油。

(2)向各传动轴的万向接头加注润滑脂。

(3)检查过桥传动轴箱的油位,按要求补油。

(4)检查车轴齿轮箱的轴端盖的密封状态是否良好。

(5)检查车轴齿轮箱的油位,不足时按要求补油。

(6)向拖车轴的减振弹簧座加注润滑油。

(7)检查传动皮带的张紧度是否合适。

3)液压系统

(1)按要求检查液压油箱的油位,补油时必须使用精密滤油机。

(2)检查各种软管、接头有无泄漏现象。

(3)检查吸油滤清器及回油滤清器的指示表针是否在正确的位置。

(4)检查各种压力阀、方向阀的安装及连接是否牢固,清除阀体表面的油污。

(5)检查各液压泵、液压马达的工作状态。

(6)按规定取样化验液压油的污染程度及进行铁谱分析。

4)电气控制系统

(1)清除各电气箱内的灰尘。

(2)检查各线路板的插装是否可靠。

(3)检查各继电器、接触器的安装是否牢固。

(4)检查各接线端子板上线头的连接是否可靠。

(5)保养各限位开关。

(6)保养各刀开关。

(7)检查蓄电池电解液的密度,保养蓄电池各接线端子。

(8)检查各指示灯的显示是否正确。

(9)检查各照明灯、信号灯。

5)车体及其他部件

(1)检查撒砂装置的工作状况。

(2)彻底清洁车体及司机室内外。

(3)检查清洁空调及取暖器。

(4)检查刮水器装置。检查喇叭的工作状态。

(5)检查各焊接部位、连接部位状态是否良好。

6)捣固装置

(1)清洁捣固装置横导向杆,并进行润滑。

(2)检查捣固装置与钢轨对中是否正确。

(3)检查捣固装置升降液压缸的安装铰架及连接球铰处有无异常,并紧固螺钉。

(4)清洁捣固装置升降导向柱,检查升降导向柱表面有无撞伤,紧固导向柱固定螺栓。

(5)紧固夹持液压缸端盖螺钉。

(6)检查夹持液压缸的油管有无磨损及接头处有无泄漏。

(7)用电子听诊器仔细检查偏心轴轴承的转动状态。

7)捣固车起、拨道装置及检测机构

(1)给拨道滚轮加注润滑脂。

(2)向拨道和起道液压缸安装及连接销轴处加注润滑脂。

(3)给起、拨道机构的升降导向柱加注润滑脂。

(4)向夹钳滚轮的悬挂销轴和中心销轴处加注润滑脂。

(5)向 R、M、F 三点探测杆下端的滑动触点处加注润滑油。

(6)向 R、M、F 探测杆的升降导套加注润滑油。

(7)清洗 D 点横移机构的丝杆,并加注适量的润滑油。

(8)检查正矢传感器、水平传感器和高低传感器的工作状态。

(9)检查弦线的张紧情况。

8)卫星小车

(1)卫星小车扭力板连接部位加注润滑脂。

(2)检查闸瓦厚度,磨损超限须更换。

(3)上支撑滚轮加注润滑脂。

(4)检查加速液压缸是否有变形或泄漏。

(5)检查齿轮箱油位。

2.二级检查保养

发动机每工作 300h 和 600h 进行一次,其他工作装置每工作 200h 进行一次。二级检查保养时需先完成一级检查保养工作。

1)发动机

(1)发动机每工作300h的检查保养。在冷机状态下,用厚度为0.2~0.3mm的塞尺检查气门间隙,不符合要求的要进行调整。若外界工作环境灰尘较大时,其检查周期应缩短为200h。

(2)发动机每工作600h的检查保养。

①检查汽缸盖温度报警器的外观状态,并拆下进行动作值的测试。其测试方法为:将温度传感器(用于温度表的指示)和温度报警开关(用于温度报警灯)拆下后浸入170~175℃的热油内,这时温度表的指针应指向红色区域,报警灯应发亮。

②检查直流发电机的状态。按要求清洁换向器并更换到限的电刷。

③检查进气、排气总管的紧固情况。

④检查进、排气管与汽缸盖的连接密封状态,必要时应进一步紧固连接螺栓。

2)动力传动系统

(1)更换ZF动力换挡变速箱液力传动油的滤清器,化验液力传动油。

(2)化验分动差速齿轮箱的润滑油。

(3)化验车轴齿轮箱的润滑油。

(4)向各种连接杆件的铰接处加注润滑油。

(5)向手制动齿轮箱加注润滑油。

(6)向液压缸、汽缸的安装和连接铰接处加注润滑油。

3)液压系统

(1)检查液压蓄能器的氮气压力,不足时补充氮气。

(2)更换伺服油路的高压滤清器滤芯。

(3)检查调整各液压回路的压力。

(4)检查各电磁换向阀、电液换向阀的动作状况,必要时按要求进行部分解体清洗。

(5)检查各液压缸的密封状况。

4)电气控制系统

(1)清除各限位开关上的油污,检查各限位开关的动作值是否正确,必要时按操作要求进行调整。

(2)用酒精清洗各继电器的触点。

5)车体及其他部件

(1)检查车钩、缓冲器和风管。

(2)紧固各部螺栓。

(3)检查随车工具及应急救援器材。

6)捣固装置

(1)更换偏心轴主轴承箱内的润滑油,并取油样进行铁谱分析。

(2)向捣固架横移液压缸连接销轴处加注润滑油。

(3)检查并调整捣固深度、捣固架横移的自动控制系统。

(4)检查并调整捣固装置各液压回路的压力。

7)捣固车起、拨道装置及检测机构

(1)对测量线路方向、高低和左右水平的检测系统进行标定,使之达到规定的检测精度。

(2)向检测小车的升降风缸及加载风缸的销轴加注润滑油。

8)卫星小车

(1)检查电动机的泄漏情况。

(2)检查扭力板上销轴和销孔的磨损变形情况,磨损严重须更换。

(3)检查锁钩的磨损和变形情况。

(4)检查卫星小车传感器工作位置是否正常,否则须调整。

3.三级检查保养

发动机每工作1200h和2400h进行一次,其他工作装置每工作400h进行一次。三级检查保养时需先完成二级检查保养工作。

1)发动机

(1)发动机每工作1200h的检查保养

①更换柴油滤筒。若使用中出现发动机功率下降的情况,应检查柴油滤芯是否堵塞。更换滤筒应严格注意按操作要求进行。新滤筒装好后,应将放气螺塞松开2~3圈,并用手动输油泵泵油,直至放气螺塞处外溢柴油无泡沫时,方可拧紧放气螺塞。

②检查进、排气管道的紧固和密封状态是否符合要求。带有涡轮增压器的发动机,对其增压空气管道、排气管道以及增压器的机油管道也应进行紧固和密封状态的检查。

③按操作要求检查火焰加热塞的功能及其燃油的供给情况。检查火焰加热塞的功能时,预热约1min,其加热指示灯必须发亮。进行上述检查时,应注意发动机油门必须置于停车位置。当火焰加热塞的功能良好时,在发动机起动过程中,触摸火焰加热塞附近的进气管应是热的。

④检查发电机、发动机运转时,蓄电池、发电机和调节器之间的连接线不许断开。当没有蓄电池而发动机又确实必须起动和运转时,需按要求外接直流电源起动。起动前,必须将发电机与调节器开关之间的导线断开。蓄电池的接线不得接错。充电指示灯损坏或发生其他故障时,应立即更换或处理好。清洗发动机时,应对发电机和调节器加以遮盖。绝对禁止和交流发电机连接的导线与地相碰。检查起动电动机。按要求清洗废气涡轮增压器(仅限于增压发动机)。

(2)发动机每工作2400h的检查保养

①完成(1)条的各项检查保养工作。

②按操作要求更换曲轴箱通气阀的阀芯。

③拆下喷油嘴并在喷油嘴检验仪上进行检查,检查时,喷油嘴检验仪应按发动机的要求调到正确的工作压力。

④对带有涡轮增压器的发动机,清洗增压器污物时,可以按操作要求拆下增压器,在柴油或无腐蚀性的洗涤液中清洗增压器外壳和叶轮。重新安装后,应仔细检查各相关部分的紧固情况。

2)动力传动及走行系统

(1)化验各齿轮箱的润滑油,润滑油质量指标不符合要求的要进行更换,必要时清洗齿轮箱内部。

(2)对各传动轴进行探伤检查,尤其要仔细检查捣固车的传动轴。

(3)更换车轴轴承箱的润滑脂,检查轴承有无损伤,必要时进行探伤。

(4)对车轴进行超声波探伤检查。

(5)向转向架心盘中心销轴加注润滑脂,每两年对中心销轴进行一次探伤检查。

(6)对液压减振器和橡胶弹簧进行性能试验。

(7)检查车轮踏面有无超限擦伤和磨损,同轴的两轮踏面直径差不得超过1mm,同一转向架上的车轮踏面直径差不得超过2mm,必要时须旋修车轮。

(8)对空气制动系统按检修规范进行检修。

3)液压系统

(1)放出液压油箱内的油,取样化验液压油的污染程度和理化性能指标,更换不符合要求的液压油。

(2)彻底清洗液压油箱。

(3)清洗回油滤清器。

(4)清洗或更换吸油滤清器。

(5)用专用的油路清洗设备清洗闭式回路。

(6)更换动作不良的压力阀和方向阀。

(7)对液压缸进行耐压密封试验,更换失效的密封件。

(8)更换磨损严重和有泄漏现象的液压软管、钢管及管接头。

(9)检查伺服阀,必要时作伺服阀性能试验,进行机械调零。

(10)按操作要求对液压泵进行流量、压力的测量。

4)电气控制系统

(1)按要求全面调整线路板的电气参数。

(2)更换绝缘不良的导线。

(3)更换或修理性能不良的线路板。

(4)更换损坏的照明灯及指示灯。

(5)全面检查和调整电气控制系统的主要参数。

(6)对蓄电池进行修整和充电。

5)车体及其他部件

(1)整修外观、焊修开焊处。

(2)将水箱内的水放净,根据需要对其进行清洗。

(3)根据情况对车体、司机室等进行油漆处理。

6)捣固装置

(1)分解捣固装置,检查各销轴和铜套的磨损情况,更换磨损超限的铜套及销轴。

(2)对夹持液压缸进行密封性能试验,试验压力为21MPa。

(3)更换夹持液压缸的失效密封组件。

(4)检查偏心轴上各轴承的状态。

(5)对升降液压缸进行密封试验,更换其失效的密封组件,试验压力为21MPa。

(6)检查升降液压缸活塞杆的连接螺纹以及球铰的工作状态。

(7)更换失效的端面密封件和导向柱的密封件。

(8)更换磨损的液压油管、气管。

(9)更换状态不良的捣固镐夹持宽度调整器。

7)捣固车起、拨道装置及检测机构

(1)检查各检测小车轮的磨损情况,对超限的小车轮进行旋修或更换。

(2)检测各风缸的密封状态,向单作用汽缸的弹簧腔加注润滑油。对脏污严重、动作不灵活的风缸要按要求进行分解、清洗,并更换失效的密封件。

(3)检修电子摆。

(4)检修高低传感器。

(5)检修正矢传感器。

(6)检修记录仪。

(7)检查 GVA(RVA)装置。

(8)对夹轨液压缸进行耐压密封试验,更换失效的密封件。

(9)更换损坏的检测弦线。

(10)更换磨损超限的夹轨滚轮和拨道轮。

(11)按要求全面、仔细地调整检测系统,标定检测精度。

8)卫星小车

(1)解体卫星小车的制动缸,并进行清洗和检查。

(2)检查托梁和锁钩的磨损情况,磨损严重时须更换。

(3)检查各支撑液压缸是否泄漏,泄漏严重须更换。

(4)检查轴箱悬挂间隙,间隙过大须调整。

(5)检查和调整卫星小车制动系统。

(6)检查和调整卫星小车位移传感器的位置。

练习题

1. 柴油机的日常检查保养内容有哪些?
2. 捣固装置、起拨道装置及检测机构的一级检查保养内容有哪些?
3. 动力传动系统及走行机构的日常检查保养内容有哪些?
4. 怎样做好工地转移前的保养工作?
5. 临时停放的保养内容有哪些?
6. 设备磨合期的保养内容有哪些?

参 考 文 献

[1] 傅文智,毛比显. 抄平起拨道捣固车. 北京:中国铁道出版社,2010.
[2] 韩志青,唐定全. 抄平起拨道捣固车. 北京:中国铁道出版社,1997.
[3] 汪奕. 钢轨打磨列车. 北京:中国铁道出版社,2008.
[4] 任克鹏,毛比显. D08-32型自动整平捣固车的运用与保养. 成都:西南交通大学出版社,2009.
[5] 毛比显. 大型养路机械YZ-1型空气制动机. 第2版. 成都:西南交通大学出版社,2011.
[6] 中华人民共和国铁道部. 大型养路机械使用管理规则. 铁运[2006]227号.
[7] 铁道建筑研究所,昆明机械厂,编译. 09-32型捣固车操作手册.